中国社会科学院文库
哲学宗教研究系列
The Selected Works of CASS
Philosophy and Religion

中国社会科学院创新工程学术出版资助项目

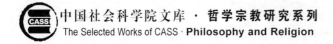

中国社会科学院文库 · 哲学宗教研究系列
The Selected Works of CASS · Philosophy and Religion

经济全球化和文化

ECONOMIC GLOBALIZATION AND CULTURE

于沛 著

中国社会科学出版社

图书在版编目(CIP)数据

经济全球化和文化/于沛著.—北京:中国社会科学
出版社,2012.5
ISBN 978 - 7 - 5161 - 0229 - 9

Ⅰ.①经… Ⅱ.①于… Ⅲ.①经济—体化—影响—
文化—研究—中国 Ⅳ.①G12

中国版本图书馆 CIP 数据核字(2011)第 218613 号

经济全球化和文化 于沛著

出 版 人	赵剑英	
策划编辑	郭沂纹	
特约编辑	段启增	
责任校对	林福国	
封面设计	郭蕾蕾	
技术编辑	张汉林	

出版发行	中国社会科学出版社	
社 址	北京鼓楼西大街甲 158 号	邮 编 100720
电 话	010 - 64073836(编辑) 64058741(宣传) 64070619(网站)	
	010 - 64030272(批发) 64046282(团购) 84029450(零售)	
网 址	http://www.csspw.cn(中文域名:中国社科网)	
经 销	新华书店	
印 刷	北京市大兴区新魏印刷厂	装 订 廊坊市广阳区广增装订厂
版 次	2012 年 5 月第 1 版	印 次 2012 年 5 月第 1 次印刷
开 本	710×1000 1/16	
印 张	27.25	插 页 2
字 数	460 千字	
定 价	79.00 元	

《中国社会科学院文库》出版说明

　　《中国社会科学院文库》（全称为《中国社会科学院重点研究课题成果文库》）是中国社会科学院组织出版的系列学术丛书。组织出版《中国社会科学院文库》，是我院进一步加强课题成果管理和学术成果出版的规范化、制度化建设的重要举措。

　　建院以来，我院广大科研人员坚持以马克思主义为指导，在中国特色社会主义理论和实践的双重探索中做出了重要贡献，在推进马克思主义理论创新、为建设中国特色社会主义提供智力支持和各学科基础建设方面，推出了大量的研究成果，其中每年完成的专著类成果就有三四百种之多。从现在起，我们经过一定的鉴定、结项、评审程序，逐年从中选出一批通过各类别课题研究工作而完成的具有较高学术水平和一定代表性的著作，编入《中国社会科学院文库》集中出版。我们希望这能够从一个侧面展示我院整体科研状况和学术成就，同时为优秀学术成果的面世创造更好的条件。

　　《中国社会科学院文库》分设马克思主义研究、文学语言研究、历史考古研究、哲学宗教研究、经济研究、法学社会学研究、国际问题研究七个系列，选收范围包括专著、研究报告集、学术资料、古籍整理、译著、工具书等。

中国社会科学院科研局

2006 年 11 月

前　言

　　"经济全球化和文化"是来自现实生活的一个大课题，自 20 世纪 80 年代中期以来，哲学社会科学各领域的专家学者，都从自身主要研究领域的特点出发进行研究，每年在国内外都有不少值得重视的成果问世。由这些成果的"现代性"决定，它们自问世之日起，就立即成为被检验的对象，因现实生活不仅不断地提出新问题，而且要求不断地回答这些问题，即做出价值判断，而判断正确与否，需要在实践中检验。这一研究特点，要求笔者在学习、研究"经济全球化和文化"时，必须自觉重视以下四个方面的问题。我以为，这既是理论问题、方法论问题，也是研究方向和社会责任问题，总之，这四点对探析经济全球化和文化的真谛，有重要的现实意义。

　　其一，历史与现实的内在联系不可分割，人们若要清醒地认识现实和未来，绝对不能割裂历史。在分析任何一个问题时，如果忘记或忽略了它的历史，不追本溯源，那就不可能深刻地了解它的现实和未来。对于"经济全球化"是这样，对于"文化"也是这样，对于"经济全球化和文化"同样是这样。其二，重视理论与实践的统一。因为无论是经济全球化问题，还是文化问题，都不是单纯的理论问题，或单纯的实践问题，只有将其辩证地统一在一起，才能将我们的理论研讨建立在客观物质世界坚实的认识基础上；同时又可避免狭隘地就事论事，有助于揭示或认识事实背后所蕴涵的某些规律性内容。其三，我们在世界历史的广阔背景下，研究经济全球化和文化，但不能脱离中国去研究。中国是世界的中国，改革开放，使中国与世界的关系发生了历史性转变，越来越受世界影响并影响着世界。讨论经济全球化和文化时，若没有中国的内容，所得出的结论往往是不完整的、片面的。其四，历史观是一种社会意识形态，其他相关学科的理论或原则也如是，因此，本课题要旗帜鲜明地坚持马克思主义理论指导，首先要用马克思主义中国化的理论成果统领这项研究工作，同时自觉地抵御西方"理论鸦片"的侵袭，对外来的文化成果，有选择地积极汲取其有益内容，切不可将腐朽当成神奇，要坚持我们自己的理论体系和话语系统，不可迷失正确的研究方向。

马克思、恩格斯在《德意志意识形态》中指出："单个人随着自己的活动扩大为世界历史性的活动，越来越受到对他们来说是异己的力量的支配……受到日益扩大的、归根结底表现为世界市场的力量的支配。""每一个单个人的解放的程度是与历史完全转变为世界历史的程度一致的"，"只有这样，单个人才能摆脱种种民族局限和地域局限而同整个世界的生产（也同精神的生产）发生实际联系，才能获得利用全球的这种全面的生产（人们的创造）的能力"[1]。马克思、恩格斯的"世界历史"理论，蕴涵着丰富的"全球化"思想，他们还预言，人类未来的社会，将是"生产力的普遍发展和与此相联系的世界交往为前提"[2]，这使人们对马克思"世界历史"理论的现代意义，有更加清晰的认识。

经济全球化始于第二次世界大战之后，到 20 世纪 80 年代已经显露其雏形，90 年代则呈加速发展之势。世纪之交，经济全球化已成为世界历史潮流，它是"当今世界发展的客观进程，是在现代高科技的条件下经济社会化和国际化的历史新阶段"[3]。这就是说，经济全球化并非仅存在于资本主义历史阶段，而是存在于资本主义与社会主义共存的历史阶段，全球化并不是资本主义的全球化，或全球资本主义化。在西方，经济全球化最初被认为是经济上的一场革命，其实质是资本、技术、通讯、管理以及全球范围内的劳动力的自由组合[4]。后随着经济全球化的深入发展，对其认识也不断深化，英国学者安东尼·吉登斯在 1990 年指出，所谓全球化，是

---

① 《马克思恩格斯选集》第 1 卷，人民出版社 1995 年版，第 89 页。

② 同上书，第 86 页。

③ 汪道涵：《全球化与中国经济》，见雅克·阿达著《经济全球化·序》，中央编译出版社 2000 年版，第 I—II 页。

④ Richard Longworth：*Global Squeeze：The Coming Crisis for First World Nations*，Contemporary Books，1988，p. 7

"世界范围内的社会关系的强化，这种关系以这样一种方式将彼此相距遥远的地域连接起来，即此地所发生的事件可能是由许多英里以外的异地事件而引起的，反之亦然"①。在吉登斯看来，这种巨大的"时——空变化"或"时——空转换"，并非仅仅局限在经济生活中，甚至主要并不是一种经济现象，而是人类社会生活的方方面面，政治、社会、文化等领域都将受到全球化的直接挑战。事实表明，经济全球化所产生的"文化效应"似更加强烈。

西方的理论家在宣扬经济全球化、金融全球化、传媒全球化的同时，极力鼓吹所谓"文化全球化"，即世界文化发展的"美国化"理论。其具体内容是："如果世界趋向一种共同语言，它应该是英语；如果世界趋向共同的电信、安全和质量标准，那应该是美国的标准；如果世界正在由电视、广播和音乐联系在一起，那节目同样也应该是美国的；如果共同的价值观正在形成，它应该是符合美国人愿望的价值观。"② 这是当代文化帝国主义（cultural imperialism）理论的具体体现。"文化帝国主义的东西，是最巧妙的，并且如果他能单独取得成功，也是最成功的帝国主义政策。它的目的，不是征服国土，也不是控制经济生活，而是征服和控制人心……文化帝国主义在现代所起的典型作用，是辅助其他方法。它软化敌人，为军事征服或经济渗透做准备。"③ 显然，"文化全球化"的核心内容，仍然是意识形态和价值观，所谓"普适性"的"全球化"的文化并不存在，"文化全球化"建立在西方民主制和自由主义价值观基础上，它的实质只能是体现"美国化"的文化。日本学者星野昭吉指出："今天文化全球化的每一种潮流从根本上都处于西方思维方式的影响之下。""文化全球化就是非西方文化被西方文化同质化与一体化的过程。"④ 在实际生活中，我们几乎每天都可以看到这一事实。

文化引导未来。"文化是我们已经创造的世界和仍在创造的世界，文化是我们看待世界的方式和促使我们改变世界的动力。""现在文化越来越被看成是变化的原因，所以它也是一种人类必须大力控制的活动。这样一

① 安东尼·吉登斯：《现代性的后果》，译林出版社2000年版，第56—57页。
② David Rothkopf: *In Praise Cultural Imperialism*, foreign Policy, p. 45, NO. 107, Summer 1997.
③ 摩根索：《国际纵横策论：争强权、求和平》，上海译文出版社1995年版，第90页。
④ 星野昭吉：《全球政治学：全球化进程中的变动、冲突、治理与和平》，新华出版社2000年版，第196页。

来，就能更多地意识到文化拥有的强大力量，更有意地、自觉地和系统地对待文化。"① 正因为如此，当20世纪90年代东欧剧变、苏联解体后，一些资产阶级学者喜形于色，认为这是在"文化全球化"的道路上迈出的重要一步。在他们看来，因社会主义制度和社会主义理想的"消失"，而揭开了世界文化"融合成一体"的序幕。他们将社会主义国家的"失败"和世界文化的"融合"及"文化的全球化"联系在一起，由此不难看出这种文化"融合"及"文化全球化"的"西化"实质。

与"文化全球化"相联系，一些西方理论家提出"新帝国"论、"霸权稳定论"。他们认为，美国在世界上40多个国家拥有军事基地，它与古代罗马帝国类似。在他们看来，如果世界上只有一个霸权，世界是和平的；如果有两个霸权，就会彼此争夺，世界就不会太平。美国所追求的"世界霸权"，既包括政治上、经济上、军事上的霸权，也包括文化方面的霸权，或首先是文化上的霸权。前美国总统国家安全事务顾问布热津斯基在《大失控和大混乱》中说，削弱民族国家的主权，增强美国文化作为世界各国"榜样"的文化和意识形态力量，是美国维持其霸权地位所必须实施的战略。以美国为代表的西方文化和价值观念，极力要渗透到世界其他国家和民族之中，建立起以美国文化为主导的文化，把自己的意识形态强加给其他国家和人民，甚至以此来干涉别国内政。

对于中国来说，我们应当清醒地认识到，我国的文化安全，首先是意识形态安全和价值观安全，以及因文化功能膨胀而引起的社会心理变化等，面临着以美国为代表的文化帝国主义的严重挑战。社会意识形态，是对一定社会经济形态以及由经济形态所决定的政治制度的自觉反映。在阶级社会里，社会意识形态是直接或间接反映社会的经济及政治的特点，体现一定阶级的意志和要求，力图保持或改变现存社会制度的思想体系的总和。当代中国社会发展处在深刻的历史变革中，在建设中国特色社会主义的伟大事业中，如果不能积极有效地应对文化帝国主义的挑战，使中华文化变成所谓"全球化"的文化，我国就会在失去民族文化主体性的同时，失去共同的、稳定的基本价值观念，或者分裂为许多不同的相互冲突的价值观念，这样，岂止是国家的文化安全，还将导致国家的整体安全都受到严重威胁。

---

① 保罗·谢弗：《文化引导未来》，社会科学文献出版社2008年版，第1、2页。

文化是民族的血脉和灵魂，是国家发展的重要支撑。胡锦涛总书记在论述"推动社会主义文化大发展大繁荣"时说："当今时代，文化越来越成为民族凝聚力和创造力的重要源泉、越来越成为综合国力竞争的重要因素，丰富精神文化生活越来越成为我国人民的热切愿望。要坚持社会主义先进文化前进方向，兴起社会主义文化建设新高潮，激发全民族文化创造活力，提高国家文化软实力，使人民基本文化权益得到更好保障，使社会文化生活更加丰富多彩，使人民精神风貌更加昂扬向上。"① 在新的历史条件下，文化建设面临的形势日益错综复杂，使文化研究日益受到各国学者的高度重视，深入研究经济全球化和文化尤其有重要的学术价值和重大的现实意义。

近年，西方有不少专门论述"经济全球化和文化"的著作问世，较有影响的如美国杜克大学弗雷德里克·杰姆逊（Fredric Jameson）教授主编的《全球化的文化》（*The Cultures of Globalization*，1998），英国诺丁汉伦特大学约翰·汤姆林森（John Tomlison）教授著的《全球化与文化》（*Globalization and Cultures*，1999），法国第五大学尚—皮耶·瓦尼耶（Jean—Pierre Warnier）教授著的《文化全球化》（*la mondialisation de la Culture*，1999），德国汉堡大学赖纳·特茨拉夫（Rainer Tetzlaff）教授主编的《全球化压力下的世界文化》（*Weltkulturen unter Globalisierungsdruck*，2000）等。这些著作虽然切入论题的视角不一，观点各异，研究路径也迥然有别，自成一体，但有一点却是相同的，那就是都植根于西方文化历史与现实的土壤中，其中不乏一些西方的主流观点。此外可以看出，一些西方学者虽然在自己的著述中致力于批判欧洲中心论，但却无法彻底摆脱它的影响；虽不排除他们的某些观点与我们的观点接近或相似，但作为社会上层建筑的观念形态，从整体上看，它们仍然属于西方，而非是"全球"的。这些并不奇怪，奇怪的是，我们中国学者自己的一些著作，却不加分析地照抄照搬西方的理论与方法，执意要把自己的研究纳入西方的理论体系中，研究结论一定要用西方学术的概念表现出来，离开了这些似乎就寸步难行。不难看出，泛化"国际合作"和热衷于所谓的"国际接轨"，实际上放弃了自己的话语权。笔者以为，研究经济全球化和文化，不能脱离马克思主义学说的理论指导，不能脱离中国的历史与现实，不能脱离对当代

---

① 《中国共产党第十七次全国代表大会文件汇编》，人民出版社 2007 年版，第 32—33 页。

中国和世界的深刻理解，不能忘记自己应有的社会责任。现在奉献在各界读者面前的这部著作，就是基于这一基本认识完成的。但是，限于各种原因，首先是笔者理论和学识水平有限，所以捉襟见肘之处在所难免。诚恳欢迎大家的批评和帮助，使我们对"经济全球化和文化"的认识不断加深，对其研究不断深化。

目　录

第一章　经济全球化的产生与发展

第一节　经济全球化的起源

经济全球化的提出

20 世纪 60 年代，马歇尔·麦克卢汉首次提出"地球村"（global village）的概念，与此同时还出现了"全球性"（globality）、"全球的"（global）等用语，到 80 年代中期形成了"全球化"（globalization），以及"全球主义"（globalism）等概念。这些概念的提出，反映了国际社会，特别是世界经济发展的现实，及发展过程中的突出特征。一般认为，"经济全球化"这个概念，最早是由泰奥多尔·莱维于 1985 年提出的。当时他在《谈市场的全球化》一文中，用"全球化"来描述近 20 年来世界经济所发生的深刻变化。在他看来，在国际贸易，特别是在跨国公司的生产、经营、销售和管理中，已经出现了"全球化"的特点和趋势。

20 世纪 90 年代以来，经济全球化的趋势大大加强，但至今没有一个公认的定义。经济全球化最一般的含义是从经济学的视角提出的，主要是指生产要素跨越国界，跨国商品与服务贸易及资本流动规模和形式的增加，以及技术的广泛和迅速的传播，使世界各国经济的相互依赖性增强。经济活动的全球化扩张和全球化联系，是资本、资源、信息、贸易的全球共享与优化组合。导致经济全球化的直接原因，是国际直接投资与贸易环境发生了重大变化。但政治学家却认为，"经济全球化"的实质，是国际干预的不断扩大，是建立世界新格局的全球战略。文化学家更多关注的是商业文化、大众文化、消费主义占领文化市场的世界现象。未来学家更多关注的是不断增长的全球性问题。在他们看来，世界上的大多数人已经被纳入全球化体系之中，"世界实际上已经实现了一体化"①，在这种情况下，全球性问题会不断增长。但是，以上并不是说"全球化"是西方提出来的，西方主导着全球化的进程，而且在话语上，西方拥有对"全球化"绝对的解释权。实际上，马克思的"世界历史"理论，以及中国传统文化中的"天下为公"、"世界大同"、"以和为贵"、"亲仁善邻"、"协和万邦"等，都蕴涵着深刻的、丰富的全球化思想。这些本书将在下面有关章节论述。

当前，社会学家试图从总体上分析经济全球化的特征：全球化是指超越构成现代世界体系的民族国家（包含着社会概念）的复杂多样的相互联系和结合。如今，在人类社会物质生活和精神生活的各个领域，无论是积极的方面，还是消极的方面，都早已存在着跨越民族国家的流动，而且表现为不可逆转的逐步扩大的趋势。总之，经济全球化正扩展到人类活动的一切领域。经济全球化同时又是一种价值判断，人们从不同的视角和立场关注着全球化这股巨大的历史浪潮，即它如何渗透到人类生活的各个领域，如何改变或将要改变人们的价值观念、生产方式和生活方式。经济全球化已经并将继续影响哲学社会科学研究。世纪之交，联合国教科文组织在一份报告中指出："全球化理论是社会科学领域的一次主要的范式转换，社会科学决不可能再与从前一模一样了。"② 这种变化，既表现在理论、方法、原则和观念上，也表现在研究的内容和规模上。在这种情况下，如何坚持马克思主义的理论指导，是人们亟待从理论与实践的结合上回答的现实问题，对此我们应有清醒的认识。

按照国际货币基金组织的定义，全球化既包括资金、劳动力和资本的全球流动，也包括文化、意识形态领域中国际交流与合作的深化发展。不难看出，全球化的影响是多方面的，不仅仅限于经济生活领域，也涉及文化生活领域，但是，文化领域与经济领域不同，并不形成文化上的全球化或趋同化。

有人从生产力运动和发展的角度分析，认为经济全球化并不是一种新

---

① ［英］巴里·布赞等：《时间笔记》，山东画报出版社2002年版，第7页。

② 联合国教科文组织：《世界社会科学报告（1999）》，社会科学文献出版社2001年版，第481页。

现象，而是一个历史过程，在这个过程中，经济、市场、技术与通讯形式都越来越具有全球特征，民族性和地方性在减少。这个过程，人类经济活动开始大规模地突破国家、民族界限，各国经济逐渐融为一体。生产力的迅猛发展具有决定性的意义，它不仅使世界范围内各国、各地区的经济相互交织、相互影响、相互融合成统一整体，即形成"全球统一市场"；而且还在世界范围内建立了规范经济行为的全球规则，并在此基础建立了经济运行的全球机制。

有人提出，全球化进程可追溯到遥远的古代希腊，因为正是从那时开始，希腊古典文明开始产生了全球性的影响。还有人认为全球化的开端是和基督教的产生联系在一起的，因为《圣经》关于世界和人类的起源的论述中，阐释了整体性世界的思想。

但是，更多的人则认为，将 15 世纪末作为全球化进程的开端似乎更合理。15—17 世纪欧洲资本原始积累时期的"地理大发现"，不仅为世界市场的形成开辟了道路，而且逐渐在结束世界各地区的割裂和孤立状态，世界各国的政治、经济和文化开始密切地联系在一起，这样才在世界开始连成一体的基础上有了"世界的"历史。正如马克思主义经典作家所说的："各个相互影响的活动范围在这个发展进程中越是扩大，各民族的原始关闭状态由于日益完善的生产方式、交往以及因交往而自然形成的不同民族之间的分工消灭得越是彻底，历史也就越是成为世界历史。"马克思又强调指出："世界史不是过去一直存在的；作为世界史的历史是结果。"①

"作为一个概念，全球化即指世界的压缩（compression），又指认为世界是一个整体的意识的增强。全球化概念现在所指的那些过程和行动在多个世纪里一直在发生着，尽管存在某些间断。"② 经济全球化加速于产业革命以后，战后科技革命和跨国公司的大发展，使生产要素在世界范围内得到更大范围的流动，各国之间的经济贸易技术交流更为密切。而 20 世纪 90 年代以后即现代电子信息技术的发展对全球化已经产生并继续产生着革命性的影响。如果说 19 世纪末出现的经济生活国际化趋势是与欧洲工业革命的完成联系在一起的，那么，全球化则同当代以信息技术为中心的新科

---

① 《马克思恩格斯选集》第 1 卷，人民出版社 1995 年版，第 88 页；《马克思恩格斯选集》第 2 卷，人民出版社 1995 年版，第 28 页。

② 罗兰·罗伯森：《全球化：社会理论和全球文化》，上海人民出版社 2000 年版，第 11 页。

技革命有着密切的关系。正是在这个意义上，人们才把互联网称作"加速全球化进程的兴奋剂"。科技革命使大量科学成果迅速转化成生产力，强有力地推动着社会的发展，对社会历史进程所产生的深刻影响，是难以估量的。马克思"把科学首先看成是历史的有力的杠杆，看成是最高意义上的革命力量"①。微电子技术和通讯技术的革命，使经济全球化进入了一个新阶段，有力地推动着经济全球化的发展。经济全球化是当代世界经济的重要特征之一，也是世界经济发展的重要趋势。

也有人从生产关系的角度分析，认为"经济全球化"实际上是以美国为代表的发达国家和跨国公司利用科技进步，借自由化之名，行控制世界经济之实，使发达国家越来越富，发展中国家越来越穷的历史过程。持这种观点的人更多地看到，经济全球化的兴起是从冷战结束后开始的。

"冷战"期间，世界经济处于两种不同社会制度的划分，生产和消费限于不同的阵营的区域。20 世纪 90 年代初，以美苏两极对抗为主要特征的冷战，以苏联解体而结束，冷战期间存在的两个所谓"平行的市场"也不复存在，从而为西方主导的经济全球化的兴起，创造了有利的政治条件和社会条件。冷战后，和平与发展成为世界的两大主题，虽然"和平"、"发展"这个问题也没有从根本上解决，但却为世界经济发展提供了必要的国际环境。资本主义生产方式的特征是不断扩张，"只有资本才创造出资产阶级社会，并创造出社会成员对自然界和社会联系本身的普遍占有"②。"资本一方面要力求摧毁交往即交换的一切地方限制，夺得整个地球作为它的市场，另一方面，它又力求用时间去消灭空间，就是说，把商品从一个地方转移到另一个地方所花费的时间缩减到最低限度。资本越发展，从而资本借以流通的市场，构成资本空间流通道路的市场越扩大，资本同时也就越是力求在空间上更加扩大市场，力求用时间去更多地消灭空间。"③ 积极致力于发展科技和经济，成为国际社会的首选目标。世纪之交，以信息技术为中心的高新技术的迅猛发展，使世界各地区的联系更加方便，运输和通讯成本急剧降低，促进了国际贸易和投资的发展，无论是发达国家还是发展中国家，都把发展经济作为首要任务，使世界经济联系

---

① 《马克思恩格斯全集》第 19 卷，第 372 页。
② 《马克思恩格斯全集》第 46 卷上册，人民出版社 1979 年版，第 393 页。
③ 《马克思恩格斯全集》第 46 卷下册，人民出版社 1980 年版，第 33 页。

日益紧密，加速经济全球化进程。

西方国家"新自由主义"的兴起，为经济全球化提供了理论依据。"新自由主义"虽是一个歧义纷呈的概念，但其作为当代资本主义的主流意识形态却为越来越多的人所认识。法国学者科恩·赛阿明确指出，新自由主义是资本主义全球化意识形态的理论表现①。我国的一些学者认为，"新自由主义是在继承资产阶级古典自由主义经济理论的基础上，以反对和抵制凯恩斯主义为主要特征，适应国家垄断资本主义向国际垄断资本主义转变要求的理论思潮、思想体系和政策主张"②。西方自由化经济思想及其政策选择是经济全球化的认识基础和政策条件。"在自由主义的理论体系中，包含了经济上的自由化、政治上的民主化和文化上的普世主义。……为了实现自由主义的目标，自由主义者不遗余力地将西方的民主政治模式、私有化的发展道路和个人主义、自由主义的价值观附带在以资本输出、贸易全球化为特性的经济全球化之中就不可避免。"③ 显然，在新自由主义者看来，经济全球化有其强调的特殊的内容：经济全球化虽然是一个自然历史过程，是人类社会发展的必然阶段，但它是在西方大国的主导下进行的，经济全球化的结果将是资本主义的一体化。

世纪之交，特别是进入 21 世纪后，随着经济全球化的不断深入，以及多学科对其研究的不断深化，一些西方学者尝试着对经济全球化作出新的概括。例如，曾任国际货币基金组织第一副总裁的安妮·克鲁格提出，全球化是"这样一种现象，与以前相比，世界上任何地方的经济参与者受其他地方发生的事件的影响程度都大大增加了"，或者说，经济活动跨越国境、通过市场机制实现一体化。经济合作与发展组织的前任首席经济学家大卫·亨德森给经济全球化的定义是：商品、服务、劳动力和资本的自由流动、创造了一个统一的投入和产出市场，对于外国投资者（以及在外国生活或工作的本国人）实施完全相同的国民待遇，以至于从经济的角度来讲，不存在外国人。华盛顿凯托研究所（Cato Institute）的布林克·林德塞提出了被称作"自由主义全球化"的定义。他认为，"全球化包含三个层面的相互关联的含义：首先是市场活动跨越政治边界、一体化程度加

① 参见李其庆主编《全球化与新自由主义》，广西师范大学出版社 2003 年版，第 2 页。
② 何秉孟主编：《新自由主义评析》，社会科学文献出版社 2004 年版，第 4 页。
③ 吴春华主编：《当代西方自由主义》，中国社会科学出版社 2004 年版，第 330—331 页。

强的经济现象（不管是政治上还是技术上的原因导致）；其次是特定的政治现象，政府对于商品、服务和资本的国际流动设置的限制减少；第三是更广泛的政治现象，国际和国内的政策越来越表现出市场导向的特点"。2004 年，英国《金融时报》副主编、世界银行高级经济学家马丁·沃尔夫在其新著《全球化为什么可行》中，对全球化的定义是："通过市场实现的经济活动的一体化，其驱动力是技术革新和政策变革——运输和通讯成本的下降、对市场机制依赖的加强。我们将要讨论的经济全球化在文化、社会和政治领域有着广泛的影响，同时也以它们的变革为前提。"① 这种观点与作者在整部著作中所表达的基本观点是一致的，这就是"经济活动通过市场跨越国境的束缚（即所说的全球化），乃是当今时代发生的伟大事件，这一点正在变得越来越明确。全球化给数亿人民带来了福利，帮助实现了前所未有的大比例的减贫"②。看来，这只是马丁·沃尔夫的个人愿望，因为一个不争的事实，是在经济全球化的境遇下，无论是地区间、国家间，以至于在西方大国国内，多种形式的贫富悬殊正在加剧。

经济全球化是影响到当代国际社会诸多领域的重大变革。就经济领域而言，可使人类经济生活的理念、方式和空间发生深刻变化。经济全球化主要表现在以下四个方面：生产的全球化，贸易全球化，金融全球化和投资全球化。

生产全球化：生产活动的全球化主要表现为传统的国际分工正在演变成为世界性的分工：跨国公司越来越成为世界经济的主导力量，当今约90% 的国家都有跨国公司的子公司或分支机构，其足迹几乎遍及全球，在全球展开生产经营活动。跨国公司已使全球经济变得越来越像一个内部相互联系和相互依存的单一有机体。

贸易全球化：第一，国际贸易增长率高于世界生产总值增长率；第二，国际贸易规模庞大，世界贸易依赖度高。世界多边贸易体制形成。1995 年 1 月 1 日诞生的世界贸易组织，标志着世界贸易进一步规范化，世界贸易体制开始形成。作为世界多边贸易体制组织和法律基础的世界贸易组织，以其法人地位对所有成员方都有严格的法律约束力。因此，世界贸易组织的建立标志着一个以贸易自由化为中心，囊括当今世界贸易诸多领

---

① 马丁·沃尔夫：《全球化为什么可行》，中信出版社 2008 年版，第 12、16 页。
② 同上书，第 4—5 页。

域的多边贸易体制大框架已经构筑起来，国际贸易迅速发展。

金融全球化：国际金融迅速发展，主要表现在全球资本流动总量不断扩大，资本流动的形式也在增多。在地区性经贸集团的金融业出现一体化的基础上，金融国际化进程加快。一国的金融活动跨越国界日益与国际间的金融活动融合在一起，即巨额资金的筹集、分配和运用，超越国家疆界，在各国之间自由流动。当代世界金融发展呈现的金融国际合作的趋势，融资证券化的趋势，金融合作利益增强的趋势，即是金融全球化的具体表现。金融市场迅猛扩大。外汇交易额逐年上升，全球外汇日交易额已超过12万亿美元。随着国际信息的网络化发展，外汇市场的资金交易正以"光的速度"在市场流动。

投资全球化：投资活动遍及全球，成为经济发展和增长新支点。国际直接投资增长率既高于国际贸易增长率，也高于世界生产总值的增长率。20世纪90年代以来，保护和促进投资的双边投资条约数量大幅度增加，截至1997年1月1日，全世界已签署这种条约1330个，涉及162个国家。1991—1996年，各国政府共对外国直接投资管理体制进行了约600次调整，其中95%是放松对外资管制的措施。1995年以来，世界上主要国家有关国际投资的立法，绝大多数属于促进外国投资的立法。国际社会为达成国际性的投资协议进行了持续的努力。现在可以清楚地看到，国际对外直接投资与吸收外国直接投资主体呈现出多元化，既包括发达国家，也包括发展中国家；对外直接投资与吸收外国直接投资并行，一些发达国家和发展中国家与地区成为吸收外国直接投资的主要对象；发达国家中的一些对外直接投资的国家，同时也是吸收外国直接投资的国家。从整体上看，跨国公司促进了国际直接投资的发展，这又成为许多国家经济发展的新支点。国际投资规模是全球性生产体系的原动力，因而是经济全球化的核心部分。

经济全球化和跨国公司

跨国公司指由两个或两个以上国家的经济实体所组成，从事生产、销售等经营活动的大型企业，又称多国公司。跨国公司的雏形最早出现在16世纪，成长于19世纪70年代之后，大约在19世纪末问世。20世纪上半叶，两次世界大战是人类历史上的浩劫，也给跨国公司的正常发展带来灾难性的影响。第二次世界大战后，随着整个资本主义世界市场的发展，跨国公司进入迅速发展的时期。"冷战"结束后，跨国公司的发展出现了前所未有的热潮，现已成为世界经济的重要内容，在世界经济发展中，发挥着不可替代的作用。西方大国的许多跨国公司，因其强大的经济、技术实力，往往对某些产品或在某些地区，表现出某种程度的垄断性，世界上最大的 500 家跨国公司控制着 33% 的全球国民生产总值和 75% 的全球贸易。

在经济全球化的背景下，跨国公司既是经济全球化的主体或载体，也是经济全球化的推动者。跨国公司在对经济全球化推波助澜的同时，又在全球化的影响下，使自身得到长足发展。当今约 90% 的国家都有跨国公司的子公司或分支机构，其足迹已几乎遍及全球。跨国公司的迅速发展，加速了经济全球化的历史进程。企业的跨国兼并是优化资源配置、产业结构调整和规模经济的需要，它推动了国际分工的深化，促进了产业结构的调整，跨国公司的发展打破了国家之间的壁垒，使各国在经济上相互依赖，越来越呈现出你中有我、我中有你的局面。

20 世纪 50、60 年代起，跨国公司开始出现在世界经济舞台上。据统计，1970 年全球有 7000 家跨公司。20 世纪 90 年代以来，跨国公司的数目剧增，1995 年已超过 3.7 万家，1996 年跨国公司已达到 4.45 万家。根据联合国贸易和发展会议 2001 年 9 月公布的统计，世界上跨国公司的数量约 6.3 万家，其分布在世界各地的子公司达 80 万家。这些跨国公司控制了世界产值的 40%、世界贸易的 60%、技术转让的 70%、对外投资的 90%。目前跨国公司的产值已占世界总产值的 1/3，根据联合国研究人员收集的数据，跨国公司的国外分支机构目前分别占全球 GDP 的 1/10 和全球出口的 1/3。

跨国公司是世界经济中集生产、贸易、投资、金融、技术开发和转让以及其他服务于一体的经营实体。它采取全球化经营战略的目的是建立跨国公司的整体竞争优势，进行跨越国家和地区界限的生产要素组合，推动了国际企业的合作与兼并，跨国公司通过遍布全球的经营网络，实现人员自由流动、新技术和新观念同步应用，特别是通过对技术资源的控制实现核心技术在全球范围的垄断，促进了技术和管理的空间扩散。跨国公司的作用进一步加强，为经济全球化进程提供了动力，成为推动经济全球化兴起的重要因素之一。跨国公司已使全球经济变得越来越像一个内部相互联系和相互依存的单一有机体。跨国公司促进了国际直接投资的发展，这又成为许多国家经济发展的新支点。跨国公司开展的国际贸易，是加快经济全球化进程的强大动力。

巨型跨国公司是随着从国家垄断发展到国际垄断逐步形成的，绝大多数跨国公司是高度国际化的垄断资本组织，而且垄断的程度在进一步加深。当今世界上最大的 200 家跨国公司中的 172 家属于美国、日本、德国、法国和英国等 5 国。在发达资本主义国家中，大的跨国公司是国民经济的支柱，它们有力地影响着本国政府的内外经济政策，同时政府也从本国的大跨国公司中得到积极的财力支持。跨国公司不仅成为这些国家经济生活的主角，而且也日益成为国家政治和社会生活的主角。西方大国跨国公司的经营目标是最大限度地追逐高额垄断利润，所以这些跨国公司也是这些国家剥削发展中国家的工具，进一步加深了南北矛盾。一些跨国公司甚至凭借强大的经济实力，操纵弱小国家的经济命脉，在经济、社会、政治等方面施加影响，甚至插手干预他国内政。如果说，经济全球化的一个附带效应是"政治边界模糊化"，那么，西方大国的跨国公司则从中发挥了不可替代的作用。

跨国公司已成为国际贸易的主体。它所实行的全球经营战略，以前所未有的规模和激烈程度在全球范围展开。根据市场的变化和竞争的需要，西方一些大的跨国公司把别国的市场和资源纳入其全球性的计划之中。许多跨国公司把本国的跨国公司变为世界范围的总公司，同时在全球范围内设置生产基地和销售机构。在实施全球经营战略过程中，跨国公司重视如何实现海外公司本地化的问题，以赢得所在国政府和公众的认可和支持。跨国公司为强化竞争力、推进经营资源国际化，积极促进将经营管理知识、技术专利、营销方法、融资渠道、信息网络和管理组织等经营性资源向所在国转移，同时实施科学研究的国际化，即在国外设立研究机构，聘用国外科技人才，与国外科研机构有效合作，在当地把生产和科研结合起来。跨国公司的技术研发全球化，已成为生产的全球化，贸易全球化，金融全球化和投资全球化之后经济全球化的重要趋势。跨国公司人力资源的当地化，首先是实施人才的当地化。以中国为例，近年来华跨国企业在加速推行人才当地化策略，使本地员工占一些跨国公司员工总数的 90% 以上。不仅使发达国家企业将制造业生产过程转移海外，也将服务业部分业务流程外包到发展中国家，以降低经营成本。事实表明，跨国公司的"本地化"——全球性经营战略，实质上就是经济全球化战略的核心内容，在推行经济全球化中，跨国公司占有举足轻重的作用。

　　在西方，有一种观点认为：20 世纪 60 年代跨国公司是威胁民族独立与政治自由的祸害，而今，它们却已经成为给世界带来积极变化的主体，因为全球化与资本商品及服务的非限制流动，会使所有参与其中的国家财富和繁荣程度增加。但是，这只是一种似是而非，经不得推敲的表面现象。在经济全球化的背景下，发展中国家若能通过引进资本和现代化技术，进而获得"落后的优势"，从而有可能逐步缩小双方收入的差距。然而，这一切并不可能自发地实现，更多的停留在一种理论上的认识或期盼。在现实生活中，人们看不到发展中国家能够赶上或接近发达国家的前景。对此，广大发展中国家必须有清醒的认识。只有这样，才能在自身的经济发展中因势利导，发挥其积极作用，缩小其消极作用，使跨国公司能有益于本国经济的发展。越来越多的发展中国家认识到，为了发展自身生产力，尽可能平等地融入世界经济；为了适应经济全球化的趋势，不断扩大和深化与世界各国的经济联系，发展中国家也要组建和发展自己的跨国公司。

　　在经济全球化的推动下，随着经济规模化、集约化程度的提高，跨国公司的规模和数量已是决定一个国家经济实力大小的关键因素，成为一个国家经济的重要组成部分。据联合国《2001 世界投资报告》称，全世界最大的 500 家跨国公司已有近 400 家在我国投资。截至 2005 年 4 月，美国的微软公司、IBM 公司、GE 公司，芬兰的诺基亚公司，欧洲的空中客车公司和日本的索尼、松下等跨国公司在华建立的研发中心超过 700 家，技术研发金额 40 多亿美元。我国正在成为一些跨国公司重要的生产基地、采购基地和研发基地。随着我国对外开放的扩大，越来越多的跨国公司进入我国。加快培育我国实力雄厚、竞争力强的跨国公司，是提高我国企业国际化水平，增强我国经济国际竞争力的现实选择，是应对国际经济激烈竞争的迫切需要。加快培育一批实力雄厚、竞争力强的跨国公司，更广泛地参与国际经济的合作交流与竞争，在经济全球化竞争中发挥更大的作用。

经济全球化和当代世界

　　从 20 世纪 80 年代末，90 年代初开始加速发展的经济全球化历史进程，在 21 世纪将进一步加快，并将对世界各国的经济发展和社会生活产生深远的影响。这是由"经济全球化"的本质决定的。美国社会学家卡斯特说："在全球经济里，全球能够变成一个单位而即时或者选定的时间里运作。资本主义生产方式的特征是不断扩张，总是尝试克服时空的限制，但是只有到了20世纪末，以信息与通信科技提供的新基础设施为根基，以及在政府和国际机构所执行的解除管制与专业化政策的协助下，世界经济才真正变为全球性的。"①

在21世纪经济全球化的发展趋势中，可以看到金融业在全球经济生活中的作用日趋加重，金融全球化将导致财富在全球的重新分配；国际贸易在21世纪将推动地区经济一体化组织的发展，不仅对国际经济，而且对国际政治关系将产生重要的影响；跨国公司将持续推动企业的跨国兼并，这种兼并的结果，使民族国家的经济界线变得更加模糊，将加强彼此之间的相互依赖；国际互联网络将极大地改变人类的生产和生活方式，它不仅提供了加强各国经济联系的新纽带，而且也提供了加强各国文化联系的新纽带；知识将成为21世纪生产要素中的一个独立成分，技术创新要求强有力的知识体系的支持；经济风险的全球化将进一步加强，经济全球化使各国在经济上日益相互依赖、相互渗透，往往会使一个国家或地区的经济震荡，可以迅速地波及全球的其他国家和地区。

除上述之外，人们还应该看到经济全球化的政治和社会影响，首先应该清醒地认识到，经济全球化是一把利剑，但却是一把"双刃剑"。它对世界各国，特别是发展中国家利弊、喜忧兼有，机遇和风险相伴。经济全球化将推动全球生产力的持续发展，加速世界经济增长，这样就有可能为发展中国家提供难得的发展机遇，有利于吸收外资，弥补国内建设资金不足，与此同时还有利于资本外投，加大对外投资；有利于引进新技术和先进设备，实现技术发展的历史跨越，特别是促使出口商品的结构优化，不断提升制成品在出口中的比重；有利于学习发达国家先进的管理经验，培养高素质的管理人才；有利于开拓国际市场。总之，有利于发展中国家追赶发达的资本主义国家。

但是，经济全球化也给发展中国家带来风险，使发展中国家的国家主权，以及国家的经济安全和文化安全面临着严峻的挑战。在经济全球化的历史进程中，发展中国家的经济受制于国际市场，具有极大的不稳定性和脆弱性。一些发展中国家的经济命脉，不同程度地被跨国公司垄断，主要

---

① 李其庆主编：《全球化与新自由主义》，广西师范大学出版社2003年，第2页。

表现为缺乏关键技术和核心知识产权。发展中国家和发达国家因基础和实力不同，往往处于不平等、不公正的竞争中。西方大跨国公司在海外推行的"本地化"战略，使发展中国家的民族工业受到严重的冲击，面临着现实的形形色色的威胁。如一些发展中国家人才资金外流现象十分严重，这些国家投入巨资培养的优秀人才被无偿吸收到发达国家，为其服务；资金则通过利润、利息等流向发达国家。

金融全球化所带来的风险，对发达国家和发展中国家的影响程度大不相同。在发达国家中，如1992年的西欧金融风暴、1995年英国巴林银行倒闭事件所带来的金融动荡，只局限在某个金融领域。而在发展中国家，金融领域某一方面的震荡，往往会带来多米诺骨牌式的金融危机。如1997年7月2日，泰国央行在汇市抛售泰铢的强大压力下被迫实行浮动汇率制，泰铢一日之间贬值约15%。由此货币贬值席卷菲律宾、马来西亚、印尼等东南亚各国，使整个东南亚地区经济衰退。

在国际经济竞争中，西方大国的跨国公司具有明显的优势，发展中国家与发达国家相比，所得利润甚少。随着发展中国家与发达国家的差距进一步扩大，一些发展中国家将被排除在经济全球化之外，甚至被"边缘化"为西方发达国家和跨国公司的"新殖民地"。与发达国家相比，发展中国家在经济全球化进程中处于不利境地，还表现在如何面对"全球化风险"的能力。发达国家可通过较完备的社会保障制度及失业救济制度来缓解风险的压力，而多数发展中国家尚未建立完备的社保救济机制，缺乏规避和减轻风险的能力。经济全球化使世界贫富差距不断扩大。许多发展中国家贫困现象加剧，如非洲绝对贫困人口比率从1981年的41.6%，提高到新世纪初的47%。

英国学者安东尼·吉登斯是西方最早关注和阐释全球化的学者之一，早在1990年，他就在《现代性的后果》一书中指出，全球化是一个必定在社会科学的辞典中占据关键位置的术语。他的理论被称为"激进现代性的全球化理论"，不仅在学术界，而且在西方政府决策和社会生活中有着广泛的影响。他说，所谓全球化，是"世界范围内的社会关系的强化，这种关系以这样一种方式将彼此相距遥远的地域连接起来，即此地所发生的事件可能是由许多英里以外的异地事件而引起的，反之亦然"①。在吉登斯

---

① 安东尼·吉登斯：《现代性的后果》，译林出版社2000年版，第56—57页。

看来，这种巨大的"时——空"变化，并非仅仅局限在经济生活中，所以他强调全球化"在建立国际间新秩序和力量对比的同时，也在改变着人们的日常生活"①。"全球化不只是一个'外在'（out there）的现象。它不仅指大规模全球体系的产生，而且指日常生活每一环节的变革。因此它是一个'内在'（in here）的现象，甚至影响着个人认同的亲密行为（intimacies）。"② 吉登斯提出，"乌托邦现实主义"（utopian realism），即"超越左与右"的"第三条道路"。"第三条道路"在西方颇有影响，它是形式上的资本主义与社会主义的"混合"，而实质上是资本主义。

今天，人们在讨论经济全球化的后果时，已不再局限于经济贸易领域，开始关注思想政治、意识形态和文化方面的问题。例如，西方的一种流行观点是，"全球化有利于促进民主"，当然，这里指的是西方标准的"民主"。世界各国人民，特别是广大发展中国家的人民，对西方的"民主"的本质有更切身的体会。印度学者卡瓦基特·辛格说："对于那些狂热的全球主义者来说，他们无不认为全球化和民主是一对相辅相成的现象。但是在现实中，全球化和民主之间的关系却融合了各种各样复杂而矛盾的过程，在每一个阶段、每一个层次上，我们都会看到不同的现象。……对于在世界观、意识形态和社会地位等方面存在差异的人来说，民主可能有着完全不同的含义。"卡瓦基特·辛格强调："民主发展的历史告诉我们，任何一个国家都不可能依赖于照搬西方国家的自由民主模式。""民主的本质是一个政治过程，只有通过一个国家人民的行为，这种民主才是实实在在的。如果不考虑最基本的权利关系和经济社会之间的交互作用，任何技术手段本身都不可能实现真正的民主。"③ 在西方理论家关于"经济全球化"的视野中，推行（包括用暴力手段）所谓的"民主"，是其不可缺少的内容，这已经引起了越来越多的人的警觉。

20世纪90年代初，美国哈佛大学肯尼迪学院院长、美国国防部前助理部长约瑟夫·奈提出"软实力"的理论。在奈看来，"硬实力"指的是军事、经济等物质杠杆，软实力指的是意识形态、文化和道德诉求。冷战的胜利、美国文化和价值观念的"全球化"主要是通过"软实力"实现

---

① 安东尼·吉登斯：《第三条道路：社会民族党的复兴》，北京大学出版社、三联书店2000年版，第36页。

② 安东尼·吉登斯：《失控的世界》，江西人民出版社2001年版，第108页。

③ 卡瓦基特·辛格：《不纯洁的全球化》，中央编译出版社2005年版，第93、96页。

的。约瑟夫·奈说，他在 1990 年首次提出"软实力"这个概念，"旨在反驳当时流行一时的美国衰败论"，强调"美国不仅是军事和经济上首屈一指的强国，而且在第三个层面，即'软实力'上也无人与之匹敌"。美国和世界上其他国家，"正面临着因新技术而导致的全球化负面影响及战争私有化这一前所未有的挑战"。对于这些问题，"不可能仅靠军事力量来解决"，因此，"必须要更好地理解和使用软实力"。"软实力"理论被 Z. 布热津斯基认为是"美国国际政治学界的顶尖学者对于深入理解国际政治及制定更加明智的外交政策在理念上所做出的重要且深刻的贡献"①。

　　经济全球化并非是一个单纯的经济现象。在经济全球化的同时，人们的文化生活也越来越也日渐"国际化"，例如，通过卫星和互联网，大多数国家的人民在自己的家中就可以欣赏其他国家和民族的音乐、舞蹈、戏剧、体育表演；及时地了解世界上所发生的一切新闻事件。在经济全球化的背景下，文化的碰撞、交流和交融，出现了更加密切、更加频繁的趋势，而且这一切也表现在思想观念、价值观念上。20 世纪末，西方学者提出"全球文化系统理论"和"地球文化"概念。这种理论认为，"随着跨国资本的发展，文化也将进入跨国化的过程，形成所谓全球文化；也可以说跨国资本主义将使各种文化更加接近，通过传媒互相交流、渗透、乃至交融，改变各种文化的原点"②。近年有论者认为，"文化全球化已不仅是一种趋势，而且已是活生生的现实。文化全球化既表现为文化的同质化、趋同化，又表现为文化的异质化、多元化"。"从全球范围来看，文化全球化更多地表现为趋同化，而从地区范围来看，则更多地表现为多元化。"③然而，"文化同质化"的核心内容是什么呢？"文化趋同化"，究竟"趋同"到哪里去？联系到近代以来的世界历史，特别是第二次世界大战后的世界历史，不难理解，这是一个十分值得深思的问题。

　　经济全球化已对世界各国经济、政治、军事、社会、文化等方面，都产生了深刻的影响，任何一个国家都无法回避。各国惟一正确的态度是如何去积极地面对它。多数发展中国家在国际经济舞台的发言权很小，处于不利地位。包括中国在内的广大发展中国家，只有从自身发展的实际出

　　① 约瑟夫·奈：《软力量——世界政坛成功之道》，东方出版社 2005 年版，第 1、3 页。
　　② 参见王宁等主编《全球化与后殖民批评》，中央编译出版社 1998 年版，第 93 页。
　　③ 朱炳元主编：《全球化与中国国家利益》，人民出版社 2004 年版，第 27—28 页。

发，从整体上实行改革开放的政策，采取有力的措施扬长避短，变不利为有利，变负面影响为正面影响，在参与经济全球化中接受挑战，努力求得本国利益的最大化。

第二节　经济全球化进程中的资本主义

战后资本主义的新变化

英国马克思主义史学家霍布斯鲍姆认为，20世纪激起了人类最伟大的想象，同时也摧毁了所有美好的幻想。从第一次世界大战爆发，一直到第二次世界大战结束的数十年间，是资本主义的灾难时期。"40年间，跌跌撞撞，它由一场灾难陷入另一灾难。有的时候，甚至最优秀的保守人士，也不敢打赌这个社会能否继续存活。两场世界大战，打得世界落花流水。接着又是两股世界性的动乱及革命浪潮，使得另一个为历史注定、势将取代资本主义社会的制度登上政治舞台。"① 第二次世界大战以后，资本主义世界进入新的调整期和发展期。以美国为首的发达资本主义国家，在二次大战以后特别是20世纪70年代中期以后，利用科学技术的新成就，促进生产力的新发展，同时致力于在资本主义制度基础上的多方面的改革调整。资本主义不但没有灭亡，而且在经济上保持了高速增长，正在创造空前发达的生产力。

当代资本主义既与19世纪马克思、恩格斯曾给予深刻剖析过的资本主义不同，也与20世纪初列宁曾精辟论述过的资本主义不同。战后50多年来，在新科技革命、全球化浪潮和社会主义运动的影响下，资本主义在生产力和生产关系、经济基础和上层建筑各方面都发生了一系列新变化，进入了一个新的发展阶段。但是，这种新发展并不像一些西方学者所预言的那样，已进入了一个"无限制"的、"长期繁荣"的发展阶段。因为这种变化，"并不是因为资本主义社会的基本矛盾已经解决，资本主义的本质已经改变，而是因为资本主义制度在私有制所许可的范围内，在生产力、生产关系和上层建筑各个领域内，对其具体制度进行了一系列的自我调节、改良和改善，并对资本主义经济和社会的运行管理机制作了不少的

① 霍布斯鲍姆：《极端的年代》（上），江苏人民出版社1998年版，第10页。

改革。由此推动了当代资本主义种种新变化的出现"①。如果认为第二次世界大战后资本主义的新变化，是资本主义本质上的改变，那是不符合实际情况的，二战后，特别是"冷战"后资本主义发展中暴露出的种种危机，究其实质，是制度危机，充分证明了这一点。

战后资本主义的新发展，首先表现为社会生产力加速发展，劳动生产率大幅度提高，社会财富也迅速增长。从50年代中期到70年代中期，西方发达国家国民生产总值年均增长5.5%。到90年代末，全世界国民生产总值达30万亿美元，其中西方发达国家所占比例高达75%，而美国更是突出，独占26.6%强，人均国民生产总值3万美元还多。

发达资本主义国家加强了对科技创新和新兴产业的扶持。从20世纪初开始，资本主义国家越来越重视科技，并不断克服科技进步的体制性障碍。西方国家对科技开发投入不断增加，促进了新技术、新材料的发明和应用，从而几倍、几十倍甚至几百倍地提高了劳动生产率。以美国为例，用于科技研究和开发的支出在国民生产总值中所占比重，1940年为0.6%，1975年为1.5%，1990年上升到2.7%。西方主要发达国家比较充分地利用新科技革命的机遇，使科技革命的成果直接作用于资本主义财富创造。

战后资本主义生产力的发展，还表现在产业结构上的变化，信息化、服务化和高科技化反映了西方产业结构变化的主要特点和趋势。第三产业迅速崛起，第一、第二产业的比重则大幅度下降。第一产业，即农业在整个国民经济中的比重不断缩小，到20世纪90年代，各国农业在国民生产总值中的比重都降到5%以下，有的国家甚至只占2%左右；第二产业，即工业，由50—60年代的上升到逐渐下降，由占国民生产总值的1/2下降到1/3强一些，其内部劳动力结构变化很大，脑力劳动者比例攀升；第三产业，即服务业，包括公用事业、商业、机器维修业、服务性行业、文教卫生和科研事业等，20世纪下半叶发达资本主义国家第三产业迅猛发展，在国民生产总值中的比重由1/2上升到接近2/3。

到了20世纪末期，西方国家的产业结构又发生了一些新变化——从第二产业中崛起了新兴的以信息产业为代表的高科技产业群，逐步成为主导产业，到20世纪80—90年代，美国的信息产业每年创造的产值就已达到了1万亿美元以上。劳动工具：发生革命性变革，由传统的动力机、工作

---

① 徐崇温：《当代资本主义新变化》，重庆出版社2004年版，第3页。

机、传动机"三机系统"发展为增加了"电脑"的"四机系统"。电子计算机的出现，带动了科学技术整体上突飞猛进的发展。此外，作为生产力重要组成部分的生产管理，由于电子计算机、信息技术、控制论、系统工程等的运用，而获得了新的手段和工具。这种从物质经济向知识经济的过渡对于当代资本主义从发达工业社会向信息社会过渡、对于进一步增强这些国家的经济实力、缩小社会差别、缓和阶级矛盾以及对于延缓资本主义社会发生社会主义变革，都具有难以估量的作用。

第二次世界大战后，资本主义结束了纯粹依靠市场机制自我调节，增加了国家的宏观干预和调控。由于政治上的危机感、新科技革命的推动和资本主义自我调整的需要，在某些方面也受到社会主义国家计划经济的影响，资本主义发展到国家垄断资本主义阶段后，开始向一个新的历史阶段——国际垄断资本主义过渡。垄断资本与国家政权相结合，使国家干预经济的规模与程度越来越高。在所有制关系上，所谓资本社会化的趋势有时表现得很突出，表现为建立和发展一定比重的国有经济，企业股权分散化等。国家采取各种手段，包括财政、税收、货币、金融、行政、法律等手段，对经济进行全面干预与调节。国家还掌握了大量的金融资本，通过中央银行发行货币，控制货币流通，使银行成了调控国家经济的重要工具。这具体表现为：利用各种财政和货币政策调节社会的总供给和总需求；实行一定的经济发展计划，直接投资某些产业特别是公共产品，推行国有化，以提高国民经济的总体效益；实施一定的税收政策和社会再分配政策，限制过高的收入和过度的垄断，建立社会福利和保障制度。这些措施在一定程度上缓解了生产资料私人占有对生产力发展的制约，缓和了阶级矛盾和社会冲突，促进了资本主义国家的经济增长。

战后，生产和资本的集中加剧垄断，垄断资本的核心是金融资本，他们通过向政府贷款、代销和持有公债、利用存款倍增效应扩大或收缩流通中的货币量等方式，强化对经济的控制和干预。垄断财团几乎控制了从工业生产、交通运输、金融到公用事业、饮食、旅游、娱乐等行业。1996年12月，美国波音公司用133亿美元兼并了麦道公司，被称为"世纪性的购并"，从而使波音公司具有更大的规模效应和更强的垄断地位。又如，1998年4月，美国国民银行与美洲银行合并组成新美洲银行，总资产高达5700亿美元，成为美国银行史上罕见的"超级银行"。

第二次世界大战后，由于新科技革命的推动、经济结构的变化以及生产力水平与生产社会化程度的提高，发达资本主义国家的阶级结构与阶级关系也出现了不少新的变化，尽管资产阶级与工人阶级仍然是当代资本主义社会的两大基本阶级。

当代无产阶级的变化主要表现在体力劳动者减少，脑力劳动者增加，即白领工人超过蓝领工人。此外，工人阶级构成日趋复杂化、多层次化。如以熟练工人与技工为主体的新型工人阶层，以工程技术人员为主体的工程技术人员阶层，以"白领工人"为主体的职员阶层，以"蓝领工人"为主体的体力劳动阶层等。工人工资收入增加，生活明显改善；劳动时间缩短；劳动者通过社会保险、社会救济、社会服务等途径获得帮助。随着科技进步和生产力的发展，当代资本主义的产业结构的变化，也表现为工人队伍结构的变化，即出现了向信息化、服务化和高科技化转化的趋势。劳动者队伍出现了脑力化的趋势，他们知识化的水平，以及科学技术和文化素质日益提高。发达资本主义国家通过实施"人民资本主义"、"混合经济"和"允许部分工人参加企业管理"、"福利国家"等措施，改善劳资关系，缓和阶级矛盾。

白领工人中有极少数人担任了总经理、技术总监和主管之类的高级职务，收入丰厚，并持有一定数量的股票，但是这些白领已经不再是普通的白领，不再属于工人阶级的一员，而是变成了资产阶级代理人。对于广大白领来说，并没有改变他们雇佣劳动的阶级地位。马克思在《资本论》中早就指出："资本主义生产方式的特点，恰恰在于它把各种不同的劳动，因而也把脑力劳动和体力劳动，或者说，把以脑力劳动为主或者以体力劳动为主的各种劳动分离开来，分配给不同的人。但是，这一点并不妨碍物质产品是所有这些人的共同劳动的产品，或者说，并不妨碍他们的共同劳动的产品体现在物质财富中；另一方面，这一分离也丝毫不妨碍：这些人中的每一个人对资本的关系是雇佣劳动者的关系，是在这个特定意义上的生产工人的关系。"①

资产阶级表现为多层次化。垄断资产阶级人数虽少，但经济实力和政治统治大大加强，中等资产阶级的地位进一步巩固。与此同时，二战后又形成了几个新的阶层，即代表垄断资产阶级的、被称之为"行动的资本家"的高级经理阶层与高级专家官员阶层以及以巨额股息、利息为生的食

① 《马克思恩格斯全集》第 26 卷第 1 册，人民出版社 1972 年版，第 444 页。

利者阶层。

在发达资本主义国家中，传统的中间阶层萎缩的同时，新的中间阶层兴起。他们不拥有或较少拥有生产资料的所有权，但却拥有对工人劳动的支配权和对生产资料的日常控制权，以科研人员、教师、医生、社会福利人员、文艺工作者等知识分子为主体的新的中间阶层崛起，并发挥越来越大的作用。他们在收入水平、消费模式、社会责任和意识形态等方面，都与工人阶级不同。

随着资本主义整体经济实力的增强，西方发达资本主义国家在二战后先后进入了以高消费为主要特征的"富裕社会"，西方资本主义国家在其根本制度所许可的限度内，对生产关系的某些方面作了一些较大幅度的调整，推行"社会福利政策"、"工人持股"和"工人参与管理"等改良主义措施。在分配关系上，许多发达国家对收入分配政策进行了某些调整，实行社会福利政策，实行劳动法、最低工资法、公共福利、公共卫生体制、遗产税和累进所得税等政策。发达资本主义国家在进行自我调节的同时，还建立、并不断完善了行之有效的"社会安全与保障机制"，即国家社会福利与保障制度。这一制度包括最低保证工资、最低生活保障以及医疗、教育、保险及生老病死等方面的内容，即西方理论家所说的从摇篮到坟墓的完整的社会保障制度。资本家在劳动的管理上也发生了变化，由过去把工人看作是"会说话的机器"，逐步转变为把他们看作是"经济人"、"社会人"；由单纯依靠强制力、规章制度和纪律条文进行管理，逐步转变为强调激励手段，在管理中渗透情感和精神等因素。所有这些措施对于缩小贫富差距、缓和阶级矛盾、保持资本主义社会的稳定都起到了一定的作用；工人阶级的社会政治地位有了提高，在一定程度上缓和了社会矛盾和阶级矛盾。

发达资本主义国家的国家职能发生了明显的变化。这主要表现为由强制性的政治统治，逐步转变到非强制性的统治，而且这种统治，主要表现在意识形态职能与经济职能上。垄断资产阶级公开宣扬资本主义制度的合法性、优越性和永恒性，并利用国家行政力量，通过经济、政治、法律、金融等手段来调节经济，维持社会的稳定。在上层建筑上，资产阶级主要通过多党的议会民主制度来维护政权的连续性或稳定性。欧美发达资本主义国家实现了政治制度与法制制度的有效结合，对国家权力机构的监督和制约的能力明显加强；国家管理经济和社会的职能增强；资产阶级的民主形式不断扩大，公民权利的内涵与外延在社会生活的实践中不断拓展；意识形态中左翼与右翼的分歧逐渐减弱，多元化的社会价值取向更为鲜明。总之，当资本主义发展到国家垄断资本主义阶段之后，已经建立起了比较成熟的政治制度和法制制度。

第二次世界大战后，资本主义的新变化、新发展并不能证明资本主义制度的优越，也不能证明资本主义基本矛盾的解决，只是使我们清醒地认识到，在新的历史条件下，资本主义对生产关系的调整使其所容纳的生产力还有一定的余地。

战后资本主义发生新变化、新发展的原因，首先和现代科技革命推动有关。因为当代资本主义的种种变化，归根结底是科技革命引起的生产力飞跃的产物。生产力的发展推动资产阶级调整生产关系，不断扩大资本主义生产关系对生产力的容量。全球化时代的垄断资本主义，是二战后新科技革命使生产力高度发达、高度社会化和资本高度国际化的结果。战后，资本主义国家的自我调节论，也发挥了一定的作用。战后发达资本主义国家发生的众多变化中，国家的干预和调节在某种程度上具有决定性的意义。正是由于加强了国家干预，才缓解了资本主义的危机，使社会生产力仍能获得较快发展。当代资本主义的新变化，与以往资本主义经济自发发展不同，自我调节是资本主义国家新变化、新发展的动因。人们可清楚地看出，改革和高新技术发展使其表现出自身仍然具有较强的社会适应性和发展潜力。

国家垄断资本主义实质上仍然是资本主义，资本主义的本质特征并没有发生任何变化。它们确实较为有效地对生产力与生产关系之间的不平衡和不适应作了自我调节，但这一切只能在资本主义制度容许的范围内进行，这就是说，以生产资料私有制为基础的资本主义生产关系与生产力之间的基本矛盾不仅依然存在，而且在新的历史条件下变得更加错综复杂。

经济全球化和当代资本主义

经济全球化是自然历史过程与社会历史过程的统一。从世界资本主义体系形成与发展的角度看，经济全球化既是一场由发达资本主义国家发动并主导的经济运动，也是资本主义经济关系、经济矛盾在世界范围的扩展和深化。资本主义开端和主导的经济全球化对世界历史进程产生了深远的影响，但经济全球化并非仅存在于资本主义历史阶段，而是存在于资本主义与社会主义共存的历史阶段，全球化并不是资本主义的全球化，或全球资本主义化。经济全球化是资本主义向社会主义过渡的一个历史阶段。

自 16 世纪以来，资本主义历经了资本原始积累、自由资本主义、私人垄断资本主义、国家垄断资本主义和国际垄断资本主义等发展阶段。当前，资本主义的最大变化，在于一般垄断转变为国家垄断，这是资本主义生产关系的重大调整，这种调整扩大了资本主义生产关系对生产力的容量，推动了新的科学技术革命和生产力的新发展。而在经济全球化时代，值得重视的是国际垄断资本主义，它是在私人垄断资本主义和国家垄断资本主义基础上逐渐发展起来的。国家垄断与私人垄断结合在一起向全球拓展，表明当代资本主义开始进入国际垄断资本主义阶段。这是不同于国家垄断资本主义的帝国主义发展的新阶段。它和 20 世纪 90 年代开始的包括金融全球化、传媒全球化，以及经济全球化等在内的所谓"全球化时代"的到来联系在一起。在"全球化时代"，国际垄断资本的全球性统治逐渐确立起来。面对今天的"全球资本主义体系"，一些西方学者指出："这个体系有严重的缺陷。只要资本主义挂帅一天，对金钱的追求就会凌驾于其他的社会考量，经济和政治的安排就产生偏差。全球经济的发展没有全球社会发展的配合。政治和社会生活的基本单位仍然是民族国家，中心和边陲的关系仍然非常不平均。若全球经济瓦解，政治压力就会把全球撕碎。"① 这表明，世界资本主义体系已经开始瓦解。尽管他们开出诸如在全球"迈向开放社会"等药方，以挽救资本主义的衰亡，但这只能是一相情愿。经济全球化是一把"双刃剑"，这不仅是对发展中国家而言，对发达资本主义国家也是如此。经济全球化的深入发展，必将使资本主义获得巨大利益的同时，也使其基本矛盾更加尖锐，最终导致资本主义生产关系的瓦解。

全球化时代的资本主义，资本更加集中。少数大银行几乎控制着全社会的货币资本。社会存在决定社会意识。在这一特定的历史条件下可以看到资本主义民主、法制的一些新变化，如工人政党合法存在，在一些国家甚至还可以入阁参政，在思想文化方面也表现出多元化的局面。但是，资本主义政治制度的基本特征没有变。美国等西方大国的历届国家元首及其政府、国会重要成员都与垄断财团有着密切的联系，有些人本身就是垄断

---

① 索罗斯：《全球资本主义危机》，台北联经出版事业公司 1998 年版，第 106 页。

财团的成员。资本主义国家政治、经济生活的内容和表现虽然不一,但万变不离其宗的是幕后操纵者总是大的垄断财团。

西方发达国家利用雄厚的经济力量和科学技术等方面的明显优势,操纵全球性的经济组织,抢占国际市场,转嫁危机,进行不平等、不等价的交换,破坏性地掠夺发展中国家的经济资源。资本主义为实现生产力高速发展,对全球资源尤其是发展中国家的资源的破坏已经到了无以复加的地步。广大发展中国家在获取有限的资金、技术的同时,成为它们的廉价资源供应地、获取高额利润的投资对象和推销剩余产品的市场。在全球化时代,发达资本主义国家同广大发展中国家之间的矛盾更为突出地表现出来。

随着经济全球化的深入,由发达资本主义国家主导的不平等的国际经济秩序变得更加不平等,世界两极分化更加严重,发达资本主义国家与发展中国家之间表现出越来越大的差距。第二次世界大战后,一些资本主义国家经济崛起,呈迅速发展状态,在很大程度上是建立在剥削、压榨广大发展中国家的基础上,而现代科学技术的发展和经济全球化的到来,也没有使世界各国都普遍受益,世界发展中的不平衡更趋严重。国际垄断资产阶级在缓和国内矛盾和危机的同时,将这一切转嫁到广大发展中国家,加重了对发展中国家人民的剥削。富国越来越富,穷国越来越穷;富国的富人更富,穷国的穷人更穷。世界银行 2000 年度发展报告显示,世界上最富有的 20 个国家的人均收入比最穷的 20 个国家高出 37 倍。两者之间的差距比 40 年前增加了一倍。目前,全世界有 28 亿人每天的生活费不足 2 美元,几乎占世界人口的一半,而其中又有 12 亿人每天的生活费还不足 1 美元。全球化时代少数发达资本主义国家的发达,恰恰是建立在包括一些资本主义国家在内的大多数国家的不发达基础之上的。

马克思主义经典作家科学地揭示了资本主义产生、发展和必然灭亡的规律,以及社会主义、共产主义必然胜利的人类历史发展的大趋势。马克思虽曾明确宣告资本主义必然灭亡,社会主义必然胜利,但"无论哪一个社会形态,在它所能容纳的全部生产力发挥出来以前,是决不会灭亡的;而新的更高的生产关系,在它的物质存在条件在旧社会的胎胞里成熟以前,是决不会出现的"①。只要资本主义制度还没有发挥完它所能容纳的全

---

① 《马克思恩格斯选集》第 2 卷,人民出版社 1995 年版,第 33 页。

部生产力，社会主义就还得和资本主义在同一个地球上并存下去。全球化时代的资本主义尚有进一步发展的空间，社会主义取代资本主义是一个漫长而曲折的历史过程，那种把资本主义必然灭亡的历史趋势理解为"很快灭亡"，是一种不切实际的想法。

在垄断资本主义阶段，帝国主义国家始终存在着腐朽、停滞和迅速发展这样两种趋势。但是，"如果以为这一腐朽趋势排除了资本主义的迅速发展，那就错了。不，在帝国主义时代，某些工业部门，某些资产阶级阶层，某些国家，不同程度地时而表现出这种趋势，时而又表现出那种趋势。整个说来，资本主义的发展比从前要快得多"①。现代资本主义的重大变化之一，是一般垄断转变为国家垄断，这是资本主义生产关系的重大调整，这种调整扩大了资本主义生产关系对生产力的容量。而国际垄断资本主义，则是在私人垄断资本主义和国家垄断资本主义基础上逐渐发展起来的。它和20世纪90年代开始的包括金融全球化、传媒全球化，以及经济全球化等在内的所谓"全球化时代"到来联系在一起。如果说"国家垄断资本主义是社会主义的最充分的物质准备，是社会主义的前阶"②，"社会主义无非是从国家资本主义垄断向前跨进一步"③，那么，国际垄断资本主义也是如此，即国际垄断资本主义离社会主义更近了。在今天的帝国主义国家内，无论是先进的科学技术，强大的物质生产基础，还是完备的社会经济条件，都是未来建设社会主义所不可或缺的。由经济全球化形成的世界生产力，以及生产力的迅速发展和高度增长，是社会主义、共产主义绝对必需的实际前提。从这种意义上可以理解，全球化必然导致的社会主义、共产主义，既是近代以来世界历史发展的产物，也是全球化的产物。

在经济全球化的新的历史条件下，确实为实现资本、资源、劳动力、信息、技术和人才资源的配置在世界范围内提供了优化的条件，社会生产力迅速增长，世界经济的发展似乎更加有序，在某种程度上表现出资本主义的自我调适能力及潜力。然而，这既没有解决资本主义的基本矛盾，也没有改变科学社会主义所揭示的资本主义的历史地位。国家垄断资本主义或国际垄断资本主义，仍然是以生产资料私有制为基础的资本主义，资本

---

① 《列宁选集》第2卷，人民出版社1995年版，第685页。
② 《列宁选集》第3卷，人民出版社1995年版，第266页。
③ 同上书，第265页。

主义的本质特征并没有变；资本主义基本矛盾没有变；帝国主义的垄断特征没有变。这样，就不存在着所谓资本主义世界正在发生着一场"静悄悄的革命"，更不会因这场"革命"使资本主义进入"人人都是资本家"的"人民资本主义"的发展阶段，而使时代的特征有所改变。

资本主义生产是以雇佣劳动为基础的社会化生产。尽管以经济全球化为资本的扩张和增值开辟了新的天地，在一定程度上缓解了发达资本主义国家的内在矛盾，但并没有改变生产社会化与资本主义私人占有之间的矛盾，而且有时会在全球范围内进一步加剧这一基本矛盾。这是资本主义一切矛盾的根源，资本主义在自身的范围无法解决。全球化并没有改变资本主义国家的阶级关系的实质。资本家阶级仍然拥有巨额资本，无偿占有和瓜分劳动者的剩余劳动。工人的社会福利和生活水平也有了一定的提高，但是工人作为受剥削的雇佣劳动者的地位没有改变，资本主义的分配制度也没有任何实质性的改变。在发达国家内部，贫富的差距不断加大。欧盟统计局1997年5月份的报告说，有5700万欧洲人，即17%的欧盟人口生活在贫困家庭。法国前总统希拉克说："与19世纪以来欧洲传统相反，欧洲，即欧盟，第一次处于贫困不断加重、不断扩大的境地。各种各样的穷人受排挤和排斥的现象就是这个原因造成的。"[①]

全球化并没有改变资本主义国家的阶级关系的实质。资本家阶级仍然拥有巨额资本，无偿占有和瓜分劳动者的剩余劳动。由于资产阶级剥削和压榨工人阶级的剩余价值，使劳动依然受资本的控制和剥削，劳动与资本之间的矛盾日益尖锐，社会两极分化不可能有根本的改变。资本主义国家产生了一批工人贵族的同时，工人的社会福利和生活水平也有了一定的提高，但是工人作为受剥削的雇佣劳动者的地位没有改变，资本主义的分配制度也没有任何实质性的改变。几十年来，西方发达国家生活在贫困线以下的人口一直保持在15%—20%，在1979年，美国最富的20%的人的收入，比最穷的20%的人高出3.5倍；到上个世纪90年代末，这个差距已经扩大到9倍。美国最底层的40%的家庭拥有的财富仅占美国总财富的2%。在英国，最富的20%的人所占有的财富，是最穷的20%的人的10倍。20世纪的最后10来年，由于高福利政策难以为继，西方发达国家普遍实施削减福利开支和有利于资本的税率改革，进一步扩大了贫富差距。

---

① 胡元梓等主编：《全球化与中国》，中央编译出版社1998年版，第9页。

生产和消费之间的矛盾、垄断资产阶级与无产阶级和人民大众之间的矛盾、西方发达国家与广大发展中国家的矛盾、发达资本主义国家之间的矛盾日趋尖锐。在 20 世纪 90 年代后期，最富裕国家占全世界人口的 20%，却控制了全球国内生产总值（GDP）的 86%；而构成世界人口 20% 的最贫穷国家只占全球国内生产总值的 1%；外国直接投资的 68% 集中在最富裕的 20% 国家中；20% 的穷国只接受了 1%①。

资本主义的调整改革的确有意无意地借鉴了社会主义国家的一些做法，如资本主义国家加强对国民经济的宏观计划调控，以及劳动者在失业、医疗、养老等众多方面的社会福利和保障制度等。但是，这既不意味着当代资本主义会自行长入社会主义，也不意味着资本主义与社会主义的"趋同"。一切问题的关键是：资本主义的本质并没有任何改变，资本主义和社会主义存在着原则的区别，只是资产阶级主观上是为了资本主义的生存和发展，但在客观上造成了社会主义因素的存在。在"旧社会"内部形成"新社会"因素的过程中，即资本主义向社会主义过渡的进程中，资本主义充当了历史发展的不自觉的工具。

在经济全球化的新的历史条件下，确实为实现资本、资源、劳动力、信息、技术和人才资源的配置在世界范围内提供了优化的条件，社会生产力迅速增长，世界经济的发展似乎更加有序，在某种程度上表现出资本主义的自我调适能力及潜力。然而，这并没有解决资本主义的基本矛盾。国家垄断资本主义条件下的国有经济，丝毫没有改变资本主义私有制的实质。国际垄断资本主义仍然是以生产资料私有制为基础的资本主义，资本主义的本质特征并没有变。有人认为，随着股份制的发展，拥有股票的人越来越多，总有一天西方发达的资本主义国家会发展成为"人人都是资本家"的社会，进入"人民资本主义"阶段。实际上，股权社会化不过是资本主义私人占有制的一种新的表现形式，在国际垄断资本主义发展阶段，控股权还是掌握在少数资本家手中。以美国为例，10% 的富裕家庭拥有全部股票的 89.3%、债券的 90.3%，而参与"员工持股计划"的职工拥有的股票仅占千分之一。不可否认，一些工人也是持有股票的股东，但他们只是持有少量股票的小股东，他们对资本主义国家政治、经济、文化的发展，丝毫也不会产生实际的影响。股份制并没有改变使财富越来越多地集

---

① UNDP, *Human Development Report*, 1999, pp. 2—3.

中在少数人手中这一资本主义发展的基本趋势和基本事实。

资本主义生产是以雇佣劳动为基础的社会化生产。尽管经济全球化为资本的扩张和增值开辟了新的天地，在一定程度上缓解了发达资本主义国家的内在矛盾，但并没有改变生产社会化与资本主义私人占有之间的矛盾，这是资本主义一切矛盾的根源。在全球化的背景下，资本主义建立社会福利和保障制度，使生产资料私人占有对生产力发展制约的程度有所改变，但从根本上讲，并没有触动生产社会化与资本主义私人占有之间的矛盾。显然，资本主义的调节和改良，不会超越资本主义制度所能容许的范围。

全球化为社会主义的发展创造着新的历史前提。当代资本主义是资本社会化的最高的形式，社会生产力迅速发展，物质财富不断丰富，为社会主义经济的宏观管理和调控准备了机构与手段，为资本主义最终消亡和人类走向社会主义和共产主义创造了条件。在全球化时代，资本主义社会内部逐渐积累社会主义因素。社会主义因素在资本主义社会中的生长，是不以资产阶级的意志为转移的，而是社会经济发展的必然结果。另一方面，经济全球化使资本主义的基本矛盾扩展到全球，从而使资本主义生产方式的扩张愈来愈接近极限，使它缓解矛盾的空间越来越少，这将使人们更加清醒地认识到，资本主义为社会主义所代替，是世界历史发展的必然趋势。

第三节　经济全球化进程中的社会主义

经济全球化给社会主义带来发展机遇和挑战

经济全球化是当今世界经济发展的客观进程，是现代科技条件下经济社会化和国际化的历史新阶段。在经济全球化的新的历史条件下，资本主义加速在全球扩张，为社会主义的全球发展带来一定的困难，同时也为社会主义取代资本主义创造着必要的条件。在 21 世纪，经济全球化会更加向纵深发展。社会主义国家只有抓住这一历史机遇，趋利避害，以更加积极的姿态走向世界，勇敢地迎接挑战并不断地壮大自己，才能为社会主义的发展开辟广阔的道路。

科学社会主义的命题和构想，本身就是在人类的历史越来越成为"世界历史"的条件下提出来的，从这种意义上可以认为，当代社会主义是世界历史性的选择，是全球化的产物。19世纪初，产业革命推动早期资本主义生产力蓬勃发展，超出国家范围的生产。马克思、恩格斯虽然在他们的著作中并没有使用"全球化"的概念，但他们在《德意志意识形态》和《共产党宣言》等著作中提出了"历史转变为世界历史"的论断，以及各个民族结束了自己孤立的发展，进入了"世界历史"的历史进程。"资产阶级，由于开拓了世界市场，使一切国家的生产和消费都成为世界性的了。……过去那种地方的和民族的自给自足和闭关自守状态，被各民族的各方面的互相往来和各方面的互相依赖所代替了。"① 资本主义在高速发展社会生产力的同时，使社会矛盾加剧，工人运动的蓬勃发展催生了科学社会主义理论的诞生，马克思主义唯物史观和剩余价值学说两大理论发现，使社会主义从空想变成了科学。

　　社会主义的命运与经济全球化紧密相连。19世纪末20世纪初，资本主义向帝国主义过渡，并用炮艇和商品将整个世界强行纳入资本主义体系。在帝国主义国家，无产阶级与资产阶级之间、殖民地半殖民地人民与帝国主义列强之间的矛盾日趋激化。1917年十月革命胜利，第一次将科学社会主义的理论变成现实，在人类历史上建立了第一个无产阶级专政的社会主义国家，人类历史翻开了新的一页。资本主义各国无产阶级革命运动和殖民地、半殖民地的民族解放运动迅速发展；与此同时，帝国主义列强争夺全球市场和殖民地的斗争愈演愈烈，终于导致两次世界大战爆发。战争引起了革命，社会主义力量迅速崛起。20世纪末苏东剧变，世界社会主义虽然遭遇重大挫折，但世界社会主义运动仍在继续发展。这种发展的重要特征之一，就是自觉地将其放在经济全球化的历史进程中，在反对所谓西方经济"一体化"的同时加速发展自己，坚持社会主义的原则，不断完善社会主义制度。

　　社会主义进程与全球化进程是同步的。马克思、恩格斯认为，无产阶级只有解放全人类才能最后解放自己，实现共产主义。在论述无产阶级和全人类解放的条件时，马克思说："无产阶级只有在世界历史意义上才能存在，就像共产主义——它的事业——只有作为'世界历史性的'存在才有可能实现一样。"② 马克思主义经典作家认为，共产主义的最后胜利、无

---

① 《马克思恩格斯选集》第1卷，人民出版社1995年版，第276页。
② 同上书，第87页。

产阶级的最终解放，都是伴随着"世界性过程"取得的。在经济全球化的历史条件下，可以明显地看到生产力的进步；世界市场的扩大，各民族的交往和融合使越来越多的民族国家参与到世界经济之中。所有这些进步，从某种意义上可以认为是共产主义的阶梯和桥梁。

经济全球化，是社会生产力发展的要求和结果，促进了各国之间的相互联系和相互依赖，有利于生产要素在全球范围内的优化配置，是在全球范围内提高社会生产力的新的动因。经济全球化为社会主义国家积极参与全球经济和国际竞争提供了有利的国际条件。在今天的世界，综合国力的竞争成为各国关注的焦点，和平与发展已经成为时代主题。社会主义国家和资本主义国家在意识形态、政治体制、价值观念上的矛盾和对立依然存在。但是在经济全球化的背景下，发达资本主义国家从其自身利益出发，需要同社会主义国家扩大交流与合作，社会主义国家和资本主义国家之间的联系在日益增加，从而使彼此之间的联系和依赖性不断增强，这为社会主义国家集中精力搞好经济建设、提高综合国力等提供了有益的外部环境。

在解决全球性问题时，社会主义和广大发展中国家是一支重要的力量，发挥着不可替代的作用，从而使发展中国家，特别是发展中的社会主义国家中国，在国际政治中的地位不断提高。对于这一点，西方资产阶级的头面人物也不否认，例如美国前总统尼克松认为，"我们时代的奇迹之一是中国在惨遭20世纪各种可怕的天灾人祸之后，在21世纪必将成为世界上的一个头等大国"[①]。在一些俄国学者看来，"在20世纪与21世纪之交，东方、亚洲、中国的作用显著上升。中国在世人心目中正在变成全球力量的中心，变成地缘政治平衡的因素。一切珍惜和平与社会主义的人，都满怀希望地注视着中国不断壮大、胜利前进"[②]。中国特色社会主义蓬勃发展，代表着社会主义的未来。

全球化的发展使世界各国在金融、贸易、投资诸领域相互渗透和相互依存大大加深，社会主义国家在当代经济往来中，可在与发达资本主义国家的交往中，获得自身发展所需要的资金、技术、管理经验，及高素质人

---

① 尼克松：《1999年：不战而胜》，世界知识出版社1997年版，第252页。

② 肖枫主编：《社会主义向何处去——冷战后世界社会主义运动大扫描》，当代世界出版社1999年版，第1138页。

才，缩小其与发达资本主义国家之间的差距，提高社会主义的竞争力。邓小平说："社会主义要赢得与资本主义相比较的优势，就必须大胆吸收和借鉴人类社会创造的一切文明成果，吸收和借鉴当今世界各国包括资本主义发达国家的一切反映现代化生产规律的先进经营方式、管理方法。"① 跨国公司是经济全球化的重要基础之一，社会主义国家通过与跨国公司的有效合作使自身得到发展。例如，在跨国投资时，当资金转向一个国家时，市场观念、技术和管理、机制，以及营销网络等同时会进入这个国家，有利于高新科技的发展和出口产品的结构优化。社会主义国家可以利用外来资金，并从中获得先进的技术和经验。现代信息技术为经济全球化的快速发展提供了有力的技术支持，社会主义国家可充分利用新技术和世界资源，以及其他一切人类文明成果，发挥"后发优势"实现跨越式发展。

我们在批判资本主义"自由、平等、博爱"和"人权"理论的同时，可从我国的历史与现实出发，在建设社会主义法治国家的过程中，确立社会主义的价值体系，建构中国特色社会主义的民主政治制度。只有这样，才能具体体现社会主义民主制度的优越性。全球化有助于社会主义国家打破传统的思维模式，一切从实际出发，实事求是地探索社会主义的本质和未来发展前景，有助于推动社会主义国家的政治发展。

西方一些学者认为，当前全球化的进程不仅是各个国家文化和文明一致性的增长趋势，也是每个国家社会政治生活一致性的增长趋势②。对这里两次提到的"一致性"的本质内容，我们应该有清醒的认识。所谓"一致性"，显然是建立在西方标准的基础上，我们不可低估以美国为代表的西方资产阶级意识形态的渗透和影响。经济全球化的发展将对世界社会主义产生广泛而深刻的影响，它是一把双刃剑，既为社会主义的发展提供了新的机遇，同时由于资本主义在全球化进程中的主导地位，也不可避免地对社会主义提出了严峻的挑战。

在经济全球化的新的历史条件下，传统的封闭型的计划经济发展模式已不再适合时代发展的需要，建设社会主义必须汇入世界经济全球化的大潮。邓小平说："我们最大的经验就是不要脱离世界，否则就会信息不灵，

---

① 《邓小平文选》第 3 卷，人民出版社 1993 年版，第 373 页。
② Elena Safronova，"Globalization from the Perspective of the PRC and Developing Countries"，*Far Eastern Affairs*，2003，vol. 31 Issue 4.

睡大觉，而世界技术革命却在蓬勃发展。"① 此外，从经济总量来看，美国、欧盟、日本占世界经济总量的75％。社会主义国家的经济在世界经济总量中所占的比例处于绝对劣势，不可避免地会给社会主义经济发展带来挑战。

社会主义和资本主义属于两种截然对立的意识形态，在全球化时代的今天，资本主义对社会主义的意识形态攻势从未减弱。所谓"全球化时代已经摆脱了意识形态的狭隘偏见"是骗人的谎言。在所谓意识形态已经结束的幌子下，西方资产阶级不遗余力地推行资本主义的民主制度、人权观念、价值观念和生活方式。英国学者安东尼·吉登斯说："全球化正在跨越国家边界推动思想和观念的传播，并导致世界上的许多地区出现更加积极的公民。"② 什么是"更加积极的公民"呢？无非是将价值观念、思维方式、道德诉求和政治价值取向等方面，都纳入西方资产阶级的意识形态体系之中。

"和平演变"是以美国为首的西方国家颠覆社会主义国家的基本战略之一。例如，20世纪60年代以来，西方国家加紧了这一战略在苏联东欧的实施。从1982年里根制定"使共产主义民主化的战略"到布什1989年提出"超越遏制战略"，"以接触促变化"的和平演变政策，8年间对苏联政治、经济和社会发展造成严重的破坏。在全球化背景下，社会主义国家原来占主导地位的意识形态和价值观念受到强烈冲击，对社会主义文化建设提出了严峻挑战。经济全球化对社会主义国家安全构成威胁，是一个不争的事实。在国防安全、军事安全、政治安全、经济安全、文化安全、科技安全、环境安全等方面，都提出了新的问题，我们特别要警惕在所谓"政治全球化"、"文化全球化"的旗号下，推行全盘西化的图谋。

20世纪90年代，苏联解体和东欧的社会主义国家相继发生剧变，社会主义运动随之处于低潮。世界历史的现实向人们提出了新的问题，即社会主义的前途在哪里，社会主义的发展前景如何？一些西方资产阶级学者宣告社会主义已经死亡，社会主义运动已经成为历史是没有任何根据的。他们声称，资本主义与社会主义两种体制的竞争，在其正式开始后不到75年时间内已经结束，资本主义获得了最终胜利。美国学者弗朗西斯·福山

---

① 《邓小平文选》第3卷，人民出版社1993年版，第290页。
② 安东尼·吉登斯：《社会学》，北京大学出版社2003年版，第542页。

在《历史的终结与最后的人》中提出"历史终结论"，宣扬资本主义的自由民主制度是"人类历史发展的终极状态"，是"人类意识形态发展的终点"，是"人类最后一种统治形式"，现在留待人类思考的基本问题不是别的，而是作为"历史终极状态"的资本主义自由平等制度能否令人完全满意。社会主义是否像西方理论家所说的那样终结了呢？回答是否定的，社会主义的前景辉煌灿烂。其原因在于：虽然在全球化过程中，资本主义获得了相对于社会主义的优势，但其本身仍然存在着无法克服的矛盾和困境。就经济方面而言，全球化并没有改变资本主义社会的基本运动规律，其各种痼疾依然存在并不断积累和加深。

当今的全球化时代，仍然是社会主义与资本主义共存竞争，反复较量，并最终向社会主义过渡的时代；世界发展的基本趋势并未改变，列宁揭示的反映现时代基本特征的世界各种矛盾依然存在，世界从资本主义向社会主义过渡这一时代的本质并未发生变化。资本主义在全球化时代表现出的生命力和潜力，并不能改变其被社会主义所替代的历史命运。

经济全球化进程中的社会主义和资本主义

经济全球化始于第二次世界大战之后，到80年代已经显露其雏形，90年代则呈加速发展之势。世纪之交，经济全球化已成为世界历史潮流，它是"当今世界发展的客观进程，是在现代高科技的条件下经济社会化和国际化的历史新阶段"①。在经济全球化这一新的历史条件下，资本主义和社会主义的斗争、合作及相互影响将长期存在，这是因为经济全球化并没有改变、也不可能改变"一球两制"这个基本事实。在经济全球化的背景下，资本主义和社会主义发展的历史趋势，并没有发生任何本质的变化，即资本主义的灭亡和社会主义的胜利仍然是历史的必然。今天的社会主义已经不仅仅是一种价值理念或社会理想，而是一种实实在在的社会制度存在。这种存在是全球化进程中与资本主义对抗的基本力量，对于改变资本主义极力追求的经济全球化的一元格局，具有不可替代的积极意义。

经济全球化并非仅存在于资本主义历史阶段，而是存在于资本主义与社会主义共存的历史阶段，在经济全球化的背景下，我们仍生活在十月革

---

① 汪道涵：《全球化与中国经济》，见雅克·阿达著《经济全球化·序》，中央编译出版社2000年版，第Ⅰ—Ⅱ页。

命开辟的从资本主义向社会主义过渡的时代。全球化并不是资本主义的全球化，或全球资本主义化。从资本主义过渡到共产主义是一整个历史时代；经济全球化是资本主义向社会主义过渡的一个历史阶段。但是，"无论哪一个社会形态，在它所能容纳的全部生产力发挥出来以前，是决不会灭亡的；而新的更高的生产关系，在它的物质存在条件在旧社会的胎胞里成熟以前，是决不会出现的"①。只要资本主义制度还没有发挥完它所能容纳的全部生产力，社会主义就还得和资本主义在同一个地球上并存下去。我们不仅要看到资本主义向社会主义过渡的必然性，而且也要看到资本主义向社会主义过渡的长期性。资本主义作为一种社会制度，作为一个世界体系，不可能在某一个早晨自行灭亡。资本主义的灭亡是一个复杂的和长期的历史过程。

经济全球化并非只是指经济活动，其影响已经延伸到政治、社会、文化和传媒等领域。全球化是全方位的全球化②，因此，西方学者在提出世界历史已经进入"全球化时代"的同时，还从不同视角提出"后冷战时代"、"后后冷战时代"、"新帝国"时代、"建立'新帝国'时代"、"公民权利的时代"、"环境时代"、"信息时代"等概念。这些概念的含义各不相同，但却有一点是相同的，即都否认我们所处的时代是十月革命开辟的"由资本主义向社会主义过渡的时代"。

"和平与发展"是时代的主题，但并非是"和平与发展"已经成为当今世界的现实，因为影响和平与发展的不确定因素在增长，不合理的国际政治、经济秩序并没有从根本上改变，我们所面对的，是世界多极化和经济全球化趋势的不断发展和复杂多变的国际形势，和平与发展这两个问题至今一个也没有解决。例如，美国为了维持其在世界贸易和生产中的霸主地位，始终把强化军事实力当作王牌③。苏联解体、东欧剧变以来，美国在海外的军事行动从来没有停止：1989 年入侵巴拿马，1990 年至 1991 年发动海湾战争，1992 年至 1993 年对索马里进行军事干涉，1998 年至 1999 年对海湾地区发动空袭，1999 年空袭科索沃和南联盟，2001 年发动阿富

---

①　《马克思恩格斯选集》第 2 卷，人民出版社 1995 年版，第 33 页。

②　参见 Roland Robertson：*Globalization：Social Theory and Global Culture*，Sage，1992，p. 9.

③　冷战结束后 10 余年间，美国的军费开支为 2 万亿美元。超过所有对手花费的总额。如今，"美国的国防支出相当于世界 189 个国家总和的 40%—50%"。见 Niall Ferguson，"American Colossus"，http：//www. channel4. com/history/microsites/H/history/a—b/American. html.

汗战争，2003 年发动伊拉克战争。"9·11 袭击事件为美国扩大和加强对欧亚地区的军事和经济控制提供了契机。……美国产生追求实力的新动力并非因为'9·11'事件、袭击前美国经济实力已经开始削弱了。如果历史上不存在'9·11'事件，这一天的可怕事件从未发生过，美国很可能照样在阿富汗和伊拉克发动战争。"① 这表明，以美国为代表的国际垄断资产阶级在当代的各种矛盾，从来没有解决，而且看不到解决的远景，军事实力不可能从根本上改变美国衰落的命运。2008 年金融危机是资本主义发展到一定历史展阶段的必然产物，反映出资本主义的基本矛盾是不可能自行解决的。2011 年美国《外交》双月刊 3/4 月号发表文章《后"华盛顿共识"——危机之后的发展》，作者是美国全球发展中心主席南希·伯索尔、美国斯坦福大学弗里曼—斯波格利国际问题研究所高级研究员弗朗西斯·福山。他们联合撰文认为，从现在起几年以后，历史学家们很可能会认为，这场金融危机是美国在全球事务中占据经济主导地位的终结。不仅如此，这次危机凸显了资本主义制度内在的不稳定性，美国式资本主义已经从神坛上跌落下来。西方国家要求新兴市场在全球事务中承担更大的领导角色，就是承认他们已经不能单靠自己处理全球经济事务。所谓"世界其余国家的崛起"并不仅仅牵扯到经济和政治权力，还牵扯到各种思想与模式在全球范围的竞争。

"和平与发展"是时代的主题，但不等于世界已经完全进入"和平与发展的时代"，更不能因此而宣布十月革命开辟的"由资本主义向社会主义过渡的时代"已经结束，或已经过时。"和平与发展"是时代的主题、世界主题，是当代世界的两大问题；而"由资本主义向社会主义过渡"则是时代的性质。"时代主题"和"时代性质"是既有联系，又有本质区别的两个概念，不应将其混淆在一起。现时代依然是由资本主义向社会主义过渡的时代，这是时代的性质，自 1917 年十月革命胜利以来，时代的性质从本质上看，并没有改变。"9·11"事件向世人表明了美国的脆弱。随着世界资本主义体系在 20 世纪 90 年代短暂繁荣的结束，必将开始一个混乱的年代。这使人们对资本主义向社会主义过渡时代的性质将有更清晰的认识。

德国法兰克福大学教授哈贝马斯撰文鼓吹"马克思主义过时论"，在

---

① 瓦西利斯·福特卡斯等：《新美帝国主义》，世界知识出版社 2006 年版，第 16 页。

他看来，苏联解体、东欧剧变表明，"由 1917 年布尔什维克所引发的全球内战终于取得胜利"，"从法西斯主义开始的一个时代正在走向终点，自由主义的社会组织观以宪制民主、市场经济和社会多元主义的形式初见成效，有关'意识形态终结'的匆匆预断似乎最终成为真实"①。在哈贝马斯等西方理论家的话语中，所谓"意识形态终结"是和"历史的终结"，即"社会主义的终结"联系在一起的。既然资本主义是"永恒的"，那么，由资本主义向社会主义过渡的时代自然就"终结"了，十月革命的世界历史意义也不复存在。近年，"意识形态终结"论在国内也有反映，有论者认为，全球化使国家利益中"意识形态的因素下降"，全球化趋势的不断发展，客观上要求"放弃简单的意识形态对抗立场"。与国家的经济利益、地缘战略利益相比较，"意识形态利益显然居于次要地位"。然而，这只是一厢情愿。

　　实际上，"意识形态终结论"的本质，应概括为"意识形态统一论"，即包括科学社会主义在内的世界上所有的意识形态，都"统一"到以美国为代表的西方意识形态体系中去，形成西方意识形态的一统天下②。在当今的美国社会，代表垄断资产阶级利益的新的意识形态加倍冒出来，渗透于社会各个角落。例如，1993 年美国国会建立"共产主义受难者基金会"。2007 年 6 月 12 日，美国总统布什在华盛顿出席"共产主义受难者纪念碑"揭幕仪式时恶毒攻击共产主义。他说，20 世纪是人类历史上死亡最惨重的世纪。共产主义在这个世纪里夺走大约 1 亿男男女女和孩子的性命，光是在中国和苏联就夺走了几千万人的生命。以"邪恶和恨为基础的共产主义"，到今天还继续存在。他还说，共产主义不只夺走受难者的生命，他们还企图盗窃他们的人性，抹消他们的记忆。这座纪念碑的落成，就是要归还他们的人性，重建他们的记忆。布什把共产主义与恐怖主义相提并论，认为共产主义与伊斯兰极端恐怖主义一样，"野心勃勃，藐视自由，打击异己，追求专制统治"，而且"杀人不眨眼"，但只要自由世界团结一致，共产主义将和恐怖主义一样，"终将走进历史灰烬"③。从布什和美国政府的言行中，人们看到的只是放肆的诋毁和野蛮的霸权，哪里有什

---

　　① 哈贝马斯：《东欧剧变与〈共产党宣言〉》，见俞可平主编《全球化时代的"马克思主义"》，中央编译出版社 1998 年版，第 40、41 页。

　　② 萨缪尔·亨廷顿：《失衡的承诺》，东方出版社 2005 年版，第 26 页。

　　③ http://www.whitehouse.gov/news/releases/2007/06/20070612—2.html.

么"意识形态终结"可言。

列宁认为，"帝国主义是衰朽的但还没有完全衰朽的资本主义，是垂死的但还没有死亡的资本主义"①。这在经济全球化已经到来的今天依然如此。当前国家垄断资本主义或国际垄断资本主义的高度发展，从某种意义上可认为是资本主义腐朽性逐步加深的具体表现。这是因为，现代生产力的高度发展使资本主义赖以生存的基础——价值生产——失去存在的理由；经济全球化导致资本主义矛盾在全球范围内扩展，从而在全球范围内为社会主义革命了准备必要的条件。全球化进程造成了全球性的失业、贫富两极分化，以及生态危机、能源危机等资本主义无法解决的矛盾，从另一方面表明社会主义是现实可行的选择。经济全球化必将加速社会主义代替资本主义的进程，即全球化源于资本主义而终于社会主义；从根本上讲，全球化过程是一个由民族社会形态向世界社会形态发展的过程，而真正的世界社会形态是社会主义的而不是资本主义的。

当代资本主义的经济实力在全球占绝对优势，而社会主义遇到曲折与困难，使世界社会主义运动处于历史的低潮。社会主义在其历史进程中，遇到挫折、困难、甚至暂时的失利，都不足为怪。这正如列宁所说，社会主义在曲折中前进，"设想世界历史会一帆风顺，按部就班地向前发展，不会有时出现大幅度的跃退，那是不辩证的，不科学的，在理论上是不正确的"②。仅从表象出发，认为"社会主义失败"，就如同认为世界社会主义"很快胜利"一样，是没有根据的。如果说社会主义遭到挫折与失败，那绝不是社会主义理想的失败，而只是一种社会主义模式的失败，并不能因此而否定社会主义产生和发展的历史必然性。关于苏联东欧剧变的全球化原因，一些学者认为"先是背离全球化进程，长期游离于世界市场经济大潮之外；后又盲目汇入资本主义主导的全球化进程，陷入西方国家设计的所谓'全球化的陷阱'而不能自拔，导致自我否定，最终从世界政治版图上悄然消失"③。世界社会主义运动定会从中汲取深刻的经验教训，同时从僵化的思维模式中解放出来，广泛吸收世界上各个民族和国家，包括资本主义国家社会经济发展中的合理成分来充实和丰富自己。

①　《列宁全集》第 24 卷，人民出版社 1956 年版，第 431 页。
②　《列宁全集》第 28 卷，人民出版社 1956 年版，第 6 页。
③　徐艳玲：《全球化、反全球化思潮与社会主义》，山东人民出版社 2005 年版，第 269 页。

　　战后资本主义在生产力和生产关系、经济基础和上层建筑各方面发生的巨大变化，改变了东西方政治力量的对比，对社会主义构成了巨大的压力和挑战。社会主义国家和发达资本主义国家相比，在经济上处于落后地位，现存的不合理的国际经济秩序，使社会主义国家在经济上赶超发达资本主义国家还需要相当长的时间，但这并没有改变社会主义与经济全球化发展方向所具有的内在的一致性。社会主义国家科技落后、面临着应对科技革命的困难和挑战。鉴于科学技术是第一生产力，科学技术在当代社会发展中的作用不断增长，如果社会主义国家在这方面长期落后，就将会在经济全球化的进程中处于十分不利的地位，因此，社会主义国家应加快速度、扩大交往，积极吸收新科技革命的先进成果，抓住在全球化的新的历史条件下，社会主义跨越式发展的历史机遇。

　　全球化为社会主义的发展创造着新的历史前提。当代资本主义是资本社会化的最高的形式，社会生产力迅速发展，物质财富不断丰富，为社会主义经济的宏观管理和调控准备了机构与手段，为资本主义最终消亡和人类走向社会主义和共产主义创造了条件。这种情况并不是现在才出现的，而存在于整个资本主义发展阶段。早在 1853 年 7 月，马克思在分析不列颠在印度统治的未来结果时，就曾精辟地论述了资本主义如何不自觉地为未来的新社会创造着必需的物质前提。马克思说：“印度资产阶级将被迫在印度实行的一切，既不会使人民群众得到解放，也不会根本改善他们的社会状况，因为这两者不仅决定于生产力的发展，而且还决定于生产力是否归人民所有。但是，有一点他们是一定能够做到的，这就是为这两者创造物质前提。难道资产阶级做过更多的事情吗？难到它不使个人和整个民族遭受流血与污秽、蒙受苦难与屈辱就实现过什么进步吗？”① 今天的资本主义和 19 世纪中叶的资本主义已经有了很大的不同，但资本主义的本质并没有改变，在世界历史继承中资本主义存在的“价值”也没有改变。

　　在经济全球化时代，资本主义社会显现了社会主义因素，并在资本主义社会内部逐渐积累。这种“积累”和马克思所揭示的资本主义不自觉地为未来的新社会奠定物质基础是一致的。社会主义因素在资本主义社会中的生长，是不以资产阶级的意志为转移的，是社会经济发展的必然结果，这正如恩格斯所言：“文明每前进一步，不平等也同时前进一步。随着文

① 《马克思恩格斯选集》第 1 卷，人民出版社 1995 年版，第 771 页。

明而产生的社会为自己所建立的一切机构，都转变为他们原来的目的的方面。"① 资本主义基本矛盾的深化，导致当代资本主义中的社会主义因素增多。资本主义的调整改革的确有意无意地吸收了一些社会主义的因素，如资本主义国家政府加强对国民经济的宏观计划调控，以及劳动者在失业、医疗、养老等众多方面的社会福利和保障制度等，这些并非是资产阶级本性的改变，主观上是为了挽救资本主义的灭亡，但在客观上造成了社会主义因素的存在。在这个过程中，资本主义充当了历史发展的不自觉的工具。正是基于上述认识，有些论者指出，"马克思所规定的社会主义或共产主义现实的两个条件——生产力的高度发展和世界性普遍交往的高度发展——日益成熟，马克思当年所设想的那种理想的社会状况正在变为现实，全球化的世界经济政治和文化发展形势正在向马克思所设想的社会主义方向发展和接近"②。

俄罗斯总统普京曾言："苏维埃政权没有使国家繁荣，社会昌盛，人民自由。用意识形态的方式搞经济导致我国远远落后于发达国家。无论承认这一点有多么痛苦，但是我们将近70年都在一条死胡同里发展，这条道路偏离了人类文明的康庄大道。"③ 如果我们从总结苏联解体历史经验的角度，去理解普京的上述讲话，我们应清醒地认识到，在经济全球化的挑战下，社会主义中国必须坚持改革开放，尽快发展生产力，不断提高人民生活水平，完善社会主义的民主与法制，充分发挥社会主义制度的优越性，不断提高自己的综合国力。中国曾深受苏联社会主义模式的影响。近30年来的改革开放，中国人民顶住了国际社会主义运动遭受严重挫折的重大压力，立足中国，清醒地认识到当代中国社会发展中经济成分和经济利益的多样化，社会生活方式的多样化，社会组织形式的多样化，就业岗位和就业形式的多样化在社会思潮和意识形态上的反映，自觉地坚持马克思主义的指导地位，努力将中国的事情办好，使社会主义重新焕发出生机和活力。

全球化制约着当代中国的发展，中国的发展也深刻地影响着全球政治、经济和文化④。马克思主义认为，每个民族走向社会主义的途径都有

① 《马克思恩格斯选集》第3卷，人民出版社1995年版，第482页。
② 俞可平等主编：《全球化的悖论》，中央编译出版社1998年版，第153页。
③ 《普京文集》，中国社会科学出版社2002年版，第5页。
④ 《邓小平文选》第3卷，人民出版社1993年版，第290页。

自己的特点，这并不会因全球化时代的到来有任何改变。列宁说："一切
民族都将走向社会主义，这是不可避免的，但是一切民族的走法却不会完
全一样，在民主的这种或那种形式上，在无产阶级专政的这种或那种形态
上，在社会生活各方面的社会主义改造的速度上，每个民族都会有自己的
特点。"① 在经济全球化的背景下，每个国家的社会主义发展道路，都将是
具有本民族特色的社会主义发展道路。"一切民族都将走向社会主义"，但
决不会只是一条道路、一种模式。

中国是当今世界最大的社会主义国家，经过 30 多年的艰辛探索，我
们科学地回答了什么是社会主义，怎样建设社会主义的问题，终于找到了
在中国这样经济文化落后的国家，建设中国特色社会主义的道路，将社会
主义事业与现代化的世界历史进程有机地结合起来，并在实践中逐渐形成
了中国特色社会主义理论的科学体系。我国社会主义事业蒸蒸日上，揭开
了世界社会主义发展历史的崭新一页，这必将对世界社会主义运动产生深
远的影响。全球化进程中的中国特色社会主义，使世界各国人民重新看到
了社会主义的未来和希望。

---

① 《列宁选集》第 2 卷，人民出版社 1995 年版，第 777 页。

第二章　马克思世界历史理论与经济全球化

第一节　历史向世界历史转变

人类历史Ⅰ——民族的和原始封闭状态的历史

马克思主义经典作家认为，从猿到人，有一个过渡期间的生物，这种过渡生物是"在智力和适应能力远远高于其他一切猿类的某个猿种"，可被称为"正在生成的人"①，而劳动在从猿到人转变过程中具有决定性的作用，劳动创造了人本身。人类最早的历史是原始时代的历史。马克思、恩格斯针对德国资产阶级史家否定原始时代的历史的理论指出："德国人认为，凡是在他们缺乏实证材料的地方，凡是在神学、政治和文学的谬论不能立足的地方，就没有任何历史，那里只有'史前时期'；至于如何从这个荒谬的'史前历史'过渡到真正的历史，他们却没有对我们作任何解释。"② 人类社会的起源是原始社会，恩格斯的名著《家庭、私有制和国家的起源》问世，标志着科学的原始社会史的理论确立。

在原始社会，无论是原始群时期，原始公社氏族母系制度时期、原始公社氏族父系制度时期，以及军事民主制度时期，即原始社会向阶级社会过渡时期，人类的历史都是处于封闭状态的历史。"大约自公元前4300年，首先在西亚、包括它南部的两河流域，开始发生氏族制解体，向阶级社会和文明时代过渡的过程。正是在这一带，人类史上初次出现属于城市

---

① 《马克思恩格斯选集》第4卷，人民出版社1995年版，第379、376页。
② 《马克思恩格斯选集》第1卷，人民出版社1995年版，第79页。

范畴的建筑，初次出现由农村结合和发展起来的城市。"① 在古代亚非的奴隶制国家，诸如古代埃及，两河流域的城市国家巴比伦、亚述、新巴比伦等，赫梯、腓尼基和巴勒斯坦，以及古代伊朗、古代印度等国家，都是处于封闭状态的历史环境中，尽管在奴隶制国家之间已经开始发生联系，有了萌生中的"外交"和"国际关系"。因为"封闭状态"的历史是由古代世界的社会经济制度决定的。马克思说："人们在自己生活的社会生产中发生一定的、必然的、不以他们的意志为转移的关系，即同他们的物质生产力的一定发展阶段相适合的生产关系。这些生产关系的总和构成社会的经济结构，即有法律的和政治的上层建筑竖立其上并有一定的社会意识形式与之相适应的现实基础。"② 奴隶制国家的生产力发展水平决定了这些国家的生存环境及彼此之间的关系。

在古代希腊，公元前8—6世纪曾经出现了海外大移民运动。这场运动是在社会生产力发展、商业贸易激增、社会矛盾尖锐，以及一些新的城邦国家出现的特定的历史条件下发生的。当时希腊人的足迹遍及意大利、法国南部、西班牙和非洲北部等地。但是，从"世界历史"的视角来看，这并没有改变当时人类历史发展的"封闭状态"，尽管史称是"移民运动"或"海外大移民"，但主要还只是在意大利半岛、西西里岛和地中海沿岸地区。

在外国历史的研究范畴中，世界中世纪历史的主要内容，是封建社会形成、发展和衰亡的历史。一般认为，其始于5世纪后期西罗马帝国灭亡，下迄17世纪中期英国资产阶级革命前夜。封建制度是比奴隶制度进步的一种社会制度，是人类历史进程中的一个发展阶段。封建生产方式较之奴隶制经济，更有益于社会生产力的发展。在西欧，不仅封建庄园——封建土地所有制迅速发展，而且出现了城市手工作坊和行会。在封建社会，各个国家和民族的活动范围和交往联系，已经明显地扩大了，例如这一时期出现了"民族大迁徙"、"十字军东侵"、"百年战争"和"万国宗教会议"等。但是，封建土地所有制是封建社会的基础，其本质是封建主对大部分土地的占有和对劳动者的不完全占有。封建社会的农业生产是小生产，基本上是个体农户独立进行，他们在人身上依附于封建主。虽然商

---

① 《世界上古史纲》编写组：《世界上古史纲》上册，人民出版社1979年版，第118页。
② 《马克思恩格斯选集》第2卷，人民出版社1995年版，第82页。

品生产和货币交换是封建经济的组成内容，但封建经济仍然是一种自然经济。所有这一切决定了在封建社会经济形态中，人类的历史行程，仍然没有从民族性的、地方性的历史转向普遍性、世界性的历史。

在封建社会后期，随着社会生产力的发展，封建经济逐渐解体，封建社会内逐渐产生了资本主义生产关系的萌芽，出现了资本主义性质的手工工场。随着资本主义经济的发展，资产阶级首先在西欧出现。新兴的资产阶级通过文艺复兴、宗教改革运动，为冲破封建专制统治，建立资产阶级的政治、经济统治而斗争。17 世纪中叶爆发了英国资产阶级革命，标志着世界范围内资本主义时代的开始，正是在资本主义这一新的历史时代，各民族和国家相对隔绝的历史逐渐成为"世界历史"即各民族、国家进入全面相互影响、相互制约的历史。

人类历史Ⅱ——世界历史

资本主义作为一种新的生产关系，产生于 15 世纪的西欧。它孕育于封建社会内部，是社会生产力发展促使封建生产关系发生质变的必然结果。马克思笔下的"世界历史"是相对于"民族历史"而言的。生产力的发展，使各个民族之间开始有了交往，后来变成了经常性的交往，从而有可能在世界范围内创造历史。资产阶级迈出了历史向世界历史转变的第一步。从这种意义上可以说，资本主义产生和发展的历史，同时也是历史向世界历史转变的历史。在马克思的理论中，"世界历史"有将其作为一个相互联系的历史性整体来加以理解的具体含义。资本主义生产与交往的发展，"各个相互影响的活动范围在这个发展进程中越是扩大，各民族的原始封闭状态由于日益完善的生产方式、交往以及因交往而自然形成的不同民族之间的分工消灭得越是彻底，历史也就越是成为世界历史"①。

15 世纪的西欧，封建社会建立了自己稳固的统治，进入鼎盛时期，同时也因资本主义萌芽的出现使封建主义的社会基础和经济基础开始动摇。资本主义的萌芽，最初是在地中海沿岸城市出现的。在意大利的威尼斯、热那亚、米兰，在佛罗伦萨，都可以看到毛织、丝织、造船业中的资本主义性质的手工工场。以后在采矿业、航海业和建筑业中，也相继出现了资本主义关系的萌芽，开始出现资本家和雇佣工人。

---

① 《马克思恩格斯选集》第 1 卷，人民出版社 1995 年版，第 88 页。

　　15世纪最重大的历史事件是"新航路开辟"。这时，西欧各国开始了资本原始积累的过程，葡萄牙、西班牙、法国、英国等国大小贵族、商人和新兴资产阶级，迫切要求向海外寻找土地和黄金，这是推动航海家远航东方的根本动力。在西欧，最早致力于开辟新航路的是葡萄牙人。1486年B. 迪亚士终于航抵非洲最南端的风暴角（后葡王将其改名好望角）。1497—1499年，达·伽马沿着迪亚士航行的路线到达并绕过好望角，进入东非南部海域，进而向北航行，到达马林迪后，循东非至印度的航线抵达印度。西班牙积极支持海外探航，1492年，哥伦布得到西班牙国王伊莎贝拉一世的批准和资助，率领3艘船只经过30多天艰苦的航行，到达美洲。1519年，葡萄牙人麦哲伦得到西班牙国王查理一世的支持，率船队从西班牙塞维利亚港起航，横渡大西洋，通过大陆与火地岛之间的海峡（后称麦哲伦海峡）进入太平洋。1521年麦哲伦被菲律宾土人杀死，由J. 埃尔卡诺率船继续航行，经好望角于1522年返回西班牙，实现了人类历史上第一次环球航行。马克思对此给予了高度的评价："随着美洲和通往东印度航线的发现，交往扩大了，工场手工业和整个生产运动有了巨大的发展。从那里输入的新产品，特别是进入流通的大量金银完全改变了阶级之间的相互关系，并且沉重地打击封建土地所有者和劳动者；冒险的远征，殖民地的开拓，首先是当时市场已经可能扩大而且日益扩大为世界市场——所有这一切产生了历史发展的一个新阶段。"① 这个新阶段就是资本主义"世界历史"的新阶段。

　　因此可以说，"新航路开辟"揭开了历史向世界历史转变的序幕，它极大地促进了世界各地的联系，结束了世界各大陆和各大洋彼此孤立的状态，各民族彼此隔绝的历史开始成为世界的历史，其直接后果是加强了世界范围的联系，促进了日益腐朽的封建社会内部革命因素的增长，为资本主义世界市场的形成准备了必要的条件，加速了封建社会的崩溃。14、15世纪出现了资本主义生产的萌芽，资本主义时代则是从16世纪才开始的。在封建社会末期，生产力和商品经济的发展，促进了封建社会自然经济的解体，使小商品生产者发生两极分化。一方面产生大批失去生产资料而不得不出卖自己劳动力的无产者；另一方面巨额的货币和生产资料集中在少数人手里转化为资本。资本的原始积累加速了这种分化。

① 《马克思恩格斯选集》第1卷，人民出版社1995年版，第110页。

资本原始积累是强制劳动者同他们的生产资料分离的历史过程。自给自足的自然经济被破坏，使大量农民和手工业者破产，既给资本主义造成了劳动力市场，又给它提供了商品市场。剥夺农民和手工业者的历史在不同国家带有不同的特点，而对农民土地的剥夺，则是原始积累的基础。在英国，这个过程进行得最为典型。15世纪末，英国的毛纺织业已成为当时发展最快的生产部门，产品拥有广阔的国内外市场。毛纺织业的发展迅速扩大了对羊毛的需求，羊毛的价格上涨，养羊业成了极为有利可图的生产部门。大地主和农场经营主除了把自己已有的耕地变成牧场外，还用暴力掠夺公有地和份地。他们拆毁和焚烧农舍和村庄，用栅栏和篱笆把大片土地圈起来变为牧场。这就是英国历史上最典型的"圈地运动"。与此同时，英国王朝又通过种种血腥立法，用鞭打、烙印、监禁、割耳朵和判处死刑等方法禁止农民四处流浪，强迫他们只能成为雇佣劳动者，迫使他们接受雇佣劳动制度。

资本原始积累还包括对殖民地的侵占和掠夺。新航路的开辟为西欧各国的新兴资产阶级开辟了广阔的活动场所，西欧资产阶级在海外的殖民掠夺，不断扩大资本的原始积累，通过赤裸裸的暴力手段，如武装占领、海外移民、海盗式的掠夺、欺诈性的贸易、血腥的奴隶买卖等积累起大量的财富。资产阶级用侵略、征服、残杀、掠夺和奴役，写下了资本主义发展史的第一页。据参与殖民掠夺的多米尼克派修道士拉斯·卡萨斯的回忆，当西班牙人在15世纪末踏上印第安人的土地时，"用马、刀剑、长矛向他们攻击，到处发生血战和想象不到的残酷。他们进入村里，不放过小孩、老人、妇女、产妇，把所有的人全杀光，彻底加以破坏和摧毁，就像被放开锁链的狗一样"。"他们打赌和争论能不能一刀把人切成两半，或是用战斧能不能一下子把头砍下或把脏腑剖开。他们从母亲的怀里夺下婴儿，把脑袋往石头上撞，或是把他们抛入河里……立起大绞刑架，在火刑柱上把印第安人活活烧死，或是用干草把人包上，然后点火烧死他们。另外所有被留活命的人都被砍下双手，然后把砍下的手绑到身上予以释放，并且说：'带信去！——把新闻带给避开我们而逃入山里的人'。"① 这一切充分暴露了殖民者的凶残、野蛮，使人们对马克思所揭露的"资本来到世

----

① 周一良等主编：《世界通史资料选辑·中古部分》，商务印书馆1974年版，第322—323页。

间，从头到脚，每个毛孔都滴着血和肮脏的东西"，有了更深刻的理解①。
"美洲金银产地的发现，土著居民的被剿灭、被奴役和被埋葬于矿井，对
东印度开始进行的征服和掠夺，非洲变成商业性猎捕黑人的场所：这一切
标志着资本主义生产时代的曙光。"② 资本主义制度从产生的那一天起，就
是将其建立在殖民侵略和血腥掠夺的基础上。

资本主义的发展使资产阶级的经济、政治力量不断壮大，与封建的生
产关系、意识形态的矛盾不断加剧。荷兰在 16 世纪末，英国在 17 世纪中
叶，法国在 18 世纪末，德国及其他一些国家在 19 世纪中叶，先后爆发了
资产阶级革命，封建的生产方式为资本主义的生产方式取代，为资本主义
发展开辟了道路，同时在更广泛的范围内，推动了历史向世界历史的
转变。

资本主义生产方式在西欧国家确立的过程，始于 18 世纪 60—80 年代，
结束于 19 世纪末的产业革命具有决定性的意义。产业革命也称"工业革
命"，它既是生产技术上的革命，由工场手工业最终过渡到机器大工业，
标志着资本主义生产的物质技术基础已经建立，它同时还是社会生产关系
的重大变革，资产阶级和无产阶级成为资本主义社会基本的阶级结构，而
且这两大对抗阶级的矛盾在社会生活实践中进一步发展；科学技术的不断
进步促进了生产力迅速发展，不断开拓世界市场。资本主义生产关系扩展
到一切生产部门的同时，也开创了资本主义世界历史的新时代。正是在这
个意义上，马克思说"资产阶级在历史上曾经起过非常革命的作用"③。这
主要表现在，资产阶级创造了庞大的生产资料和交换手段，在它不到 100
年的阶级统治中所创造的生产力，比过去一切世代创造出的全部生产力还
要多，还要大。

英国是最早具备工业革命条件的国家。17 世纪后半叶英国资产阶级革
命的胜利，废除了封建土地所有制和封建等级制度，为资本主义工业革命
提供了有利的政治条件；17 世纪和 18 世纪，英国的工场手工业在棉织、
采矿、冶金、玻璃等行业中迅速发展，生产技术不断改进。劳动工具日趋
专门化，为过渡到大机器生产准备了物质技术条件；16—18 世纪的资本原

---

① 马克思：《资本论》第 1 卷，人民出版社 1975 年版，第 829 页。

② 同上书，第 819 页。

③ 《马克思恩格斯选集》第 1 卷，人民出版社 1995 年版，第 274 页。

始积累，造成了发展资本主义所必需的"自由"劳动者和巨额货币资本；新航路的开辟迅速扩大了世界市场，手工工场已经无法满足日益扩大的市场需求。

工业革命进一步加快了历史向世界历史转变的进程，并使之成为一个不可逆转的过程。18 世纪 60 年代，英国工业革命首先从棉纺织业开始。1733 年约翰·凯伊发明飞梭，提高织布效率 1 倍。1769 年，J. 瓦特发明蒸汽机，揭开了划时代的技术革命序幕。1776 年制成单动式蒸汽机，1782 年又制成复动式蒸汽机。1785 年棉纺厂开始使用蒸汽机作动力。蒸汽机的广泛使用推动了冶铁业的发展；1828 年 J. B. 尼尔森用鼓风炉把热空气吹进熔铁炉的新方法，革新了冶铁技术。工业革命极大地刺激了交通运输业的发展。火车的发明有效地解决了陆路交通问题。1825 年斯托克顿——达灵顿铁路通车；1830 年利物浦——曼彻斯特通车。到 50 年代，英国主要铁路干线均已完成。19 世纪上半叶，蒸汽机开始用于船舶，继 1818 年多佛和加来之间轮渡之后，1838 年蒸汽船阿斯号和大西洋号横渡大西洋成功。

作为资本主义的机器大工业代替工场手工业的工业革命，并不仅仅在英国进行。18 世纪末，法国资产阶级革命彻底摧毁了封建土地所有制，也开始了工业革命，在七月王朝时进入高涨时期，大抵在 19 世纪 60 年代后期，法国工业革命完成。德国工业革命在 19 世纪 40 年代末出现高潮，巴伐利亚、符腾堡和巴登诸邦成为棉纺织业中心。蒸汽机在 19 世纪中期开始广泛采用。19 世纪 70 年代初德意志统一后，进一步为工业革命开辟了道路，德国工业发展的速度超过了英国和法国。1835 年，德国开通了纽伦堡至富尔特的铁路，这是德国的第一条铁路，到 1869 年，共建成 17700 公里的铁路。19 世纪 80 年代，德国完成了工业革命。19 世纪 40 年代，俄国开始工业革命，大抵在 19 世纪末完成。俄国工业革命开端的主要标志是在棉纺业中开始使用机器生产。俄国工业革命的重要内容之一是修筑铁路。1851 年，彼得堡—莫斯科的铁路通车。19 世纪 60 年代，以莫斯科为中心联结中部各省主要城市和乌拉尔、巴库等工业中心的铁路修成。1887 年有铁路 30132 公里，1900 年有铁路 53350 公里。

1867 年 9 月《资本论》第一卷德文版在德国汉堡出版，是马克思主义的一部划时代的著作。在这部著作中，马克思以资本主义社会经济状态为研究对象，科学地分析了资本主义只是人类历史发展的一个阶段，它的产生、发展和灭亡是一个必然的历史过程。资产阶级发展了强大的社会生产力，按照自己的利益和意志建立起世界市场；资产阶级还创造了巨大的城市，使乡村屈服于城市，农民从属于资产阶级，东方从属于西方；资产阶级摧毁了封建割据状态，建立了统一的资产阶级国家。在人类社会发展的历史进程中，资本主义把人们从封建制的束缚下解放出来，做出了历史性的贡献。但是，资产阶级不可逾越的局限性和资产阶级无法解决的内在矛盾也是客观存在的。资本主义是一种剥削制度，从它问世的那一天起，就蕴含着不可克服的矛盾。"资产阶级用来推翻封建制度的武器，现在却对准资产阶级自己了。""资产阶级不仅锻造了置自身于死地的武器；它还产生了将要运用这种武器的人——现代的工人，即无产者。""随着大工业的发展，资产阶级赖以生产和占有产品的基础本身也就从它的脚下被挖掉了。它首先生产的是它自身的掘墓人。资产阶级的灭亡和无产阶级的胜利是同样不可避免的。"①

从马克思的上述结论中，我们不难理解"历史向世界历史转变"，实际上包括两个阶段，或两方面的内容。其一是资本主义开创的"世界历史阶段"；其二是从这个阶段，即资本主义世界历史阶段向共产主义的世界历史阶段的转变。如果仅仅看到第一个阶段，或仅仅承认第一个阶段，那显然不是马克思的原意，或是对马克思原意的误读甚至是歪曲。

马克思世界历史理论的理论来源

马克思的世界历史理论，从全球性的视角论述了人类历史发展的必然趋势，是从民族性的、地方性的历史转向普遍性、世界性的历史，在这个过程中，人类自身也同时从地域性的封闭条件下的个人，转变为世界历史性的、全面而自由发展的个人，世界历史的未来是共产主义。

在《1844年经济学哲学手稿》中，马克思首次提出世界历史理论，并分别在《德意志意识形态》、《共产党宣言》两书中较为系统地展开表述。马克思对于资本主义社会的本质及其发展规律进行了终其一生的探索并作出了精辟的理论阐述，尤其是对"世界历史"理论问题的研究更具特色。马克思自大学时代直至逝世前的最后几天，始终坚持对世界历史的研究。他的研究始终和他毕生所献身的争取人类解放的伟大斗争联系在一

① 《马克思恩格斯选集》第1卷，人民出版社1995年版，第278、282、284页。

起。约 1881 年底到 1882 年底，晚年的马克思写有一部史学手稿，即《历史学笔记》，该手稿约合中文 165 万字，写有 4 个笔记本。《笔记》写完后几个月，马克思逝世，这是马克思生前写下的最后一部手稿。恩格斯在整理这部手稿时，为其加上《编年摘录》（*Chronologiche Auszuge*）的标题，并为每个笔记本加上了编号。世界历史研究是马克思科学研究的重要内容之一，这部《历史学笔记》是马克思在研究世界通史时撰写的，这表明马克思的历史研究有计划，而且系统地进行着。这些研究对于马克思世界历史理论的形成和发展，具有十分重要的意义。马克思毕生对世界历史理论进行了不断地补充和完善，最终形成了内容丰富、具有完整体系的世界历史理论。

马克思的世界历史理论与唯物史观是同时诞生的，是马克思运用唯物史观的观点来看待历史和解释历史的结晶。"世界历史"概念并不是马克思首先提出来的，近代资产阶级世界历史理论是马克思的世界历史理论直接的思想理论来源。其中包括 17 世纪意大利维柯开创的近代历史哲学；19 世纪圣西门、傅立叶等所代表的法国空想社会主义的世界历史思想萌芽以及从康德到黑格尔的德国古典哲学中的世界历史理论，而其直接来源则是黑格尔。

与黑格尔不同，马克思扬弃了黑格尔哲学思辨和逻辑的世界历史观，从黑格尔"终结的"地方出发，以一种崭新的哲学精神和实践原则，发展和明确了科学的世界历史观。

什么是世界历史？世界历史在人类历史的发展过程中占有怎样的地位？世界历史是怎样形成和发展的？这些是马克思首先要回答的问题。马克思在《德意志意识形态》中，通过对历史和世界历史的比较，对世界历史的含义作了明确的界定。他指出，"各个相互影响的活动范围在这个发展进程中越是扩大，各民族的原始封闭状态由于日益完善的生产方式、交往以及因交往而自然形成的不同民族之间的分工消灭得越是彻底，历史也就越是成为世界历史。例如，如果在英国发明了一种机器，它夺走了印度和中国的无数劳动者的饭碗，并引起这些国家的整个生存形式的改变，那么，这个发明便成为一个世界历史性的事实。"① 黑格尔的思想，和 17 世纪意大利思想家维科的人类历史发展阶段的学说、18 世纪法国唯物主义者

---

① 《马克思恩格斯全集》第 1 卷，人民出版社 1995 年版，第 88—89 页。

的历史观、19世纪空想社会主义者的历史观、法国复辟时代的历史学家的历史观一样，是马克思世界历史理论的重要理论来源之一。恩格斯说："每一时代的哲学作为分工的一个特定的领域，都具有由它的先驱传给它而它便由以出发的特定的思想材料作为前提"①，马克思的世界历史理论也不例外。

1836年10月，马克思入柏林大学法律系学习，结识了青年黑格尔分子布·鲍威尔、弗·科本等人，加入黑格尔哲学博士俱乐部，正式接触到黑格尔的思想。黑格尔认为，整个世界是由"绝对精神"统治着，绝对精神的自我运动就诞生了自然界、人类社会和人类历史，同样因绝对精神的影响，各民族的历史都经历着产生、兴盛和衰落的过程，世界历史的中心逐渐从东方转移到西方。黑格尔的唯心主义和西欧中心主义理论显而易见，但是，黑格尔的世界眼光和世界历史视野却给马克思留下深刻印象。

马克思的世界历史理论，萌生在1843年的克罗茨纳赫时期。《克罗茨纳赫笔记》则是这一理论萌生的标志。在这一时期，马克思研读了大量世界历史文献，写下了5本详细的笔记摘录，编写了从公元600—1589年的世界历史年表。这些笔记主要是孟德斯鸠、卢梭、沙多勃利昂、麦捷尔、马基雅维利、路德维希·兰克、哈密顿、施米特、林加尔特、盖尔、瓦克斯穆特等政治学家，主要是历史学家著作的摘要，涉及公元前6世纪至19世纪30年代威尼斯共和国、法国、英国、德国、瑞典、波兰和美国的历史，以及世界历史进程中的重大历史事件及其演变。例如，马克思对法国资产阶级革命的世界历史意义给予了充分的关注，认为这场革命开创了资本主义的新时代，加速了世界历史形成的进程。

马克思"世界历史"理论形成的重要理论来源之一，是黑格尔的历史哲学。黑格尔在继承、发展前人思想的基础上，例如，赫尔德、康德、席勒、费希特、谢林等，形成了自己的历史哲学体系。他通过辩证的方法，从宏观上对"历史向世界历史的转变"进行了概括性的描述。在他看来，世界历史的起点在东方，而终点则在西方。他说："世界历史从'东方'到'西方'，因为欧洲绝对地是历史的终点、亚洲是起点……因为地球虽是圆的，历史并不围绕着它转动，相反地，历史是有一个决定的'东方'，

① 《马克思恩格斯选集》第4卷，人民出版社1995年版，第703—704页。

就是亚细亚。那个外界的物质的太阳便在这里升起，而在西方沉没。"① 黑格尔在自己的历史哲学中，提出了一个"世界历史民族"的概念。他认为，世界历史的进步，是在体现了特定"民族精神"的"世界历史民族"的推动下实现的。"世界历史民族"是创造历史新纪元的民族，是统治的民族。"它具有绝对权力成为世界历史目前发展阶段的担当者，对它的这种权力来说，其他各民族的精神都是无权的，这些民族连同过了它们的时代的那些民族，在世界历史中都已不再算数了。"② 在黑格尔看来，他们都属于"非世界历史民族"，自然被排除在世界历史的主流之外。所谓"世界历史"是一个有机体，是一部世界历史民族不断更替的历史。

在批判地研究、改造黑格尔历史哲学思想的过程中，逐渐形成了马克思的世界历史理论。在标志着马克思从唯心主义转向唯物主义、从革命民主主义转向共产主义的《〈黑格尔法哲学批判〉导言》中，马克思的视野投向了"世界历史进程"，明确使用了"世界历史"这个概念。他说："历史是认真的，经过许多阶段才把陈旧的形态送进坟墓。世界历史形态的最后一个阶段是它的喜剧。"③ 1844 年，马克思完成了《经济学哲学手稿》。在这部著作中，马克思在保留黑格尔辩证法和世界历史视野的前提下，对黑格尔的思想进行了批判。黑格尔"只是为历史的运动找到抽象的、逻辑的、思辨的表达，这种历史还不是作为一个当作前提的全体的人的现实历史"。马克思认为，"所谓世界历史不外是人通过人的劳动而诞生的过程，是自然界对人说来的生成过程，所以，关于他通过自身而诞生、关于他的产生过程、他有直观的、无可辩驳的证明。"④ 马克思还强调，只有在工业时代，即资本主义时代，"私有制才能完成它对人的统治，并以最普遍的形式成为世界历史性的力量"⑤。在这里，马克思的"世界历史"概念已经有了他自己独特的、有别于黑格尔等人的含义。在这里，"世界历史"被认为是与"民族史"、"国别史"和"地区史"相区别的人类整体的历史，是人类活动的"产物"。

1845 年，马克思、恩格斯合著《德意志意识形态》问世，这部著作

---

① 黑格尔：《历史哲学》，上海书店出版社 1999 年版，第 110 页。
② 黑格尔：《法哲学原理》，商务印书馆 1982 年版，第 354 页。
③ 《马克思恩格斯选集》第 1 卷，人民出版社 1995 年版，第 5 页。
④ 马克思：《1844 年经济学哲学手稿》，人民出版社 2000 年版，第 97、92 页。
⑤ 同上书，第 77 页。

是马克思主义唯物史观诞生的重要标志，马克思的世界历史理论在书中得到全面、系统的表述。在这部著作中，多处使用了"普遍的"、"世界市场"、"全面的依存关系"、"世界历史性的"、"世界历史意义上的"、"世界历史性的存在"和"世界历史性的共同存在"等概念。所谓"世界历史"，是各民族、国家通过普遍的交往。相互依存，相互联系，使世界整体化的历史。这种"整体化"决定了今天不可逆转的"全球化"历史趋势。

综上所述，马克思认为历史由民族历史走向世界历史是人类社会发展的必然趋势，世界历史是资本主义社会发展到一定阶段的必然产物；推动世界历史发展的动力是生产力的普遍发展和人的普遍的交往。然而在不同历史发展阶段，生产力的发展水平和人的交往活动之间又形成了多重相互作用关系，这种多重相互作用关系强调，不能离开生产力的发展水平来空谈人的交往，同时也不能忽视交往扩大对生产力发展的能动作用，否则我们就难以理解推动世界历史发展动力的机制；随着生产力的发展和社会的进步，人类的交往空间在不断地扩大，人类的交往形式在由低级到高级、由简单到复杂、由单一到多样地发展变化着。马克思认为，人类交往形式变化的深刻原因并不在于交往形式变化的本身，而在于生产力的和人的自主活动的发展。个人只能在一定的生产力条件下根据现实生产力的要求进行交往，但是生产本身又是在个人交往的前提下形成的"合力"。只有通过交往，使个人参与到群体的共同活动中，才会使人类个体有限的、存在差异的能力得以相互的补充，才能转换成获得物质资料的强大联合的力量；在马克思的理论中，人类交往的根本意义在于人的存在、发展和最终获得解放。人类交往关系的内在矛盾是个体与社会的矛盾，人类交往的历史发展过程就是这一矛盾的发展过程，而人类最终将摒弃个体与社会的对立状态，自由地占有交往关系，最后在交往中获得个人的完整性和全面的发展。这一过程是人类由自在到自为、由必然到自由、由创造自己社会生活的条件到开始真正社会生活的过程。

如果说19世纪40年代，是马克思世界历史理论形成的时期，那么，自50年代起直至他的晚年，则是这一理论不断深化和发展的时期。从《共产党宣言》、《资本论》，以及马克思对东方社会发展道路的研究中可以看出，马克思对世界历史的研究，始终进行着艰苦的理论探讨。

第二节 生产力革命和交往革命

马克思交往理论的产生和发展

马克思的交往理论是马克思的社会发展理论的重要内容之一。1846年12月28日,马克思在给俄国自由派作家巴·瓦·安年科夫的信中,明确阐释了"交往"的具体含义。他说:"为了不致丧失已经取得的成果,为了不致失掉文明的果实,人们在他们的交往［commerce］方式不再适合于既得的生产力时,就不得不改变他们继承下来的一切社会形式。——我在这里使用'commerce'一词是就它的最广泛的意义而言,就像在德文中使用'Verkehr'一词那样。例如:各种特权、行会和公会的制度、中世纪的全部规则,曾是惟一适合于既得的生产力和产生这些制度的先前存在的社会状况的社会关系。"① 在这里,"社会关系"包含有人类社会生活各个方面的丰富的内容。同时应该特别明确的是,与"社会关系"联系在一起的是"现实中的个人"。

马克思笔下的"交往",并非仅仅是个人之间的、民族之间的或国家之间的交往,而是指具有世界意义的"世界历史性"的交往。尽管这些"交往"往往是通过"个人之间"、"民族之间"、"国家之间"进行的,但是,社会生产力发展水平所决定的时代的特征,已经赋予了这些交往具有了世界历史性的意义。正因为如此,这种交往才是普遍的、广泛的交往,才能真正克服"狭隘地域"的局限,同时使生活在狭隘地域中的人扩大认识的视野,在彻底改变他们狭隘的生活方式的基础上,扩大世界历史性的视野。只有地域性的个人为世界历史性的个人所代替,他们才能成为全面发展的人。也只有在这种情况下,现实生活中的人的自由和发展才真正有可能。因为在封闭的历史环境中,任何人都不可能真正了解和汲取人类其他先进的文明成果。

社会生产力的发展水平,直接制约着交往的水平。在人类历史进程中,不难看到这样一种规律性的现象:孤立、封闭、隔绝,总是和落后的社会生产力水平联系在一起,反之也如此,即交流、交往、开放,往往是和先进的社会生产力水平联系在一起的。这种客观存在的辩证关系,正如

---

① 《马克思恩格斯选集》第 4 卷,人民出版社 1995 年版,第 532—533 页。

马克思所言："生产本身又是以个人彼此之间的交往［Verkehr］为前提的。这种交往的形式又是由生产决定的。"① 在"交往——生产"的过程中，社会生产力和物质资料的生产方式的矛盾运动，决定着社会历史进程。

社会生产首先是物质资料的生产。在马克思、恩格斯看来，"思想、观念、意识的生产最初是直接与人们的物质活动，与人们的物质交往，与现实生活的语言交织在一起的。人们的想象、思维、精神交往在这里还是人们物质行动的直接产物"②。显然，在诸多的交往中，"物质交往"具有决定性的意义。它的主要形式是工业生产、商品交换和武力战争。物质交往是精神交往的基础和前提，没有物质交往就没有所谓的精神交往。物质交往是人类社会生活中最基本的交往，不仅精神交往受物质交往的制约，而且人类社会一切社会关系，都是受物质交往关系所决定的。明确这一点对于正确理解马克思的交往理论十分重要，马克思的交往理论即是从这样的基本认识出发，也即是从始终坚持彻底的唯物主义的立场出发的。总之，马克思的交往理论，坚实地建立在唯物主义的立场上。

交往范畴与生产关系范畴，是既有联系又有区别的两个不同的范畴，无论是将两者相互混淆，还是将两者截然对立都是不准确的。"人们在自己生活的社会生产中发生一定的、必然的、不以他们的意志为转移的关系，即同他们的物质生产力的一定发展阶段相适合的生产关系。"③ 显然，经济交往只是生产关系的前提，而非等于生产关系。生产关系是一种经济关系，而交往则有着更为丰富的内容，除去经济内容之外，还包括精神方面的内容，诸如文化交往、政治交往等等。当然，这些交往和物质交往不能等同并论，而是前者受到后者的制约。人们之间的交往绝非是精神的交往，人类的精神交往形式仅是物质交往形式的产物而已。马克思所强调的是"从社会生活的各种领域中划分出经济领域来，从一切社会社会关系中划分出生产关系来，并把它当作决定其余一切关系的基本的原始的关系"④。那种把人们之间的所有关系或所有交往，都看成是意识的产物，是与马克思主义经典作家的认识背道而驰的。因此我们应该明确的是，生产

---

① 《马克思恩格斯选集》第1卷，人民出版社1995年版，第68页。
② 同上书，第72页。
③ 《马克思恩格斯选集》第2卷，人民出版社1995年版，第32页。
④ 《列宁选集》第1卷，人民出版社1995年版，第6页。

关系实际的内容，不是保存在抽象的概念中，而只有和"交往"联系在一起，在交往的现实的实践过程中才能实现，才能成为现实，才有具体实在内容的生产关系。

马克思交往理论的产生，主要体现在《1844年经济学哲学手稿》、《关于费尔巴哈的提纲》、《德意志意识形态》、《1857—1858年经济学手稿》以及《资本论》等著作中。而这一理论的发展，则主要表现在马克思关于东方社会的理论中，以及《给查苏利奇的信》、《历史学笔记》等文献中。根据上述著作中的有关论述，可以看到马克思交往理论的要点是：人类的交往，主要包括物质交往和精神交往两种形式。从人类历史发展的进程中，可以将人类历史分成"部落所有制"、"古代公社所有制和国家所有制"、"封建的或等级的所有制"、"资本主义所有制"、"共产主义"。在各种所有制的更迭过程中，交往具有决定性的作用。例如，当部落所有制向古代公社所有制和国家所有制过渡时，"潜存在于家庭中的奴隶制，是随着人口和需求的增长，随着战争和交易这种外部交往的扩大而逐渐发展起来的"①。随着由社会生产力所决定的人类历史的演进，人类交往的不断扩大，人类的历史也同时越来越具有普遍的世界历史的性质，即各个民族从彼此隔绝，到相互交往，逐渐形成整体的、彼此相互依赖的世界历史。

马克思的世界历史理论，和他毕生所从事的争取人类解放的伟大事业密切地联系在一起。从本质上说，共产主义是世界历史性的事业，因为共产主义只有作为世界历史性的存在，才有可能实现。共产主义既是世界历史发展的必然趋势，也是世界历史发展的一个新阶段。无产阶级如果不解放全人类，就不可能解放自己。共产主义不可能"作为某种地域性的东西而存在"②。实现共产主义的重要前提之一，就是地域性的历史转变成为世界性的历史。同样，真正的共产主义的存在，也只能是世界历史性的存在。在任何一个孤立的、单独的民族或国家内，不可能真正实现共产主义。

人类社会的世界历史性发展，不仅为实现共产主义准备了必要的历史前提、必要的物质前提，而且造就了资本主义的掘墓人，即世界性的无产阶级。正如马克思所说："现代的工业劳动、现代的资本压迫、无论在英

---

① 《马克思恩格斯选集》第1卷，人民出版社1995年版，第69页。
② 同上书，第86页。

国或法国、无论在美国或德国都是一样的，都使无产者失去了任何民族性。"① 在资本主义社会内，无产阶级作为资产阶级的对立物而存在，他们没有个人的私有财产需要保护，没有个人的特殊利益需要维护。相反，对于无产者说来，只有彻底摧毁保护、维护私有制的一切，他们才有可能得到解放。无产阶级的历史使命是解放全人类。由世界历史发展的客观规律所决定，世界历史的前景，必然是实现共产主义。

生产力革命是交往革命的基础和前提

在马克思看来，人类的历史首先是生产力发展的历史。他说："后来的每一代人都得到前一代人已经取得的生产力并当作原料来为自己新的生产服务，由于这一简单的事实，就形成人们的历史中的联系，就形成人们的历史，这个历史随着人们的生产力以及人们的社会关系的越益发展而越益成为人类的历史。"② 在这里，"社会关系的越益发展"，首先离不开"交往"的发展。世界历史形成的根源、前提和动因，首先是社会生产力的发展，以及它所导致的分工和交往的发展。在资本主义社会，资本的膨胀、无限制的扩张，对资本增值的无止境的追求，和大工业的发展，推动了冒险、远征和殖民地开拓，建立和扩大世界市场，为此就必须消灭各个国家和民族彼此孤立隔绝的状态。前资本主义那种地方的、民族的、自给自足和闭关自守的状况，被各民族的、各方面的互相往来和各方面的互相依赖所代替，世界越来越成为一个有机联系的整体，地方性的联系逐渐为世界性的联系所取代。正如马克思、恩格斯在《共产党宣言》中说："美洲的发现，绕过非洲的航行，给新兴的资产阶级开辟了新的活动场所。东印度和中国的市场、美洲的殖民化、对殖民地的贸易、交换手段和一般的商品的增加，使商业、航海业和工业空前高涨"③，那些地域的和人为设置的种种障碍，都被资本的膨胀和扩张所冲破，资本主义为自身的发展不断获得更多更大的空间，各个民族的历史越来越成为"世界性"的历史。

世界性的普遍"交往"，是世界历史时代社会生产力普遍发展的前提。"某一地域创造出来的生产力，特别是发明，在往后的发展中是否会失传，

① 《马克思恩格斯选集》第1卷，人民出版社1995年版，第283页。
② 《马克思恩格斯选集》第4卷，人民出版社1995年版，第532页。
③ 《马克思恩格斯选集》第1卷，人民出版社1995年版，第273页。

完全取决于交往的扩展情况。当交往只限于毗邻地区的时候，每一种发明在每一个地域都必须单独进行；一些纯粹偶然的事件，例如蛮族的入侵，甚至是通常的战争，都足以使一个具有发达生产力和有高度需求的国家处于一切都必须从头开始的境地……只有一切民族都必须卷入竞争的时候，保持已创造出来的生产力才有了保障。"① 显然，交往革命是世界历史形成中的重要环节。在资本主义时代，国家与国家、民族与民族之间的联系和往来，在规模、内容和发展速度上，都是前资本主义所无法比拟的。"各民族之间的相互关系取决于每一个民族的生产力、分工和内部交往的发展程度。……然而不仅一个民族与其他民族的关系，而且这个民族本身的整个内部结构也取决于自己的生产以及自己内部和外部的交往的发展程度。"从世界的视野看，"随着美洲和通往印度的航线的发现，交往扩大了"②。这种扩大不仅是"量"的扩大，更是"质"的变化，因为它和社会生产力——世界范围的生产力的迅速发展密切联系，对于"世界历史"的形成具有特殊的意义。因为"各个相互影响的活动范围在这个发展进程中越是扩大，各民族的原始闭关状态由于日益完善的生产方式、交往以及因交往而自然形成的不同民族之间的分工而消灭得越是彻底，历史也就越是成为世界历史"③。这里"世界历史"的"世界"，不仅仅是地理范围的不断扩大，而是强调在现实生活中，人类社会已经成为一个有机的整体的辩证统一，而不应将这种"统一性"割裂开来，单独提出所谓"历史学意义的世界历史"和"哲学意义的世界历史"。世界上并不存在抽象的、仅仅存在于哲学范畴中的所谓精神的世界历史。

任何一个民族生产力发展的水平，都会通过该民族分工发展的程度上表现出来。因为分工和交往的发展水平，与生产力的发展水平和生产关系的性质在本质上是一致的。"任何新的生产力都会引起分工的进一步发展，因为它不仅仅是现有生产力的量的增加（例如开垦新的土地）。"④ 生产力的发展，使自然、自发的分工变成一种制度性的分工，与其相伴随的是私有制的出现，以及物质劳动和精神劳动的分离。因此，在某种意义上，"分工"和"私有制"是同义语。分工导致了商品的交换，而交换的不断

---

① 《马克思恩格斯选集》第 1 卷，人民出版社 1995 年版，第 107—108 页。
② 同上书，第 68、110 页。
③ 同上书，第 88 页。
④ 《马克思恩格斯全集》第 3 卷，人民出版社 1957 年版，第 24 页。

扩大使商业贸易迅速发展起来，出现了普遍的繁荣，从而要求冲破国内市场的束缚，走向世界市场，进而引起各民族的普遍竞争和世界性的交往。在加强了各民族之间联系的同时，各民族相互依赖的程度也不断加深。激烈的竞争不断扩大生产和交换的规模，促使世界市场迅速发展，在此过程中，世界上一切国家的生产和消费都成为世界性的了。世界日益联结成为一个整体，决定了世界历史的形成，即历史转变为世界历史。资产阶级以及资本主义的发展，首先揭开了世界历史的序幕。商业贸易和世界市场既是资本主义生产的前提，又是它的后果。

　　"资产阶级在历史上曾经起过非常革命的作用。"① 这主要表现在，资产阶级创造了庞大的生产资料和交换手段，在它不到 100 年的阶级统治中所创造的生产力，比过去一切世代创造出的全部生产力还要多，还要大。资本主义大工业使每个文明国家以及这些国家中的每一个人的需要的满足都依赖于整个世界，它消灭了各国以往自然形成的闭关自守的状态，使一切民族因生产工具的迅速改进和交通的极其便利，卷入到文明中来。"生产的不断变革，一切社会状况不停的动荡，永远的不安宁和变动，这就是资产阶级时代不同于过去一切时代的地方。一切固定的僵化的关系以及与之相适应的素被尊崇的观念和见解都被消除了，一切新形成的关系等不到固定下来就陈旧了。一切等级的和固定的东西都烟消云散了，一切神圣的东西都被亵渎了。"② 资本主义的本质决定了资产阶级必定要奔走于世界各地，到处落户、到处开发、到处建立联系。资本主义的发展，使物质生产和精神生产都成为世界性的。

　　推动世界历史性交往的基本动力，在于资产阶级的内在需求与资本主义的基本矛盾。在《共产党宣言》中，马克思主义创始人深刻揭示了对利润的无限占有是资产阶级的本质需求。它把人与人之间的一切关系都变成了"赤裸裸的利害关系"，"把人的尊严变成了交换价值"。正是这一本质需求决定了资产阶级的性格特点：一是必须"对生产工具，从而对生产关系，从而对全部社会关系不断地进行革命，否则就不能生存下去"；二是必须"不断扩大产品销路"，"到处落户、到处开发、到处建立联系"，从而开拓世界市场；三是"迫使一切民族——如果它们不想灭亡的话——采

---

　　① 《马克思恩格斯选集》第 1 卷，人民出版社 1995 年版，第 274 页。
　　② 同上书，第 275 页。

用资产阶级的生产方式；它迫使它们在自己那里推行所谓的文明，即变成资产者。一句话，它按照自己的面貌为自己创造出一个世界"。可见，资产阶级的内在需求就是推动世界交往的动因。

人类历史进程充分表明，"只有随着生产力的这种普遍发展，人们之间的这种普遍交往才能建立起来；普遍交往，一方面，可以产生一切民族中同时都存在着'没有财产的'群众这一事实（普遍竞争），使每一民族都依赖于其他民族的变革；最后，地域性的个人为世界历史性的、经验上普遍的个人所代替。……共产主义只有作为占统治地位的各民族'一下子'同时发生的行动，在经验上才是可能的，而这是以生产力的普遍发展和与此相联系的世界交往为前提的"①。在马克思主义创始人看来，历史转变成为世界历史，是实现共产主义的前提。因为共产主义的目标不是某一阶级、某一国家或某一民族的解放，而是全人类的解放，无产阶级只有解放全人类，才能最后解放自己。这一目标只能在世界历史、而非在地域的背景下去实现，共产主义运动是世界历史性的运动，实现共产主义，是在全世界而非在某一国家或某一民族实现共产主义。

社会生产力的发展，客观上改变着人们的交往，这种"改变"的内容之一，就是作为"交往主体"的人的能力的改变。只有这样，交往的实际内容的改变才有可能。交往中的人的能力的改变，不仅仅表现在如何适宜不断进步的具体的劳动形式和劳动内容上，同时也表现在作为世界历史性的人的素质的全面提高，从某种意义上说，这也是历史转变成世界历史的本质要求和重要特征之一。

共产主义社会是实现人的自由全面发展的社会，因此从这种意义上可以认为，人的自由全面发展是共产主义的本质特征之一，是人类获得彻底解放的重要标志。因为"自由"不是一部分社会成员享有，而是属于社会成员整体。这里需要强调的是，"人的自由全面发展"是有条件的。"只有在共同体中，个人才能获得全面发展其才能的手段，也就是说，只是在共同体中才可能有自由"②。代替资产阶级旧社会的将是"一个联合体"，而且在这个联合体中，"每个人的自由发展是一切人的自由发展的条件"③。

---

① 《马克思恩格斯选集》第1卷，人民出版社1995年版，第86页。
② 同上书，第119页。
③ 同上书，第294页。

无论是"共同体",还是"联合体",在这里所指的都是"共产主义社会"。世界历史形成,不仅是实现共产主义的前提,同时也是人的解放和人的自由全面发展的前提。这不仅是因为"无产阶级只有在世界历史意义上才能存在,就像共产主义——它的事业——只有作为'世界历史性的'存在才有可能实现一样",而且"每一个单个人的解放的程度是与历史完全转变为世界历史的程度一致的"①。人只有彻底改变孤立的民族性和地域性而与现代文明交融,完全成为"世界历史性"的人,才有可能实现人的自由全面发展。

只有共产主义社会"人的自由全面发展"才不是一句空话。除上述已经提及的原因外,还应强调的是社会生产力的高度发展和物质财富的极大丰富。人的自由全面发展离不开必要的物质条件和物质基础。在实现共产主义之前,即"人的自由全面发展"尚是人们追求的理想时,人们可以清楚地看到在世界历史的条件下,首次出现了人的"独立性"。这种独立性相对于以往人的"依附性",无疑是历史的巨大进步。

交往与世界历史进程

马克思在揭示人类社会历史规律性时,十分重视交往。在他看来,交往是一个历史范畴。在人类历史发展的不同阶段,交往的形式是随之变化的。社会生产力的发展,必然要求与其相适应的交往形式的产生。人类历史的交往形式经历了一个由简单到复杂的发展变化过程。人类历史上的"交往革命"直接决定着或影响着世界历史进程,这在以下重要的历史时期明显地表现出来。

在中世纪城市兴起之前,在西欧的一些国家里已经出现了手工业专业化的趋向。10—11 世纪以来,随着社会生产力的发展,农业生产有了更多的剩余农产品,推动了商业活动的进一步开展,与此同时,手工业迅速发展,并出现了作为商业活动中心的城市。"从中世纪的农奴中产生了初期城市的城关市民"②。"为要解释城市的领先地位,必须把它们置于11—13世纪期间逐渐在欧洲形成的第一个经济世界的范围之内。正是在那时候,

---

① 《马克思恩格斯选集》第 1 卷,人民出版社 1995 年版,第 87、89 页。
② 同上书,第 273 页。

出现了相当广阔的流通区域，而城市则是流通的工具、转运站和受益者。"① 生产力的发展和交往的发展催生了新的城市不断涌现出来，在13—14世纪的西欧，新增加的城市大约有700个。

中世纪城市手工业的生产单位，一般称之为"作坊"。作坊的主人多是小手工业者，他们为了维护自己的切身利益，相继建立起"行会"组织。所以中世纪时期以来的手工业，人们往往习惯称之为行会手工业。行会手工业的发展直接导致社会分工的扩大，最初手工业者兼营商业，但随着商品经济的发展和贸易的发展，出现了"商人"这一特殊的阶级或阶层。他们为了维护自己的利益，也结成称之为"商人公会"的联盟。无论是"行会"，还是"商人公会"，都有利于"交往"的扩大。商人不断扩大的通商活动，商品的广泛流通，在地域性的局限逐步消失的同时，交往开始发生质的变化。例如，各个城市的"商人公会"在14世纪时，北德意志的一些城市结成了"汉萨同盟"②，在其最兴盛时，约有100多个城市参加，基本上控制了对波罗的海和北海的贸易，经销的商品包括毛皮、木材、金属和鱼等。

1500年左右被认为是世界近代史的开端。"因为只是从1500年左右地理大发现之后，西欧人走向海外，开始殖民征服，欧洲贸易才走出地中海狭小的范围而扩大到全世界，为新兴的资产阶级开辟了新的活动场所，从而促进了欧洲的封建生产方式迅速地向资本主义生产方式过渡，对世界其他地区的经济社会发展产生了极大的影响。"③ 新航路的开辟，资本的膨胀和扩张，对瓜分殖民地的争夺，如葡萄牙东方殖民地国的建立，西班牙对中南美洲的殖民征服等，使得交往的范围及内容不断扩大。

17世纪中叶到18世纪末。工场手工业逐渐取代了行会手工业；工场手工业的迅速发展和商业活动的扩大，加快了资本的积累。新航路的开辟，直接导致了"商业革命"和"价格革命"，以及欧洲和世界贸易中心的转移，交往出现了新的变化。这一时期交往革命的标志是"世界市场"开始形成。欧洲、亚洲、非洲、美洲之间的贸易迅速发展，使世界市场不断扩大。当时"大西洋的三角贸易十分普遍，例如从利物浦到几内亚海

---

① 布罗代尔：《15至18世纪的物质文明、经济和资本主义》第3卷，三联书店1993年版，第86页。

② "汉萨"，原意是"经商权"，后成为商人联合公会的组织名称。

③ 吴于廑、齐世荣主编：《世界史·近代史编》，高等教育出版社2001年版，第1页。

岸，经由牙买加回到利物浦；又从波尔多到塞内加尔海岸，再到马提尼克，然后回到波尔多"。"17世纪从泰晤士河出海的某条英国船，满载铝、铜和咸鱼前往里窝那出售，换得现金后在勒旺地区的赞特、塞浦路斯或叙利亚的特里波利购买葡萄干、棉线、香料（如果还有），或者生丝乃至莫奈姆瓦夏的葡萄酒，这也是一种三站贸易。"在17世纪，"荷兰人从事的'货栈贸易'一般设有很多分支机构，他们的印度洋贸易显然也按同一模式进行"①。世界市场的扩大和交往的扩大联系在一起。这一切"是促进封建生产方式向资本主义生产方式过渡的一个主要因素……对打破生产的封建束缚起了重大的作用"②。

18世纪后半期，在英国发生了工业革命，并很快扩展到欧美其他国家，如法国、美国、德国和俄国等，对这些国家的经济和社会发展，产生了广泛的影响。英国工业革命使社会生产力急剧增长，1769年，詹姆斯·瓦特发明蒸汽机在科学史上具有划时代的意义，使交通运输和通信工具方面发生了深刻变化，有力地促进了人们的"交往"更广泛、更深入发展。1802年，威廉·赛明顿制造的实用汽船试航成功；1804年，特里维希克发明了火车头，10年后，斯蒂芬逊制造出了更完善的机车。1825年，斯蒂芬逊负责修建的世界上第一条铁路（斯托克顿到达林顿）通车。1830年，他又主持修建了从曼彻斯特到利物浦的铁路。在此之后，英国出现了修筑铁路的高潮，1850年时，英国已经建成的铁路达9600多公里。蒸汽机车和铁路的出现，是和形成中的世界市场，和资本主义大工业的产生和发展联系在一起的，因而赋予了"交往"以新的内容，即推动了历史向世界历史的转变，正如恩格斯所说的那样，"分工、水力、特别是蒸汽力的利用，机器的应用，这就是从18世纪中叶起工业用来摇撼旧世界的三个伟大杠杆"③，其世界历史意义，实际上远远超过了一般意义上的政治革命或社会革命。

资本主义"首次开创了世界历史，因为它使每个文明国家以及这些国家中的每一个人的需要的满足都依赖于整个世界，因为它消灭了各国以往

① 布罗代尔：《15至18世纪的物质文明、经济和资本主义》第2卷，三联书店1993年版，第132页。

② 马克思：《资本论》第3卷，上册，人民出版社1975年版，第372页。

③ 《马克思恩格斯全集》第2卷，人民出版社1957年版，第300页。

自然形成的闭关自守的状态"①。资本主义世界市场形成的过程，同时也是人们的交往不断扩大到全世界的过程。但是，"交往"却并非仅仅存在于资本主义历史阶段，而是贯穿于世界历史进程的各个阶段，存在于各社会经济形态中。交往、交往的普遍化，是和世界历史同时发展的。马克思、恩格斯在 1845—1846 年著的《德意志意识形态》中，曾谈及"部落所有制"、"古代公社所有制和国家所有制"、"封建所有制"、"资产阶级所有制"（紧接其后的是共产主义所有制）。在《〈政治经济学批判〉序言》中，马克思关于人类历史的分期写道："大体说来，亚细亚的、古代的、封建的和现代资产阶级的生产方式可以看作是经济的社会形态演进的几个时代。资产阶级的生产关系是社会生产过程的最后一个对抗形式……但是，在资产阶级社会的胎胞里发展的生产力，同时又创造着解决这种对抗的物质条件。因此，人类社会的史前时期就以这种社会形态而告终。"② 认识和分析人类历史纵向发展的"五形态"，不能脱离世界历史范围内的社会生产力的发展与交往方式的演变。

社会经济形态的更迭标志着世界历史各个时代的性质的变化。这些变化表明，世界历史的进步趋势是不可逆转的。

第三节　马克思"世界历史理论"的现实意义

马克思世界历史理论和经济全球化

如何理解马克思世界历史理论的基本内涵和具体内容，在我国学术界有多种不同的理解。近年有论者曾就马克思世界历史理论进行了归纳和梳理，并在此基础上提出"马克思恩格斯的世界历史范畴有广义和狭义之分"。所谓广义，主要有两方面的内容。其一，指人类社会产生以来的总体历史；其二，指各个民族和国家相互联系、相互作用的总体。从狭义上看，"世界历史理论有三层明确的含义"：其一，指世界上各民族、各国家在横向上进入世界上普遍联系和交往之后的人类社会发展史；其二，指资本主义和社会主义（共产主义）的世界历史时代，世界历史开启于资本主义世界历史时代，最终指向的是社会主义（共产主义）世界历史时代；其

① 《马克思恩格斯选集》第 1 卷，人民出版社 1995 年版，第 114 页。
② 《马克思恩格斯选集》第 2 卷，人民出版社 1995 年版，第 33 页。

三，在历史向世界历史转变后的世界历史整体中各个民族和国家谋求发展所遵循的方法论原则①。论者还强调，狭义上的世界历史，实际上包含于广义上的世界历史范畴之中。应该说，上述认识有一定的代表性，大体反映了人们对马克思世界历史理论的研究路径和已经取得的成果。但是，需要注意的是"广义"和"狭义"并非是截然对立的，在分析问题、认识问题时，这种区分自然无可非议，而其本质性内容却是完整地统一在一起的。

马克思"世界历史理论"的形成及发展，是在19世纪中叶具体的历史条件下，理论与实践、历史与现实相结合的产物。在21世纪初经济全球化的历史背景下，认识、分析和阐释马克思主义世界历史理论的现代价值，仍具有重要的理论意义和现实意义。从某种意义上甚至可以这样认为，马克思的世界历史理论，是我们认识当今"经济全球化"的本质、特征和趋势的重要理论武器。美国学者约翰·卡西迪曾指出："'全球化'是20世纪末每一个人都在谈论的时髦名词，但150年前马克思就预见到它的许多后果。"②事实正是这样，今天我们不仅可以清楚地看到，马克思不仅在19世纪中叶就预见到了"经济全球化"（虽然马克思在当时没有使用这个术语）在现时代的许多重要后果，而且还预见到了它的发展趋势，正在一天天地向我们走来。

经济全球化是世界历史发展进程中的一个阶段，是合乎规律出现的一个重要的历史时期，而非"历史的终结"。经济全球化，以及同时为人们所看到的所谓"金融全球化"、"传媒全球化"等等，并没有改变世界历史的本质内容，更没有改变世界历史的方向。在经济全球化的历史条件下，世界历史依然按照其内在的逻辑联系和客观规律向前发展，仍然可以将其理解为一个自然历史过程。概括地说，世界历史始于资本主义世界历史时代，资产阶级为了开拓世界市场，奔走于世界各地，迈出了走向世界历史的第一步。脱胎于封建社会母体的资本主义生产方式，在世界历史进程中有力地促进了社会生产力的发展，并在相当长的历史时期内占主导地位，但是，由人类历史矛盾运动的客观规律所决定，世界历史的终端则是

---

① 参见张爱武《世界历史性社会主义研究》，社会科学文献出版社2005年版，第5—8页。

② 约翰·卡西迪：《马克思的回归》，参见《全球化时代的马克思主义》，中央编译出版社1998年版，第4页。

社会主义（共产主义）的世界历史时代。这是世界历史发展的必然趋势，社会主义（共产主义）的世界历史时代，是无产阶级开辟的人类历史上崭新的世界历史新时代，社会主义（共产主义）的生产方式将占主要地位。这和无产阶级是世界历史性阶级，共产主义是世界历史性事业完全一致的。

综上所述，是否可以得出马克思所讲的"历史向世界历史转变"的过程，就是"全球化的过程"这样的结论呢？有一种观点认为：历史向世界历史的转变与全球化是同一个历史过程。"全球化正是《共产党宣言》所说的世界生产和交往发展的必然结果。"从人类社会历史发展规律和发展趋势出发，得出这样的结论并无不可。但是，一定要将《共产党宣言》发表以来，到 20 世纪下半叶，特别是 80 年代全球化浪潮开始之间的 100 余年，说成是"全球化的前期或预备阶段"①，则值得商榷。因为经济全球化毕竟有其特定的历史背景和时代特征。这就是 20 世纪 70 年代以来，现代科技革命兴起和发展所产生的影响。科技革命使科学成果迅速转化成生产力，强有力地推动着社会的发展，对社会历史进程所产生的深刻影响，是难以估量的②。马克思"把科学首先看成是历史的有力的杠杆，看成是最高意义上的革命力量"③。当代科技革命主要指在世界范围内兴起的信息技术、新材料技术、新能源技术、激光技术、生物技术、空间技术、海洋技术等高技术集群的出现，特别是 1971 年大规模集成电路做芯片的微型计算机的问世，不仅为计算机文化的普及和因特网的出现，奠定了坚实的物质基础，同时对推动经济全球化的形成和发展，也具有决定性的意义。正是在这种意义上，人们把因特网称作是"加速全球化进程的兴奋剂"。"全

---

① 北京大学马克思主义文献研究中心编：《〈共产党宣言〉与全球化》，北京大学出版社 2001 年版，第 257、258 页。

② 人类进入 21 世纪，以新能源、新材料、生物技术、信息技术为代表的高新技术的发展，正在酝酿着第四次科技革命。太阳能和生物质能转换技术、低碳技术、纳米技术、胚胎干细胞技术、转基因育种技术、互联网技术等，都在实现新的突破。可以预见，新一轮科技革命将呈现两大特征：第一，在新能源、新材料、信息技术和生物技术领域取得重点突破，构建以核心理论和关键技术为骨干的框架；第二，科技革命与现代产业革命直接地紧密结合，由新的科技革命引发新的产业革命。从国际的趋势看，美国政府在致力于新能源、干细胞、航天航空和宽带网络技术的开发，日本政府在致力于新能源、新型汽车、低碳技术、医疗技术和信息技术的开发，欧盟国家在致力于绿色技术、低碳技术和新能源汽车技术的开发，巴西、墨西哥等发展中国家也在以前所未有的力度推进新能源和绿色环保技术的开发。

③ 《马克思恩格斯全集》第 19 卷，第 372 页。

球主义"（Globalism）、"全球化"（Globalize，Globalizing）早在 20 世纪 40 年代即已出现，但显然不具有今天的"全球化"（Globalization）的含义。世纪之交，联合国人类发展报告对全球化有如下描述："全球化不是新事物，但在当代具有不同的特征。现在，日益缩小的空间、时间，以及逐渐消失的国界，和以往任何时候相比，都把人们的生活联系得更加深入和更加紧密。"① 导致全球化"特征"形成的决定性原因之一，首先是当代科技革命和信息技术的迅速发展。强调全球化的时代特征，是为了更清楚地认识全球化的本质内容，更准确地回答今天的"经济全球化"只是世界历史进程中的一个发展阶段。

西方学者在提出世界历史已经进入"全球化时代"的同时，还从不同视角提出"后冷战时代"、"后后冷战时代"、"新帝国"时代、"建立'新帝国'时代"、"公民权利的时代"、"环境时代"、"信息时代"等概念。这些概念的含义各不相同，但却有一点是相同的，即都否认我们所处的时代是从资本主义向社会主义过渡的时代。1917 年俄国十月社会主义革命的胜利揭开了新时代的序幕，开辟了"两个具有世界历史意义的时代，即资产阶级时代和社会主义时代，资本家议会制度时代和无产阶级苏维埃国家制度时代的世界性交替的开始"②。这里所说的"世界性交替"，是指"由资本主义向社会主义过渡"的无产阶级革命的新时代的到来，这是"由一个新阶级实行统治的时代"③。十月革命的胜利揭开了资本主义走向灭亡的序幕。无产阶级在人类历史上第一次成为统治阶级，第一次建立了社会主义的政治、经济制度，是科学社会主义的世界历史性胜利。

十月革命已经过去 90 年了，无论是十月革命的故乡，还是现代资本主义世界体系，都发生了深刻的变化，但是，由社会基本矛盾决定的现时代的性质，即"由资本主义向社会主义过渡"的时代并没有改变。在经济全球化的时代也是如此。这一事实在不同程度上也为西方一些学者所接受，例如，美国纽约州立大学伊曼纽尔·沃勒斯坦教授认为，"我们并非

---

① UNDP: *Human Development Report* 1999, Published by the United Nations Development Programme, New York, Oxford University press, 1999, p. 1.
② 《列宁全集》第 36 卷，人民出版社 1985 年版，第 208 页。
③ 《列宁选集》第 4 卷，人民出版社 1995 年版，第 567 页。

处于资本主义胜利时期，而是处于资本主义混乱的告终时期"①。"资本主义将成为过去，它的特定的历史体系将不再存在。"② 他认为，以美国为代表的资本主义已经处于崩溃之中，不可避免地在走向衰亡。"自从 1970 年代起，美国作为一个全球性大国就开始衰退，而且美国对恐怖主义的攻击做出的反应只不过加速了这一衰落过程。……造就美国霸权的经济、政治和军事因素也正是不可避免地造成美国衰落的因素。"关于全球化，沃勒斯坦指出，这是"世界体系中的一段漫长轨迹"。在他看来，"我们确实处在一个转变的时刻但是这并不是一个具有明确规则、已经得到确立的新的全球化世界。相反，我们现在处在一个过渡时代，在这个过渡时代……整个资本主义世界体系将会发生转变"。他还强调："这时候资本主义进入了它的最终危机，这一危机可能延续 50 年之久。"③ 当前，我们正处于这样的"过渡"或"转折"时期。

马克思的世界历史理论与今天广为流行的全球化理论不能混为一谈。至于西方的全球化理论，与马克思的世界理论更是属于两种不同的意识形态，在哲学世界观、历史观、价值观等基本问题上，有着本质的区别。例如，从马克思主义出发，世界历史的形成和发展，可以理解为一个自然历史过程；"世界历史"发端于资本主义，而其发展趋势和远景，则是社会主义、共产主义。而在西方理论家看来，"世界历史"不过是精神或意识的自我展现过程；世界历史的最终指向是资本主义，即所谓"经济和政治的自由主义的最后胜利"。不难看出，明确地区分两者之间的质的差别，对于正确认识经济全球化的发展趋势，以及人类历史矛盾运动的客观规律，具有重要的意义。只有用马克思的世界历史理论去认识经济全球化，才能科学地揭示资本主义生产方式所具有的"全球性"的本质，以及这一本质所决定的不可克服的内在矛盾。马克思的世界历史理论在现在和未来，对我们认识全球化，都具有重要的指导意义。

---

① 伊曼纽尔·沃勒斯坦：《现代世界体系·中文版序言》，见《现代世界体系》第 1 卷，高等教育出版社 1998 年版，第 1 页。

② 伊曼纽尔·沃勒斯坦：《历史资本主义》，社会科学文献出版社 1999 年版，第 108 页。

③ 伊曼纽尔·沃勒斯坦：《美国实力的衰退》，社会科学文献出版社 2007 年版，第 3、32、51 页。

马克思世界历史理论和中国特色社会主义

资本主义的萌生及迅速发展，使个别国家或地区的历史，在越来越大的程度上成为世界的历史。与此同时，与世界历史相适应的国际无产阶级革命运动也蓬勃发展。各个国家的无产阶级革命运动、民族解放运动超越国界和种族，成为猛烈冲击资本主义社会制度及资本主义世界体系的历史潮流，1917 年十月社会主义革命的胜利开辟了人类历史的新纪元，十月革命的方向，从本质上代表了人类历史发展的方向。第二次世界大战后，中华人民共和国以及东欧社会主义国家成立，清楚地表现出在 20 世纪下半叶已经形成了两种社会制度并存的局面。无论是十月革命的胜利，还是社会主义、资本主义两种社会制度的并存，都是马克思世界历史理论在社会历史进程中的具体体现。然而，"如果斗争只是在有极顺利的成功机会的条件下才着手进行，那么创造世界历史未免就太容易了"①，世界社会主义运动通常循着曲折的道路向前发展，有时倒退几十年也是完全可能的。"设想世界历史会一帆风顺、按部就班地向前发展，不会有时出现大幅度的跃退，那是不辩证的，不科学的，在理论上是不正确的。"② 邓小平针对20 世纪 90 年代初苏东剧变曾指出："资本主义代替封建主义的几百年间，发生过多少次王朝复辟？所以，从一定意义上说，某种暂时复辟也是难以完全避免的规律性现象。一些国家出现严重曲折，社会主义好像被削弱了，但人民经受锻炼，从中吸收教训，将促使社会主义向着更加健康的方向发展。因此，不要惊慌失措，不要认为马克思主义就消失了，没用了，失败了。哪有这回事"！"马克思主义是打不倒的，打不倒，并不是因为大本子多，而是因为马克思主义的真理颠扑不破"。"世界上赞成马克思主义的人会多起来的，因为马克思主义是科学。"③ 近十几年世界历史的发展，充分证明了这一点。

邓小平说："任何国家要发达起来，闭关自守都不可能"。长期闭关自守，把中国搞得贫穷落后，愚昧无知"。④ 1978 年底，中共十一届三中全会胜利召开，全会认真地纠正"文化大革命"中及其以前的"左"倾错

① 《马克思恩格斯全集》第 33 卷，人民出版社 1973 年版，第 210 页。
② 《列宁选集》第 2 卷，人民出版社 1995 年版，第 694 页。
③ 《邓小平文选》第 3 卷，人民出版社 1993 年版，第 383、382 页。
④ 同上书，第 90 页。

误，充分肯定了必须完整地、准确地掌握毛泽东思想的科学体系；确定了解放思想、开动脑筋、实事求是、团结一致向前看的指导方针；果断地停止"以阶级斗争为纲"，做出把工作重点转移到社会主义现代化建设上来的战略决策。邓小平在科学地总结了我国社会主义胜利和挫折的历史经验，并借鉴其他社会主义国家兴衰成败历史教训的基础上，提出了建设有中国特色的社会主义的一系列理论，改革开放成为不可抗拒的历史潮流，中国积极主动地加入到经济全球化的历史进程中，中国社会历史进入了一个新的发展阶段。

改革开放是中国走向世界，发展中国特色社会主义的强大动力。"改革"与"开放"密不可分，因为中国和世界已经连接在一起。1984 年 10 月邓小平指出："总结历史经验，中国长期处于停滞和落后状态的一个重要原因是闭关自守。经验证明，关起门来搞建设是不能成功的，中国的发展离不开世界"。① 总之，现在的世界是开放的世界，任何一个国家要发展，孤立起来是不可能的，闭关自守也是不可能的。建设有中国特色的社会主义必须"改革开放"。只有这样，中国才能"赶上时代"，彻底摆脱隔绝和孤立的状态，全面参与经济全球化的新机遇新挑战，在世界历史的范畴内建设社会主义。

党的十一届三中全会以来，邓小平将马列主义普遍真理和中国实际相结合，在"和平与发展"成为时代主题的新的历史条件下，制定了党在社会主义初级阶段的基本路线，提出了建设有中国特色的社会主义理论。他说："什么叫社会主义，什么叫马克思主义？我们过去对这个问题的认识不是完全清醒的。马克思主义最注重发展生产力。我们讲社会主义是共产主义的初级阶段，共产主义的高级阶段要实行各尽所能、按需分配，这就要求社会生产力高度发展，社会物质财富极大丰富。所以社会主义阶段的最根本任务就是发展生产力，社会主义的优越性归根到底要体现在它的生产力比资本主义发展得更快一些、更高一些，并且在发展生产力的基础上不断改善人民的物质文化生活。如果说我们建国以后有缺点，那就是对发展生产力有某种忽略。社会主义要消灭贫穷。贫穷不是社会主义，更不是共产主义。"② 邓小平理论是马克思主义中国化的重大理论成果，与马克思

---

① 《邓小平文选》第 3 卷，人民出版社 1993 年版，第 78 页。
② 同上书，第 63—64 页。

主义、列宁主义、毛泽东思想一脉相承。中国特色的社会主义道路，完全符合世界历史发展的基本方向和基本趋势。邓小平在东欧剧变、苏联解体之际力挽狂澜，为中国社会主义革命和建设指明方向，继续把中国社会主义革命和社会主义建设事业推向前进。

一些人因马克思晚年论及俄国农村公社可以跨越资本主义"卡夫丁峡谷"，于是便认为马克思早年提出的社会形态学说不适用于东方，对马克思世界历史理论的真理性产生怀疑，因此认为需要重新规范"历史发展道路"，建立所谓新的"适用于共同的社会形态的理论体系"等等。

马克思关于"俄国可以跃过资本主义卡夫丁峡谷"的论述，首先是关于社会发展的理论，特别是向人类社会未来形态过渡的理论。如果认为，马克思在这里说的是"跃过"、"跳跃"或"跨越"资本主义发展阶段，那么这种理解是不确切的，这并不是马克思的本意。结合马克思在《人类学笔记》、《历史学笔记》中对不同社会形态中的历史事件的梳理，可以看出，马克思的本意是俄国在一定的历史条件下，可以不必经历资本主义发展的苦难历程，避免资本主义所造成的灾难和不幸，却可以拥有资本主义创造的、并为社会主义社会所必需的那些既定成果，并为我所用，从而进入社会主义发展阶段，这决不是说没有资本主义所创造的既定成果，俄国等落后国家就可以"跳跃"资本主义阶段而直接进入社会主义阶段。恰恰相反，资本主义所创造的既定成果是不可缺少的。如果没有这一切，脱离由生产力发展而奠定的物质基础与社会化条件，俄国等东方落后国家的"跨越"就无从谈起，即使跨越了，社会主义也会因缺少坚实的基础难以为继而成为空想。俄国等东方落后国家或世界上任何一个国家，都不能跃过对资本主义各项成果的吸收。从宏观的世界历史发展进程来看，资本主义发展阶段是不可缺少的。马克思的这一理论，是对他的世界历史理论的丰富和发展，具有重要的理论意义和现实意义。"一切民族都将走向社会主义，这是不可避免的，但是一切民族的走法却不会完全一样，在民主的这种或那种形式上，在无产阶级专政的这种或那种形态上，在社会生活各方面的社会主义改造的速度上，每个民族都会有自己的特点"①，这是由每个民族在其自身历史进程中，政治、经济、文化发展的特点，以及国际环境等具体的历史条件决定的。

---

① 《列宁选集》第 2 卷，人民出版社 1995 年版，第 777 页。

马克思的世界历史理论，从不曾否定世界历史发展的统一性与多样性的辩证统一。中国特色社会主义理论的形成及伟大实践，即鲜明地体现了这一点。邓小平理论与马克思主义基本原理一脉相承，是资本主义发展到国际垄断资本主义阶段，世界历史发展到经济全球化阶段的、从中国实际出发的社会主义理论。中国是当今世界最大的社会主义国家，既坚持马克思主义的理论指导，又坚持一切从中国的实际出发。经过改革开放20多年的艰苦探索，我们科学地回答了什么是社会主义，怎样建设社会主义的问题，并在实践中逐渐形成了中国特色社会主义理论的科学体系。当代中国社会发展所取得的宏伟成就令世人瞩目，这一切是我们始终不渝地高举中国特色社会主义伟大旗帜，坚定不移地走中国特色社会主义道路的结果。这不仅扭转了20世纪后期社会主义陷入低潮的趋势，使世界各国人民重新看到了社会主义的希望，而且必将对21世纪世界社会主义运动产生积极的影响。21世纪将是社会主义复兴的世纪，中国特色社会主义前景光明，这将使世界各国人民更加坚信马克思主义是颠扑不破的伟大真理。

马克思世界历史理论的方法论启示

探讨马克思世界历史理论的方法论意义，对于明确马克思世界历史理论的现代价值，有重要意义；同时从现时代的特征出发，不断深化理解马克思世界历史理论的本质内容，也有重要价值。

首先，世界历史发展的总体性。马克思主义经典作家认为："当我们深思熟虑地考察自然界或人类历史或我们自己的精神活动的时候，首先呈现在我们眼前的，是一幅由种种联系和相互作用无穷无尽地交织起来的图画。"① 这就是说，世界历史作为一个发展中的有机整体，组成整体的各个部分之间是相互联系、相互作用的。这样，当我们认识各个部分，例如认识这些或那些民族国家时，应该从整体出发。在历史已经转变成世界历史的视域中，任何一个民族国家都已不再是孤立地存在的，而是相互依存、相互影响、相互作用的。这就要求我们今天在观察人类历史时，要有世界眼光，在从整体上正确把握世界历史发展趋势的基础上，去认识或分析每一具体的问题。

恩格斯说："要知道每一个经济部门个别的、安静的独立存在的时代

① 《马克思恩格斯选集》第3卷，人民出版社1995年版，第733页。

早已过去了，现在它们全都相互依赖，既依赖最遥远的国家的进步，也依赖紧邻的国家的进步以及变动着的世界市场的行情。"① 在世界历史的背景下，任何一个民族国家的存在和发展，都离不开作为一个总体的世界历史的存在和发展。一方面，世界历史促进了民族国家的发展；另一方面，民族国家也促进了世界历史的发展，推动世界历史前进。人类的历史进程，可清楚地看到两者互为前提，相互促进的过程。邓小平建设中国特色社会主义理论的提出，是建立在马克思世界历史理论的基础上，用马克思主义宽广的世界眼光科学地分析中国和世界的结果。在国际社会中，"交往"和"开放"已经成为人类社会普遍的生存方式，中国的发展离不开世界的总体发展；中国的社会主义建设要在向世界的开放中建设，而不是关起门来建设社会主义，中国特色的社会主义对自己国家和人类的未来充满信心，坚信资本主义将为社会主义所代替。

其次，世界历史发展的辩证法。马克思的世界历史理论，处处充满马克思主义哲学的历史辩证法。同任何一个生物有机体都在不断地新陈代谢一样，社会生活和每一社会形态也在不断地运动、变化，没有这种运动和变化，就没有人类社会，也就没有人类的历史。整个世界是由运动着的物质构成的。运动是物质的根本属性，是物质存在的最根本的形式，这决定了历史上的一切都在运动和变化，而且正是这种运动和变化，推动了历史的发展，使其表现为不断前进的进步趋势。人类社会和自然界一样，"没有任何东西是不动的和不变的，而是一切都在运动、变化、生成和消逝"②。人类历史在矛盾中前进，生产力和生产关系、经济基础和上层建筑的矛盾贯穿于历史过程的始终，从而使人类历史表现为一个不断运动的过程。正如马克思所说，"现在的社会不是坚实的结晶体，而是一个能够变化并且经常处于变化过程中的有机体"③，历史是发展的。然而，在历史发展中，特别是在历史向世界历史转变的过程中，世界历史发展的不平衡性明显地表现出来。然而，这种不平衡性并没有、也不能改变历史发展的统一性。

历史发展的统一性，即历史发展的同一性或共同性。"世界的真正的

① 《马克思恩格斯全集》第16卷，人民出版社1964年版，第258页。
② 《马克思恩格斯选集》第3卷，人民出版社1995年版，第733页。
③ 《马克思恩格斯选集》第2卷，人民出版社1995年版，第101—102页。

统一性在于它的物质性"①，这不仅适用于自然界，而且也适用于人类社会。在客观物质世界，运动着的物质是有规律的；而在人类社会，历史发展的统一性，首先表现为物质生活资料的生产方式的统一，即社会历史矛盾运动，也是有规律的。这种统一性或规律性，普遍存在于人类社会历史发展的全过程。1845—1846 年，马克思、恩格斯在《德意志意识形态》中，第一次描述了人类社会历史的发展序列：部落所有制、古代公社所有制和国家所有制、封建的或等级所有制、资本主义所有制和未来的共产主义所有制。经济的社会形态的发展，可以"理解为一种自然史的过程"②。社会经济形态是决定各个时代的政治历史和精神历史的基础。1859 年马克思在《〈政治经济学批判〉序言》中指出："大体说来，亚细亚的、古代的、封建的和现代资产阶级的生产方式可以看作是经济的社会形态演进的几个时代。"③ 这一切为人们理解马克思世界历史理论的方法论，奠定了坚实的理论基础。

最后，世界历史发展的多样性。这主要是指相对于历史发展统一性而言的历史的复杂性和特殊性，这种复杂性和特殊性的形形色色的表现，决定了历史发展的多样性。它首先表现为在不同的民族和国家中，其历史规律表现形式的复杂性。由于各种具体的历史条件不同，在相同的经济基础上会产生显示无穷无尽的变异和差别。例如，19 世纪末 20 世纪初世界主要资本主义国家相继进入垄断资本主义阶段，即帝国主义发展阶段。但是，每一帝国主义国家都有自己有别于其他帝国主义国家的特点。历史的多样性还表现为世界历史发展的不平衡性。"人们自己创造自己的历史，但是他们并不是随心所欲地创造，并不是在他们自己选定的条件下创造，而是在直接碰到的、既定的、从过去承继下来的条件下创造。"④ 马克思主义关于五种社会形态理论，揭示了人类社会发展的普遍规律，但是每个国家或民族在实现或体现这一普遍规律的具体道路却是不同的，这是因为任何一个国家或民族都不能超越历史，不能随心所欲地去创造历史。例如，古代埃及和西亚巴比伦在公元前 3500 年已经建立了最早的国家，埃及和西亚是世界上最早的古代文明，而在此时世界上其他的一些地区，却处在

---

① 《马克思恩格斯选集》第 3 卷，人民出版社 1995 年版，第 383 页。
② 《马克思恩格斯选集》第 2 卷，人民出版社 1995 年版，第 101—102 页。
③ 同上书，第 33 页。
④ 《马克思恩格斯选集》第 1 卷，人民出版社 1995 年版，第 585 页。

原始社会的历史发展阶段。又如在欧洲历史上的所谓"黑暗时代",世界上一些地区却恰恰相反。如拜占庭帝国的文化、印度笈多帝国的古文化、中国文化、美洲的秘鲁文化和印加人的文化等,这时都朝气蓬勃地发展,从不存在着什么"黑暗时代"。

此外,历史发展的多样性还因"世界历史发展的一般规律,不仅丝毫不排斥个别发展阶段在发展的形式和顺序上表现出特殊性,反而是以此为前提的"①。列宁曾以第一次世界大战期间的俄国及俄国革命为例来说明这一点。他说:"俄国是个介于文明国家和初次被这次战争最终卷入文明之列的整个东方各国即欧洲以外各国之间的国家,所以俄国能够表现出而且势必表现出某些特殊性,这些特殊性当然符合世界发展的总的路线,但却使俄国革命有别于以前西欧各国的革命,而且这些特殊性到了东方国家又会产生某些局部的新东西。"② 列宁的这一论述,特别是他关于在俄国革命影响下东方国家革命特点的分析,都为历史发展的具体事实所证实。

历史发展的统一性和多样性,表现为共性和个性的关系,是辩证的统一。世界历史即是历史统一性和多样性的结合,一方面,统一性寓于多样性之中,历史的规律性存在于历史的复杂性之中;另一方面,多样性表现着统一性,人们正是通过历史发展的复杂性去寻找和认识历史发展的规律性。正确认识历史发展的统一性和多样性的辩证关系,是正确揭示世界历史进程规律性内容的重要基础。

---

① 《列宁选集》第 4 卷,人民出版社 1995 年版,第 776 页。
② 同上。

第三章　全球化意识形态

第一节　经济全球化和意识形态

经济全球化和"意识形态终结论"

冷战结束前后，以美国为代表的西方理论界在经济全球化的背景下，从不同视角对"全球化"进行研究、宣传，大肆渲染全球化即是西方化、美国化。当时曾有人担心可能形成一种新的"全球化的意识形态"。而在世纪之交，特别是在 21 世纪初，则可以清楚地看到，一种新的意识形态已经形成，"担心"已经成为事实。

19 世纪初，法国学者特拉西最早使用了"意识形态"这个概念。在他看来，思想的产生，来源于物质的刺激，理念的形成是一种物理的过程，而意识形态则是对理念形成过程的研究，可称之为"理念的科学"。意识形态是物质关系的反映，通常指系统化的关于社会制度和生活方式的观念体系，即制度化的思想体系，是一种社会制度的合法性基础，和现存的社会制度是一致的。"全球化的意识形态"建立在美国霸权主义的基础上，强调"美国文化决定论"，使广大发展中国家被边缘化，不仅独立的经济体系面临着严重的威胁，而且国家主权面临着严重的挑战。在西方，对什么是"意识形态"颇多歧义。一些人认为："意识形态是一种理想主义的、不切实际的概念。但政治理论对政治目标的陈述可用来指引我们的行动，并评估我们的成就。如果没有理论，政治政策可能是短视和前后矛盾的。因此，多数政治学家都毫不迟疑地同意：意识形态是我们生活中的一个重要元素。但遗憾的是，关于意识形态的精确定义，当代的政治学家并没比早期的学者更有共识。"① 美国加州米拉科斯塔学院教授利昂·P. 巴拉达特在分析了多种有代表性的观点后指出，对于"意识形态"的定义虽众说纷纭，但是在这些分歧的意见中仍可找出共同点②。他认为，如果想抓住我们时代的政治现实，那么，清晰地理解当今世界上的意识形态是必不可少的。

马克思主义认为：占统治地位的思想不过是占统治地位的物质关系在观念上的表现，不过是表现为思想的占统治地位的物质关系。"美利坚是一个高度重视意识形态的民族，作为个人，他们通常不注意他们的意识形态，因为他们赞同同样的意识形态，其一致程度令人吃惊。"③ 这种高度的一致性，通常是作为所谓的"美国信念"表现出来的，诸如"自由、平等、博爱"，"民主"、"人权"，以及"私有财产和私有制"等等。但是，以美国为代表的西方大国，却极力宣传"意识形态终结论"。一方面，西方的意识形态不断强化，新的全球化意识形态不断冒出来；另一方面大肆宣传意识形态已经终结。这种貌似矛盾的现象的背后，突出地表现出美国等西方大国在经济全球化的新的历史条件下，迫不及待地要在意识形态上，建立国际垄断资产阶级的一统天下的企图。

在西方理论家看来，冷战后出现了所谓"意识形态终结论"，主要基于以下两方面的原因：首先，西方社会出现了新变化。尽管资本主义的基本矛盾没有解决，资本主义的本质没有改变，仅仅是在私有制所允许的范围内，对生产力、生产关系和上层建筑各领域的某些具体内容进行了某些调整和改良，即宣布在西方大国中，阶级、阶级矛盾、阶级革命的可能性都不存在了，产业工人阶级迅速萎缩，社会日益成为一个由性别、年龄、宗教、教育、职业等众多因素构成的"多元社会"。资本主义在其发展阶段中已经进入"人人都是资本家"的"人民资本主义阶段"。在这种情况下，自然也就无所谓意识形态了。无论是对改善社会的信仰，还是对未来社会的发展图景及实现的途径及手段，所有社会成员都是和谐一致的。其

---

① 利昂·P. 巴拉达特：《意识形态：起源和影响》，世界图书出版公司 2010 年版，第 8 页。

② 利昂·P. 巴拉达特认为，这些共同点，主要表现为以下五个方面：第一，虽然意识形态一词经常被用在其他背景中，但它首先而且主要是一个政治术语；第二，意识形态包含了对现状的看法，以及对未来的憧憬；第三，意识形态是行动导向的；第四，意识形态是群众取向的；最后一点，通常是以一般人所能理解的简单语词来陈述，在语气上通常是鼓动性的。参见《意识形态：起源和影响》，世界图书出版公司 2010 年版，第 9 页。

③ 斯帕尼尔：《第二次世界大战后美国外交政策》，商务印书馆 1992 年版，第 13 页。

次，在西方理论家看来，以苏联解体、东欧剧变为标志的冷战结束，表明共产主义作为一种意识形态已经不复存在；资本主义与社会主义两种社会制度的竞争，在其正式开始后不到 75 年时间内已经结束，资本主义已经取得彻底胜利。这是"人类意识形态发展的终点"，是"人类最后一种统治形式"。由于"构成历史的最基本的原则和制度可能不再进步了"，"所有真正的大问题都已经得到了解决"[①]，所以实现了"社会的政治共识"，资本主义再也不会遇到挑战者，意识形态也就自然而然终结了。他们认为，资本主义的自由民主制度是"人类历史发展的终极状态"，"历史无论怎样都会引导我们走向自由民主……常识告诉我们，自由民主与其 20 世纪的主要竞争对手：法西斯主义和共产主义相比，具有很多的优势，而只要我们坚持本来的价值和传统，就是对民主的承诺"[②]。然而，无论"自由"也好，"民主"也好，都不是抽象的，殊不知，鼓吹资本主义自由民主，尽管打着"全人类"的旗号，这本身就是一种意识形态。

　　萨缪尔·亨廷顿认为，"没有一些意识形态，只有一种意识形态，这就是我们民族的宿命"[③]。在当今的美国社会，代表垄断资产阶级利益的新的意识形态加倍冒出来，渗透于社会各个角落。西方理论家认为，这些新的意识形态的基础是因"全球化新时代"的到来，表现出以下四方面的特点：以民主和市场经济为主要内容的美国的核心价值观，在全球范围内得到了广泛的承认；美国已经成为世界的"主导力量"，今天不再存在着纳粹德国或苏联那样国家的现实威胁；当前大多数冲突主要表现在国家内部，而非在国家之间；信息化加速了"自由民主"的传播，整个世界处于急剧的变化中[④]。从这些认识出发，无论在全球还是国内的事务上，我们不难理解为什么新的意识形态加倍冒出来。

　　例如，发生在 2008 年"3·14"的拉萨暴力事件，是美国暗中策动西藏"颜色革命"的产物。美国学者威廉·恩达尔撰文指出，美国在北京奥运会前夕煽动西藏骚乱，显然决心跟北京玩一场极端危险的地缘政治游

---

　　① 弗朗西斯·福山：《历史的终结及最后之人》，中国社会科学出版社 2003 年版，第 1、3 页。

　　② 同上书，第 325 页。

　　③ 萨缪尔·亨廷顿：《失衡的承诺》，东方出版社 2005 年版，第 26 页。

　　④ 参见：Anthony Lake，"From Containment to Enlargement"，Vital Speeches of the Day，Vol. 60，No. 1，October15，1993，pp. 14—15。

戏，显示布什政府近来破坏中国稳定的策略升级。布什 2007 年 10 月首次公开会见达赖喇嘛，为这次西藏行动开了绿灯①。美国的"国家民主基金会"、"自由之家"、"利众基金会"、"爱因斯坦研究所"等，在拉萨暴力事件中扮演了极不光彩的角色。"国家民主基金会"表面上看是独立的非政府组织，但实际上是美国"中央情报局秘密活动的延续"。美国中情局在 20 世纪 50 年代和 60 年代，积极为达赖集团提供武器、军事训练及资金。据美国 20 世纪 90 年代末解密的情报文件，中情局 60 年代每年给"西藏流亡政府"提供 170 万美元，其中 18 万美元是给达赖的津贴。美国中情局的"美国自由亚洲协会"则为西藏叛乱活动制造舆论。今天，达赖仍收到数以百万美元计的资金，达赖集团的《西藏时报》、"西藏多媒体中心"及"西藏人权民主中心"也都从"国家民主基金会"得到资金。事实证明，美国出资出力策划煽动了拉萨暴力事件。在"藏独"打砸抢烧的骚乱中，处处可见美国情报机构的身影。美国破坏中国稳定的策略升级无疑是在玩火，帝国主义意识形态无处不在，人们不会忘记它在拉萨暴力事件中淋漓尽致的表现。

　　"和平与发展"是时代的主题，但并非是"和平与发展"已经成为当今世界的现实，因为影响和平与发展的不确定因素在增长，不合理的国际政治、经济秩序并没有从根本上改变，我们所面对的，是世界多极化和经济全球化趋势的不断发展和复杂多变的国际形势，和平与发展这两个问题至今一个也没有解决。例如，美国为了维持其在世界贸易和生产中的霸主地位，始终把强化军事实力当作王牌②。苏联解体、东欧剧变以来，美国在海外的军事行动从来没有停止：1989 年入侵巴拿马，1990 年至 1991 年发动海湾战争，1992 年至 1993 年对索马里进行军事干涉，1998 年至 1999 年对海湾地区发动空袭，1999 年空袭科索沃和南联盟，2001 年发动阿富汗战争，2003 年发动伊拉克作战争。"9·11 袭击事件为美国扩大和加强对欧亚地区的军事和经济控制提供了契机。……美国产生追求实力的新动力并非因为'9·11'事件，其袭击前美国经济实力已经开始削弱了。如果历史上不存在'9·11'事件，这一天的可怕事件从未发生过，美国很

---

① 威廉·恩达尔：《美暗中策动西藏"颜色革命"》，《明报》2008 年 4 月 17 日。

② 冷战结束后 10 余年间，美国的军费开支为 2 万亿美元。超过所有对手花费的总额。如今，"美国的国防支出相当于世界 189 个国家总和的 40%—50%"。见 Niall Ferguson，"American Colossus"，http://www.channe14.com/history/microsites/H/history/a—b/American.html。

可能照样在阿富汗和伊拉克发动战争。"① 这表明，以美国为代表的国际垄断资产阶级在当代的各种矛盾，从来没有解决，而且看不到解决的远景，军事实力不可能从根本上改变美国衰落的命运。

在经济全球化背景下出现的"意识形态终结论"，实际上更应概括为"意识形态一统论"。"终结"并不是在世界各地都消失了，而是都统一到西方的"自由民主制度上"去，即包括科学社会主义在内的世界上所有的意识形态，都"统一"到以美国为代表的西方意识形态体系中去，形成西方意识形态的一统天下。冷战的结束，只"结束"了以冷战为形式的意识形态的斗争，而不是结束了意识形态斗争本身。以冷战为形式的意识形态的斗争的"结束"，只是斗争形式的改变而已，国际上的意识形态斗争并没有结束，而是仍以不同的形式继续存在，如弗朗西斯·福山的"历史终结论"，萨缪尔·亨廷顿的"文明冲突论"，以及"民族国家消亡"、"新帝国论"、"战略边疆论"等等，无不具有强烈的意识形态色彩。西方大国提出的"意识形态终结论"，还旨在消解和否定马克思主义在中国意识形态领域的主导地位，从而使我们放弃建设中国特色社会主义的强大精神武器，迷失改革开放的社会主义方向。对此，我们应有清醒的认识。

"文明冲突"理论

东欧剧变、苏联解体后，西方理论家热烈讨论后冷战时代世界的走向。在诸多乐观或悲观的理论中，美国哈佛大学教授萨缪尔·亨廷顿独树一帜。萨缪尔·P. 亨廷顿系哈佛大学政府系讲座教授及约翰·M. 奥林战略研究所所长。曾在卡特政府国家安全委员会任职，为当时国家安全事务顾问布热津斯基的左右手，并经常承担美国国务院、国防部、中央情报局等部门的研究项目。1993 年，亨廷顿在《外交》（*Foreign Affairs*）季刊夏季号发表《文明的冲突》一文，提出了"文明冲突"（Clash of Civilization）理论，强调随着冷战后意识形态冲突的结束，不同文明和文化间的冲突将代替意识形态的冲突。该文在学术界引起广泛的讨论。亨廷顿随后继续发表文章，出版专著，进一步阐释自己的观点。这些著述集中在《不是文明，又是什么？》（《外交》季刊 1993 年冬季号），《西方文明：是特有的，不是普遍的》（《外交》季刊 1996 年冬季号），1996 年，出版了专著《文

---

① 瓦西利斯·福特卡斯等：《新美帝国主义》，世界知识出版社 2006 年版，第 16 页。

明冲突与世界秩序的重建》，详尽地阐述了他提出的"文明的冲突"的理论。

"文明"是一个歧义颇多的概念。在亨廷顿看来，文明是人类最广泛的一个文化实体，包括价值、规则、制度、风俗和思维模式等。世界上的主要文明有中华文明、日本文明、印度文明、伊斯兰文明、西方文明、东正教文明、拉丁美洲文明，以及有可能存在的非洲文明等。亨廷顿"文明冲突论"的核心观点是：冷战后，国家将日益根据文明来确定自己的利益；冷战后世界冲突的主要根源是文化的差异；文明的冲突将主宰全球政治。"文明的冲突"论的具体内容如下：

其一，未来世界的国际冲突的根源将主要是文化的，全球政治的主要冲突将在不同文明的国家和集团之间进行。亨廷顿认为，"20世纪80年代末，随着共产主义世界的崩溃，冷战的国际体系成为历史。在后冷战的世界中，人民之间最重要的区别不是意识形态的、政治的或经济的，而是文化的区别"。"对国家最重要的分类不再是冷战中的三个集团，而是世界上的七、八个主要文明。""在这个新的世界里，最普遍的、重要的和危险的冲突不是社会阶级之间、富人和穷人之间，或其他以经济来划分的集团之间的冲突，而是属于不同文化实体的人民之间的冲突。"①

其二，文明冲突是未来世界和平的最大威胁，建立在文明基础上的世界秩序才是避免世界战争的最可靠的保证。"不同文明集团之间的关系几乎从来就不是紧密的，它们通常是冷淡的并且常常是充满敌意的。不同文明国家之间从历史上继承的联系，例如冷战时期的军事联盟，可能减弱或消失。建立紧密的文明间'伙伴关系'的愿望，如俄罗斯和美国领导人曾经明确表达的那种愿望，是不会实现的。""90年代，许多人看到，在伊斯兰和西方之间又在形成一种'文明冷战'。在各种文明组成的世界里，这种关系并不是唯一的关系。冷和平、冷战、贸易战、准战争、不稳定的和平、困难的关系、紧张的对抗、竞争共存、军备竞赛，所有这些说法，或许最恰当地描述了不同文明实体之间的关系。信任和友谊将是罕见的。"② 总之，亨廷顿强调在全球或宏观层面上，核心国家的冲突主要发生在不同文明的国家之间。这些冲突是国际政治的典型问题。

---

① 萨缪尔·亨廷顿：《文明冲突与世界秩序的重建》，新华出版社1999年版，第6—7页。
② 同上书，第228—229页。

其三，全球政治格局正在以文化和文明为界限重新形成。亨廷顿认为，冷战期间，人们很容易把全球政治理解为包含了美国及其盟国、苏联及其盟国，以及在其中发生了大量冷战斗争的不结盟国家组成的第三世界。这些集团之间的差别在很大程度上是根据政治意识形态和经济意识形态来界定的。随着冷战的结束，意识形态不再重要，各国开始发展新的对抗和协调模式。为此，人们需要一个新的框架来理解世界政治，而"文明的冲突"模式似乎满足了这一需要。这一模式强调文化在塑造全球政治中的主要作用，它唤起了人们对文化因素的注意，而它长期以来曾一直为西方的国际关系学者所忽视；同时在全世界，人们正在根据文化来重新界定自己的认同①。

其四，在亨廷顿看来，伊斯兰国家和中国拥有与西方极为不同的伟大的文化传统，并自认其传统远较西方的优越。由于"非西方文明的核心国家将携起手来抵制西方的支配权"，所以伊斯兰文明和儒家文明可能共同对西方文明进行威胁或提出挑战。亨廷顿写道："伊斯兰文明和中华文明在宗教、文化、社会结构、传统、政治和植根于其生活方式的基本观念上，存在着根本的不同。从根本上来说，这两者之间具有的共性可能还不及它们各自与西方文明之间的共性。但是在政治上，共同的敌人将产生共同的利益。伊斯兰社会和华人社会都视西方为对手，因此它们有理由彼此合作来反对西方。到90年代初，出现了以中国和北朝鲜为一方，在不同程度上以巴基斯坦、伊朗、伊拉克、叙利亚、利比亚和阿尔及利亚为另一方的'儒教——伊斯兰教联系'，它们在人权、经济和军事等问题上联合起来对抗西方。"② 这种"对抗"是文明冲突的具体表现。

在日益开放的现时代，任何一个国家或民族文化的发展，都离不开在世界范围内的不同文明的对话。在世界上不同文化的交流、交融和碰撞中，促进世界文化的发展。在改革开放的新的历史条件下，中华文明以更加自信的心态走向世界、走向未来。中华文明深深植根于中华民族优秀文化的沃土中，同时广泛汲取外来文化的有益内容，从而使中华文明更加充满生机和活力。亨廷顿提出所谓"文明的冲突"理论，是企图借此来掩饰客观存在的社会制度、阶级压迫、意识形态的差别和冲突；抹杀美国在世

① 萨缪尔·亨廷顿：《文明冲突与世界秩序的重建》，新华出版社1999年版，第1—2页。
② 同上书，第202页。

界推行霸权主义，以及世界各国人民反对霸权主义的斗争的实质性内容。

冷战结束后，美国极力要充当"世界领袖"，建立自己一统天下的单极世界。美国继续以冷战思维构建21世纪"世界新秩序"的蓝图，推行世界霸权主义和强权政治。克林顿强调美国是"国家社区的领导者"，"作为一个国家、一个民族、我们的福祉、我们的力量都依赖于保持我们在国际上的领导地位"，不允许任何国家和国家集团对美国的"领导作用"提出挑战①。在经济全球化的新的历史条件下，自然会对国际政治格局产生深刻影响，但并不是如某些西方理论家所宣扬的那样，一定会导致美国作为"世界领袖"的单极世界的到来，恰恰相反，全球化时代的国际政治格局应该建立在多极化世界的基础上。那种主张现代国际政治建立在单极世界的基础上，实际是冷战思维的继续，是美国谋求维持世界霸权的具体表现，是国际政治生活中各种冲突的根源。

美国认为，延续近半个世纪的冷战，是以美国作为"胜利者"结束的，因此冷战后的国际政治秩序如何安排，应由"胜利者"说了算，那就是确立美国在全世界的霸权。美国所谓"世界领袖"、"领导地位"的实质，是建立以其为主导的单极霸权体制，谋求全球霸权。第一次世界大战、第二次世界大战结束时，在进行新的国际政治秩序的安排时，确实体现了胜利者的意志和愿望，那是由当时具体的社会历史条件决定的，于是有了"凡尔赛体系"和"雅尔塔体系"。在经济全球化的背景下，美国援引旧例企图使历史重演，显然是在变动中的世界犯了愚蠢的错误。多极化的世界格局是时代的产物，是历史发展的必然趋势。美国逆历史潮流而动，企图建立单极国际"新秩序"比冷战结束前的"旧秩序"，会给世界各国人民带来更大的危害，不可避免地会引起这样或那样的冲突。

曾任美国总统安全顾问的布热津斯基，著有《大棋局》一书，该书的主要内容是论述"美国的首要地位及其地缘战略"。他认为美国是世界上唯一的超级大国，不仅表现在军事上、经济上、科学技术上，而且美国文化在全世界也具有"吸引力"。美国的霸权是一种"新型的霸权"，它是"通向全球至高无上的地位的捷径"。为了永远保持这种霸权，美国必须建立符合它自身利益的国际秩序。欧亚大陆是"争夺全球首要地位"的大棋

---

① 克林顿：《希望与历史之间——迎接21世纪对美国的挑战》，海南出版社1997年版，第102页。

盘，美国不允许在这个地区出现"全球性的大国"，正如布热津斯基着重强调的那样，美国在建立"全球大家庭"时，"在欧亚大陆上不出现能够统治欧亚大陆从而也能够对美国进行挑战的挑战者，也是绝对必要的"①。哈佛大学教授亨廷顿说，这是一本我们盼望已久的好书，他以锐利的目光和坚实的思维，权威地阐述了美国在冷战后的世界上的战略利益……是具有俾斯麦伟大的战略传统思想的体现。亨廷顿与布热津斯基的思想一脉相承。在他看来，比起一个美国在决定全球事务方面继续拥有比其他任何国家更大的影响的世界来，一个美国不占首要地位的世界将是一个更加充满暴力、更为混乱、更少民主和经济增长更困难的世界。维持美国在国际上的首要地位是保障美国人的繁荣和安全的关键，也是保障自由、民主、开放经济和国际秩序在这个世界上继续存在下去的关键。1999 年，曾任美国国家安全计划主任的理查德·哈斯强调：冷战后在不均衡状态的世界中，美国不仅在军事上，而且在政治和经济上都享有第一的地位。美国对外政策的目的就是保持相对优势，寻求延长单极时期并使其成为一个时代。我们的首要目的是防止在前苏联的领土或别的地方上出现新的对手，并防止它们以盛气凌人的姿态构成威胁……现在我们的战略必须主要阻止未来任何潜在的全球性竞争者的出现②。

经济全球化不是"全球美国化"，美国企图以武力威慑或攻击，以掌控的 WTO、世界银行和国际货币基金组织为诱饵，以"民主"、"人权"和各种制裁相威胁，迫使各国服从美国的指挥棒。美国凭借其军事、技术优势，极力建立以其为中心的"全球体系"，即建立由美国主导的国际政治秩序的单极世界。美国为了推行其建立单极世界的全球战略，强化北约军事集团，加速北约东扩，披着"自由、和平、民主"的外衣，提出荒谬的"新干涉主义"理论，甚至以兵相见。1999 年，美国无视国际法准则，撇开联合国，率领北约盟国悍然发动科索沃战争，在所谓"人权高于主权"的旗号下，在巴尔干实验"北约新概念"，悍然轰炸南联盟长达 78天，肆意屠杀无辜平民，在当代国际关系史上，开创了以武力干涉他国内政的恶劣先例，这是野蛮的霸权主义，和"文明的冲突"丝毫不相干。

---

① 布热津斯基：《大棋局——美国的首要地位及其地缘战略》，上海人民出版社 1998 年版，第 3—4 页。

② 参见理查德·哈斯《规制主义——冷战后的美国全球新战略》，新华出版社 1999 年版，第 46—47 页。

至于儒家文明"对西方文明进行威胁或提出挑战",更是荒谬绝伦。事实正是美国把中国当成"头号敌人",是美国反华势力鼓吹"中国威胁论"的恶性膨胀。美国《时代》周刊前驻北京记者理查德·伯恩斯坦等人著《即将到来的美中冲突》在政治、经济、军事、外交等领域极尽丑化、妖魔化中国之能事,诬蔑"中国是一个未得到满足的、雄心勃勃的大国","正在崛起的亚洲霸主",正在"取代美国在亚洲占统治的地位",中国不可能成为美国的战略朋友,而是"长期的对手",因此可以断言,"同中国的激烈冲突是不可避免的"①。类似上述"中国威胁论"的著述在美国连篇累牍,这完全是一个不存在的问题,但是人们从中不难看出美国继续冷战思维,企图称霸世界的外交战略的本质。

"历史终结"理论

1989年,美国前国务院政策计划处副主任弗朗西斯·福山(Francis Fukuyama)在新保守主义期刊《国家利益》夏季号发表论文《历史的终结》,认为西方的自由民主制度是"人类意识形态发展的终点",是"人类最后一种统治形式"。1992年,福山又将论文扩展成专著《历史的终结及最后之人》出版。这部著作集中阐释了福山的"历史终结论",即在"后冷战时代",资本主义已经失去了资本主义制度的对手和意识形态的敌人,随着全球化的发展,西方与非西方的界限逐渐模糊,"意识形态的发展是以西方的自由民主作为最终的政体在世界上普及而结束"②。在西方自由主义的思想家看来,近百年来,人类的历史是在资本主义和共产主义之间的斗争之中发展的,以苏东解体为标志的冷战结束之日,也就是共产主义作为一种意识形态寿终正寝之时,表明西方文化价值观的彻底胜利。自由民主制度已经解决了人类政治发展中的所有问题,在现实和可见的未来也不会遇到真正有实力的挑战者,所以历史就在这里终结了。新的历史自然是资本主义全面胜利的历史,新的世纪则是美国的世纪。

福山在自己的著述中,一贯将共产主义与法西斯主义相提并论,从来不掩饰他对共产主义的仇视,"历史终结论"是他在经济全球化背景下反

---

① 参见理查德·伯恩斯坦等《即将到来的美中冲突》,新华出版社1997年版,第2、14页。
② Francis Fukuyama, "The End History?" *The National Interests*, NO.16 (Summer), 1989, p. 18.

共的"代表作"之一。2009 年，即福山提出"历史的终结"理论 20 年之际，接受德国《世界报》记者采访时，他继续坚持其 20 年前的观点，强调"自由的民主仍是最终政府形式"，同时放肆地攻击所谓"中国的专制主义"。然而，他也不得不承认，"今天我们正在经历一种民主的衰退。俄罗斯等重要国家出现了倒退，我们看到那里出现了糟糕的无视法律法规的独裁政体，或者委内瑞拉和其他一些拉美民粹主义政权。显然民主的大浪潮曾经到达很多地方，现在一些地方的潮水退却了"①。在事实面前，福山也不得不承认，现代国际政治的发展，并不总是朝着有利于资本主义的方向发展。

福山认为："黑格尔和马克思都曾相信，人类社会的发展是有终点的，会在人类实现一种能够满足它最深切、最根本的愿望的社会形态后不再继续发展。这两位思想家因此断言，会有'历史的终结'阶段。黑格尔将'终结'定位于一种自由的国家形态，而马克思则把它确定为共产主义社会。历史的终结并不是说生老病死这一自然循环会终结，也不是说重大事件不会再发生了或者报导重大事件的报纸从此销声匿迹了，确切地讲，它是指构成历史的最基本的原则和制度可能不再进步了，原因在于所有真正的大问题都已经得到了解决。"② 在这里，福山至少在两方面的认识都是错误的。首先，"西方的自由民主制度"是否意味着"历史的终结"，在国内外，包括在西方都遭到批评，不少论者从历史与现实的结合上进行反驳。例如，法国著名思想家雅克·德里达在书评《评福山的〈历史的终结及最后之人〉》中写道，这本书是反马克思主义的符咒。"历史在那里完成，某一历史的被规定了的概念在哪里终结，在同一个地方，在同一界限上，毫无疑问，历史的历史性就在那里开始，在那里最终地获得预示自身的机会。人的、某一被规定了的人的概念在哪里完成，人的、另一种人的、作为他人的人的纯粹人性就最终地在那里获得预示自身到来的机会。在这种要么是非人的、要么是解构的争论中，不能把历史的终结贬低为资本主义的天堂这种粗俗形式。"③

---

① 德国《世界报》，《反对文明悲观主义》2009 年 11 月 2 日，见《参考消息》，2009 年 11 月 5 日。

② 弗朗西斯·福山：《历史的终结及最后之人》，中国社会科学出版社 2003 年版，第 2—3 页。

③ 俞可平主编：《全球化时代的"马克思主义"》，中央编译出版社 1998 年版，第 151 页。

其次，所谓马克思关于"共产主义社会"的分析，认为一旦共产主义实现，历史便终结了，这是福山对马克思主义的歪曲。马克思说："大体说来，亚细亚的、古代的、封建的和现代资产阶级的生产方式可以看作是经济的社会形态演进的几个时代。资产阶级的生产关系是社会生产过程的最后一个对抗形式……但是在资产阶级社会的胎胞里发展的生产力，同时又创造着解决这种对抗的物质条件。因此，人类社会的史前时期就以这种形态而告终。"① 由此并不能得出共产主义是历史的终结的结论。恰恰相反，在马克思看来，共产主义是消灭了剥削制度真正的人类社会的开始。福山对马克思主义的歪曲，还表现在他对所谓"战后美国实际上已经到达了马克思的'无阶级社会'"的解读上。他说："无阶级社会并不是说要消灭所有的社会不平等，有些不平等之所以继续存在某些方面是由于事物的本性而不是人的愿望所决定的，因此是必然的而且是无法根治的。在这样的条件下，这种社会应当可以说已经实现了马克思的'自由王国'，因为它有效地根除了自然的需要，人民能够用最小量的劳动满足他们适当的需要。"② 联系到福山反复强调"历史无论怎样都会引导我们走向自由民主"，即走向资本主义，不难看出福山对马克思主义歪曲的同时，又在极力美化资本主义。

科学社会主义理论是资本主义历史时代的产物，从其产生到今天不过150多年。在20世纪，社会主义打破了资本主义世界的一统天下，并从一个国家发展到多国，曾取得了辉煌的成就，同时也遭受到严重的挫折。20世纪90年代，苏联解体和东欧剧变，社会主义运动随之处于低潮。一些西方资产阶级学者声称：资本主义与社会主义两种体制的竞争，在其正式开始后不到75年时间内已经结束，资本主义获得了最终胜利。福山美化"资本主义是一股充满活力的力量，不断地冲击纯习惯性的社会关系，用建立在技能和文化水平基础上的新的阶层划分来取代世袭的特权"③。他还宣扬资本主义的自由民主制度是"人类历史发展的终极状态"，是"人类意识形态发展的终点"，是"历史的终结"，"21世纪的世界将是资本主义的一统天下"，这显然是一厢情愿的无稽之谈。这些观点即使在西方也并

---

① 《马克思恩格斯选集》第2卷，人民出版社1995年版，第33页。
② 弗朗西斯·福山：《历史的终结及最后之人》，中国社会科学出版社2003年版，第329页。
③ 同上书，第328—329页。

不完全为人们所认同。例如，美国杜克大学弗里德里克·詹姆逊教授在《论现实存在的马克思主义》一文中指出，庆贺马克思主义死亡正像庆贺资本主义取得最终胜利一样是不能自圆其说的。

冷战结束后，资本主义发展并非永远处在"黄金时期"。一些西方学者对此也有明确的认识。1991 年 11 月 30 日，美国《卫报》发表署名文章《资本主义面临更加困难的时期》指出："资本主义在经过从 40 年代末到70 年代初期和中期的黄金时期后，现在又陷入困境。直到现在人们之所以没有感到危机，原因是战后资本主义社会的福利制度使人们比 30 年代有更多保障，主要工业国家在 80 年代受到全球危机的打击没有拉美和非洲等地那么严重，苏联东欧共产主义的崩溃转移了人们对资本主义困境的注意力。"1993 年，法国哲学家德里达在《马克思的幽灵》一书中强调，当代资本主义的所谓新秩序，仍然和马克思生前一样，依然千疮百孔。作者从 10 个方面论证了资本主义无法愈合的伤口：失业痛苦有增无减，大批公民被排斥在国家民主生活之外，各国间无情的经济战，有关自由贸易的概念、准则和实践始终矛盾百出，外债负担日益加重，使一部分人陷于饥饿、绝望的境地，军事工业和武器交易在世界工业产值和贸易额中稳居首位，核扩散已经超越国家机构的控制，由种族狂热挑动的战争不断蔓延，以黑社会形式出现的毒品集团已成为国中之国，其势力正不断扩大，目前情况下的国际法和国际机构正使个别技术、军事和经济强国主宰一切，推行强权政治①。

对全球化时代世界社会主义运动的前途，西方资产阶级中也不乏清醒人士。苏联解体、东欧剧变使他们狂喜一阵后，很快发现这一切不过是以苏美对抗为中心的"冷战"的结束，而不是社会主义对资本主义挑战的结束。1992 年 12 月 14 日，美国《基督教科学箴言报》在一篇评论中指出："再度兴起的马克思主义，对西方古典自由主义的思想和体制构成的挑战，会比苏联共产党曾构成的挑战更加令人生畏。"西方一些左翼人士指出，苏联模式的失败并不能改变社会主义的发展进程，更不是资本主义的彻底胜利，人类将重新走上社会主义道路，因为资本主义绝对无力解决全人类所面临的所有问题。还有人结合中国的现实探讨社会主义的历史命运，他

---

①　参见陈学明编《苏联东欧剧变后国外马克思主义趋向》，中国人民大学出版社 2000 年版，第 16 页。

们认为，邓小平建设有中国特色的社会主义理论使"世界社会主义因苏联东欧剧变低潮谷地时而在中国取得飞速发展"。他们把中国的改革成功看做"世界社会主义的历史发展进入一个新的阶段"的标志，是"21世纪科学社会主义的希望之所在"①。

　　在新的世纪，中国人民在中国共产党的领导下，立足于建设有中国特色社会主义的伟大实践，不断研究新情况和新问题，从理论与实践的结合上，正在创造性地丰富和发展马克思主义。19世纪中叶，鸦片战争爆发，中国开始沦为半殖民地、半封建社会。为了拯救民族危亡，中国先进知识分子开始向西方寻求真理，走资本主义道路，但一次次都失败了。因为"帝国主义列强侵入中国的目的，决不是要把封建的中国变成资本主义的中国。帝国主义列强的目的和这相反，它们是要把中国变成它们的半殖民地和殖民地。"② 俄国十月革命后，马克思主义传入中国。走俄国人的路，成为以中国共产党为代表的中国先进分子的历史性的选择。在中国共产党的领导下，中国人民把争取民族独立、国家主权的斗争与解放本国无产阶级和广大劳动人民的斗争结合起来，中国人民的解放斗争成为无产阶级世界革命的一部分。1949年，中国人民推翻了帝国主义、封建主义、官僚资本主义的反动统治，建立了中华人民共和国。这是马克思主义的基本原理在一个东方大国取得的伟大胜利。中国革命的胜利，加快了民族解放运动和国际社会主义运动的发展。20世纪末苏东剧变后，中国共产党和人民坚决顶住国际共产主义运动遭受严重挫折的巨大压力，旗帜鲜明地走社会主义道路不动摇；同时从中国实际出发，实事求是地总结我国社会主义革命和建设的历史经验和教训，同时借鉴其他社会主义国家兴衰成败的历史经验，努力探索建设有中国特色社会主义的道路。

现代世界体系理论

　　冷战结束后，美国西北大学讲座教授布鲁斯·库斯明曾提出这样的问题："我们的时代存在着世界资本主义危机呢，还是存在着一个真正全球化的经济体，并且终于开始为其最初作出的为了最大多数人谋求最大利益

----

① 参见陈学明编《苏联东欧剧变后国外马克思主义趋向》，中国人民大学出版社2000年版，第22页。

② 《毛泽东选集》第2卷，人民出版社1991年版，第628页。

的允诺而偿付代价呢？全球的领导国——美国，已经到达其霸权地位的终结点呢，还是正处于其鼎盛的中年期，而且是否再也没有堪与之相匹敌的真正对手了呢？"① 在回答上述问题时，I. 沃勒斯坦在"现代世界体系"研究中所得出的结论，和福山"历史终结"中的结论截然不同。I. 沃勒斯坦提出的"现代世界体系"理论，是关于经济全球化研究的重要理论之一，是从一个新的视角研究全球化问题的新概念、新体系。

　　I. 沃勒斯坦，生于 1930 年，早年毕业于美国哥伦比亚大学，留校后研究非洲问题，为副教授。青年时代曾在非洲工作。他说，他作为民族主义运动的同情者，曾与非洲解放运动年轻的勇士们同仇敌忾，共享欢乐。1968 年因支持哥伦比亚大学学生运动，被迫离校，1970 年到斯坦福行为科学高等研究中心工作，开始撰写《现代世界体系》，现为美国耶鲁大学高级研究员、纽约州立大学宾汉顿分校布罗代尔经济、历史体系与文明研究中心主任。

　　I. 沃勒斯坦的多卷本著作《现代世界体系》在学术界引起人们的广泛关注，他计划此专著写作 4 卷，从 15 世纪中叶直至当代。目前已出版 3 卷，并译成法、德、意、西、葡、挪、匈、罗、塞尔维亚和日文、中文等 10 余种文字出版，以及盲文版。第 1 卷 1974 年出版，书的全名是《现代世界体系：16 世纪资本主义农业和欧洲世界经济的起源》；第 2 卷为《现代世界体系：重商主义与欧洲世界经济体的巩固（1600—1750）》；第 3 卷为《现代世界体系：资本主义世界经济大扩张的第二个时代，18 世纪 30 年代—19 世纪 40 年代》；第 4 卷为《现代世界体系：1917 年至今，世界经济体系的巩固和它内部的革命》。

　　I. 沃勒斯坦在西方学术界被称为"新左派"或"新马克思主义"者，他以新的历史视角研究了资本主义产生、发展、兴盛和衰落的历史，论证了资本主义世界体系形成之后即处在剧烈的斗争和变动之中，现已进入"混乱和告终"时期，21 世纪中叶，它必然被一个或多个后继的体系所取代。他认为，资本主义文明已经到了它生命的秋天，而秋收之后，严冬就会来临，那也就是周期的结尾，历史性体系的末日。"资本主义将成为过

---

① 特伦斯·K. 霍普金斯等：《转型时代：世界体系发展的轨迹 1945—2025·序言》，高等教育出版社 2002 年版。

去，它的特定的历史体系将不再存在。"① 他在《资本主义全球体系处于崩溃中》认为，资本主义全球体系的发展因先天的局限，已经处于崩溃之中，资本主义不可避免地在走向衰亡。20 世纪 90 年代末，他在《现代世界体系》的中文版序言中重申他的观点："创立资本主义不是一种荣耀，而是一种文化上的耻辱"，"我们并非处于资本主义胜利时期，而是处于资本主义混乱的告终时期……资本主义是一个不平等的体系。此前的大多数体系也是如此。当 21 世纪中叶资本主义世界体系让位于后继的体系（一个或多个）时，我们将看看这后继体系是否会更平等。我们不能预测它会是一个什么样的体系。但能通过我们目前政治的和道德的活动来影响其结果"，而"占人类四分之一的中国人民，将会在决定人类共同命运中起重大作用"②。

关于世界体系，I. 沃勒斯坦认为人类历史上先后存在"微型体系"、"世界帝国"和"世界经济体系"三种体系。"微型体系"只有小规模的劳动分工；"世界帝国"如古罗马、中国、埃及等。非全球的，具有一定的封闭性，缺乏与其他体系的交换；"世界经济体系"，现代世界经济体系产生于欧洲，是以欧洲为中心的资本主义经济向世界范围扩展的结果。14—15 世纪欧洲封建制度出现了全面的危机，成为 16 世纪以后欧洲的扩展和经济转变的前提和基础。

I. 沃勒斯坦认为"世界体系是一个社会体系，它具有范围、结构、成员集团、合理规则和凝聚力。世界体系的生命力由冲突的各种力量构成。这些冲突的力量由于压力的作用把世界体系结合在一起，而当每个集团不断地试图把它改造得有利于己时，又使这个世界体系分裂了。世界体系具有有机体的特征，因为它具有生命期。在它的生命期中，它的特征在某些方面发展变化，而在另一些方面则保持稳定。人们可以依据该世界体系运行的内在逻辑来判定处于不同时期的世界体系的结构的强弱"③。基于上述认识，I. 沃勒斯坦从全球出发，将资本主义的历史放在世界性的体系中去认识，认为资本主义从其萌生之时起，就不是某个国家的孤立的现象，而是作为一个世界性的体系出现的。他不是研究具体的国家或民族，而是将

①　伊曼纽尔·沃勒斯坦：《历史资本主义》，社会科学文献出版社 1999 年版，第 108 页。
②　伊曼纽尔·沃勒斯坦：《现代世界体系》第 1 卷，高等教育出版社 1998 年版，第 1 页。
③　同上书，第 460 页。

"世界体系"作为研究的单位，而世界体系可分为作为基础的世界经济体和作为上层建筑的国际体系两部分。

I. 沃勒斯坦使用了"核心"、"边缘"、"半边缘"等概念，资本主义发展的历史，就是把世界逐渐卷入核心、边缘、半边缘的历史。从本质上看，资本主义生产方式即是一种世界体系。它形成于 16 世纪西欧国家资本原始积累时期，在 17—19 世纪。随着西欧资本主义的发展，这一世界体系也随之扩大。在这个扩大的过程中，西欧资本主义强国成为这个体系的"核"心；俄国则成为"半边缘"，亚非被压迫民族和被压迫国家，成为世界体系的"边缘"。为了改变"边缘化"的命运，亚非国家应寄希望于作为"反体系力量"的社会主义。社会主义虽然远没有构成一个体系，但是却代表了历史矛盾运动的方向。沃勒斯坦认为，现代世界体系是一个发展的过程，而发展的动力在于对利润的最大追求，正是这种追求决定了现代世界体系的不断扩张。关于现代世界体系的前途，他认为它曾经有过巩固的趋势，但正在走到尽头，因为在扩张的过程中所表现出的矛盾，是不可克服的。这些矛盾主要表现为供给和需求之间的矛盾；资本主义世界经济和世界政治缺乏统一的管理机构之间的矛盾。资本主义强国为维护其霸权所做的种种努力，恰恰是对其霸权基础的破坏，由此而开始它走向衰落的历史过程。因此，在世界历史的范围内，社会主义代替资产阶级是不可避免的，从某种意义上可以说，这也是世界体系发展的必然结果。

I. 沃勒斯坦以新的历史视角研究了资本主义产生、发展、兴盛和衰落的历史。对于以西方国家为主导的"全球化"进程，他与"福山为自由主义和资本主义高唱赞歌不同，沃勒斯坦也从同一历史事件（即苏联的解体）出发，向自由主义提出了挑战"。沃勒斯坦认为，苏联解体"被看作是自由主义作为一种意识形态的最后的胜利。但这完全是对现实的一种误解。恰恰相反，这些同样的事件更多地标志着自由主义的解体，以及我们最终进入到'自由主义之后'的世界"。沃勒斯坦强调，"苏联的解体并不意味着资本主义的胜利，而正是对资本主义生存的一系列挑战的一个部分"①。I. 沃勒斯坦对历史问题的研究努力做到历史感与现实感的结合，十分关注现实问题。苏联解体、东欧剧变后，他写有《自由主义之后》

---

① Immanuel Wallerstein，After Liberalism，p. 1. 参见王正毅《世界体系论与中国》，商务印书馆 2000 年版，第 240 页。

（1995 年）、《有托之乡——21 世纪之历史抉择》（1998 年）。在文章中，他写道，如果认为苏联解体、东欧剧变这些事件也意味着自由主义这一意识形态的最终胜利，并同样加以庆贺，那就错了，那就完全曲解了实际情况。正相反，这些事件甚至更加表明了自由主义的衰微，更加表明了我们已最终进入"自由主义之后"的世界。他认为，"共产主义的式微并不意味着自由主义这一意识形态赢得了最终胜利，而是决定性地削弱了自由主义意识形态继续发挥其历史作用的能力"。"9·11"事件发生后，他在《9·11——为什么会这样》中提出，假如我们是本·拉登，为什么要这样去做的问题。他认为，那就是要表明美国是只纸老虎，首先是向美国人，其次是向世界上其他人表明这一点。美国貌似强大，在全世界到处伸手，而实际上连他本国的人民，都保护不了。

沃勒斯坦在《美国实力的衰落》中，从历史学、社会学、政治经济学等多种社会科学视角，阐释了美国霸权衰落的过程和内在逻辑，强调了美国实力衰落的不可逆转性。他认为，自 1970 年始，世界体系进入了大变迁的时代，美国将不可避免地走向衰落，从 1970 年到 2000 年以来，美国历任政府都从外交、经济和军事三个方面减缓其衰弱速度。2000 年布什政府的一系列政策加剧了美国实力的衰弱。美国维持霸权积极倡导实行单边主义，入侵伊拉克就是单边主义的结果之一。美国所以敢入侵伊拉克，是因为萨达姆未拥有大规模杀伤性武器，而不是美国所声称的伊拉克拥有大规模杀伤性武器。入侵伊拉克的结果和美国政府的期望完全相反。沃勒斯坦指出，尽管从 20 世纪 90 年代以来，人们就淹没在关于全球化的讨论之中；尽管人们都认为我们第一次生活在全球化时代，全球化改变了一切，诸如国家主权的重要性下降；人们抵制市场规律的能力消失了；保持文化自主的可能性实际上不存在了；我们所有标志的稳定性都大有问题了；等等。但是，他认为"我们通常所说的全球化过程根本不是一个新东西。这个东西已经存在了 500 年之久。今天我们需要做出的选择不是是否去顺从这一过程，而是当这一过程崩溃时我们需要做些什么，因为这一过程正在崩溃"①。这种"崩溃"，是和整个资本主义世界体系的衰亡联系在一起的。与此同时，在 20 世纪末称霸世界的美国也不可避免地走向衰落。

---

① 沃勒斯坦：《美国实力的衰落》，社会科学文献出版社 2007 年版，第 33 页。

第二节　经济全球化与国家主权

新帝国和新帝国主义理论

2000年，意大利学者安东尼奥·奈格里与美国学者迈克尔·哈特合著的《帝国——全球化的政治秩序》一书出版，该书的基本观点是："我们已经见证了经济和文化方面交流的不可抗拒、不可扭转的全球化。伴随全球市场和生产的全球流水线的形成，全球化的秩序、一种新的规则的逻辑和结构，简单地说，一种新的主权形式正在出现。帝国是一个政治主体，它有效地控制着这些全球交流，它是统治世界的最高权力。"作者特别强调，"新的全球的主权形式就是我们所称的帝国"①，而且帝国的出现又是和民族—国家正在衰落的主权，以及它们对经济、文化交流不断减弱的控制力联系在一起的。该书问世后产生了广泛影响，很快被译成20多种语言出版，它既是21世纪初的一部知识分子的畅销书，也是关于"全球化"问题争议最多的书。在形形色色的帝国理论影响下，美国一些理论家极力宣扬建立"美利坚帝国"（American Empire）。他们认为，任何一个国家都要寻求权力的最大化，因此不可能有权力均衡的机制，最好的防御就是进攻。美国的新保守主义提出"新帝国"的具体内容是：极度崇尚军力；建立美国"仁慈霸权"；输出美国式的民主与价值观。在美国垄断资产阶级看来，无论在经济上、政治上、军事上，还是在文化上，美国都是名副其实的"帝国"。"今天'美利坚帝国'的崛起，既非对大英帝国的回归，也不是自己19世纪'门罗主义'与西方列强争雄的新兴帝国和20世纪被第三世界国家群起攻之的'美帝国主义'的简单重复，而是跨越千年对罗马帝国的'复兴'。"② 不难看出，"新帝国"论的基础是霸权主义，更准确地说，是美国霸权。美国前国家安全顾问布热津斯基认为，"美国在全球等级体系中无可匹敌的地位，目前已得到广泛的承认。外国人最初听到有人承认美国霸权时那种惊奇，乃至不快，已经让位于一种比较审时度势的态度"。他还认为，"美国霸权一旦急剧终止，无疑将会在全球引发混

---

① 迈克尔·哈特、安东尼奥·奈格里：《帝国——全球化的政治秩序》，江苏人民出版社2005年版，第1—2页。

② 张西明：《新美利坚帝国》，中国社会科学出版社2003年版，第3页。

乱。在那种情况下，国际上会出现杂乱无章的局面"①。总之，美国霸权是
全球稳定的"根本保证"。

2002 年 4 月 7 日，英国首相的外交政策顾问罗伯特·库珀在英国《观
察家报》发表《我们为什么仍然需要帝国主义》，较明确地阐释了"新帝
国"和"新帝国主义"理论。在库珀看来，当今世界由三类国家群体组
成：第一类是由索马里和阿富汗等前殖民地国家组成的"前现代国家"；
第二类是前殖民地宗主国，即欧美发达资本主义国家组成的"后帝国和后
现代国家"；第三类是由中国、印度和巴基斯坦等国组成的"传统的现代
国家"。库珀认为，由前殖民地构成的"前现代国家"是导致当今世界动
乱和威胁的重要根源。他主张后帝国和后现代国家集团为维护切身利益，
应采取类似 19 世纪帝国主义的政策，包括新殖民化等手段，对外输出民
主、稳定和自由。库珀认为"新帝国主义"可有多种形式，如将欧洲的联
合归结为"自愿帝国主义"；把国际货币基金组织和世界银行称之为"自
愿的全球经济帝国主义"，还把北约对巴尔干地区的武装干涉称为"邻国
帝国主义"等。除罗伯特·库珀外，美国总统国家安全事务助理康多利
扎·赖斯 2002 年 4 月 15 日在霍普金斯大学国际关系学院发表讲话时，把
世界上的国家分为 4 种，提出对第三类的"流氓国家"要进行打击，对第
四类的"失败国家"要实行国际治理。此后不久，美国总统乔治·W. 布
什 2002 年 6 月 1 日在西点军校讲话，明确提出在国际政治生活中"先发
制人"的观点。他说，反恐战争要取得胜利，"不能靠防卫赢得。我们必
须对敌人发起进攻，破坏他们的计划并防患于未然地消灭最严重的威胁。
在我们所处的这个世界里，只有通过行动才能获得安全。而美国将采取行
动……准备在必要时采取先发制人的行动，保卫我们的自由和生命"。三
个月后，《美国国家安全报告》发表，由美国政府正式提出"先发制人"
的观点：我们眼下的重点将使那些具有全球影响的恐怖组织，以及任何试
图获得或利用大规模杀伤性武器及其初级形式的恐怖分子，或支持恐怖主
义的国家赶在威胁到达我们边界之前将其查明和摧毁，保护美国、美国人
民以及我们国内外的利益。尽管美国将不懈地争取国际社会的支持，必要
时我们仍会毫不犹豫地单独行动，通过先发制人打击这样的恐怖分子，防
止他们伤害我们的人民和国家。"从 2002 年 9 月 20 日开始，美国政府放

---

① 布热津斯基：《大抉择：美国站在十字路口》，新华出版社 2005 年版，第 1、3 页。

弃了以前在全球事务中的多边政策，正式采取了一种帝国姿态，即基于帝国主义和帝国价值、带有神权政治弦外之音的所谓的'布什主义'。"① 布什主义成为"新美帝国主义"或"新帝国主义"的代名词。

这一切都被视作"新帝国主义"理论的重要组成部分。总之，美国理论家的一种主流观点认为，对恐怖主义的回答是殖民主义；对"恐怖国家"进行军事征服和军事占领，是美国理所当然的"政治责任"。美国鼓吹的这些"新帝国主义"理论，已经并继续导致国际局势的紧张，以致一些西方的理论家都认为，"自从20世纪30年代以来，西方走向荒谬的野蛮主义的威胁，从来没有像今天这么大"②。"美国的生活方式不可能继续存在，因为它不承认美国以外的整个世界的存在。然而，霸权毕竟会有终结之日。当这个时刻到来之时，这个强大的帝国将会和以往的帝国一样，因极力对外扩张而从内部崩溃。现在，它彻底瓦解的征兆已经出现。"③ 在人类的历史上，帝国的时代一去不复返，美国的"帝国复兴"只是梦想。

2001年"9·11"事件发生后，在美国出现"新帝国论"的思潮并非偶然。一方面，冷战结束后，美国作为唯一的超级大国，拥有的雄厚的经济实力，这是"帝国"所不可缺少的坚实的物质基础，一些后现代派学者强调，美国经济、科技、军事实力超群，已经是一个与众不同的后现代国家，"自从罗马帝国以来，还没有一个国家像美国这样拥有远远超过其他国家的实力"④；另一方面，美国欲充当"世界领袖"的帝国潜意识在特定的历史条件下急剧膨胀，如1991年的波斯湾战争、1999年对南联盟的轰炸、2002年的阿富汗战争，以及2003年的伊拉克战争等，就是这种急剧膨胀的具体表现。"9·11"事件的发生，使现存的世界政治和经济秩序发生重大变化，对人们的生活方式、思维方式、宗教信仰、意识形态和社会心理等方面，产生了深刻的影响。正是在世界历史进程发生重大转折之际，"新帝国论"者强调：强大无比的美国已是历史上曾经出现过的"罗马帝国"、大英帝国或法兰西帝国，通过非领土占有建立一个新式的美利坚帝国是完全可行的。所谓"新式"，指它不像"旧帝国"那样靠武力建

---

① 瓦西利斯·福斯卡斯等：《新美帝国主义》，世界知识出版社2006年版，第15页。

② Martin Jacques, "The New Barbarism", The Guardian, May 9, 2002.

③ Roy, Arundhati Not again, The Guardian, September 30, 2002.

④ 约瑟夫·奈：《美国霸权的困惑——为什么美国不能独断专行》，世界知识出版社2002年版，第1页。

立海外殖民地，在该地区直接实行殖民统治。美国在海外所采取的武装行动，不仅仅是为了维护美国的国家利益，而且还是为世界各个国家的人民"谋求幸福"；在"维持世界和平"的同时，促进世界各国家和民族的"自由、民主、人权和繁荣"。

需要指出的是，美国盛行的"新帝国论"是指美国新保守派所宣扬的"新帝国论"，它虽然与库珀的"新帝国论"存在共同之处，都主张对"前现代国家"和"传统现代国家"实行毫不留情的斗争，包括实行暴力打击，但两者之间还是有区别的，不可混为一谈。美国的"新帝国论"完全从维护美国的国家利益出发，主张美国要凭借冷战后经济、政治、军事、科技、文化和教育诸方面的实力优势，用美国的价值观来改造世界，建立一种全新的、体现美国垄断资产阶级意志的世界秩序，使 21 世纪成为又一个"美国世纪"。一些"新帝国论"的支持者表示："目前国际体系中的一大特征是美国同时在所有领域都占据着统治地位。在主权国家体系中从来没有一个国家拥有如此程度的统治地位。"[①] 所以美国应实施单边主义的、先发制人的全球战略，建立美国的"单极世界霸权"，"发挥帝国的作用，担负其帝国的重任"[②]。不难看出，美国与多边协调解决国际安全问题的历史潮流背道而驰，极力按照自己单边主义的设想建立"新美利坚帝国"。

克林顿时期的美国国务卿奥尔布赖特宣称，"对付无赖国家是我们时代的巨大挑战之一，因为正如我常常描述的那样，它们在国际体系中的惟一目标就是摧毁这个体系"。奥尔布赖特把世界上的国家分成 4 类：即"国际体系内的国家"、"过渡国家"、"失败国家"和"无赖国家"。朝鲜、伊朗、伊拉克、南斯拉夫、利比亚等国，均被列入美国的"无赖国家"名单之中。美国保守派"新帝国论"中所谓的"失败国家"就是奥尔布赖特所说的"无赖国家"，"新帝国论"认为它们是威胁美国国家安全的主要敌人，而不再是来自大国的挑战。继"无赖国家"、"被取缔的国家"、"叛逆国家"、"令人憎恶的国家"、"邪恶轴心"之后，美国又提出"失败国家理论"，这都是为推行美国霸权主义的强权政治提供理论依据，为

---

① Stephen G. Brooks and William C. Wohlfoith, "American Primacy in Perspective", Foreign Affairs, July/August 2002.

② Martin Walker, "America's Virtual Empire", World Policy Journal, Summer 2002.

日后的某一天对这些国家实施打击奠定了基础。"失败国家理论"作为新帝国主义的侵略工具，遭到广大发展中国家的反对，它们认为这一理论是对基本人权观念的公然挑衅，和德国法西斯的种族优劣论如出一辙。国家是民族和文化的集合体，"失败国家论"实质上也隐含着"失败民族论"和"失败文化论"。如果这一观念进一步泛滥，推而广之，发达国家内的一些贫困群体和弱势族群也会被归入"失败"一类，从而"没有存在的权利"。这显然是对基本人权观念和对"人生而平等"之原则的公然践踏。

美国政府的《美国国家安全战略》报告认为，美国现实面临的最严重的危险"在于极端主义和技术的结合"，"来自衰败的国家"①。在"新帝国论"理论家看来，"失败国家"（或"失败民族"、"失败国家群体"）主要指亚洲、非洲、南美一些民族国家。在这些国家中，人口急剧增长、艾滋病迅速而广泛地传播、国家政治、经济和文化生活诸领域全面崩溃和失控。这些国家存在着广泛的、无从治理的腐败；因法制不健全，军阀势力膨胀和日益加重的贫穷与混乱，已经无法继续实现国家的职能，成为贩毒、走私、非法移民的滋生地以及极端恐怖主义的庇护所，从而形成了对美国安全日益增长的威胁。因此，这些国家已经失去了继续存在的权利。国际社会或某个国家应该对它们进行干预，直至推翻这个政府。在那些"失败国家的威胁"面前，美国政府认为传统的手段已经无效，例如通过多种形式的外交努力"维持和平"；及时提供经济援助，解决贫穷国家的燃眉之急；甚至动用武力威慑等等。在这种情况下，美国必须采用新的手段，即以"先发制人"理论为核心内容的"新帝国主义"的手段来解决问题。而这一切的前提，是利用美国的优势地位建立起美国占据绝对主导地位的单极霸权世界，抑制其他国家试图谋求霸权的挑战倾向②。

2002年8月，即"9·11"事件一周年前夕，美国乔治敦大学教授约翰·伊肯伯里在《美国的帝国野心》中，对美国盛行的"新帝国论"进行了剖析和总结。伊肯伯里指出，"新帝国论"并非是一种空洞的理论，或仅仅是学者的空论，而是在美国"正在形成的一种新的大战略"，"推行这一新战略不仅是对恐怖主义的直接反应，而且它还提出了美国应该如何行

---

① 《美国国家安全战略》报告，参见美国白宫网站 http//www. whitehouse. gov/nsc/nss. html。
② Stephen G. Brooks and William C. Wohlfoith，"American Primacy in Perspective"，Foreign Affairs，July/August 2002.

使权力来组织世界秩序的各种观点"①。伊肯伯里从七个方面总结了作为一种战略的"新帝国"的特点：第一，致力于维持美国的单极霸权世界，在这个单极世界中美国没有任何竞争对手；第二，对全球性的威胁以及如何应对这些威胁做出全新的分析；第三，冷战时期的威慑思想已经过时，先发制人去进攻是惟一有效的消灭威胁的办法；第四，重新确定"主权"的含义，因为恐怖分子没有主权的约束，因此，美国也不能受主权的约束，因此可以在任何地方先发制人；第五，无视现存的国际准则、条约和安全合作关系，认为各种多边合作机制是对恐怖分子做出迅速反应和打击的制约因素；第六，在反对恐怖威胁方面，由于其他国家和联盟无力做出反应，所以美国在这方面需要发挥直接和不受任何约束的作用；第七，无视国际稳定的价值，认为美国传统的现实主义和自由主义战略已无法解决美国当前面临的安全问题②。伊肯伯里较全面地概述了"新帝国论"的基本内容。

新帝国主义，是传统帝国主义在新的历史时期的新发展，即全球化背景下或全球化时代的帝国主义。它的重要特征之一，就是以全球化时代的"国家主权已经过时"为名，通过发动"反恐战争"公开谋求世界霸权。新帝国主义和经济全球化、金融全球化和传媒全球化等联系在一起。美国等西方发达资本主义国家完全无视国家主权的客观存在，它们通过宣扬全球化意识形态，凭借其强大的经济实力加强"软实力"的影响，极力将其生活方式、政治理念和价值观念等推向发展中国家。历史上的希腊帝国、罗马帝国、法兰西帝国、奥斯曼帝国，以及大英帝国等等，为了维持自己的统治，都重视不断强化软实力，"新美利坚帝国"自然也要效法他们。

主权终结论

"国家是社会在一定发展阶段上的产物；国家是承认：这个社会陷入了不可解决的自我矛盾，分裂为不可调和的对立面而又无力摆脱这些对立面。而为了使这些对立面，这些经济利益互相冲突的阶级，不至于在无谓的斗争中把自己和社会消灭，就需要有一种表面上凌驾于社会之上的力量，这种力量应当缓和冲突，把冲突保持在'秩序'的范围之内；这种从

---

① G. John Ikenberry, "America's Imperial Ambition", Foreign Affairs, September/October 2002.
② Ibid. .

社会中产生但又自居于社会之上并且日益同社会相异化的力量，就是国家。"① 传统上，国家的组成有四大要素：领土、人口、政府和主权。从国际法的基本原则出发，主权是国家对外独立自主和进行自卫，以及对内行使最高权力的能力，是国家的基本权利即独立权、平等权、管辖权和自卫权的基础。国家和国家主权不可分割，没有国家也就没有主权，同样，当一个国家失去主权时，这个国家就失去了独立性，也就失去了存在的基础。

在过去几个世纪，领土、主权和国家的统一，已为国际社会所接受，这被认为是"不言而喻的"、"自然而然的"和"不可抗拒的"。然而在经济全球化时代，这些"不言而喻的"原则，在西方理论家提出所谓"非领土化的国家"、"非民族国家化"和"主权的困境"后，也面临着新的挑战。在这方面影响较大的，首先是"领土国家原则的全球化"理论。该理论强调："领土国家的世界秩序的建立和稳定也依赖于全球化的一种形式：只有在相互承认的前提下，各个民族国家及这种全球的国家制度才是可能的。因此，任何个别国家恰好不是产生于自己的主权，而是产生于所有其他国家对领土国家的世界秩序的确认以及在此范围内对该国家的承认，也就是说，在政治、财政和军事方面支持该国——反对例如某些种族群体和其他国家的竞争性要求。领土国家原则的全球化是该原则产生效力的前提。"② 我们并不是一般性地否认全球化进程对国家主权观念所产生的影响，而在于反对全球化导致国家主权"丧失"，反对全球化时代国家的主权要掌握在他人手中的霸权主义理论。

主权被认为是近代国家构成的基本要素之一，是国家的本质特征。16世纪法国政治思想家让·布丹第一次系统地提出了近代意义上的主权理论。他对"主权"从六个方面进行了概括：主权是国家的最高权力，主权具有不受限制性，主权的永久性，主权具有普遍性，主权的不可分割性，主权的不可让与性。他在《论共和国》中提出"绝对主权"理论，认为"主权是在一国中进行指挥的绝对的和永久的权力"。这些论述为近代以来国际法中的主权问题奠定了坚实的基础。完整的近代意义的国家主权概念，是在 17 世纪中叶以后随着威斯特伐利亚体系的产生而形成的。此后，

---

① 《马克思恩格斯选集》第 4 卷，人民出版社 1995 年版，第 170 页。
② 乌·贝克等：《全球化与政治》，中央编译出版社 2000 年版，第 14 页。

国家即成为国际法的主体。包括领土主权在内的国家主权原则，是国际法不可替代的基石，重申在同一领土上，只能存在一个完全主权的国家。

在经济全球化进程中，美国极力要体现出自己的意志和利益，实现以美国利益为主导的全球化时代，极力要在"全球化打上'美国制造'的印记"①。全球化的不断发展，对现代主权国家在国际体系中的地位和作用会不可避免地提出挑战，使建立在传统领土概念上的主权观念面临新的冲击，如跨国公司已经成为全球经济活动的主体，使人们似乎看到一种非稳态的所谓"软边疆"现象。但是，在全球化的背景下，国家并非如某些西方理论家所言，将不再是一个传统意义上的国土概念，国家主权会被削弱或终结，甚至还将使国家开始消失等②。恰恰相反，在全球化的背景下建立新的国际政治新秩序、经济新秩序时，国家主权原则在整体上还会得到加强。这种加强是和冷战后国际政治的发展趋势不是单极化，而是多极化是完全一致的。

正确认识全球化时代的国家主权，不仅表现为维护本国的独立自主权利，还意味着对他国国家主权的尊重，以及在国际事务中维护自己主权的同时，积极参与全球性问题的解决。经济全球化使全球性问题急剧增加，例如人口问题、生态环境问题、恐怖主义问题、毒品问题、跨国犯罪问题，以及宗教极端主义等等。这些问题使越来越多国家的人民，开始用世界眼光和全球思维来思考既维护国家主权，又保证国际社会的协调，以及如何建立有效的国际合作机制的问题。独立的主权国家，在解决自己国内的问题时，会不可避免地、愈来愈多地受到外部因素的影响。但是，这并不是西方理论家所认为的那样："全球化不仅意味着（经济的）国际化、集约化、跨国交融和网络化，它也在更大的程度上开辟了一种社会空间的

---

① Washington Post, November 3，1997.

② 例如，美国《纽约时报》1999 年 4 月 24 日发表署名文章说，全球化使"国家主权无可避免地——并且心甘情愿地——受到全球经济力量的削弱"。美籍日本学者大前研一认为，全球化已经开始导致"民族国家的终结"，长期形成的民族国家这一基本政治单位很少再会有什么贡献。"国家利益"不过是某些落在后面的人为维护自己利益找借口。他还提出，将弱小国家的自主权让与列强国家，将民族国家的自主权转让给那些创造财富的区域国家（参见 Kenichi Ohmae, *The End of Nation State：The rise of regional economies*，New York：The Free Press，1995，pp. 11—16）。1999 年 6 月 6 日，美国《芝加哥论坛报》文章中说："过去 10 年里，有关主权的概念已经发生了彻底的变化。一个国家的边境不可侵犯以及一国政府可以在自己境内做任何事情的想法，已随着冷战的结束而消亡。美国作为世界上惟一超级大国，不管其愿意不愿意，都承担领导者责任。这意味着美国现时要以这种或那种方式参与世界范围的每一次干预行动。"

所谓'三维的'社会图景，这种社会图景不以地区、民族国家和领土来界定。"① 从这一认识出发，他们强调民族国家现代性的主权权利已经失去了"内核"，民族国家传统的思维方式和行为模式，已经"过时"，无法应对"全球化的挑战"，因此他们要担负起"全球的责任"，要进行"超越民族国家的治理"，以及"没有政府的治理"，等等。无论在怎样漂亮的辞藻下，用所谓"全球的共同利益"代替"民族国家的利益"，其实质是大国霸权主义。西方理论家心中的"全球的共同利益"，就是西方大国的利益。西方大国扼杀、剥夺发展中国家国家利益的种种行径，往往就是在这种所谓"全球的共同利益"的招牌下进行的。

　　冷战结束后，美国急欲建立以其为中心的单极霸权世界，为此，美国利用不断加速的全球化进程，极力鼓吹削弱或从根本上否定国家主权的理论，例如，"主权软化"、"主权模糊"、"主权终结"、"主权演变"、"主权可分"、"主权弱化"、"主权让渡"。这些否定国家主权的理论虽然五花八门，但其本质却是一致的，即否认现存相对稳定的民族国家体系，鼓吹"超越主权"，使传统的国家主权成为所谓的"世界主权"，在全球化已经到来的时候，不让国家主权成为"历史发展的障碍"。这些理论的要害是剥夺他国神圣的主权，超越现存的国家界线，将以美国为中心的西方大国利益，不择手段地、随心所欲地扩大到全世界任何一个地区。民族国家的领土要素与主权要素有直接的联系，西方全球化意识形态既是对主权要素的挑战，也是对领土要素提出的挑战。

　　在上述种种"理论"中，"人权高于主权论"尤其荒谬。这一理论公然鼓吹国家、政府是威胁人权的根源，为了保护人权，"边界已经不是绝对的防线"。在全球化时代，维护"人权"，将在超国家的层面上展开；"各国政府绝不能躲在主权后面践踏人权，而期待世界其他地方坐视不管"。因为"人比国家重要"，"人权正在取代国家主权"，"人权不属于国内管辖，人的尊严和权利不再归国家所有，个人应该成为国际法的主体"。总之，在这些理论家看来，"全人类的利益高于一切"，"人权已经超越了主权的边界和国家的管辖"，人类社会正在从"国家社会"过渡到"人类

---

① 乌·贝克等：《全球化与政治》，中央编译出版社2000年版，第14页。

社会"①。从这些理论出发，国家主权原则、国际法中的不干涉基本准则和现代国际关系的基本准则等，统统"过时"或"失效"。在现代国际政治生活中，用人权否定国家主权；从美国等西方大国"全球化意识形态"出发，将属于国内范畴的人权问题国际化，进一步强化了现存不合理的国际政治秩序，对世界各国，特别是与西方国家有着不同意识形态的发展中国家，构成了现实的严重威胁。

近代以来的世界历史告诉人们，人权和主权密切联系在一起。一个国家，当其主权被肆意践踏或"干涉"，以致国家主权名存实亡，或失去时，还会有什么人权可言。"没有主权就没有人权"而不是"人权高于主权"。即使是在全球化的背景下，也不会改变这一事实。一些西方学者宣扬，全球化促使传统的"公民社会"向"全球化的社会"转化。如果说公民社会强调的是"物质相互依存"，那么"全球化的社会"强调的则是"道德相互依存"，这样，"人类的共同利益"，首先是人权问题成为"全球的中心问题"。实际上，这在实际生活中不仅解释不通，而且在理论上也是荒谬的。因为它割裂了主权和人权的内在联系，否定了人权在经济全球化的背景下，仍然是属于一国内政的问题。美国等西方大国以"人权高于主权"的名义，肆意侵犯他国的主权，恰恰是对这个国家人权的粗暴践踏。

西方一些学者提出，基于全球化进程已经改变了人们对传统的国家主权这一认识，因此，需要建立一种与全球化进程相适应的全球秩序，即跨越民族国家界限的"全球治理"。他们认为，全球化为"世界政府"开辟了广阔的现实道路；建立"世界政府"和"世界社会"，变得比以往任何时候更加重要。例如哈贝马斯就以"世界公民社会"来宣扬"主权终结"理论。他认为，在全球化时代，"民族国家"概念已经过时；民族国家主权已经萎缩；民族国家行使自己权力的能力日益丧失；维护"人权"，将在超国家的层面上展开。他还认为，"只有把民族国家的社会福利国家职

---

① 以上参见：Nicholas Onuf，"Intervention for the Common Good"，*Beyond Westphalia*，p. 44；Thomas C．Weiss and Jarat Chopra，"Sovereignty under Siege"，p. 90；Rein Mullerson，"On Cultural Differences：Level of Social Development and Universal Human Rights"，in Jerzy Makarczyk（ed.）；*Theory of International Law at the Threshold of the 21st Century：Essays in Honor of Krzysztof Skubiszewski*（The Hague：Kluwer Law International，1966），pp. 944—946；W．Michael Reisman，"Sovereignty and Human Rights in Contemporary International Law"，*The American Journal of International Law*，No. 4，1990，p. 868；理查德·N．哈斯：《新干涉主义》，新华出版社2000年版，第1—8页；路易斯·亨金：《权利的年代》，知识出版社1997年版，第281页。

能转让给能够在一定程度上适应跨国经济的政治共同体，才能在迄今的水平上履行这种职能"①。这样，才能够按照"世界公民的意愿"，建立体现"共同利益"的"全球福利体制"。

在当代西方新国家主权理论中，"全球治理"是最有影响的理论之一，类似的概念还有"国际治理"、"世界范围的治理"和"全球秩序的治理"等。无论是"全球治理"还是"国际治理"，都和"国家权力多元化"理论联系在一起，即在全球化的背景下，为了克服传统主权的局限性，或将主权从国家外移，交给非国家、超国家机构；或者国家与区域性的、国际性的机构共享主权。总之，主权国家不能再继续独自"垄断"主权。国家作为对外拥有主权的活动主体，"将变得越来越过时"，"全球虚拟空间正在取代领土空间，国家政府的控制变得越来越不可能"②。对全球治理虽然至今没有一致的、明确的定义，但在西方学术界五花八门的论点中，一般认为具有两种代表性的观点：一种是"激进"的全球治理理论；另一种是"温和"的全球治理理论。前者主要认为，主权制度是全球性危机、尤其是战争的罪魁祸首，必须推翻主权国家体制，建立世界政府。而后者则认为，在全球化时代，主权国家虽然不能垄断一切合法权力，但民族国家仍然是全球治理的基础和起点，只有依靠民族国家与民族国家、民族国家与非国家行为体的合作，才能较好地实现全球治理，提高人民福利水平，实现世界和平与发展，从而消解主权国家制度以及人们对之的认同，过渡到人类共同体社会或世界政府③。无论是"激进"的，还是"温和"的或是其他的西方全球治理理论，其最终要实现的价值目标是一致的，那就是要从民族国家的政府，过渡到所谓的"人类共同体社会或世界政府"。在这个过程中，现存的"主权国家体制"则将削弱乃至最后消失。

全球治理的内容，包括社会秩序、社会调节和经济等方面，主要是指建立一个世界政府来制定法律和政策，并通过具有约束力的国际来规制解决全球性的冲突、生态、人权、移民、毒品、走私、传染病等问题，以维持正常的国际政治、经济秩序。全球治理的价值或全球治理的目标，从表

①　哈贝马斯：《超越民族国家——论经济全球化的后果问题》，见乌·贝克等著《全球化与政治》，中央编译出版社 2000 年版，第 78 页。
②　约瑟夫·S. 奈等主编：《全球化世界的治理》，世界知识出版社 2003 年版，第 16 页。
③　参见卢凌宇《论冷战后挑战主权的理论思潮》，中国社会科学出版社 2004 年版，第 75 页。

面上看，是要实现超越国家、种族、宗教、意识形态、经济发展水平之上的"全人类"的普世价值。然而，在现实国际政治生活中，"全人类"的普世价值是不存在的。所谓"普世价值"，实际上是以美国为代表的西方大国的"价值"，这种价值实现的过程，亦即在世界范围内称霸的过程。"全球治理"的结果，是要建立以美国为代表的西方大国主导的政治、经济秩序。在这个过程中，美国的霸权或美国的利益将不可避免地会体现出来。因为在当今世界上，"似乎没有一个国家或国家群体能够从政治上与美国抗衡，更谈不上能够重新对它在国家等级制度中的特殊地位提出挑战了。根据托马斯·弗里德曼的观点，'在全球化体系中，所有的国家和民族都处在同一等级之上，都在不同程度上从属于美国'。换句话说，他们应该顺从来自美国的'和言悦耳的全球霸权'"①。

　　全球化挑战主权国家的现实，必然导致人们对传统的主权国家观念的重新思考。如英国首相布莱尔积极倡导的"第三条道路"在西方有广泛而深刻的影响，其主要内容之一，就是宣扬随着全球化进程的加剧，传统的国家正处于危机之中，不论在国际上还是在国内，国家的作用似乎只是辅助全球经济力量。这样，国家表面上虽然保持着过去赋予的权力，但其作用已大大缩小②。在国际关系中，国家主权原则是不可超越的这一基本准则，因全球化时代的到来而受到冲击和侵蚀，认为"边界已经不是最后的防线"。西方学者明确提出"国家主权终结论"，与其联系在一起的，还有"民族国家终结论"、"国家主权过时论"、"国家主权弱化论"等。这些理论是西方大国推行世界霸权的产物，它和经济全球化的强势进程中给国家主权所带来的不可避免的损害，有本质的区别。"这些侵蚀和损害虽然在根源、程度、效应和后果等方面均不尽相同，但它们共同作用的结果，造成了国家主权在经济全球化时代处于严重的弱势地位。"③ 但是，这些损害只影响到国家主权边缘结构的层面，并没有改变国家主权的基本内涵。

　　由于经济全球化对民族国家的领土、主权提出挑战，使一些西方学者认为经济全球化的过程，同时也是"非民族国家化"的过程。他们认为，

　　① 参见乌尔里希·贝克《全球政治与全球治理——政治领域的全球化》，中国国际广播出版社2004年版，第106—107页。
　　② 参见王振华等主编《重塑英国：布莱尔与"第三条道路"》，中国社会科学出版社2000年版，第67页。
　　③ 黄仁伟、刘杰：《国家主权新论》，时事出版社2004年版，第46页。

"至少在西方世界倒退到民族国家的时代已经不再可能"。"非民族国家化"已成为经济全球化的特征之一。在他们看来，全球化破坏了国家的自主性，一个"社会的世界"正在取代"国家的世界"，"民族国家已经过时"，"民族国家正在终结"。民族与国家的分离是全球性取代现代性的必然结果，是人类历史发展的自然历史过程。总之，"民族国家田园式的生活过时了……只有全球化过程成为民族国家经济、法律、军事等所有领域的政治标准，民族国家的传统模式在世界市场、跨国行为体和新的权力运动关系中才能获得一线生存的希望"①。事实是，经济全球化进程虽对民族国家提出严峻挑战，但并没有改变国家权利的制度基础和观念形态。即使是一些西方学者也认为，国家的作用在所谓的全球化时代并没有被削弱，反而变得更加重要，国家权力在新的国际环境下有不断强化的趋势。当今世界的发展趋势恰恰是与全球化趋势相违背的，我们所处的世界与其说是国家间差别基本消失的"全球化的世界"（the globalized world），还不如说是国家间的差别依然十分突出的"国际化的世界"（the internationalized world）②。埃及学者萨米尔·阿明也指出，"新的全球化损害着民族国家管理经济的效率。然而，它并没有取消民族国家的存在"③。总之，"没有国家主权的存在，国际关系将会陷入空前的混乱中，特别是现有的国内秩序和国际秩序将遭到彻底的破坏，而且，鉴于国际社会根本无法找到取代国家主权的其他基本准则，一旦否定了国家主权，必然会带来严重的国内和国际混乱，而且，这两种混乱的相互影响和相互促动，后果将更是难以预料"④。事实证明，在经济全球化的背景下，尽管国家主权会遭到这样或那样的侵蚀和挑战，但是，国家主权原则仍然是不可逾越的基本原则。

"利益边疆"论

边疆是历史的产物，属于一定的历史范畴。在不同的历史时代有不同的边疆观，边疆理念与国家经济发展的现实需求相适应，也表现出不同的特点。在自然经济条件下，国家对于自身利益的认识建立在地理概念基础

---

① 乌尔里希·贝克：《什么是全球化》，华东师范大学出版社 2008 年版，第 17 页。
② 参见俞可平等《全球化与国家主权》，社会科学文献出版社 2004 年版，第 262—263 页。
③ 萨米尔·阿明：《五十年足矣》，参见王列等编译《全球化与世界》，中央编译出版社 1998 年版，第 242 页。
④ 黄仁伟、刘杰：《国家主权新论》，时事出版社 2004 年版，第 43 页。

之上。农业社会中的国家发展，大都以自然边疆为基础；而在工业社会，人类大范围频繁交往逐渐形成一种制度和潮流，自工业革命以来，人类社会在物质生产方式、生活方式、思维方式和行为方式和交往方式，和农业社会相比都发生了质的变化，国家利益迅速向更大的地缘"势力范围"延伸，在其直接影响下，国家的战略控制线往往会超越边界，例如 19 世纪下半叶西方列强在全球范围内抢占"势力范围"；冷战期间，美苏争夺地缘政治优势等。但是，直至 20 世纪 80 年代末，大多数国家的生存与发展利益仍基本局限于本土疆域之内，军事战略普遍奠基于地理边疆之上。冷战后，在西方出现了以国家利益拓展线划界的"利益边疆"概念。如果说"利益边疆"产生的根本原因，在于使国家的利益已不仅仅在自己所属的国家范围内存在，那么经济全球化则进一步强化了这一点，它对人类社会生活已经产生，并将继续产生深刻的影响。

全球化使国家利益开始突破本土地理疆界向全球拓展，各国的利益，首先是经济利益，日趋在更深刻、更广阔的层面上融入世界，国内和国外的经济利益更加紧密地联系在一起。这样，边疆观必须依据国家安全利益和经济利益的扩展而演进。利益边疆和战略边疆是相对于传统意义的领土边疆而言的。领土边疆是国际法公认的主权国家行使对内最高管辖权的地域界限。这条地域界限往往以边界线的形式表现出来。边界线内外有着绝对的、原则的区别。而利益边疆则没有明确的地域指向性，它突出的表现形态之一是地域的不确定性，有时利益边疆和领土边疆的内容相同，但有时也不同，经常表现出某种非地域性特征，利益边疆（既包括国内利益，也包括该国的国际利益）更多地表现出无形性特点，它是领土边疆概念的放大和转化。它远远大于领土边疆。西方军事理论家一种有代表性的理论认为，要保证国家的安全，必须使自身的"利益边疆"远远大于"地理边疆"。冷战时期，美苏对中东欧国家及一大批"中间地带国家"进行争夺，以及冷战后，美国加强对欧亚大陆的控制，北约不断东扩，极力把俄罗斯挤出传统势力范围，都是从这一理论出发的。

20 世纪 80 年代中期，美国等西方大国从维护自身利益的需要出发确定战略控制范围，首先使用了"利益边疆"概念，全球化则进一步催生了利益边疆，使国家主权的内涵已经发生、并继续发生深刻的变化，虽然我们强调的国家主权是国家所具有的对内最高的、对外独立的权力这一基本原则没有改变。全球化时代国家的边疆是多义的、弹性的，或者说全球化时代是多边疆的时代，总之，"利益边疆"的存在已是事实，并成为全球化时代维护国家主权和制定国家战略的重要基点，因而有时也被称为"战略边疆"。国家利益与利益边疆、战略边疆是对同一内容从不同角度进行的认识和概括。如果说利益边疆回答的是国家利益的范围，战略边疆则是回答国家利益的战略要求。国家利益是主权国家制定内外发展战略的基本依据。在全球化时代，国家利益日益呈现全球化趋势，这样，维护国家主权有两方面的意义，一是维护领土边疆；另一是维护国家的利益边疆或战略边疆，只有清醒地认识到这一点，才能主动地应对西方大国利益边疆或战略边疆的拓展，积极反对各种形式的霸权主义，真正地做到维护国家的主权利益。

经济全球化是利益边疆产生和发展的不可或缺的基本条件。马克思曾经指出，"资产阶级除非对生产工具，从而对生产关系，从而对全部社会关系不断地进行革命，否则就不能生存下去。反之，原封不动地保持旧的生产方式，却是过去的一切工业阶级生存的首要条件。生产的不断变革，一切社会状况不停的动荡，永远的不安定和变动，这就是资产阶级时代不同于过去一切时代的地方"。这样，"资产阶级在它的不到一百年的阶级统治中所创造的生产力，比过去一切世代创造的全部生产力还要多、还要大"①。资产阶级为了不断追求新的市场、原料和廉价劳动力，需要不断地开拓新的空间，其结果是跨越国家边界的全球性市场经济形成。"资产阶级，由于开拓了世界市场，使一切国家的生产和消费都成为世界性的了。……旧的、靠国产品来满足的需要，被新的、要靠极其遥远的国家和地带的产品来满足的需要所代替了。过去那种地方的和民族的自给自足和闭关自守的状态，被各民族的各方面的互相往来和各方面的互相依赖所代替了。"② 马克思主义经典作家在一个半世纪以前所预见的资本主义生产力的迅速发展，以及世界性社会关系的建立，今天都已经成为现实。第二次世界大战后，特别是 20 世纪 80 年代中期以来，新技术革命推动人类社会飞速发展，使全球化成为我们这个时代最重要的特征之一。在全球化时代，人类以往在空间方面的障碍、制度的障碍、宗教的障碍、种族的障碍，以及文化的障碍等等，得到进一步的克服。人们在全球范围内更充分地实现

---

① 《马克思恩格斯选集》第 1 卷，人民出版社 1995 年版，第 275、277 页。
② 同上书，第 276 页。

物质与信息的沟通。在这个过程中，人们享受到全球化的恩惠，同时也在国家利益、国家安全等方面，面临着严峻的挑战。"利益边疆"日益成为人们普遍关注的问题。

"利益边疆"不仅是理论问题，而且还是实践问题，在现实生活中，"利益边疆"首先涉及的是经济边疆和政治边疆。

关于国家的经济边疆，这是在经济全球化背景下，人们面临最复杂的问题之一。其复杂性主要表现为，本国的经济问题往往受到国界以外的诸多因素的影响，这是因国际贸易的规模急剧扩大，并呈不可逆转的上升趋势所决定的。这既表现在经济自身发展中的问题，如市场经济、市场体制等；同时也表现在似乎是市场经济之外的环境和资源等方面。在这诸多方面，跨国公司导致的资本流动国际化和生产的全球化，使各个国家的经济开始连成一个整体。跨国公司的争夺是经济边疆的典型代表之一。它打破了国家边境，传统的国家边界变得越来越模糊不清，使一个国家在某一经济领域里不可能获得全部经营利润。

关于国家的政治边疆，是和国家的政治安全联系在一起，同时又与经济边疆有密切的联系。稳定的、不受侵犯的经济边疆是政治边疆的基础。同样，可靠的政治边疆则是经济边疆的保障。在经济全球化的背景下，政治边疆所面临的主要问题，是如何维护国家疆域领土完整，保证国家领土、领空和领海的统一；如何维护国家主权独立，使社会进步、经济发展、人民幸福；如何维护意识形态的稳定，旗帜鲜明地坚持有中国特色的社会主义道路，坚持马克思主义的理论指导；如何维护民族尊严，不断提升国家的威信和声誉；如何抵御外来敌对势力的侵袭，粉碎种种分裂祖国的图谋等等。一个国家失去了经济边疆就无法生存，同样，一个国家失去了政治边疆即丧失了国家主权，同样也无法生存。因此，我们必须清醒地认识到，"政治边疆"问题在全球化中并没有被淡化，相反却处于一个非常重要的地位。无论是经济边疆，还是政治边疆，都是和国家的基本利益联系在一起的。在全球化时代，任何一个国家所追求的安全边疆普遍大于国家的领土边疆。这是我们认识"利益边疆"的一个重要的出发点。

传统意义上"边疆"的含义，主要指"地理的边疆"，即在一个相对稳定的空间内，各族群长期活动、交往的广义边界。现代意义上的任何国家之间，都有明确的领土划分，并以确定的国界为标志。民族——国家自形成始，便有一条明确的"边界"，边界是一条精确的界限，对边界的任何侵犯，都是对神圣的国家主权的侵犯。在国际政治生活中，特别是近代以来的国际政治生活中，"边疆"或"边界"从来就不是一个自然地理概念。在研究自然地理的"边疆"或"边界"时，总要和政治、经济、军事、文化、民族等诸多因素联系在一起，在更多的情况下，被纳入地缘政治学的研究领域。

在现实的国际社会中，"边疆观"是一个发展着的概念。在陆权时代，普遍的看法是，谁控制了欧亚大陆，谁就掌握了世界。当人类社会生产力有了迅速发展，将自己的生活范围从陆地扩大到海洋时，才出现了"领海"或"海疆"的问题，"海权"逐渐成为国家主权的主要内容之一。曾经两次出任美国海军学院院长的马汉，在认真总结和研究人类历史上的海战及其影响后，于1890年撰写的《海权对历史的影响》，强调"制海权决定了一个国家的国运兴衰"，创立其影响人类历史进程的海权理论。随着飞机的出现，国家边疆的概念再次被突破，"领空"同样被纳入国家主权的范畴。意大利人 J. 杜黑（1869—1930年）是空军战略理论家，制空权理论的奠基人。他在1921年出版的《制空权》一书中提出：天空比海洋更重要，战争取胜的关键是掌握制空权；制空权包括空中交通控制权和空中作战成功两部分。20世纪中期以后，人类开始征服太空，俄、美等航天大国展开了激烈的争夺和较量，随着太空航行、星球探测，以及太空防御战略系统的构想等等，开始出现了"天疆"这样的概念。同"陆疆"相比，人们的边疆观念，已经有了极大的扩展。

国家主权在信息时代面临的突出问题之一，就是信息得不到传统的国家边界的保护。在农业或工业时代，对他国的侵略主要表现为物质掠夺和军事征服。而在信息时代，哪个国家掌握了信息控制权，就可以随意地侵占他国的信息资源。如果一个国家的信息控制权丧失了，那就意味着这个国家主权的丧失，后果不堪设想。随着信息时代的到来，信息时代那种崭新的、特殊的社会生产方式，立即展现在人们面前。信息科学与信息技术全面推动着政治、经济、科技和文化的持续发展，使社会生产方式和生活方式，迅速发生着根本性的变化。并非需要有多么复杂的技术，一台直径30厘米的小型家用卫星接收器，就可以直接接收100套以上国际卫星电视讯号。信息的国际化迅速交流，标志着一个新时代的到来。正是在信息时代，才有可能出现"信息新大陆"，以及与之相连的"信息边疆"。"信息新大陆"是正在形成中的人类生存的新大陆，丰富的跨国网络，日益成为重要的战略资源。因此，它在某些人的眼中被看作是地球上新出现的"第八大陆"，不是没有道理的。但它和亚洲、非洲、欧洲、美洲、大洋洲等七大洲不同，它没有清晰的"边界"界限。全球化和信息社会已经改变、并继续改变着国家疆域的范围和空间。这就直接导致了"国内问题国际化"。这是对国家主权的粗暴干涉，例如，不容置疑属于国家主权范畴的"人权问题"，已经成了"国际化"的问题，有多少罪恶就是在"人权高于主权"的旗号下犯下的。

有效地控制跨国信息流动的内容和方式，已经成为国家主权的重要内容之一。"信息边疆"是一种正在形成和崛起的新的国家边疆。美国未来学家托夫勒说："谁掌握了信息，控制了网络，谁就将拥有整个世界。"①正是在这种特定的历史背景下，出现了"信息边疆"这个来自现实生活中的新概念。它主要指在遥感技术、卫星通信、网络技术和多媒体技术等信息技术迅速发展和广泛应用的条件下，主权国家为了保护自身的信息资源，同时获取和创造新信息的空间和领域。这样，"信息边疆"于是就成了在陆疆、海疆、领空和太空之后的"第五边疆"。它与传统的"地理边疆"截然不同，大大突破了国家的地理疆界，成为影响国家安全的一个新的因素。它的主要特点，首先就表现为它的无形性和普遍性，使国家之间的传统的地理界限趋于淡化，以致基本消失。以领土、领空、领海自然疆域画线的边疆观，正受到"信息疆域"、"信息边界"等新理念的挑战。但是，在维护国家利益和国家安全方面，它和传统的地理边疆一样，具有同等重要的意义。在多边疆时代维护"信息边疆"安全，日益成为信息时代国家安全的重心。对于传统的、有形的地理疆域向无形的"信息疆域"拓展，是一个不可逆转的事实，对此，我们应该有清醒的认识。

信息边疆的出现，导致国家利益的构成内容发生了深刻的变化，由信息边疆的"地缘"政治理论所决定，"信息"已经成为国家利益的重要组成部分，它是新时期保障国家发展的基础和前提。一个国家信息科学与信息技术的发展水平，一个国家所拥有的信息量，以及对这些信息的控制和使用，成为衡量国家力量、制约国家安全的重要因素。"谁能占有信息社会，谁就能称雄全球以至整个宇宙。不难预料，占有或垄断信息资源，必然会成为世界各国的奢望，攫取信息资源赖以生存的信息空间以拓展各自

---

① 黄立军编著：《信息边疆》，新华出版社 2003 年版，第 13 页。

的信息疆域，必然会成为世界各国的战略目标。"① 美国是全球网络中心，拥有世界50%以上的上网人口和75%以上的电子商务。网站的85%以上使用英文。这种情况毫无疑问强化了"欧美中心意识"，而通过网络对此进行宣扬，极力推行西方的意识形态，价值标准，进行文化渗透，对广大发展中国家将会产生更大的危害。国际间争夺信息战略空间的斗争并非自今日始，只不过在信息时代，愈演愈烈的趋势引起了世界各国人民的重视。西方大国，特别是美国凭借强大的经济实力和先进的科学技术，不断拓展信息边疆，使网络已经成为美国推行世界霸权的重要工具，国内外一些有识之士呼吁人们警惕"美国网络帝国主义"，并非空穴来风。曾任政府官员的日本庆应大学媒体技术研究学院教授岸博幸指出，我们日常使用的谷歌、雅虎、亚马逊、维特等网络服务，都是美国公司提供的。这些公司在各自领域里建立起全球垄断或主导地位，使得全世界网民对他们提供的服务形成了严重依赖。这些美国公司由此建立起全球化的系统，从而在互联网上大把吸钱。这里所说的"网络帝国主义"，指的正是美国对全世界网络市场的统治。许多日本的互联网专家更关心互联网的技术层面。当一项新的网络服务诞生时，他们可能普遍关注其新功能和运用，很少看到其对经济和社会的负面影响。岸博幸强调，日本应像看待外国公司完全占领汽车市场那样，高度重视外国网络公司对市场的垄断②。

　2000年3月8日，时任美国总统的克林顿在约翰·霍普金斯大学讲演时说，在新世界，自由将通过移动电话和因特网传播。他特别强调："我们知道因特网使美国发生的巨大变化。我们已经是一个开放的社会。我们可以想象它可能使中国发生的变化。"同年2月，小布什在接受美国全国广播公司电视采访时说：因特网在中国的发展对促进中国的民主是极为重要的。如果因特网以在其他国家发展的那种方式进入中国，那么"自由"将迅速地在那片土地上站稳脚跟。不难看出，美国政要鼓吹在中国建立所谓的"自由"，以及希望在中国出现的"变化"，无非是要用西方的意识形态、政治理念等取代马克思主义在中国的指导地位。为了应对美国利用网络进行意识形态渗透，图谋世界霸权，我们应有针对性地建立起无形的精神防线，同时加快自己的因特网建设，固守自己的"信息边疆"。

① 黄立军编著：《信息边疆》，新华出版社2003年版，第23页。
② http://www.qianlong.com/2010—07—28.

第三节　经济全球化和软实力

软实力和硬实力

1990 年，美国哈佛大学教授约瑟夫·奈①撰写的《注定领导：变化中的美国力量的本质》（*Bound to Lead：The Changing Nature of American Power*）一书出版，其主要内容是美国注定要领导世界。在阐述美国权力性质的变迁时，约瑟夫·奈率先使用了"软实力"（soft power，也可译作"软力量"或"软权力"）这个概念。然而，软实力并非刚刚出现的新理论，早在普法战争失败后，法国就曾试图通过 1883 年创造的法兰西联盟来推广它的语言和文学，以修复被毁坏的威信，在海外推广法国文化因而成为法国外交的重要组成部分②。20 世纪 80 年代，基辛格也曾提出，"美国不单纯为了维持力量均势而在世界上继续有目的的存在下去，除此之外，还要推广美国的观念和价值"③。所谓"软实力"、"软力量"或"软权力"，是与"硬性命令式权力"相对立的"软性同化式权力"。"软实力"产生于一个国家的文化吸引力、政治行为准则和政策。约瑟夫·奈说，他现在为这个术语已经成为"公共话语"感到高兴，例如，它经常为美国国务卿、英国外交大臣、东欧的政治领袖和专栏作家所使用。但是，他"深感沮丧的是，这一术语常常被误用，甚至被贬为仅仅是可口可乐和牛仔裤的影响力。一个国家吸引他国的能力源于其文化、价值观、国内实践及其被视为具有合法性的外交政策"④。约瑟夫·奈强调，美国的大众文化、高等教育和外交政策中经常体现的民主、个人自由、经济和社会的流动性、公开性等价值观都在多方面加强了美国的力量。在约瑟夫·奈看来，硬实力指的是军事、经济等物质杠杆，软实力更多指的是意识形态、文化和道德诉求。冷战的胜利和美国文化与价值观念的"全球化"，主要是通过"软实力"实现的。软实力既是国家权力资源的重要组成部分，也是综合国力的重要组成部分。在任何

---

①　约瑟夫·奈，美国著名学者，最早提出"软实力"，曾出任美国助理国务卿、国家情报委员会主席和助理国防部长等职。离开政坛后，约瑟夫·奈重返哈佛大学，曾任肯尼迪政府学院院长，现为该院教授。

②　约瑟夫·奈：《美国霸权的困惑》，世界知识出版社 2002 年版，第 73 页。

③　Henry Kissinger, *Years of Upheaval*, Boston：Little Brown Company, 1982, p. 242.

④　约瑟夫·奈：《硬权力与软权力》，北京大学出版社 2007 年版，第 7 页。

国家的发展中，文化软实力、吸引力和说服力都发挥着不可替代的重要作用。在经济全球化的新的历史条件下，就更是如此。

　　20 世纪 80 年代末，"美国衰败论"在西方流行一时，保罗·肯尼迪的名著《大国的兴衰》即是当时颇有影响的代表作之一。这是一部从宏观上论述国际政治、经济、军事、外交和历史的著作。作者通过探讨 500 年来世界各大国的兴亡盛衰，强调经济和科技发展是社会发展的基础，军事实力的后盾是经济实力；大国之衰落，主要在于国际生产力重心转移，以及侵略扩张造成的经济和科技的相对落后。该书自 1987 年问世后，在美国政界、学界产生广泛反响，同时引起国际社会广泛关注，是一部颇有争议的著作。约瑟夫·奈对"美国衰败论"不以为然，不同意保罗·肯尼迪提出的美国将步苏联后尘的说法。他认为美国除了在经济实力、军事实力方面具有绝对优势之外，同时在软实力——第三权力资源方面，美国也独占鳌头。约瑟夫·奈强调，软实力是一种常常源于文化和价值观念，并在大多数情况下被忽略的吸引力。1999 年，约瑟夫·奈在一篇文章中对其做出了较为系统的定义："软实力是一个国家的文化与意识形态的吸引力，它通过吸引力而非强制力获得既定的结果，它能够让其他人信服地跟随你或让他们遵循你所制定的行为标准或制度，以按照你的设想行事。软实力在很大程度上依赖信息的说服力。如果一个国家可以使它的立场具有吸引力，并且鼓励其他国家依照共存的方式界定它们的国际秩序，那么它就无须扩展那些传统的经济和军事实力。"① 2001 年，约瑟夫·奈在撰写《美国力量的悖论》时，用较多的篇幅阐述了软实力的理论。尽管如此，与他在书中所论述的有关多边主义和外交政策的内容相比，"软实力"的阐释仍显得不充分。因此，有不少人提出，如果约瑟夫·奈寄希望于软实力的概念能在外交政策中被人们所理解和运用，就需要他对"软实力"进行更全面的论述。现在的论述仅仅是杯水车薪，远远不够。

　　正是在上述背景下，约瑟夫·奈在 2004 年撰写了《软实力——世界政坛成功之道》这部著作②。布热津斯基认为，这是一位美国国际政治学界的顶尖学者对于深入理解国际政治及制定更加明智的外交政策在理念上

---

① Joseph Nye, "The Challenge of Soft Power", Tim e, February 22, 1999, p. 21.
② 该书的英文书名是：*Soft Power：The Means To Success In World Politics*。中文本译者将"Soft Power"，译作"软力量"；《软力量——世界政坛成功之道》，2005 年，由东方出版社出版。笔者为行文方便，将"Soft Power"一律译作"软实力"，不影响该书中文本的实质内容。

所做出的重要且深刻的贡献。约瑟夫·奈在该书中较系统地论述了有关
"软实力"的理论与实践，其中包括什么是实力、软实力、实力性质的变
化；美国软实力的资源；苏联、欧洲、亚洲等国家的软实力；信息时代的
公共外交，运用软实力；忽视软实力的代价，软实力和美国的外交政策
等。约瑟夫·奈继续强调在国际政治中软实力的作用。在他看来，一个国
家的综合国力，由经济、科技、军事实力等"硬实力"和以文化与价值观
念、社会制度、发展模式、生活方式、意识形态、国际影响力与感召力等
"软实力"构成，其核心内容是文化和意识形态的影响。约瑟夫·奈在
《软实力——世界政坛成功之道》的"中文版序言"中写道："美国（及
其他国家）正面临着因新技术而导致的全球化负面影响及战争私有化这一
前所未有的挑战。这也许是我们新的国家安全战略的重点，有时也被特定
为反恐战争。与冷战相似，根除形式各异的恐怖主义的威胁是不能立竿见
影的，军事硬实力仍发挥重要作用。与面对冷战的挑战一样，当前的反恐
战争不可能仅靠军事力量来解决。这就是为什么美国（及其他国家）必须
要更好地理解和使用软实力[①]。显然，"软实力"并非是一个抽象的学术概
念，而是在国家或国际政治生活中具有重要的现实意义。例如，美国如何
通过公共外交使用软实力的问题，以及美国在伊拉克战争后如何面对外交
政策的挑战等问题，都是迫切需要回答的问题。而在回答这些问题时，研
究约瑟夫·奈的软实力理论无疑有重要的现实意义。

　　约瑟夫·奈在《软实力——世界政坛成功之道》中，对什么是"软实
力"有较具体的解释。他说："软实力是通过吸引而非强迫或收买的手段
来达到己所愿的能力。它源于一个国家的文化、政治观念和政策的吸引
力。如果我国的政策在他人看来是合理的，我们的软实力就自然得以增
强。"[②] 从这一基本认识出发，约瑟夫·奈还从不同的视角出发，来回答什
么是软实力。例如，他认为"软实力是一种能够影响他人喜好的能力"。
"软实力还包括吸引的能力，吸引力往往导致被吸引人在许多事情上采取
默许的态度。""软实力使用的是不同的手段（既非武力，亦非金钱）来
促进合作，即由共同的价值观产生的吸引力，及为实现这些价值观做贡献
的正义感和责任心。"在"国际政治中，衍生软实力的资源很大程度上产

自一个组织和国家的文化所表达的价值观、其国内惯例及政策所树立的榜样，及其处理与别国关系的方式"。"机制能增强一个国家的软实力。例如，19世纪的英国和20世纪后半段的美国通过缔造国际规则和机构来推行他们的价值观，这些国际规则和机构与英美经济制度的自由和民主性保持一致。"① 约瑟夫·奈认为，对于软实力的重要性，美国人长期以来认识不到，倒是外国人通过软实力看到了美国的"强大"。他们认为，美国能够激发别人的梦想和渴望，这要归功于美国通过电影和电视塑造的掌控全球的形象。美国的电影、舞蹈、爵士乐、艺术品和文学作品有打动其他民族人心的作用，可产生深远的政治影响。例如，大批学生从其他国家奔赴美国求学深造。德国学者约瑟夫·杰弗认为，"美国文化，不管是阳春白雪还是下里巴人，其传播的力度与当时的罗马帝国不相上下——且颇有新意。罗马及前苏联的文化影响止于其军事力量的尽头。但美国的软实力统治着一个日不落的帝国"②。不言而喻，美国的软实力强于它的硬实力。

在约瑟夫·奈看来，任何一个国家的软实力，都来自文化、政治价值观和外交政策。在这三方面中，由于文化是为社会创造意义的一系列价值观和实践的总和，所以文化成为软实力的重要资源。他认为，如果有意强化中国的法制体制，电影会比美国大使就法制的重要性所做的讲演有效得多。例如，一位年轻的中国人曾说，他们看过很多好莱坞电影，包括婚礼、葬礼和对簿公堂，所以他们认为一生中上过几次法庭是很自然的事。这对推动目前中国正在进行的使用诉讼手段来维护自身权利的新运动，是十分有益的。但是，也不应忽略政府在国内外的政策同样是软实力的重要资源。因为政府究竟采取什么样的政策，有可能增强或减弱国家的软实力。约瑟夫·奈强调，如果在内政外交上虚伪、傲慢、一意孤行，追求狭隘的国家利益，都会损害国家的软实力。总之，要充分认识"软实力"在国家发展中的意义，否则，将会在经济全球化中陷于被动。

硬实力主要是指军事的和经济的威力。硬实力的实施，主要是通过引诱和威胁得以实现，即实行"胡萝卜＋大棒"的政策。人们经常可以看到硬实力主要体现在威胁利诱、武装打击、经济制裁、交易和贿赂等方面。

---

① 约瑟夫·奈：《软力量——世界政坛成功之道·序言》，东方出版社2005年版，第5—10页。
② 约瑟夫·杰弗：《谁害怕"大块头"先生》，《国家利益》2001年夏季刊。转引自约瑟夫·奈《软力量——世界政坛成功之道》，东方出版社2005年版，第11页。

无论是软实力，还是硬实力，都是相辅相成的。约瑟夫·奈认为，硬实力主要是和支配力联系在一起，而软实力主要是和吸纳力联系在一起。这就是说，硬实力主要是通过强迫、引诱等方式来改变他人的行为；而软实力主要是通过一国或民族文化和价值的吸引力，来左右他人的愿望。如美国的软实力，许多来自好莱坞、哈佛、微软和迈克尔·乔丹。约瑟夫·奈还认为，硬实力的资源，主要属于政府，如军事力量、石油、矿产等战略资源，而软实力的资源则大多独立于政府之外，甚至是和政府对着干。例如在上个世纪的越战中，美国的流行文化和美国政府的战争政策在不少方面是针锋相对的。在 21 世纪初的今天，同样可以看到这一点。例如，好莱坞电影中大量充斥着"性解放"的镜头，同时将伊斯兰教污蔑为"邪教"团体，就损害了美国政府与伊斯兰国家改善关系的种种努力。

文化外交中的软实力

约瑟夫·奈等认为，美国在当今世界上不仅拥有经济和军事等"硬实力"优势，而且还有文化、价值观和意识形态等"软实力"优势。伊拉克战争爆发后，包括美国在内的一些西方的理论家认为，美国最大的损失，或最深刻的教训，就是美国的软实力迅速下降了。2003 年 3 月 20 日，美、英等国以伊位克隐藏有大规模杀伤性武器并暗中支持恐怖主义为借口，绕开联合国安理会，公然单方面正式宣布对伊拉克开战。在布什看来，发动伊拉克战争，不仅可以推翻萨达姆政权，在伊斯兰世界建立维护美国利益的战略走廊，还可以控制欧亚大陆的战略地带，实现对俄、欧、中、印等大国的牵制。伊拉克战争是美推行全球战略扩张的重要步骤，是基于军国主义和帝国价值的"布什主义"的具体体现。为了重塑美国霸权，美国不遗余力地散布美国的价值观，推行"先发制人"的军事战略，伊拉克战争仅仅是个开始，这就不可避免地引起世界各国人民的警惕和反感。许多国家的人民都表示，这场战争使他们对美国的态度产生了负面的影响。据 2003 年一项对 20 个国家 1.6 万人的调查，美国的声誉已经急剧下降：在 8 个穆斯林国家中，有 7 个国家的大多数受访者认为，他们的国家将遭到美国的攻击；美国在法国、德国、巴西、俄罗斯的支持率也下降了 15% 以上①。约瑟夫·奈认为，伊拉

---

① Madeleine K. Albright, "Bridges, Bombs, or Bluster?" *Foreign Affairs*, September/October, 2003, p. 8.

克战争有两个直接后果，一是反美情绪上升，使恐怖分子有机可乘；另一是美国将为战争和重建付出更大的代价。美国不得人心的战争政策，明显地削弱了美国文化在各个方面的吸引力，一些国家开始对美国疏远。

美国软实力的影响，在世界迅速下降会带来严重的后果，美国政府将付出沉重的代价。然而，并不是所有的美国人都能认识到这一点。例如，美国国内一种有影响的观点认为，美国很强大，理所当然可以为所欲为。美国是世界上唯一的超级大国，自然会引起其他国家的羡慕和嫉恨。所以不必介意他国的态度和情绪。约瑟夫·奈不同意上述观点，他坦率地承认了这样一个事实：第二次世界大战后，"我们运用软实力的资源，并笼络其他国家建立了持续 60 年的联盟和机构。我们在冷战中是用软硬结合的遏制政策赢了苏联"。所以，"将软实力贬低为对外形象、公共关系和稍纵即逝的声望等层次的问题是不明智的。……这是一种力量——一种取得所期望结果的手段。"①美国发动伊拉克战争前，德国坚决支持美国的反恐政策，甚至直接参加了打击基地组织的军事行动。但是，伊拉克战争爆发后，德国却对发动这场战争原因的可信程度表示极大的怀疑。由于至今在伊拉克既没有找到大规模杀伤性武器，也没有找到伊拉克和基地组织有联系的证据，所以进一步加深了德国的疑虑。伊拉克战争主要是为了石油，这已是公开的秘密，正是在这样的背景下，"阴谋论"在德国不胫而走。据 2003 年 7 月 23 日路透社的"民意调查"，和同年 7 月 25 日的《芝加哥太阳时报》报道，"三分之一 30 岁以下的德国人相信，美国可能上演了'9·11'恐怖袭击"；"五个德国人中有一个人认为可能是美国干的"。这种观点极大地削弱了美国的软实力。美国政府实施的伊拉克战争的政策，实施单边主义，先发制人的战略，遭到了伊斯兰国家和世界各国人民的强烈反对，在不少国家人民的心目中，美国狂妄自大、傲慢无礼、冷酷无情，对非西方文明存有偏见，这些认识实际上已经损害了美国的软实力。在这种情况下，整个美国外交政策都将受到深刻的影响。

人类进入 21 世纪，世界正日益发生着深刻的变革。文化因素在国际关系中的作用越来越突出。美国正在通过利用新的权力资源，即软实力，来实现"布什主义"所没能达到的目标。约瑟夫·奈等认为，一个国家的软实力从没有像今天这样重要。正因为如此，在 20 世纪 90 年代以后，国

① 约瑟夫·奈：《软力量——世界政坛成功之道》，东方出版社 2005 年版，第 142 页。

际关系中的文化研究兴盛起来，"被传统的国际关系理论所忽视的文化因素，在国际关系中发挥着举足轻重的作用，而且其作用愈益增强"①。在美国与"伊斯兰恐怖分子"的斗争中，美国一些理论家认为，这场斗争的输赢，在于与伊斯兰文明内部温和派与激进派的斗争有直接的联系。只有温和派穆斯林赢了，美国才有可能获胜。因此一个现实的问题摆在美国面前，那就是美国能否对温和派穆斯林有吸引力？能否不断增加他们和美国合作的倾向？而要做到这些，只有通过软实力才能实现，而非凭借军事实力。如果美国想与温和派穆斯林合作，使双方能够找到共同的利益，美国必须学会运用软实力，学会更好地将硬实力和软实力结合起来。

　　一般认为，构成美国文化要素的主要内容是基督教传统、个人主义和自由主义。这些特点也体现在美国的文化外交中，在不同的历史条件下，美国文化外交往往会有不同的内容，但是软实力的重要性却日益为人们所重视，尽管在 20 世纪 90 年代之前，还没有"软实力"这样的术语。例如，20 世纪 60 年代肯尼迪政府时期，创立了援外组织"和平队"。该组织声称为满足发展中国家对中等人力资源的需求，而向发展中国家派遣相应的志愿者。然而事实表明，"和平队"并非是美国宗教和慈善事业传统的现代体现，而是美国外交政策的重要内容。不少国家明确指出，"和平队"不过是美国新殖民主义的工具而已。美国著名的外交官乔治·凯南一贯强调，以文化接触为手段，打消世界舆论对美国的"负面印象"。在美国的外交政策中，要重视软实力和硬实力的结合，而不要只知道一味地加强军事实力。

　　增强软实力的重点是文化实力，推广文化外交是扩展软实力的一个重要手段。在美国的文化外交中，民间的文化交流具有特殊的重要性。1991年 7 月 30 日，美国总统布什在莫斯科国际关系学院发表讲话，谈到加强西方国家和苏联的联系时指出："这意味着扩大科学家、学者、艺术家和工程师的交流。从莫斯科和基辅这样的大城市，从中亚平原和西伯利亚村庄，到符拉迪沃斯托克港以及在这之间的所有地方，这意味着苏联的学生们到美国的学校学习，与美国的家庭一起生活。"然而，布什鼓励加强苏美民间文化"接触"、"交流"的目的，是和他在讲话中提出的"美国支

---

　　① 俞新天等：《强大的无形力量——文化对当代国际关系的作用》，上海人民出版社 2007 年版，第 1 页。

持自由和改革的力量"，"我们的国家随时准备援助这场新的苏联革命"①
联系在一起的。20 世纪末苏联解体使美国不战而胜，在这个过程中，宣扬
西方民主价值观的"和平演变"政策起到了不可替代的作用。从这一意义
上说，软实力的威力远远超过了航空母舰和导弹。"克林顿政府大力宣扬
美国民主和价值观，强调市场经济导致民主、而民主有利于和平的逻辑，
把遍布全球的美国官员、商人和学者作为 21 世纪的'美国传教士'，把扩
展民主和开展自由贸易以及民间交往紧密地结合起来。"②伊拉克战争后，
针对美国文化在各方面的吸引力被削弱这一事实，美国一些理论家出谋划
策，提出将美国外交的重点放在日常生活的各个层面开展，要把钱花在帮
助美国医生、教师、商业、宗教领袖、运动队和娱乐圈人士走向海外，提
供中东人民所渴望的服务上。其目的是修复美国外交软实力所受到的损
害。此外，美国政府还命令禁止在伊拉克用酷刑等手段审讯犯人，也是出
自同样的考虑。

　　美国对外政策十分重视软实力，即体现美国意识形态、维护美国根本
利益的"感召力"和"吸引力"，通过软实力，以达到"不战而屈人之
兵"的目的。但并不是说"软实力"是美国外交政策的唯一基石，是美国
外交政策的全部内容。在重视软实力的同时，美国同样也没有放弃硬实
力，没有放弃军事力量，尽管美国的智囊人物反复强调，美国在使用武力
方面一定要谨慎，要更愿意与其他国家商谈。2002 年 6 月 1 日，布什在西
点军校发表讲演时强调，我们的斗争同冷战时是相似的，现在同过去一
样，我们的敌人是极权主义者，他们贪婪地追逐权力，而毫不顾及人类的
尊严。2004 年 6 月 2 日，他在空军学院毕业典礼上继续鼓吹冷战思维，号
召新一代的美国人要恪守自己的诺言，坚信自己的价值观，再次向世界展
现自由的力量。正是从这样的基本认识出发，美国军费开支逐年增加。
"在克林顿时期，从 1994—2001 年财政年度，平均每年军费开支在 2920
亿美元；布什政府在 2002—2007 年财政年度，平均每年军费开支达到

---

　　①　参见辛灿主编《西方政界要人谈和平演变》（修订本），新华出版社 1991 年版，148—149
页。

　　②　王玮、戴超武：《美国外交思想史》，人民出版社 2007 年版，第 596 页。

3294 亿美元，而'9·11'事件后的军费开支每年高达 3380 亿美元。"①据 2008 年 2 月 11 日美国《防务新闻》报道，美国政府新提出的 2009 财年国防预算超过 7000 亿美元，创造了"二战"结束后美国军费的最高记录。这笔巨额军费包括年度国防预算 5854 亿美元，支持反恐战争经费 1000 亿美元，再加上其他费用，共计 7057 亿美元②。

不仅一般性的军费开支逐年增加，核武器等高精尖新武器的研制经费，在冷战结束后也有明显增加。以硬实力为后盾，以软实力为手段，利用它来得到战场上得不到的东西，进而实现美国的战略目的，这一理论在美国已经引起越来越多人的关注。

近年，约瑟夫·奈在"软实力"的基础上，又提出"妙实力"（smart power）的概念。2008 年 2 月，约瑟夫·奈在接见中国《环球时报》记者采访时指出："软实力也有其局限性，软实力依然为硬实力所左右，软实力如果没有硬实力的支持，效果会大打折扣，所以，'软'、'硬'两种实力都很重要，在全球信息化时代，软实力甚至变得比以往更重要了，在当今这样一个多样化的世界里，军事力量、经济实力和软实力都不可缺少，它们在不同的场合具有不同的作用，而且，未来的力量将依赖于硬实力与软实力的结合。"③"妙实力"这个概念就是在这种背景下提出来的。显然，在约瑟夫·奈看来，"妙实力"是硬实力和软实力巧妙结合所产生的更具有威力的实力。

不仅仅是美国重视文化外交中的软实力，在其他西方大国也是如此，即使是 2008 年世界金融危机爆发后，美国等西方大国在文化外交方面的投资，也未见减少。例如在德国，政府对于文化外交的重视程度和资金投入不但没有削弱，反而不断提高，"德国早在上世纪 70 年代就将文化外交提升为联邦德国外交三大支柱之一，其指导思想和总体目标随着时代的发展不断有所调整。目前不仅旨在推广德语、弘扬德意志文化，更是重于服务其国家外交、安全和经济利益，参与和影响全球化的建构"。德国从国家战略利益的高度确立其文化外交的理念和原则，目前文化外交重点主要

---

① M. . Kent Bolton, *U. S. Foreign Policy and International Politics*：*George w. Bush*, 9/11, *and the Global—Terrorist Hydra*（Upper Saddle River, N. J. ：Pearson Education ，Inc. ，2005 ），pp. 181—182.

② 参见谢昭等《美七千亿军费创二战后新高》，《环球时报》1602 期，2008 年 2 月 13 日。

③ 参见约瑟夫·奈《中国软实力可以打 60 分》，《环球时报》1609 期，2008 年 2 月 22 日。

是以下三方面的工作：其一，积极推广德语，扩大国家的国际影响面。目前，德国政府一方面积极推动对外德语教学，建立语言学习与文化学习、专业学习相接轨的服务体系，并努力提升和维护德语在欧盟机构的地位，保证德语"话语权"的发挥。另一方面加强境内对外来移民的德语普及工作，同时强调捍卫德语的"生存权"，避免德语过度受"英风美雨"的侵袭。其二，全面促进科教国际合作，广泛培养"亲德"人才。目前德国大学生中每八人就有一名留学生，总计约为25万，十年来赴德留学人数比原来增加了近66%，从而使德国继美英之后持续保持全球第三大留学国的地位。作为科教大国，德国政府一直重视通过吸收留学生和科研人员赴德接受教育和文化熏陶，使其加深对这个国度的理解，从而把德国文化中蕴藏的民族精神、价值观念、思维方式、管理模式、先进科学技术推广到世界各地。其三，广泛开展"文化对话"，努力提升国家的亲和力和影响力。近年来德国尤其重视广泛的文化交流，加强促进不同文明之间、不同文化层面、不同精英之间的对话与合作。一方面结合国内外形势和针对不同国别，展开不同类型的文化交流项目，并加强"文化中介人"的培养，积极拓宽跨越东西方鸿沟的视野，重视"输出"与"引进"并轨，提倡"平等性"、"公开性"和"公众性"。另一方面重视对外媒体政策，关注媒体的"双刃剑"功效，积极促进媒体人之间的国际对话和合作以及网络公关工作①。所有这一切，使德国文化外交近年取得了积极效果，使得德国的"国家形象"逐渐摆脱了两德统一后"威胁论"、"强势论"的影响，在欧盟和国际事务中发挥着积极的作用。

美国的软实力

美国的"软实力"体现在方方面面，例如，美国是世界上最大的电影和电视节目出口国；美国的出版物，包括音乐制品，居世界首位；在全球160万留学生中，在美国留学的外国学生占28%，位居第一；美国的物理、化学和经济学诺贝尔奖居世界首位；美国学者在科学杂志上发表的文章居世界第一。此外，美国的快餐也有广泛的影响，以致一些学者着手研究"可口可乐殖民化"、"麦当劳统治全球"等问题。

在美国，体现其价值观、生活方式和文化的软实力具有经济力量、军

---

① 孟虹：《服务于国家利益的德国文化外交》，《光明日报》2010年5月28日。

事力量一样的作用，所不同的是，往往由政治、经济、军事手段难以完成的事情，却通过文化"软实力"完成。"软实力"有时可以成为不可替代的重要的力量。为了兵不血刃，即可以达到"不战而胜"的目的，"文化手段特别应成为美国穿越社会主义屏障更强大、更重要的渗透工具"①。当然，在更多的情况下，软实力和硬实力是同时使用，或在不同的历史环境和历史条件下，各有侧重。加拿大学者马修·弗雷泽曾以作为全球软实力必不可少的"电视"为例，来说明这一点。他认为，在国际事务中，电视所发挥的"政治作用"是无可争议的。"有人曾经问波兰的持不同政见者、后来当选为波兰国家元首的莱赫·瓦文萨，是什么导致东欧共产主义垮台的，他简洁地答道：'电视'。"② 这里所说的电视，显然不是电视机，而是反对社会主义、反对共产主义的电视内容。在美国政治家的心目中，电视从来就不是文化娱乐的工具，而是宣扬美国意识形态和生活方式的工具。1939 年 4 月，美国无线电广播公司将电视机接收设备搬上了纽约世博会的展台上。时任美国总统的富兰克林·罗斯福曾来到播报现场，出席了电视机的揭幕仪式。同年 9 月，第二次世界大战爆发，电视机进入民用市场的计划被搁置了。第二次世界大战后，电视机和汽车一样，成为畅销商品，而且是可以有效地宣传美国价值观的商品。20 世纪 50 年代，麦卡锡主义在好莱坞的"清洗共产主义渗透嫌疑"的活动，使美国电视界也笼罩在恐怖之中。1950 年，《红色频道：关于共产主义对广播、电视影响的报告》出版，加快了对所谓"红色频道"的清洗，一些被列入黑名单的电视从业人员受到迫害，如百老汇的著名演员菲利浦·利奥波被指认加入美国共产党后自杀。除好莱坞外，美国各大广播公司纷纷表态，不遗余力地证明自己坚定的反共立场。

早在美国电视公开播映初期，"电视是可以用来向共产主义开战的战略武器"这样一种观念，即有广泛影响。例如，哥伦比亚广播公司总裁弗兰克·斯坦顿认为，"强大的电视网络是发动民众抵抗共产主义威胁的必要体系"。他在国会说，"电视网络是强大的国内联络纽带，控制或破坏这一独特功能，将是一个重大的倒退"。总之，"美国电视业界商定了一个共

① Frank Ninkovich , *The Diplomacy of Ideas*： *U. S. Foreign Policy and Cultural Relations* ，1938—1950，New York ：Cambridge University Press，1981.
② 马修·弗雷泽：《软实力：美国电影、流行乐、电视和快餐的全球统治》，新华出版社2006 年版，第119 页。

同的最高目标：在反对共产主义的事业中，将全美国团结在一起”①。20世纪 50 年代以来，美国电视以“担负着世界的使命”自居，为使其“走向世界”，“建立全球播放网络”和“无国境电视”以及“全方位输出美国的电视模式”等，进行了持久的不懈努力。到 1997 年，美国有线电视新闻网已经发展成为全球性的新闻网络。有线电视新闻网的国际频道极力使自己体现出“传媒全球化”的时代特征，该频道按照地区划分成六个部：欧洲、中东、非洲部，亚太部，南亚部，拉美部，美国部和北美部。今天，美国的卫星电视将它的电视节目传遍了世界各地区和国家的千家万户，一些西方人认为，随着经济全球化的发展，电视也终于“全球化”了。在这个过程中，人们不难看到，美国的“全球化电视”是如何侵蚀这些国家的文化主权的。

　　美国文化产品在国内有广阔的市场，因此，这些产品仅仅通过国内市场就可以收回成本，使其有可能以低廉的价格再将这些产品卖到国外去，而且使这些国家没有能力和它竞争，从而轻而易举地控制他国的文化市场。例如，加拿大播放的英语电视节目，只有 28% 是本土制作的，其余大都来自美国②。美国电影在国际文化市场上占绝对优势。20 世纪 90 年代后期，世界电影票房价值约 155 亿美元，美国占其中 105 亿美元。美国电影巨头好莱坞和白宫及五角大楼的关系十分密切，而且由来已久。这是因为电影对于美国的软实力的存在和发展至关重要。好莱坞是美国在全球推行霸权主义的重要工具，因此，在 1945 年，即第二次世界大战刚刚结束，好莱坞就得到了美国政府 1000 万美元的补贴。在包括西方国家在内的不少著作中，“好莱坞帝国主义”成为美国电影的同义词。

　　好莱坞电影是美国最重要的文化产品之一，在国际文化产业市场上始终扮演者“霸主”的角色，严重地影响到他国文化市场的正常发展，甚至影响到他国的文化安全。例如，“在加拿大，95% 的电影、93% 的电视剧、75% 的英语电视节目和 80% 的书刊市场，主要为美国的文化产品所控制”③。法国也面临着类似的情况。为了避免法国文化被美国文化所淹没，法国影视界人士大力呼吁政府采取具体措施，以阻止好莱坞的大肆入侵。

---

　　① 马修·弗雷泽：《软实力：美国电影、流行乐、电视和快餐的全球统治》，新华出版社 2006 年版，第 122 页。
　　② 高鉴国：《加拿大文化与现代化》，辽海出版社 1999 年版，第 259 页。
　　③ 汤林森：《文化帝国主义》，上海人民出版社 1999 年版，第 3 页。

20 世纪 80 年代初，法国社会党掌权，弗朗索·密特朗总统任命雅克·朗格出任文化部长。雅克·朗格对好莱坞电影等美国文化产品软实力的本质，有清醒的认识。他认为，美国的文化产品，如好莱坞电影大量输出到国外，使欧洲及其他国家与美国在文化产品方面，存在着巨大的贸易逆差，即这些国家都出现了文化赤字。这是文化上的帝国主义，这种帝国主义主要不是侵占别国的领土，但却攫取别国人民的意识、思维方式和生活方式；是要把美国的文化作为"普世"的文化，强加给全世界。正因为如此，美国极力鼓吹的"电影全球自由贸易"，遭到世界各国人民的反对。加拿大学者马修·弗雷泽曾撰文《大规模烦心武器：软实力与美国帝国》，"大规模烦心武器"（Weapons of Mass Distraction）套用了"大规模杀伤性武器"（Weapons of Mass Distraction）三个单词的词首，喻指好莱坞电影强大的文化侵蚀力，他说："好莱坞永远负有传播使命，向全世界传播美国的核心价值观和信仰。"好莱坞的这种使命是始终如一的，早在 1915 年，时任美国总统的伍德罗·威尔逊就说："电影已达到了传播大众思想的最高境界"，"由于电影使用的世界语言，更有助于它表达美国的计划和目标"①。好莱坞电影作为美国软实力的重要组成部分，它的文化渗透功能在今天依然存在，而且有增无减。

　　在经济全球化的背景下，软实力作为一种关键的战略资源，对于扩大美国意识形态在全球的影响，具有重要的现实意义。美国极力争取的，是如何通过软实力，使美国成为全球性的帝国。这样，就不难理解，为什么2001 年"9·11"事件发生后，白宫的政要人物便同好莱坞的决策者们举行秘密会议，共同研究好莱坞今后所拍摄的影视节目，如何配合美国政府，与恐怖主义进行斗争等问题。会议的参与者之一、时任美国电视艺术与科学学会主席的布赖斯·扎贝尔后来证实，与会者完全达成共识。他说："我们在自我介绍方面与全世界人民交流得不够，许多人把我们想得很坏，许多人想伤害我们。""娱乐业完全可以帮助政府转达明确的信息，告诉全世界美国人是什么样的人，告诉全世界美国人信仰什么。"② 美国的影视节目可以在很多方面与美国政府相配合，在国际上宣传美国的实力。

---

① 参见江肃京《感受到美国文化入侵了吗？》，《环球时报》2010 年 1 月 29 日。
② 参见马修·弗雷泽《软实力：美国电影、流行乐、电视和快餐的全球统治》，新华出版社2006 年版，第 113 页。

"9·11"事件一年后，好莱坞大片《恐惧的总和》摄制完成，即是这种理念的产物。该片不惜工本，大肆炫耀美军的精良装备，塑造美军的正面形象。影片虽然遭到社会各界的不少批评，但至今仍被一些人认为是好莱坞和美国政府合作的"杰作"。

在美国的文化外交中，音乐具有不可忽视的特殊的作用。在一些西方理论家看来，美国在完成自己的"使命"，即将"民主的资本主义"传播到世界的每一个角落时，美国音乐，特别是流行音乐是最好的工具之一。杜勒斯在谈到通过美国的文化战略瓦解社会主义国家时曾说："如果我们教会苏联的年轻人唱我们的歌曲并随之舞蹈，那么，我们迟早将教会他们按照我们所需要他们采取的方法思考问题。"[①] 近半个世纪过去了，"冷战"结束，世界历史进入"经济全球化"新的发展时期，但是，杜勒斯谈话中所体现的美国文化的多重功能的本质内容，却没有什么变化。所不同的是，美国对他国文化的压制、渗透和扩张有了进一步的延伸，而并非仅仅是针对社会主义国家。

2002年情人节时，美国音乐电视台举办了一场面向全世界青年人的对话会。该电视台和其姊妹频道 VHI 在 140 个国家约有 10 亿以上的观众。电视台在事前的广告片中声称：从美国到俄罗斯；从欧洲到中东地区，所有的年轻人都有机会就反恐战争以及他们感兴趣的问题，直接向美国国务卿柯林·鲍威尔将军提问。在一个小时的时间内，鲍威尔回答了来自英国、意大利、俄罗斯、埃及、巴西、印度和挪威等国青年的提问，其内容远远超出了"反恐战争"这一话题。即使对一些尖锐的提问，他也不动声色地款款而答。例如，一位 19 岁的挪威女青年提问时说：你经常被描绘成"大恶魔撒旦"的国家的代表，你的感觉如何？他说，我认为美国是"伟大的保护者"，我代表的不是"大恶魔撒旦"。

鲍威尔结合自己的身世和经历，表明他对流行音乐的看法。他说，他是从牙买加移民到美国的，加勒比地区的民间音乐给他留下了深刻的印象，至今仍为之动情，尤其是鲍勃·马勒的歌声就更是如此。鲍威尔还承认，他是瑞典流行乐队 ABBA 的崇拜者，该乐队早在 20 世纪 70 年代就已声名大振，一曲《跳舞的皇后》使其闻名欧洲内外。美国不少理论家认为，这是美国"文化外交"的一次成功的范例。鲍威尔选择在情人节这样

---

① 柳静编著：《西方对外战略策略资料》(1)，当代中国出版社 1992 年版，第 39 页。

一个温馨的日子，"亲切地"回答世界各国青年的提问，表面看是他在谈对反恐战争、流行音乐等问题的理解，而实际上却是在传达美国政府向世界各国示好的重要信息，是美国"征服世界各国人民的心灵"战略的重要组成部分。这些理论家还盲目地认为，既然音乐电视可以"摧毁柏林墙"，也就一定可以摧毁世界各国人民的心灵，建立起美利坚帝国的一统天下。

第四章 反全球化运动

第一节 反全球化运动的兴起

从"J18"到"西雅图之战"

20世纪80年代中期以来，在新技术革命的推动下，经济全球化浪潮在世界范围内迅速扩展，向人类社会生活各个领域渗透；与此同时，"反全球化运动（Anti—globalization Movement）"也在世界范围兴起，至今方兴未艾。美国学者爱德华·赫尔曼认为，"全球化迄今带来了生产力的衰退、社会的灾难和相对稳定的威胁"；"全球化是对民主发动的进攻"[①]。在全球范围内引起人们的广泛关注，已经产生并在继续产生深远的影响。

1999年6月18日至20日，美国、英国、法国、德国、意大利、加拿大、日本和俄罗斯八国的"八国集团首脑会议"（G8 Summit）[②]在德国科隆举行。6月18日那一天，美国、英国、日本、菲律宾、秘鲁等国和中国

---

① 参见薛晓源编译爱德华·赫尔曼《全球化的威胁》，《马克思主义与现实》1999年第5期。

② 在法国倡议下，1975年11月，法、美、德、日、英、意六国领导人在法国巴黎朗布依埃举行了首次最高级经济会议。1976年6月，六国领导人在波多黎各圣胡安举行第二次会议，加拿大应邀与会，形成七国集团，也被称为"西方七国首脑会议"。此后，西方七国首脑会议作为一种制度固定下来。西方七国首脑会议最初主要讨论经济问题。后把世界重大的政治问题也列入了议程，1991年苏联总统戈尔巴乔夫，1992年和1993年俄罗斯总统叶利钦先后应邀与七国首脑在会后举行会晤。1994年第20次会议期间，俄罗斯作为正式成员参加政治问题的讨论，形成"7+1"机制。1997年在美国丹佛举行的七国首脑会议上，首次以"八国首脑会议"的名义共同发表"最后公报"。从此，"西方七国首脑会议"演化为"八国首脑会议"，但在经济问题上依然保持七国体制。

香港地区，发生了大规模的反全球化的游行示威活动。因为英文六月（June）的第一个字母是"J"，所以这次国际性的抗议活动被称为"J18 运动"。在伦敦、旧金山、东京等地的示威者提出：经济全球化进程是不公平的；由七国领导人关起门来决定世界的未来也不合理。示威者还针对严重的失业、贫富悬殊扩大、生态环境恶化等问题，提出"反资本主义"、"不要全球自由经济"的口号。他们严厉谴责由西方七大国推动的经济全球化已经"破坏了世界大多数人民的生活、幸福和希望"。声势浩大的抗议活动酿成了流血事件，对世界政治经济的发展，产生了深远的影响，"J18 运动"因此也被认为是反全球化运动的起点。在此之后，世界范围内反对全球化的运动从来不曾停止，不仅八国集团开会时，当国际货币基金组织、世界银行、世界贸易组织、世界经济论坛召开会议时，也都能看到反全球化运动者的身影。反全球化是和反资本主义联系在一起的。反全球化，在一定程度上表示了人们反对资本主义的情绪。

1999 年 11 月 30 日，世界贸易组织（WTO）在美国西雅图举行第三届部长会议。会议期间发生的"西雅图之战"（或"西雅图大战"、"西雅图风暴"）成为世界反全球化运动的一个新的转折点。2002 年，美国加州大学学者阮埃迪等主编的《西雅图之战：资本主义全球化的新挑战》问世[1]，则进一步扩大了西雅图之战的影响。作者认为："反全球化运动是一场政治运动，它应该保持多样性，与各派力量结成联盟；应该超越那种大规模的国际抗议方式，注重于持续的变革性的社区工作，深化其群众基础；应该进一步明确其与政治的关系，尽快提出替代当前全球化的明确的政治与社会方案，以使运动摆脱漫无目的的迷茫局面。"[2] 阮埃迪的这部著作所反映出的观点表明，美国不仅是世界经济全球化的中心，同时也是世界反全球化和研究反全球化的中心。

1999 年 11 月末的"西雅图大战"，是在世界反全球化运动蓬勃发展的

---

① 该书为英文版，原书名为：*The Battle of Seattle：The New Challenge to Capitalist Globalization*，该书对当时的世界反全球化运动进行了整体性的考察。该文集共分五部分，主要内容是：西雅图之战爆发的历史与政治背景；西雅图抗议活动前后各方对反全球化运动策略与组织的争论；抗议运动内部左翼与右翼之间的分歧及其对反全球化运动走向的影响；"西雅图之战"后在华盛顿、费城、布拉格、热那亚等地爆发的反全球化运动进行了论述；对反全球化运动内部的不同理论与政治倾向进行分析和总结。参见刘金源等《全球化进程中的反全球化运动》，重庆出版社 2006 年版，第 8 页。

② 刘金源等：《全球化进程中的反全球化运动》，重庆出版社 2006 年版，第 8 页。

高涨期发生的。1999 年世界贸易组织西雅图会议的主题是关于进行新一轮多边自由贸易谈判。11 月 30 日会议开幕时，来自世界各地的约有 5 万名反全球化人士聚集在西雅图，开始了声势浩大的示威游行活动。示威者高呼"世界不是商品"，"关闭 WTO"，并组成人墙，阻止出席会议的代表进入会场，迫使大会临时取消了开幕式，会议推迟了 5 小时召开。虽然会期延长到 12 月 3 日，但没有在任何重要问题上达成共识，只能草草收场，无果而终。当示威者出现捣毁麦当劳快餐连锁店，砸碎商店的玻璃橱窗等暴力行为时，与防暴警察发生了激烈的冲突，双方都有人受伤。警察使用催泪瓦斯和橡皮子弹（一说使用了胡椒粉和喷雾剂）驱散示威者。美国警方宣布处于紧急状态，实行宵禁，逮捕了 600 多名示威者。西雅图示威活动造成的直接经济损失达 300 多万美元。

　　"西雅图大战"是 20 世纪 80 年代反战和平运动以来，在西方发生的规模最大的新型社会运动，它表明"反全球化"不仅仅是理论问题，同时也是现实的社会实践问题，反全球化人士并不满足在沙龙、书斋中争论理论是非，而是投身于实际生活之中，登上国际政治斗争舞台，日益成为国际社会中引人注目的一支政治力量。"人民全球行动"、"全球化国际论坛"、"国际交流"等非政府组织，以及其他劳工组织、女权组织等 700 余个组织参加了这次抗议活动。他们就生态环境、保护野生动物、发展中国家的债务等问题，发表了广泛的意见。全球化进程中的不平等现象，不仅在发展中国家产生了强烈反响，即使在发达资本主义国家，也产生了不可忽视的强烈震动。在经济全球化的背景下，社会不平等现象的存在，不可避免地会使工人阶级的劳动条件、生活条件恶化；就业率降低、社会福利待遇降低，使社会不稳定不确定因素增长。

　·　国外一些学者认为，"西雅图大战"是 20 世纪最大规模的激进政治反抗运动；通过西雅图会议可以清楚地看到，反全球化运动像一个幽灵一样在世界徘徊。"西雅图大战"成为世纪之交反全球化运动的一个标志性的事件，使"反全球化"越来越具有国际性质。凡是与国际经济有关的重要会议在哪里召开，反全球化人士就会云集在那里，举行游行示威活动，展开反对全球化的斗争。继 1999 年 11 月末西雅图之后，在瑞士达沃斯、泰国曼谷、英国伦敦、澳大利亚墨尔本、美国纽约、捷克布拉格、韩国首尔、加拿大魁北克等地，都先后发生了大规模的反全球化运动。有一种观点认为，"9·11"事件发生后，国际反恐战争成为国际政治生活中的焦点，"反全球化运动"逐渐降温，甚至在可预见的未来可能销声匿迹。然而这只是一厢情愿，因为在现实生活中，导致反全球化运动的原因，特别是一些深层次的原因依然存在。例如，贫富差距的矛盾依然存在[①]，而且在新的历史条件下有时变得更为尖锐，这就决定了"9·11"事件后，世界反全球化运动有增无减。

反全球化运动的根源

反全球化运动和世界上任何一种社会运动一样，其发生发展都不是偶然的，反全球化运动是经济全球化发展到一定历史阶段的产物。1998年，印度学者卡瓦基特·辛格曾著有《不纯洁的全球化》。这本书的标题，在某种意义上，可以视为理解反全球化运动根源的一把钥匙。卡瓦基特·辛格指出："与新自由主义观点相反的是，当前的全球化并不是一个自然而然的过程，也不是一种完全独立的现象。相反，它在很大程度上取决于国际资本和国家之间复杂、动态关联所带来的影响。"他还具体指出："对于跨国企业和基金经理来说，全球化为他们提供了新的机遇，随着越来越多的国家取消对贸易和资本流动的限制，他们所面对的市场也将越来越大。另一方面，全球化对穷人所带来的消极影响也日益显现，反对全球化的劳工运动和社会运动也开始日益高涨。……全球经济一体化同时也带来了经济的衰退、生活质量的下降、金融危机的爆发以及不断激化的社会、政治冲突。在世界上的很多地区，全球化政策还导致教育、医疗以及其他社会福利指标的恶化。"[②] 在卡瓦基特·辛格看来，全球化的"不纯洁"，首先表现为社会不平等的加剧，贫富差距迅速扩大，以及由此导致的种种恶果。基于这样的事实，人们自然可以得出这样的结论：全球化正在制造着社会的不平等，同时也在不断扩大着社会的不平等。这是全球范围内出现反全球化运动的重要根源之一。

在全球化进程中，贫富差距不断扩大有多种表现形式，首先表现在国际层面上，即发达国家与发展中国家的差距（南北差距）不断扩大。这表

---

① 据世界银行2002年8月公布的资料表明：世界上最富裕的20个国家的平均收入已经是最贫困的20个国家的37倍。富国和穷国之间的差距以及生活在脆弱土地上的人口总数在过去40年增加了一倍。全世界有13亿人口生活在已无承受力的脆弱土地上。见世界银行《呼吁努力实现可持续发展》，载《人民日报》2002年8月22日。

② 卡瓦基特·辛格：《不纯洁的全球化》，中央编译出版社2005年版，第5页。

明，原来就不合理的国际经济秩序在经济全球化的背景下，变得更加不合理，少数富国越来越富，穷国，特别是最穷的国家变得更加贫穷。据联合国开发计划署的报告称："现在，全球收入与生活标准方面的不平等已经达到荒唐的程度：世界各国最富与最穷的 1/5 人口之间的人均收入（GNP）差距从 1960 年的 30∶1 扩大到 60∶1，1995 年达到 74∶1，而且最不发达国家的边缘化仍在继续。"① 富国和穷国的这种日趋加大的差距，直接体现在人民的日常生活中，如一个触目惊心的事实是，富国与最贫穷国家的人口平均寿命，竟相差 30 多岁。2002 年初，时任联合国秘书长的安南曾发表讲话，认为全球化进程中的贫富差距如果不能得到遏制，世界安全将受到严重威胁。他说，如果世界精英们不能向发展中国家增加援助来消除贫困和疾病，如果不能采取行动来打开富国市场，那么全球化将面临灾难性的反弹。如果不增加对穷国的援助来缓解贫困，那么一些穷国将分崩离析，陷入国内冲突和无政府状态之中，并且对世界安全和国际经济构成威胁。安南还针对"反全球化运动"指出，对全球化运动的抗议行动反映了现实，即权力和财富分配不均匀，而十多亿人口生活在极端贫困和屈辱之中。安南认为，只有不断加大富国对穷国的援助，有成效地解决穷国所面临的严重问题，如艾滋病和其他严重疾病，反全球化运动才有可能缓解。

全球化进程中的贫富差距，在原东欧社会主义国家表现出更为典型的，即民族资本被掠夺、剥夺的形式。"东欧向市场资本主义过渡以迅雷不及掩耳的速度发生，但同样也以迅雷不及掩耳的速度引发了灾难。灾难一开始就以真正的毁灭性的经济衰退形式表现出来，其破坏程度之强为当代历史上所罕见。之后，这场灾难又表现为自毁自灭，几乎分文不取地将自己大部分国有固定资产出让给外国人。"在经济全球化的背景下，随着东欧国家重要的固定资产，如工厂、银行等转入外国投资者的手中，这些国家的民族资本被放弃了。这些国家资产转让的价格极其低廉，一般只有相当于市场实际价格的 10%—20%，而蒙受损失的 80%—90% 的资本，则成为主要是西欧国家资产者的利润。在东欧建立资本主义制度，实现私有化的过程中，大量资产流出，成为西欧资本主义国家的利润。"实力不均

---

① 联合国开发计划署：《1999 年人类发展报告》，中国财政经济出版社 2002 年版，第 104 页。

的国家参加全球化，会孕育出原本不平等的现象被进一步加剧的结局，这种情况在东欧表现得最为清楚。"[1] 一些东欧国家将自己的民族资产交给外国人，只能不断扩大贫富差距，从而对自己民族历史的发展造成严重的威胁。

贫富差距不断扩大，在不同国家的国内层面上，也有明显的表现。随着经济全球化的进程不断加快，在发达国家内部也出现了相对贫困化和边缘化的现象。这些现象的载体，不言而喻是个人利益受到损害的产业工人。这些人被认为是属于发达资本主义国家中占人口 1/3 或 1/5 的那些所谓"新贫民"，他们一般处于所生活的国家中的生活贫困线以下。"失业率居高不下是目前西方发达国家的通病。经济合作与发展组织的 24 个西方工业国家的失业人口到 1993 年第一次突破 3500 万，1994 年达 3470 万。1993 年欧洲共同体 12 国登记的失业人口 1580 万，年度平均失业率为 10.5%。"[2] 高失业率不可避免地造成了西方国家工人的贫困化问题。例如在联邦德国，20 世纪 90 年代领取社会救济的人明显增加。作为失业的后果，还由于外籍移民的增加，1992 年总计大约 130 万个家庭中的 240 万人，达到新的高峰。据德国学者列奥·格特维希 1994 年在文章《工作，工作，还是工作》一文中指出："现在联邦德国已有 400 万人领取社会救济，350 万人登记失业（加上隐性失业大约有 400 万人），370 万人没有就业，被迫进入改行教育或就业措施范围内。登记失业人数和隐性失业人员在全部劳动力总数中的比例上升到 20.6%。在 3400 万从事雇佣劳动的居民中有 1120 万人没有工作可做，或者被排挤到社会边缘。"[3]

造成西方发达资本主义国家高失业率和工人贫困化的原因很多，其中重要原因之一，是发达国家的跨国公司为了追逐高额利润，有计划地将企业向劳动力资源廉价的发展中国家转移，导致一些发达国家出现了"产业空洞化"现象，直接后果是这些国家工人失业率增长，工资、医疗保障、劳动保护和福利待遇水平下降，生活条件和工作条件不断恶化。因此，他们将这一切都归咎于全球化，他们强烈地感受到，自己是全球化的受害

---

① 卡齐米耶日·Z. 波兹南斯基：《全球化的负面影响：东欧国家的民族资本被剥夺》，经济管理出版社 2004 年版，第 1、2 页。

② 《95 年哈伦贝尔时事辞典》，第 62 页；联邦德国统计局主编《94 年数据报告》，第 94 页。以上转引自张世鹏著《当代西欧工人阶级》，北京大学出版社 2001 年版，第 98 页。

③ 参见张世鹏著《当代西欧工人阶级》，北京大学出版社 2001 年版，第 106 页。

者，而且他们还认为，随着经济全球化的不断深入，他们的处境还将进一步恶化，为了维护自己的切身利益，他们纷纷加入了反全球化的队伍中去。

第二次世界大战后，世界经济获得了突飞猛进的发展，人类在征服自然的斗争中硕果累累，同时也付出了沉重的代价，诸如温室效应、臭氧层破坏、酸雨和酸雾、酸雪污染、水土流失、土地沙漠化；对资源破坏性的开采，使水资源枯竭、生物多样性减少、森林面积锐减；此外还有废弃物的污染、海洋污染、核污染、噪声污染等等。在经济全球化的进程中，人类的生态环境进一步恶化，全球每年排放的有害气体，使约 9 亿人生活在二氧化碳超过标准的环境中生活，另有 10 亿人生活在烟尘、灰尘等颗粒物超标的环境中。环保专家已测出 260 余种危害人体的挥发性有机物。全球危害性的废物每年以 5 亿吨的速度增加[1]。经济全球化的速度日益加快，生态环境恶化就日益鲜明地表现出全球的性质。"自 20 世纪 70 年代以来，世界范围内经济生产的大规模增长，不仅加快了全球资源的枯竭，而且也搅乱了地球再生系统，包括它在不同生命类型及其支撑结构之间的平衡。"[2] 例如，温室效应使全球明显变暖，究其原因，和煤炭、石油、天然气的大量消耗，二氧化碳、氟利昂等排放量急剧增加有关。全球变暖使人类面临着严重的威胁。在未来的 100 年中海平面将上升 1 米，如南极冰川融化将使海平面上升，世界 30 多个海岛国家和众多的沿海城市可能被淹没。此外，全球变暖还将在全球导致厄尔尼诺等现象出现，引发洪涝干旱等人力无法抗拒的自然灾害。

全球化造成的生态环境恶化，催生了世界各地的环保组织的出现。目前，世界上的主要国际环境非政府组织约有 250 个，其中约 80% 在 20 世纪 70 年代以后成立，其中包括著名的"地球之友组织"、"绿色和平组织"、"世界观察研究所"、"国际环境与发展研究所"、"世界资源研究所"，此外还有"善待动物人民组织"、"热带雨林行动网络组织"、"地球第一组织"等等。随着世界环境保护运动的发展，这些国际环境非政府组织不仅数目不断增多，而且规模也日渐扩大。例如，绿色和平组织的成员，在 1985—1990 年间从 140 万增加到 675 万，到 2003 年，该组织已经

① 　参见顾德欣主编《地球村落的困惑》，中国青年出版社 1996 年版，第 5 页。
② 　詹姆斯·米特尔曼：《全球化综合征》，新华出版社 2002 年版，第 214 页。

在 41 个国家设立了办事处；非洲的非政府组织"环境网络"在 1982 年成立时，参加者仅有 21 个非政府组织，到 1990 年其成员则增加到 45 个国家的 530 个非政府组织①。这些环保组织是反全球化运动中的一支重要力量。2008 年 6 月，法国、德国领导人将举行会晤，绿色和平组织因此担心，法国总统萨科齐和德国总理默克尔会联手维护欧洲汽车制造商的利益，而在欧盟限制汽车排放方面表现软弱。"他们肮脏的交易，将带给汽车制造商欢呼，而整个地球却将为他们的欢呼付出代价。"2008 年 4 月 10 日，绿色和平组织为此举行抗议活动，其成员在巴黎繁华的香榭丽舍大街乱点"鸳鸯谱"为假扮成的萨科齐、默克尔举行了一场"婚礼"。

环保主义者认为，国际垄断资产阶级为追求高额利润急功近利，在环保问题上缺乏长远计划。他们对人类资源实行破坏性的开发，更无视生态环境是否恶化。发达资本主义国家在经济发展与环境保护两者之间的关系上，采取的是"先污染后治理"道路。而所谓"治理"，又主要是将污染环境的企业转移到发展中国家去，而留在国内的则主要是污染小，或没有污染的高附加值的高科技企业。这样的"升级换代"，可能对本国的生态环境状况会有所改善，但对整个地球环境的改造，并没有多少实际意义。在经济全球化进程中，高额利润流向跨国公司的同时，也使人类为此而付出重大的代价。经济全球化进程越快，发达资本主义国家的跨国公司所消耗的人类资源越多。富国凭借着强大的经济实力的支持，无休止地消耗着地球上人类共同的资源，而广大发展中国家却要承受生态环境恶化所造成的种种灾难。全球生态环境不断恶化，直接推动了反全球化运动的发展。"保护蓝天"，"保护森林"，"保护水源"，"反对野蛮地劫掠地球"，成为越来越多的人的共识。

经济全球化的重要影响之一，是民族国家被削弱，国家主权被弱化。"面对全球化的出现，关于民族国家死亡的预言，伴随着诸如联合国等跨国政治机构以及人权等跨国政治准则的不断增加，正受到广泛关注。以全球公民和全球公民社会的出现为代表的世界秩序新形象，在迁徙和全球通信的作用下，再一次加速了对民族主义和教区主义的侵蚀。"② 在经济全球化的背景下，影响一些国家政治职能变化的重要因素，不再是国内环境而

---

① 参见王杰等《全球治理中的国际非政府组织》，北京大学出版社 2004 年版，第 304 页。
② 罗·霍尔顿：《全球化与民族国家》，世界知识出版社 2006 年版，第 2 页。

是国际环境。在这种情况下，民族国家的捍卫者必然坚定地投入到反全球化运动中。

经济全球化对民族国家的冲击和挑战，决不是民族国家寿终正寝，退出历史舞台，恰恰相反，边界线依然神圣不可侵犯，民族国家依然是国际政治、经济、文化生活中最基本的、充满生机的实体。在国际社会中，"国家"仍然被视为主权领土实体，在规定的疆域内拥有至高无上的主权，国家主权是国家的本质属性仍然是世界各国人民的共识。当前，区分经济全球化导致民族国家被削弱，究竟是全球化自身矛盾运动造成的，还是经济全球化的推动者造成的似无必要。因为这不仅是一个理论问题，更是一个现实问题，总之，是和经济全球化联系在一起。这样，在当代现实生活中，人们不可避免会思考并试图回答经济全球化和民族国家的关系，同样不可避免地会有不同的选择和不同的答案。从理论与实践的结合上"反全球化"，即是一种选择和答案。1999 年，澳大利亚社会科学院院士、南澳大利亚弗林德斯大学社会学教授罗·霍尔顿曾著有《全球化与民族国家》，作者力图回答的问题是：全球化究竟是跨国企业总体经济力量的另一个名称，还是世界政治、经济、文化及社会变化过程的一个代称？对民族国家的认同是否会被世界主义取代？全球化是否等同于美国化？民族国家能否在全球化带来的好处和害处中进行主动的选择？全球化究竟是对人类行动和选择的强制，还是机会的源泉？或是两者兼而有之？罗·霍尔顿的答案是：全球化深刻影响了社会变化模式、各个民族决定自己未来命运的能力，但它不是某种为资本主义或西方文化帝国主义的系统逻辑所驱动、征服一切且产生同质作用的单一力量，它不能消灭民族国家，也无法摧毁以种族意识或地方文化隶属关系为基础的各种文化差异。罗·霍尔顿的观点在西方理论界有一定的代表性，同时也成为"反全球化"的理论基础之一。

反全球化运动：一场世界性的运动

继 1999 年"J18"、"西雅图之战"后[①]，世界各国的反全球化运动从

---

① 一般将 1999 年"J18"、"西雅图之战"作为"反全球化运动"的开端，实际上在此之前，大约在 20 世纪 90 年代中期，反全球化运动已在酝酿、萌发之中。例如，1994 年，世界银行和国际货币基金组织成立 50 周年庆祝大会（西班牙马德里）；1995 年，世界银行和国际货币基金组织年会（美国华盛顿）；1996 年亚欧会议（泰国曼谷）；1998 年世贸组织部长会议（瑞士日内瓦）；1998 年八国首脑会议（英国伯明翰）召开时，都发生了规模不一的反全球化运动。

来没有停止，这是一场已经"全球化"的"反全球化运动"，具有世界性的意义。

2000 年 1 月，世界经济论坛（WEF）在瑞士达沃斯召开年会，来自世界各地的 1000 余名反全球化人士汇聚在达沃斯，举行游行示威，示威者砸毁麦当劳快餐厅，试图冲击会场，同警察发生冲突，有 121 人被捕。

2000 年 2 月，联合国贸易与发展会议在泰国曼谷召开，数以千计的示威者和当地的工人、农民、失业者云集曼谷，谴责世贸组织（WTO）、世界银行（WB）、国际货币基金组织（IMF）在经济全球化进程中，给广大发展中国家带来的消极影响，要求这三大国际经济机构采取切实措施，缓解已经造成的消极影响。

2000 年 4 月，国际货币基金组织和世界银行在华盛顿召开年会。1 万余名抗议者云集会场四周，举行示威活动。与会者谴责跨国公司肆意破坏生态环境的行径；抗议世界银行和国际货币基金组织已经沦为跨国公司的代言人，要求建立一个不受公司支配的"工人的社会"。在这次示威活动中，有 1300 多名抗议者被警方逮捕。

2000 年 5 月 1 日，英国伦敦举行声势浩大的反全球化、反资本主义游行，以纪念国际劳动节。

2000 年 5 月，亚洲发展银行年会在泰国清迈举行。5000 多人在清迈示威游行，示威者以贫苦的农民为主。这就使得这次抗议活动具有特殊的意义，表明反对全球化运动的社会基础已经发生了变化，已经不再仅仅是中产阶级和有组织的工人了。清迈示威抗议活动，因而"成为反全球化国际抗议活动中一个核心事件和重要环节"[①]。

2000 年 9 月，联合国千年峰会在纽约召开，来自各国的反全球化人士在联合国总部附近集会，历数世贸组织、世界银行、国际货币基金组织的"罪行"，呼吁联合国不要成为它们的工具，同时针锋相对地发起"人民峰会"（People's Summit），表达反全球化的决心。

2000 年 9 月，悉尼奥运会开幕前夕，世界经济论坛亚太地区经济高峰会议在墨尔本召开。一些非政府组织发动大规模的示威活动，与警察发生冲突，致使与会代表不得不乘直升机出入会场。示威者提出向悉尼进军，

---

① Walden Bello：*The Year Global Protest Against Globalization*，Canadian Dimension. Vol. 3，issue2，2001.

要求举行真正体现奥林匹克精神的奥运会。

2000 年 9 月，世界银行和国际货币基金组织在捷克首都布拉格举行第 55 届年会。世界各国的反全球化人士 1 万余名聚集布拉格，要求解散世界银行和国际货币基金组织，加快国际金融改革，取消第三世界国家沉重的债务。抗议活动的主要组织者是"布拉格率先反对经济全球化"。抗议者包括欧洲国家的失业工人、环保主义者、无政府主义者等。他们认为，在经济全球化的进程中，世界银行和国际货币基金组织已沦为现代资本主义的工具，正急速地扩大着贫富之间的差距。示威者声称要"发扬西雅图精神"，与警方发生激烈冲突，一些人受伤，约 1/10 的人被捕。

2000 年 10 月，第三次亚欧会议（ASEM）在韩国汉城（首尔）举行。2 万多名示威者高呼"不要新自由主义全球化"等口号，在汉城主要街道举行示威活动。示威者针锋相对，发起组织"亚欧会议人民论坛"。

2000 年 12 月，欧盟首脑会议在法国尼斯召开。来自世界各地的 5 万名示威者在尼斯举行抗议活动。在游行示威过程中发生冲击银行、袭击商店、焚烧汽车等行为，与警察发生激烈冲突，多人受伤，一些人被捕，其中 2 人被监禁。

2001 年 1 月，世界经济论坛在达沃斯举行，数千名反全球化人士在苏黎世地举行集会，示威者反对世界经济论坛的召开，与警察发生冲突。30 人被驱逐出境，120 人被捕。

2001 年 4 月，美洲国家首脑会议在加拿大魁北克举行，有 34 个美洲国家政府首脑出席。会议的主要议题之一，是根据美国总统布什的倡议，就建立"美洲自由贸易区"问题进行谈判。数以万计的反全球化人士从世界各地云集魁北克，举行大规模示威游行。加拿大政府在会场外建起高 10 英尺、2.5 英里长的路障，派出 6000 余名防暴警察维持秩序。示威者与警方发生冲突，有 400 多名抗议者和 19 名警察受伤，在冲突中，警察使用了催泪瓦斯、橡皮子弹和高压水枪。

2001 年 5 月 1 日，在国际劳动节到来之际，根据一些非政府组织的倡议，在法国、德国、瑞典、意大利、波兰、西班牙、葡萄牙、澳大利亚和韩国等国，举行了声势浩大的反全球化示威游行，约有 1.3 万名左翼分子参加。在布里斯班、悉尼和佩斯等地，发生了暴力冲突，甚至酿成骚乱。在布里斯班有 35 人被捕。

2001 年 5 月，欧盟首脑会议在瑞典哥德堡举行，2.5 万名抗议者举行示威游行，与警察发生冲突，多人受伤、被捕。

2001 年 6 月 25 日，世界银行在西班牙巴塞罗那召开会议。1 万余人举行示威游行，与警察发生冲突，22 人被捕，32 人受伤。

2001 年 7 月，八国集团首脑会议在意大利热那亚召开。700 多个非政府组织和 10 万余名反全球化人士同时汇集热那亚抗议会议召开。意大利政府如临大敌，派出 2 万名保安人员，部署了装甲车、直升机、军舰和地对空导弹等，以维持社会治安，保证会议顺利进行。会议开幕时，爆发了大规模示威游行，示威者高举"全球化导致贫困"，与警察发生激烈冲突。一名来自罗马的青年被意大利宪兵开枪打死，引发次日暴力冲突继续蔓延。在诸多反全球化活动中，第一次出现死亡事件。社会舆论认为，这是"一次被抗议活动搅得乱七八糟的最高级会议"。在抗议者的强大压力下，《八国集团首脑会议公报》明确提出："要使经济全球化有利于全体公民。特别是穷人。"

2001 年 9 月 11 日，在美国纽约发生了国际恐怖主义势力对美国的袭击事件。数以千计的平民死亡，象征着美国繁荣的世贸大厦被彻底摧毁。"9·11"事件震动了世界，同时也对全球性的反全球化运动产生了深刻的影响。这种影响并不表现为反全球化运动在"9·11"事件后是否还存在，是否走向衰落，而在于反全球化运动斗争策略的调整和改变。实际上，这个问题早在"9·11"事件之前就已经提出。毋庸回避，在反全球化人士中有些人极力主张暴力方式，如果暴力手段上升甚至泛滥，必将给反全球化运动带来消极影响。反全球化人士如果被认为是"街头暴力分子"，则会败坏反全球化运动的名声，使其社会基础受到严重削弱。"9·11"事件发生后，国际恐怖主义成为人类共同的敌人。反全球化运动中的暴力分子的存在，很容易使人们将反全球化运动与国际恐怖主义活动联系在一起。西方大国则极力将反全球化运动和国际恐怖主义活动联系在一起，像打击恐怖主义一样，打击反全球化运动。例如，英国内阁大臣克莱尔·肖特曾对《泰晤士报》记者说，反全球化人士的要求，"与本·拉登基地组织的要求在本质上是如此相似"①。这是"9·11事件"后世界反全球化运动面临的最严重的挑战。在新的历史条件下，反全球化示威的次数和规模都在缩减；反全球化运动内部也出现了分化，一些反全球化人士积极支持美国

---

① Pat Regnier etc.: *Changing Their Tune*, Time Europe, Vol. 158, Issue23, 2001.

发动的反恐战争，为此，不惜以停止反全球化运动为代价。但是，世界反全球化运动仍在继续。

2001 年 11 月，世界银行和国际货币基金组织年会在加拿大渥太华举行，数千名抗议者在会场周围举行示威游行。

2001 年 11 月，世界贸易组织部长会议在卡塔尔首都多哈召开。来自 142 个国家的贸易部长出席，会议的主要议题是就新一轮的投资与贸易自由化的问题举行谈判。200 多名反全球化人士被卡塔尔政府拒签，未能入境，数百名抗议者举行和平示威游行。

2001 年 12 月，欧盟首脑会议在比利时布鲁塞尔召开。8 万名抗议者冲击会场，举行大规模的示威游行。

2002 年 1 月底，世界经济论坛年会在纽约举行。这是在 "9·11" 事件后召开的首次重大国际会议。1.5 万名抗议者在会场外举行示威游行。抗议者在反对新自由主义、经济全球化的同时，还明确提出反对美国霸权主义、反对以反恐为名发动阿富汗战争。

2002 年 5 月，欧盟首脑会议在西班牙巴塞罗那召开，数以万计的抗议者举行了声势浩大的示威游行，这是继 2001 年 7 月热那亚抗议活动之后，欧洲反全球化运动的新发展。抗议者高举 "反对资本主义的欧洲" 等标语，强烈反对欧洲参与美国发动的反恐战争。

2002 年 6 月，世界粮食峰会在意大利罗马召开。5 万人举行示威活动，强烈要求国际经济机构采取积极措施，有效解决世界粮食短缺和饥饿问题。

2002 年 6 月，八国集团首脑会议在加拿大卡尔加里召开。加拿大政府为保证会议顺利进行，将会场安排在远离城市的偏僻农村举行。来自世界各地的抗议者无法接近会场，只好在卡尔加里市举行示威活动，抗议发达国家在经济全球化的过程中，对发展中国家实行经济掠夺政策。

2002 年 12 月，欧盟首脑会议在比利时布鲁塞尔举行。8 万名反全球化人士举行游行，要求欧盟国家的工会在制订社会政策时发挥作用；要求政府采取具体措施降低失业率。

2003 年 9 月，世界贸易组织第五次部长会议在墨西哥坎昆举行。来自世界各地的 980 个非政府组织和 2 万名反全球化人士云集坎昆，举行抗议活动。他们对 "贸易自由化" 持反对意见，认为世界贸易组织是由超级大国控制的强权组织；是不顾穷国和工人等弱势群体而强行推行全球化的堡垒。会议开幕时,示威者与警察发生冲突,韩国农民李京海在冲突中自杀身亡,引发更大规模的暴力冲突,10 名警察和 16 名示威者受伤。坎昆会议失败,无果而终。

2003 年 11 月,34 国贸易部长在美国迈阿密集会,研究美洲自由贸易区问题。2 万名反全球化人士在会场外举行示威游行,抗议美国政府积极推进美洲贸易自由化。

2003 年 11 月,亚太经合组织(APEC)领导人非正式会议在智利圣地亚哥召开,20 多个国家的领导人出席。会议的主题是"一个大家庭,我们的未来",主要讨论贸易投资自由化和人类的安全等问题。以拉美国家为主的世界各国反全球化人士 5 万余人在圣地亚哥示威游行,呼吁经济全球化要更加人性化。抗议者与警察发生冲突,银行、商店、汽车和其他公共设施遭到破坏。为防止暴力行为蔓延,百余名抗议者被捕。

2004 年 6 月,世界经济论坛在韩国举行会议。9000 多名示威者走上街头,高呼"不要全球化"等口号。示威者认为,世界经济论坛是为富人剥削穷人服务的论坛。

伴随着经济全球化的发展,反对贸易自由化、反对美国霸权主义、反对国际经济组织的反全球化运动也同时出现。反全球化运动是一个十分复杂的国际政治现象。这种复杂性,既表现在参加反全球化运动成员的复杂,也表现在他们的政治主张的复杂,还表现在他们行为的复杂,如经常表现出的激进的、无政府主义的,以及崇尚暴力等等。因此,应该如何看待反全球化运动,是一个需要从理论与实践相结合,认真探讨的问题。

第二节　反全球化思潮

反全球化思潮的兴起

反全球化不仅是当代国际政治生活中的社会运动,而且也是风靡世界,特别是在西方的一种社会政治思潮,引起越来越多的政治家、思想家、理论家的重视。自 20 世纪 90 年代中期起,有不少研究反全球化的理论著述问世。论者从学理的视角,对反全球化的理论、背景、影响、全球化和反全球化的关系等进行了深入的探究,因此"反全球化"同时也表现为一种学术思潮。当然,与其他学术思潮相比,"反全球化"则表现出对世界所面临的现实问题的更多的关注。

反全球化是经济全球化的伴生物,是对全球化力量的抵制,是对全球化各种负面影响的集中回应。"反全球化思潮"是十分复杂的社会思潮,需要从实际出发实事求是地进行具体分析。有论者认为,"反全球化运动揭露了当代世界国际关系中许多不公正、不合理的现象,以及人类面临的危机,如南北经济发展差距的拉大、部分发展中国家的边缘化、科技进步的成果只被少数国家享受、污染、生态环境恶化、贫困、可持续发展等问题长期得不到解决等。由此,某些反全球化人士激烈地反对资本主义、反对跨国公司对发展中国家的掠夺、反对美国霸权主义。然而,反全球化运动的积极意义又是有限的。因为参与这个运动的成员构成复杂,他们没有明确的、统一的政治、社会目标。他们往往提出一些理想主义的甚至是极端的要求,但不知道也提不出实现这些要求的可行途径。于是他们往往采取打倒一些现存秩序的无政府主义街头抗议行动,甚至发展到暴力对抗"①。但是,这些并不是反全球化运动的全部内容,反全球化运动中各种问题的存在,不能否认反全球化思潮中各种理论观点的学术价值和现实意义。

1998 年 11 月初,美国学者托夫勒夫妇在日本《读卖新闻》上撰文《全球化神话的陷阱》。他们认为,在现在关于全球化的讨论中,存在着 5 个关于全球化的神话,它们遮蔽和扭曲了对于全球化的全面认识。这 5 个神话是:全球化等于自由化;全球化不可避免;全球化将在经济各个领域均衡发展,从而创造一个"平等的活动平台";全球化将扼杀民主主义;全球化对任何人都是一件好事(或坏事)。托夫勒夫妇的意见有助于深入研究对全球化的认识。他们所论及的问题在国内都有不同程度的影响,但有两种观点却有更多的影响:其一是新自由主义的全球化理论;其二是西方左翼的全球化理论。

新自由主义是当代资本主义的主流意识形态,是资本主义全球化意识形态的理论表现。新自由主义的全球化理论,代表了国际垄断资产阶级的根本利益。"其基本原则简单地说就是:贸易自由化、价格市场化和私有化。"② 新自由主义的目标是建立以发达国家为主导的全球新秩序,"极力鼓吹以超级大国为主导的全球一体化。经济全球化是人类社会发展的一个必然趋势和一个自然的历史过程。但经济全球化并不排除政治和文化的多

---

① 庞中英主编:《全球化、反全球化与中国》,上海人民出版社 2002 年版,第 22 页。
② 诺姆·乔姆斯基:《新自由主义和全球秩序》,江苏人民出版社 2000 年版,第 3 页。

元化，更不等于全球经济、政治、文化一体化。新自由主义并不是一般的鼓吹经济全球化，而是着力强调要推行以超级大国为主导的全球经济、政治、文化一体化，即全球资本主义化"①。在发达资本主义国家，新自由主义推行的私有化、削减社会福利支出、减税，特别是全面降低个人所得税等，既推动了这些国家经济的发展，同时也带来了泡沫经济、加剧社会两极分化等消极后果。新自由主义鼓吹的"自由平等"原则，实际上是做不到的。因为经济全球化是在发达资本主义国家的主导下进行的，以西方为中心使广大发展中国家处于被剥削的地位。这样，不仅会加剧资本主义世界体系的矛盾，而且会加剧发达资本主义国家和发展中国家之间的矛盾，从而会促进各种形式的反对新自由主义的斗争。在全球化的背景下，这种斗争在反全球化的运动中表现出来并非偶然。这是因为"新自由主义的目标是建立全球秩序。这一目标是同资本主义发展新阶段相联系的。经济全球化标志着资本主义进入国际垄断阶段。新自由主义代表国际垄断资本的利益，它要建立的是资本的世界积累制度"②。正因为如此，新自由主义早在第二次世界大战后即已萌生，在其发展过程中曾被称为"新保守主义"、"新古典综合主义"等，但都影响不大，直至经济全球化到来后才迅速产生了广泛的影响。

　　西方左翼力量的构成比较宽泛，主要指西方马克思主义者、和平主义者、女权主义者、生态主义者，以及社会民主主义者等。尽管他们的政治观点，包括经济全球化理论并不一致，但是在对经济全球化的批判上，作为新自由主义的对立物，却基本上是一致的。

　　首先，经济全球化被认为是资本主义的全球化。这是在经济全球化的新的历史观条件下，由资本主义的基本特征决定的。资本主义的政治、经济、文化无一例外地在世界各个角落渗透，企图建立起自己持久的一统天下。从这一认识出发，现代资本主义被称作"全球资本主义"。其次，随着一些左翼政党在西方国家执政③，因而他们的某些理论，包括全球化理

　　① 何秉孟主编：《新自由主义评析》，社会科学文献出版社2004年版，第5页。
　　② 李其庆主编：《全球化与新自由主义》，广西师范大学出版社2003年版，第9页。
　　③ 例如，20世纪末期，欧盟15个国家中，就有13个国家是社会民主党执政。苏联解体、东欧剧变后，东欧、亚洲、非洲的一些原社会主义政党或民族主义政党，加入到社会民主主义营垒中。1989年社会党国际有各类政党和组织88个；1992年发展到111个；1996年为142个。今天达168个，约1/2来自发展中国家。

论在一定意义上被赋予官方的色彩，由此便有了更为广泛的传播，有了更大的影响，例如"第三条道路"的提出。他们认为，"未来既不属于共产主义，也不属于资本主义"①，因此要走一条与共产主义、资本主义有别的"第三条道路"。

社会党国际是左翼中的右翼，同时也是右翼中的"左翼"，它"谋求用一种制度代替资本主义，在这种制度下，公共利益先于私人利润的利益"②。在他们看来，经济全球化创造了丰富的经济和文化的财富，但却不能平等地分配给世界各国和人民。因此，需要建立新的政策和秩序，即建立公正、平等、民主的全球经济新秩序和全球政治新秩序，"新秩序"实际上是全球新体系，从而使全球的每个人都能有机会公平地享受全球化带来的好处。为了完成这样的任务，就必须冲破传统的界限，进行全球治理，实现全球进步和可持续发展，通过实现人类社会的共同利益，使全球化为人类服务。但是，社会民主主义的全球治理思想"面临着许多外在环境和内在因素的限制，导致其全球治理思想难以实施"。只有"超越社会民主主义本身的问题和不足"，才有可能"走向真正的全球治理"③。

反全球化思潮的出现，并非仅仅与新自由主义的全球化理论、西方左翼的全球化理论有密切联系。"冷战"结束后，国际政治、经济发展本身所显现出来的一些实际问题，也是引发反全球化思潮出现的重要因素之一。2001年"9·11"事件发生后，西方一些理论家宣扬"全球化已经终结"、"反全球化已经成为过去"。

但是，也有人提出不同的观点。伦敦经济学院政治学教授戴维·赫尔德等认为，全球化是我们这个时代最基本的争论之一。"在关键的问题上，'全球化终结'观点错误地把全球化简单地视为一种经济现象、从世界经济的循环运动的停滞（installing）中看到所谓的'衰退'。这种观点忽视了全球化的文化、技术和军事的维度，而这些维度却显示了更加复杂的画面。"戴维·赫尔德等写道："如斯坦利·霍夫曼（Stanley Hoffman）所主张，后'9·11'世界秩序更多地应该从'全球化的冲突'来解释，而不能认为去全球化（de–globalization）是一个不可避免的进程。总之，全球

---

① 《社会党国际文件集》，黑龙江人民出版社1989年版，第142页。
② 同上书，第5页。
③ 涂用凯：《社会民主主义的全球治理研究》，中国社会科学出版社2007年版，第220页。

化继续塑造着我们的世界，但却是以前所未有的自相矛盾的方式塑造着我们的世界，治理全球化和建设更民主的全球与地区治理模式依然是我们生死攸关的目标。"① 从这种认识出发，就不难引申出这样的结论："全球化话语是在为新自由主义的全球计划作辩护，并企图将它合法化。这个计划就是：创造一个全球自由市场，并使得盎格鲁—美国式的资本主义在全世界主要经济区域内大获全胜。"全球化是一种"新的西方帝国主义模式。支配这种帝国主义的，则是世界主要资本主义国家的金融资本的需要"。因此，"全球化被理解为美国化的近义词"②。在这种情况下，有关全球化的激烈争论，以及反全球化思潮的产生和发展，则是不可避免的。

20世纪90年代起，最初发端于学术界的"全球化"概念，通过新闻报道、社会评论、政治演讲、公众讨论，以及广播、电视等大众传媒的传播，特别是国际政治经济生活的现实，使"全球化"这个概念日益为人们所知，同时对其含义也有了各种不同的解释。"全球化已经成为体现集体想象的一个最具威力、最富说服力的概念，这种想象有时是美梦，有时是噩梦。"其中不可忽略的是，"全球化也已经成为一个批判性词语。对全球化的恐惧心理形形色色，遍布全球；极端的表现，就是把全球化与富裕权势集团推行一个新的世界秩序的阴谋理论联系起来"③。究竟什么是全球化？全球化是用"同一"代替"差异"，还是空间和地域的新型互动？对这些问题的激烈争论，在一定程度上也成为推动反全球化思潮发展的原因。西方大国主导的经济全球化，在不少国家，包括欧美国家，特别是在广大发展中国家中，被称之为"新自由主义全球化"。这是因为在经济全球化发展进程中所遇到的各种主要问题上，都可以看到新自由主义的观点，以致"经常有人把新自由主义全球化和一般的全球化当作同义词。这当然不仅招致批评，而且还引发了对现行改革的激烈对抗"④。一些尖锐的批评不仅来自发展中国家，而且也来自发达国家，例如美国的伊曼纽尔·沃勒斯坦学派等等。

---

① 戴维·赫尔德等：《全球化与反全球化》，社会科学文献出版社2004年版，第2页。

② 同上书，第4—5页。

③ 约翰·雷尼·肖特：《多维全球化——空间地域与当代世界》，海峡文艺出版社2003年版，第1—2页。

④ 弗拉基米尔·科隆泰：《西方的经济全球化构想》，见戈尔巴乔夫基金会编《全球化的边界：当代发展的难题》，中央编译出版社2008年版，第95页。

"全球化"的谎言

反全球化思潮的重要内容之一，是否定全球化的必然性，认为全球化已经到来，并给人类带来幸福是"谎言"。1998 年，德国雷根斯堡独立讲师格拉德·博克斯贝格等在《全球化的十大谎言》一书中，列举了他认为十个具有欺骗性的谎言：全球化是不可阻挡的；社会福利国家代价太大；全球化是解决失业问题的机会；德国的工资太高了；国家过多地干预了经济；德国工业的国外投资表明，德国是多么缺乏竞争力；欧元对我们大家都有利；英国和美国是创造就业岗位和财富的榜样；全球化给世界带来多样化。这十大谎言，主要是根据德国的社会经济发展状况提出的，但实际上却适用于欧美整个资本主义世界。

格拉德·博克斯贝格等认为全球化的十大谎言中，第一个谎言就是所谓"全球化是不可阻挡的"。"到处都在像念经似地重复着：全球化不可避免地向我们走来。考虑全球化的利弊毫无必要，因为全球化已不可阻挡。没有什么能够阻止这一趋势，人们只能从中争取最好的东西。而所谓最好的结果实际上就是投资者和企业家享受的最好的结果……这是一种由政治意愿而决不是命运所决定的发展"①。这里所说的"政治意愿"有具体的内容，显然是国际垄断资产阶级"政治意愿"。降低关税、自由贸易、建立经济区域和自由贸易区等，表面上看是经济行为，而实际上都是"建立在政治意愿和政治决策基础上"。经济空间的扩大，出现了经济全球化，是通过"政治程序"实现的。"把全球化描述成不可避免、无法阻挡的发展是政治诡计"②，经济全球化并非是一个自然过程。

格拉德·博克斯贝格等以欧盟国家为例，说明全球化并非是解决失业问题的机会。20 世纪末，欧盟国家失业人数接近 2000 万，其中德国约 500 万，占就业人口的 13%。但是，这并非是准确的统计，如果将被迫提前退休的人、找到临时工作的人、已经放弃找工作的人等统计在内，失业者可达 800 万，占就业人口的 20%。经济全球化在一定程度上促进了经济的增长，但这是"没有创造就业岗位的经济增长"。经济增长已不再是解决失业的手段。格拉德·博克斯贝格等认为，"从人道的角度看，关于全

---

① 格拉德·博克斯贝格等：《全球化的十大谎言》，新华出版社 2000 年版，第 45—46 页。
② 同上书，第 55 页。

球化的讨论中最厚颜无耻的谎言就是全球化创造的就业岗位要多于其所削减的就业岗位。经济全球化的发展带来了原本需要解决的问题。……经济增长、创新和良好的企业条件都是战胜失业的药方，但是全球化使其都失灵了"①。格拉德·博克斯贝格等在自己的著述中还明确指出，发展中国家并没有从全球化中受益，相反却加剧了发展中国家的贫困。全球化的真正受益者，即全球化的赢家在全球不过6000万人，这在全球60亿人口中只占1%，大部分人属于失败者。综上所述，格拉德·博克斯贝格等人的观点非常明确：全球化给世界绝大多数人带来的只是一场灾难。

汉斯—彼得·马丁和哈拉尔特·舒曼是德国《明镜》杂志两位著名的记者。1996年，他们走遍世界各地，凭借大量亲自收集的重要文献资料，撰写了一部颇有特色的著作《全球化陷阱：对民主和福利的进攻》。该书问世后，很快成为畅销书，被译成20余种文字出版。汉斯—彼得·马丁和哈拉尔特·舒曼对所谓21世纪人类"正在转入一个新的文明"提出质疑。面对不断增加的失业率，薪金工资不断下降，贫富差距的扩大、社会不平等的扩大，以及贫困人口的明显增加等等，看不到人类是在怎样走向"新的文明"。"经济学家和政治家对于这种衰落现象的普遍解释可以被高度浓缩为一个词汇：全球化。这个不断被重复的命题声称，高科技武装的通讯交往、低廉的运输成本、没有国界的自由贸易正在把世界融合为一个唯一的市场。这些都造成了激烈的全球竞争，包括劳动力市场的竞争。"②他们认为，"激烈的全球竞争"正酝酿着"真正的风暴"的到来，人类社会将出现诸如"火山爆发"一样激烈的动荡。在他们看来，所有这一切是有意识地追求既定目标的结果，而非不可遏制的技术与经济进步，更不是一种自然产生的过程。

汉斯—彼得·马丁和哈拉尔特·舒曼指出，经济全球化表明，"一个全球范围内的时代转折正在开始"。如果宣扬这种转折将实现"有利于生态的经济增长和公正的财富分配"，那无疑是谎言。因为事实表明，经济全球化的到来，"不是繁荣和福利，而是衰落、生态摧毁、文化蜕化，明显地决定着人类大多数的日常生活"③。首先，在现代发达的资本主义世

① 格拉德·博克斯贝格等：《全球化的十大谎言》，新华出版社2000年版，第82页。
② 汉斯—彼得·马丁和哈拉尔特·舒曼：《全球化陷阱：对民主和福利的进攻》，中央编译出版社2001年版，第7—8页。
③ 同上书，第41页。

界，正在发展成为"20∶80"的社会，即启用20%有劳动能力的居民，就足以维持世界经济的繁荣，而80%希望参加工作的人，则失去劳动岗位，仅"依靠喂奶生活"（tittyainment）。在经济全球化的激烈竞争的条件下，怎么可能想象20%的人去关心失去劳动岗位的80%的人呢？既然社会成员中的80%的人都出现了问题，面对着失业的现实，那对经济全球化的种种美化自然是一派胡言了。

其次，生态环境的严重恶化，正严重地限制着人类的发展。例如，能源的消耗居高不下。与20世纪末相比，到2020年世界范围的能源消耗将要增加一倍，造成温室效应的废气将增加45%—90%。全球气候变暖预示着一场灾难正在静悄悄地到来。风雨成灾，洪水泛滥已经成为事实，而且在不断加剧。20世纪80年代，保险公司每年要为世界范围内的50次自然灾害，赔偿约2000万美元；而在90年代中期，则需要年平均为125次自然灾害赔偿。赔偿数额也自然暴涨，如仅为一次袭击美国东海岸和北欧风暴的赔偿，即达到8000万美元。预计2025年全球平均表面气温将上升1度，21世纪中叶将上升1.5—4.5度。与全球气候变暖联系在一起的，是海平面的明显上升，在未来的100年中海平面将上升1米。这将对人类生活产生深远影响。因为人口50万以上的城市，4/10在沿海地带，其中包括世界3/5的大城市，诸如孟买、曼谷、伊斯坦布尔、香港、上海等，都将受到威胁。尽管日益恶化的生态环境引起了越来越多的人包括世界大国的领导人的高度重视，在一些重大的国际会议上都在寻求如何解决生态困境。然而，在经济全球化这样的历史条件下，全球性环境污染和生态破坏有增无减，解决这个问题的前景却是不容乐观的。

古巴国务委员会主席菲德尔·卡斯特罗始终严厉抨击西方新自由主义全球化理论家，被认为是世界上反对这种全球化的代表性人物之一。卡斯特罗认为，西方新自由主义的全球化，与谋求社会正义、平等、各民族团结的全球化，有着本质的区别。无论如何，新自由主义全球化是持续不下去的①。2000年4月，他在南方首脑会议开幕式的讲话中指出，全球化是一客观事实，它表明在这个大家居住的星球上，我们是同一条船上的乘客。"然而，乘客们旅行的条件是极其不平等的。"造成不平等的原因，是

---

① 1998年8月，菲德尔·卡斯特罗在圣多明各自治大学会议上的主题报告的题目是《新自由主义全球化是无法持续的》，该报告发表在1998年8月18日《格拉玛报》第8、9和12版上。

"全球化被禁锢在新自由化的拘束里，因此，其趋向不是使发展全球化而是使贫穷全球化，不是尊重而是侵犯我们各国的主权，不是主张各国人民之间团结一致而是主张在不平等的市场竞争中各寻活路"①。卡斯特罗同样看到了生态环境日趋恶化这个事实。1992 年 6 月，他在联合国环境与发展会议上说：生态环境正在遭到野蛮的破坏，不公平的世界经济秩序进一步加剧了这种破坏。森林在消失，沙漠在扩展，每年几十亿吨沃土流入海洋，废气充满大气层，改变了气候条件。由于人类生存的自然条件迅速不断消失，"一个重要的生物物种——人——有灭绝的危险"②。为了从这种威胁中摆脱出来，必须和西方大国的欺诈、霸权主义、利己主义作斗争。

遏止"野火"

法兰西学院院士、法国著名社会学家皮埃尔·布迪厄与美国的乔姆斯基齐名，是世界上著名的两位反全球化学者之一。2002 年 1 月 23 日，布迪厄享年 71 岁辞世时，法国各主要媒体进行了广泛的报道，希拉克总统和若斯潘总理也都发表讲话，表示哀悼。

20 世纪末，布迪厄的《遏止野火》③ 结集出版，在西方乃至世界反全球化的思潮中占有重要地位，已经产生了并将继续产生重要的影响。早在《遏止野火》结集出版前，他的一些反经济全球化的言论，在 20 世纪 90 年代中期起，即已引起广泛重视。《遏止野火》的主要内容，正如该书副标题所言，是"抵抗新自由主义侵略之言论"。在作者看来，新自由主义正如"野火"一样在全世界蔓延，势不可当地成为西方的"主流"意识形态。包括中国在内，新自由主义在世界上不少国家"热播"，使新自由主义的"野火"蔓延。一些人不加分析地为"自由化"、为"个人至上"、"自由竞争"、"市场至上"、"市场万能"等唱赞歌，盲目崇拜新自由主义，并称自己是"新自由主义者"而为荣。布迪厄所以要出版《遏止野火》，是因为他"觉得这些为遏止一些像野火一样蔓延的危险而写下的文字，不是零碎偶兴，因而想延续其效用。尽管这些文字不像严谨著作，因

---

① 菲德尔·卡斯特罗：《全球化与当代资本主义》，社会科学文献出版社 2000 年版，第 106 页。
② 同上书，第 149 页。
③ 中文本《遏止野火》，由布迪厄同名原两册文集合在一起组成。这两册文集的副标题是《抵抗新自由主义侵略之言论》、《为了一个欧洲社会运动》。

情境的多样显得不统谐，但仍可以给奋力抵抗新自由主义祸患的人，提供有用的武器"①。透过《遏止野火》的观点，有助于人们具体了解西方反全球化思潮的具体内容。

布迪厄明确指出，"全球化"是新自由主义的全球化。它是西方新自由主义的人为宣传的产物。"全球化"是跨国公司摧毁各民族国家经济主权乃至政治主权，在经济上控制全球的战略口号。在布迪厄看来，全球化"是一个十足的神话，一种强势言论，一种'强力观念'"。全球化的神话，"其功用是让人们接受一种复辟，回返到一种野蛮无耻但理性化的资本主义。为了与这种神话作斗争，人们应当回到事实"。针对全球化的所谓普世的价值和意义，布迪厄明确指出"'全球化'不是均匀一致化。相反，它是一小部分统治性国家扩大对所有民族国家金融市场的控制。其结果是，国际分工被部分地重新定义，欧洲劳动者要遭受一些影响，比如一些资本和工业将转到劳动力便宜的国家。这个国际资本市场的方向，是减少民族国家资本市场的独立性，尤其是禁止民族国家来控制汇率和利率。现在汇率和利率越来越为一小部分国家手里的集权所控制。各民族国家的权力面临风险，受到携巨额资金的金融炒家的投机攻击"②。

在布迪厄看来，"全球化"不是一个历史规律性的"自然的过程"，不是不可阻挡的世界历史潮流，而是国际垄断资产阶级一种有预谋、有组织实施的"政治行为"，是一场旷日持久的思想灌输和渗透工作在人们心目中强加的信念。统治者拥有数以千计的"理论界的同谋"。这些同谋者，既有自发的，也有领薪豢养的。在经济全球化的造势运动中，知识界和一些企业都参与其中。例如，美国商会联合会（AMCHAM）仅在1998年就出版了10本著作和60多篇报告，并参加了大约350个与欧盟委员会和欧洲议会相关的会议。布迪厄认为，类似美国商会联合会那样的机构、社团、企业集团等的名单，可以"开满好几页"。他们可以调动强有力的文化资本的势力，投入到"理论的斗争"中去。

布迪厄以美国中央情报局（CIA）出资创办的杂志《证据》（*Preuves*）为例，说明大约用20年的时间，人为制造的谎言，如何一步步地弄假成真，使其成为使人相信的"事实"。具体的方法是，要长时间地不厌其烦

---

① 布迪厄：《遏止野火》，广西师范大学出版社2007年版，第3页。
② 同上书，第36、38、40页。

地制造一些观念，使原来人们十分陌生的、似乎难以置信的理论、方案，变成理所当然的东西。这些"观念"的提出往往有一定的周期性，在不断地阐释、不断地重复、不断地归纳、概括和宣传中，荒谬的东西逐渐强化成为"正确"的东西。然而，这一切似乎又都是自然而然进行的，是符合规律的产物，在表面上没有任何人工雕琢的痕迹，一切似乎都是理所当然的，论者也充满了自信。但是，这种"自信"是很虚弱的，因为它毕竟是建立在虚假谎言基础之上的"自信"。"全球化已经到来"这一结论，就是建立在这种"自信"基础之上的所谓"理所当然"的虚假的产物。

布迪厄认为，以美国为代表的西方大国在编造"全球化"的神话时，自己的国家实际上也不是一个全国"一体化"的国家，而是存在着严重的"两极分化"，就像当今"经济全球化"的世界一样。布迪厄以美国为例指出，美国一方面是一个社会保障的国家，但只对生活无忧无虑的富人给予保障；另一方面则是警察当道，镇压人民的国家。加利福尼亚州被某些法国社会学家认为是"解放的天堂"，是美国最富有的地区之一，那里有世界著名的大学。但是自 20 世纪 90 年代中期以来，加州用于监狱的预算，却高于该州所有大学的预算。对于芝加哥贫民窟的黑人来说，所谓国家就是监狱、警察、法官、监狱看守和假释训诫官。国家的功能就是警察的功能，国家的功能退化了。

布迪厄还认为，由全球化的本质所决定，全球化中的一种重要现象往往有意无意地被掩盖了，那就是"美国模式的强行及其影响"。其突出表现之一就是世界银行、世贸组织和国际货币基金组织等国际金融机构所实行的世界经济政策，表面上看是来自著名经济学家的科学判断，而实际上却是"基于今天由美利坚合众国所代表的独特历史传统及其一整套伦理—政治前提"①。在经济全球化的历史背景下，今天的世界经济秩序不是出于经济理论的纯粹原则，而是出于美国社会传统的历史特征。布迪厄强调，指出这一点并非就是"反美主义"。因为反对美国将自己的政治统治强加于人和先决地对美国人民及其代表怀有敌意，完全是两个不同的概念。

布迪厄指出，并不能因美国经济和科学的先进性，而掩盖美国社会和政治上的落后。例如，美国公众拥有私人武器非常普遍，人身安全没有保证，平均每年因枪击死亡 3 万人，这是制度化的对私人暴力的宽容。在美

---

① 布迪厄：《遏止野火》，广西师范大学出版社 2007 年版，第 132 页。

国，"资本主义精神"被发展和普及到了极致，到处都可以见到狂热地寻求资本增长，而且已经将其变成了一种"使命"。在经济全球化的条件下，美国社会发展中的这些特征，被无耻地用所谓"自由"、"自由主义"、"自由化"、"非调控化"等语汇继续得到强化。所谓"自由化"的社会和经济政策，实际上是在世贸组织、欧盟和跨国公司的"网络"中制定出来的，然后通过形形色色的法律程序将那些所谓"非政治化的政策"强加于人。由此，布迪厄得出结论："全球化"不是技术或经济规律的机械结果，而是一些人和机构实施的政策的产物，是一种政治的创造。"全球化"这个概念，体现了最完整形式的普世性之帝国主义。对于一个社会而言，这种帝国主义就是要将自己的政策作为普世性的样板，并极力将其普世化。

2002 年，俄罗斯联邦共产党中央委员会主席根纳季·久加诺夫在《全球化与人类命运》中，表达了同皮埃尔·布迪厄相似的观点。他在"致中国读者"的序言中写道："我们生活在被称作全球化时代的新时代里。各个国家和民族走向统一和一体化的意愿是完全正常的现象。但是'世界新秩序'的始作俑者试图实现的全球化，是要使民族经济、民族文化和政治服从于一个中心。这样的全球化要求消灭民族国家及其主权。公认的国际法准则被强权所取代。"① 久加诺夫认为，这样的全球化已经走进了历史的死胡同，是没有出路的。正因为如此，世界上反对全球化运动的人越来越多，一些人认为这是"世界阴谋"，是大难临头的世界"野兽王国"的到来，是对人类、民族、文化、个性独立、精神理想的摧毁。世界并不会因全球化的到来而变得更安全、更平等。恰恰相反，美国式的"全球化"，正在催生着一个强权时代的到来，这将不可避免地引发全球性的悲剧。

从这一基本认识出发，久加诺夫以较多的篇幅探讨了全球化中的俄罗斯，以及俄罗斯的命运。他认为，俄国"在近些年被日益强烈地卷入'全球化'进程之中。目前，自苏联时代保存下来的安全系数正在使我国避免受到全球化致命后果的影响。但这一安全系数实际上已经消耗殆尽。该坚决扭转局势了，否则长达 10 年的叶利钦黑暗时代的轻率政策造成的后果就会变得无法逆转"②。在久加诺夫看来，俄罗斯的安全正在受到严重的威胁，俄罗斯必须坚持自己的独立性，不听命于任何强权。他还认为，俄罗

---

① 根纳季·久加诺夫：《全球化与人类命运》，新华出版社 2004 年版，第 2 页。
② 同上书，第 188 页。

斯的命运即是世界的命运。因此，现在不仅是俄罗斯做出自己选择的时候到了，对世界各国人民也是如此。

第三节　反全球化与中国

"反全球化"分析

20 世纪 80 年代中期以来，全球化作为一种经济现象、政治现象和文化现象，无论在国外还是在国内，都已经成为哲学社会科学研究的重要话题。在诸多的研究中，有两种基本的观点：其一认为"经济全球化是当今世界发展的客观进程，是在现代高科技的条件下经济社会化和国际化的历史新阶段"[①]。"第二次世界大战后，由于新技术革命的兴起，新独立的发展中国家都先后实行了对外开放政策，使各国对原料、市场、资金、技术的互相依赖程度增大，各国经济更加紧密地联系在一起，国际分工进入了一个新阶段——经济全球化阶段。"[②] 总之，经济全球化是人类经济、政治和文化生活国际化的一个全新阶段。

另一种观点，则强调西方大国主导的全球化，即经济全球化的过程，同时也是资本主义向全世界扩散的过程。不言而喻，在这个过程中，实际上充斥着以美国为代表的国际垄断资产阶级政治、经济和文化霸权（Culture hegemony）。英国学者吉登斯强调，经济全球化不过是现代性从西方社会向全球的扩展，因此它的影响就绝不仅仅限于经济方面，"它主要指的是时空转换"[③]，即资本主义的全球扩张和资产阶级意识形态的广泛传播。由此自然得出这样的结论："目前所谓的全球化准确地说是少数人的全球化，因此它既不是人类的福音，也不具备必然性。认为这种全球化进程不可逆转，并且值得全人类热烈欢迎，这只是少数人挟持多数人的意识形态而已。事实上，随着这一全球化进程的深入，越来越多的人被推进失业和贫困的深渊。"[④] 不言而喻，把"少数人的全球化"强加给世界各国人民，

　　① 汪道涵：《〈全球化与政治〉序：全球化与中国经济》，见哈贝马斯等著《全球化与政治》，中央编译出版社 2000 年版，第 1 页。
　　② 王彦峰：《世界动荡之源》，中央文献出版社 2004 年版，第 10 页。
　　③ Anthony Giddens, *Beyond Left and Right*, The Future of Radical Politics, Polity press. 1994, p. 4.
　　④ 韩德强：《反经济全球化思辨》，见庞中英主编《全球化、反全球化与中国》，上海人民出版社 2002 年版，第 92 页。

执意说成是全人类的全球化，这是典型的霸权主义行径。

对"全球化"的上述两种截然不同的观点，"反全球化"是反对哪一种观点的全球化呢？显然指的是后者。在中国学者的著述中，更多的并不是反对经济全球化本身，不反对作为世界历史发展进程中的一个阶段的全球化，因为它反映了世界历史矛盾运动的特点和客观趋势。谁也不想去阻止经济全球化的到来，因为想要阻止全球化的到来，无异于想要阻止地球自转一样，实际上是办不到的。中国学者所反对的是经济全球化带来的一系列恶果，以及它的新自由主义的推进方式。今天的全球化被不少人称作"新自由主义的全球化"，即野蛮资本主义的复辟。

经济全球化的萌生，同资本主义生产关系的产生，几乎同时出现。"美洲的发现，绕过非洲的航行，给新兴的资产阶级开辟了新的活动场所。"① 15—17 世纪，欧洲航海者开辟了抵达美洲等地的新航路，所谓的"地理大发现"引发并推动了"商业革命"和"价格革命"。在此期间，荷兰的商船吨位增长了 10 倍，达到了 50 万吨。英国在 16 世纪上半叶每年出口的毛织品为 5 万至 15 万吨，17 世纪达到 25 万吨。1600 年英国东印度公司成立，1610—1640 年英国的对外贸易额增长了 10 倍②。新航路的开辟使世界市场迅速扩大，加速了欧洲的资本原始积累。18 世纪中叶到 19 世纪中叶，英国、法国、德国和美国先后完成工业革命，实现了从手工技术为基础的资本主义工场手工业，向采用机器的资本主义工厂制度的过渡，资本主义生产方式最终确立。工业革命为资本主义制度奠定了坚实的物质技术基础，促进了资本主义社会生产力的发展，加速了资本的世界性扩张，有力地推动了经济全球化的发展。第二次世界大战后，生产的全球化和消费的全球化，明显地表现出经济全球化这一客观趋势。它的基本内容是向世界推销产品、服务和技术，向全世界输出资本。我们正是在这种意义上，理解当代国际社会的这一重要特点，世界上大多数国家和民族，正被纳入一个真正的全球化体系之中。

但是，在经济全球化的进程中，美国在政治、经济、军事和文化等领域的称霸，使世界各国、特别是发展中国家笼罩在帝国主义侵略扩张的阴影下。同时，在全球化——"新自由主义全球化"、"资本扩张全球化"、

---

① 《马克思恩格斯选集》第 1 卷，人民出版社 1995 年版，第 273 页。

② 参见米歇尔·博德《资本主义史 1500—1980》，东方出版社 1986 年版，第 21 页。

"资本主义全球化"、"帝国主义全球化"的旗帜下，大肆鼓吹否定国家主权的新干涉主义思潮，无休止地追求利润给人权事业带来一系列灾难。由西方大国主导，在资本主义框架内进行的经济全球化，使称霸与反霸、单极与多极的矛盾成为世界的主要矛盾。在这些主要矛盾的制约下，发达资本主义国家之间的矛盾、发达国家与发展中国家之间的矛盾、发达资本主义国家与社会主义国家之间的矛盾，以及世界各国与国际恐怖主义的矛盾、人类发展与生态环境的矛盾等日趋尖锐。现时代的经济全球化，实质上是新自由主义的全球化，它缺乏公平、平等，矛盾重重，已经成为当代世界动荡的根源。对于这样的经济全球化，人们自然要反对。

"新自由主义全球化的进程，正在逐步撕裂和剥落它许诺给全球的美好言辞，暴露它的卑污、丑恶和给人类带来的巨大灾难。这种暴露呈现出一种过程。全球的人们都在从不同的角度、站在不同的立场、在不同的侧重点上，认识和分析西方全球化首先是新自由主义全球化。这种认识和分析也呈现出一种过程。这就有了新自由主义全球化的种种别名。"[1] 据有的研究者推算，全球化的别名多达 35 种[2]。这 35 种"全球化"虽然内容十分庞杂，但都和新自由主义联系在一起。新自由主义所鼓吹的私有化、战争和市场自由、贸易自由、金融自由等等，在形形色色的全球化中都具体化了。如果要对这些全球化做一简明概括的话，那就是美国推行全球霸权主义的全球化。对于这种利益分配一边倒，给世界带来越来越多不公正甚至是灾难性的全球化，自然应该在反对之列。其实，并非仅仅是中国学者对新自由主义全球化有这样的认识。俄罗斯学者奥列格·博戈莫洛夫和亚历山大·涅吉佩洛夫也曾明确指出，反全球化"是对自由主义全球化模式的抗议"。风靡全球的反全球化运动，或反全球主义运动，"确实也绝对不是对世界发展客观进程的否定，而是对在主要工业大国首先是美国的利益

---

① 唐劭：《新自由主义全球化别名考》，中央民族大学出版社 2007 年版，第 1 页。

② 这 35 种别名是：美国全球化或美国霸权全球化；经济倒退全球化；私有全球化或全球私有化；贫富两极分化全球化；分裂全球化；饥饿全球化；全球农业私有化；失业全球化；政治倒退全球化或全球政治私有化；中央情报局全球化；恐怖全球化；北约全球化；坏思想全球化；犯罪全球化；奴隶制全球化；儿童灾难全球化；妇女灾难全球化；色情、卖淫、强奸全球化；道德沦丧全球化；腐败全球化；欺骗、造假谎言全球化；死亡全球化；艾滋病全球化；抑郁症全球化；自杀全球化；医疗卫生倒退全球化；教育倒退全球化；科学倒退全球化；文明倒退全球化；宗教膨胀全球化；迷信全球化；邪教全球化；资源枯竭全球化；垃圾全球化；环境破坏全球化。参见唐劭《新自由主义全球化别名考》各章节目录。

影响下形成的、不对其它国家的问题和困难以应有重视的当代世界发展形式的抗议"①。这种观点在世界各国拥有越来越多的支持者。2001 年 1 月，澳大利亚民主社会主义党举行第 19 次代表大会时，曾分析了世界范围内的反全球化运动的性质，强调这是反新自由主义政策的全球化。这场运动反映了帝国主义统治阶级在全球推广其新自由主义政策，面临着日益严重的合法性危机。国外还有一些研究者探讨了反全球化的社会历史背景。例如，美国学者威廉·格雷德在其代表作《资本主义全球化的疯狂逻辑》中，单辟一章撰写《马克思的幽灵》。在他看来，"共产主义制度受到了怀疑，但是马克思的幽灵仍然游荡于世界上空，或许还带着一种狡黠的微笑。激发卡尔·马克思在 19 世纪对资本主义进行见解独创的批判的基本条件仍然存在甚至呈现愈演愈烈之势。世界不仅实现了意识形态的终结，而且开始了下一轮有关资本主义本质的大论战"②。这些认识人们未必可以完全接受，但却十分有助于人们理解反全球化思潮持续发展的动因。

对全球化的批判性考察

　　反全球化思潮，是 20 世纪 80 年代反战运动以来，在欧美地区规模最大并产生深远影响的社会思潮。这一思潮在中国不可避免会产生直接的反响。它主要表现为，中国学者对全球化的批判，已经成为全球化研究中不可或缺的内容之一。这种批判大体有两种形式：一是以批判全球化为主要内容的著述③；另一是或主要是在多种内容的全球化研究中，对全球化这样或那样的批判，即对全球化这把"双刃"剑的"一刃"的批判。对全球化无论是哪种形式的批判，其基本论点都是强调目前风行世界的经济全球

---

　　①　奥列格·博戈莫洛夫和亚历山大·涅吉佩洛夫：《经济全球化与世界经济秩序的危机》，见戈尔巴乔夫基金会编《全球化的边界：当代发展的难题》，中央编译出版社 2008 年版，第 81 页。

　　②　威廉·格雷德：《资本主义全球化的疯狂逻辑》，社会科学文献出版社 2003 年版，第 40 页。

　　③　这方面的主要著作有：房宁等著：《全球化阴影下的中国之路》，中国社会科学出版社 1999 年版；庞中英主编：《全球化、反全球化与中国》，上海人民出版社 2002 年版；郁建兴：《全球化：一个批评性考察》，浙江大学出版社 2003 年版；河清：《全球化与国家意识的衰微》，中国人民大学出版社 2003 年版；刘曙光：《全球化与反全球化》，湖南人民出版社 2003 年版；徐艳玲：《全球化、反全球化思潮与社会主义》，山东人民出版社 2005 年版；刘金源等著：《全球化进程中的反全球化运动》，重庆出版社 2006 年版；唐袅：《新自由主义全球化别名考》，中央民族大学出版社 2007 年版等。

化，是"资本主义的全球化"，是资本运动的全球化。全球化带给世界各国的经济利益不均，一些国家获得暴利和另一些国家受到损害，将长期存在。在这种情况下，人们自然会提出经济全球化能否持续下去的质疑。在经济全球化进程中，广大发展中国家并非都是"输家"，更不是一定要成为"输家"，但西方大国是最大的赢家，发展中国家面对经济全球化愈来愈加严重的挑战，却是不争的事实。一切国家都要卷进经济全球化的进程，这是世界历史发展的趋势。但这个进程应建立在公平、平等的基础上，而非建立在霸权的基础上。

　　广大发展中国家如何在这个过程中获益，如何不断增加国家的综合国力，不断提高人民的生活水平，是一个亟待回答的实践问题。"在推进全球化的过程中，反全球化的倾向、反霸权、反恐怖主义、单边霸权等问题的不断涌现，也要求我们重新审视全球化及国际政治的走向。"① 中国学者充分看到经济全球化的负面影响。如果说"反全球化"，也是"反"这些负面的东西。"经济全球化不仅传递人类文明，还会复制、推广、普及和传播罪恶。……如果连罪恶都全球化和大众化了，人类及其生活的地球不就面临被毁灭的厄运了吗？不能把经济全球化说得天花乱坠，好得不得了。"② 总之，经济全球化应该是人的福利普及，而不是罪恶的扩散。这样，就提出了一个问题：在当前"资本主义全球化"的进程中，由于资本主义的内在矛盾和本质属性所决定，不可能使广大发展中国家的基本利益受到维护。今天的经济全球化，远不是立足于人类共同利益，实现人人共享和每个人自由全面发展的全球化。于是一些学者提出了"全人类的经济全球化"，以区别资本主义主导的经济全球化，或资本主义的经济全球化。同人类历史发展有其历史阶段性一样，经济全球化发展也有其历史阶段性，在一个相当长的时期内，将是资本主义的全球化，而且"实现全人类的经济全球化，而不只是资本主义的经济全球化，一定是一个特别漫长的过程"。"社会主义国家的参与，必将使经济全球化逐步摆脱资本主义的主导；最终通过社会主义的目标——人的彻底解放的实现，达到全人类经济

　　① 谢曙光、高铦：《霸权与反霸权：全球化的局限与地区化进程·序言》，见特奥托尼奥·多斯桑托斯等主编《霸权与反霸权：全球化的局限与地区化进程》，社会科学文献出版社2005年版，第7页。
　　② 侯若石：《福兮祸兮：经济全球化与大众福祉》，天津人民出版社2000年版，第38页。

全球化的理想境界"①。经济全球化是由资本主义制度发起的,它将彻底改变世界面貌,但其终极目标将是社会主义和共产主义——实现人类的彻底解放。

中国学者对经济全球化负面影响的认识,并非仅来源于政治学的理论或概念,而首先来源于国际政治生活实践。"苏联解体、亚洲经济危机、科索沃事件暴露的20世纪的深刻矛盾,证明了今天我们必须反思'全球化'的必要性。中国人必须避免从一种教条蹈入另一类教条,富裕之邦并非真理之地,20世纪形成的国际格局带来的后殖民主义的危险,必须以我们的民族利益和国家安全作为逻辑起点加以认真应对。"只有这样,我们才能在"经济全球化日益导致全球分裂化"的形势下②,避免自我淘汰,或被再殖民化的命运。

有研究者认为,"从历史哲学的角度看,全球化这一概念涵盖着两个范畴。自有文字记载的文明产生以来,人类社会就一直在不自觉地、缓慢地朝着联合的目标迈进。进步的根本原因在于矛盾及矛盾运动。……历史发展的内在规律,也决定了世界将来会出现这样的情形:不同地区、不同民族和不同国家,最终将摆脱对抗性而达到某种形式的联合"。"我们目前所谈论的全球化,实质是另外一个范畴,它只是很长的历史过程中一个新的进程、新的发展时期、或新的发展阶段","是一个较长时期历史的延续"③。驱动当前经济全球化进程的动力是资本,一切以利润为导向,决定了资本主义制度至今仍然是全球性的扩张制度,并且这种扩张性所引起的冲突,往往会通过国家关系中表现出来,发展中国家与西方发达国家之间的矛盾,便是具体的体现。

此外,经济全球化进程中所引起的社会分裂、贫富悬殊、生态恶化、道德沦丧等,也在世界各国日渐引起强烈不满。中国绝大多数学者对当今经济全球化的批判,即是建立在对上述认识的基础上。"当前的反全球化实际上代表着世界政治的一大转折性变化,代表着自冷战结束以来新自由主义逻辑的终结。关注反全球化问题,对于我们把握今后世界形势的演变方向有着重要意义。一方面是世界范围来自国家力量的政治右倾趋势,一

---

① 侯若石:《福兮祸兮:经济全球化与大众福祉》,天津人民出版社2000年版,第39页。

② 房宁等:《全球化阴影下的中国之路》,中国社会科学出版社1999年版,第3、4页。

③ 宿景祥:《全球化与21世纪东亚的复兴》,见庞中英主编《全球化、反全球化与中国》,上海人民出版社2002年版,第197页。

方面是来自社会的反全球化趋势。这两种力量的较量将决定世界政治在 21 世纪的方向。"① 如果看不到"反全球化"的本质内容，而将其简单地和 19 世纪反机械化运动相比拟，认为这是庸人自扰，是"守旧"，企图在"开历史倒车"，这显然是将复杂的问题简单化了。因为我们不能无视这样一个基本事实，今天的经济全球化进程伴随着帝国主义的政治与军事力量，为了保障自由市场体系和输出美式民主，不惜使用暴力推翻他国政权，实施军事占领，例如美国及其盟国发动的伊拉克战争等。"全球化这个词（及其表达的模式），体现了最完整形式的普世性之帝国主义。这种帝国主义对于一个社会而言，是把自己的特殊性默认作普世的样板，并将其普世化。"② 这已为当今世界的无数事实所证实。

基于上述事实，中国学者对经济全球化的批判并非仅仅限于经济范畴。一些研究者认为，现今的经济全球化的主要弊端之一，是企图建立自由主义意识形态的一统天下。西方新自由主义理论家认为，经济全球化表明单一的全球市场已战胜了国家权力；民族国家的利益要服从全球市场的约束等等，这实际上是在宣扬资本主义已在全球获得了持久的、永恒的胜利。中国学者十分关注全球化压力给民族国家带来的影响，不否认全球化对国家主权、国家权威所提出的挑战，然而却不同意西方学者的下述观点：在经济全球化的背景下，国家主权被"侵蚀"、被"弱化"、被"超越"；全球化即是"非国家化"，国家是全球化的牺牲品；民族国家"过时"，乃是历史的必然等。但是，不可否认的是西方理论家的谬论，在现实生活中已经产生了不可掉以轻心的消极影响。正如有论者痛心指出，"而今，中国人心中的'国家'概念已大大淡化。'国家'离人心越来越远。尤其年轻人，'国家'对于他们来说是'最弱意义上'的考虑。万事当头，先考虑的是自己的私利"。"国人心目中'国家'概念的淡化，与'精英'们搬来新自由主义'小政府'理想让中国'国将不国'的政策有关。"而这一切"在更深的原因上，是受'进步论'的蛊惑而否定自己'文化精神'带来的'文化自卑感'，把西方（尤其美国）社会作为全人类都要进步共趋的'样板'。文化自卑造成了国族自卑"③。在全球化的背

① 庞中英：《导言：全球化、反全球化与中国》，见庞中英主编《全球化、反全球化与中国》，上海人民出版社 2002 年版，第 8 页。
② 布迪厄：《遏止野火》，广西师范大学出版社 2007 年版，第 190 页。
③ 河清：《全球化与国家意识的衰微》，中国人民大学出版社 2003 年版，第 28 页。

景下，如何避免民族和国家意识的衰微，有效地维护国家的经济主权和政治主权，是迫在眉睫，需要从理论与实践的结合上回答的问题，为此，首先要对新自由主义的全球化理论进行系统的研究和深入的批判。

与全球化进程相比较而言，反全球化运动微弱得几乎无法与之相提并论。但是，它对全球化弊端的揭露，对公平、公正、合理的全球化的倡导，以及它在全球化进程中产生的不可忽视的影响，都将不可避免地会引起人们更为广泛的关注，并在国际政治、经济生活实践中，对其研究会更加深入。"只要全球化进程中出现的种种问题还没有得到解决，只要新自由主义全球化所极力维护的国际经济旧秩序还没有得到改变，那么，反全球化运动的根基就不会消失。可以预见的是，在今后较长时期内，反全球化运动与全球化进程将如影随形，并将持续发展下去。"① 这就要求人们不断加强对反全球化思潮和反全球化运动的关注，就像对全球化一样给予重视。全球化对中国的影响不可忽视；同样，反全球化对中国的影响也不可忽视。因为能否实现，以及如何实现"公平、公正、合理的全球化"，对中国的国家利益是十分重要的。

在中国，对反全球化的研究还嫌薄弱，近年，随着一些学者明确提出研究反全球化同研究全球化一样重要，并陆续有研究成果问世，在一定程度上推动了这方面的研究。中国学者对反全球化问题研究的主要内容是：在全球化迅速发展的背景下，反全球化思潮和反全球化运动何以产生；全球化和反全球化之间的关系；反全球化思潮的基本内容和本质特征；反全球化对全球化进程将产生哪些影响；如何评价反全球化运动；反全球化运动的未来走向等。这些研究者对上述问题的研究各有侧重，但共同关心的问题是，当代中国正不可逆转地融入经济全球化中，在这种形势下如何认识、如何应对反全球化运动等。对这些问题的深入研究，无疑会有助于深化对反全球化的批判性考察。

对反全球化的评价及对策

同全球化一样，反全球化同样是一个客观存在。全球化与反全球化对立统一，相互影响、相互作用，人们需要正确认识全球化，同样也需要正确认识反全球化。只有这样，我们才有可能从反全球化运动和反全球化思

---

① 刘金源等：《全球化进程中的反全球化运动》，重庆出版社 2006 年版，第 15 页。

潮中得到有益的启示。

反全球化运动的参加者，成分十分复杂。除对全球化提出质疑、批评、批判的学者、政治家外，主要还包括发达国家的工会力量、新左派分子、无政府主义者、女权主义者、环保主义者、贸易保护论者等。此外，还有伊斯兰原教旨主义者、白人种族主义者、右翼排外主义者，发达国家和发展中国家的"新贫困者"，以及形形色色的非政府组织的代表等。他们在反"全球化"的大旗下聚集在一起。由于各自的利益不同、追求的目标不同，所以不可能有共同的斗争纲领、斗争策略和行动计划。特别是他们当中，有些人的基本政治诉求甚至是相互对立的，如发达国家和发展中国家的反全球化者即是如此，参与反全球化运动中的左翼和右翼也是如此，他们根本不可能密切联系在一起。

虽然反全球化思潮日新月异，反全球化运动也此起彼伏，但却从没有形成一支统一的反全球化力量，表面上的轰轰烈烈掩盖不了实质上的松散和无序。特别值得警惕的是，当狭隘民族主义和无政府主义走向极端的时候，往往会推动极端民族主义、宗教极端主义和国际恐怖主义合流，从而使反全球化运动呈现出更为复杂的情况。近年，世界各地反全球化运动中出现的暴力事件有增无减，即是这方面具体的反映。反全球化运动中的一些激进分子，鼓吹用暴力的手段砸烂一切、烧毁一切，已经不是简单的街头暴力。始终存在的暴力倾向，使反全球化表现出愈来愈明显的恐怖色彩。正因为如此，我国一些学者提出，即使是"对反全球化的积极意义也不能评价过高。这一运动尽管目前声势浩大，但其缺陷和不足也是相当明显的。反全球化运动向世人传递了这样一个信息：目前的新自由主义全球化不是一个公正合理的全球化，但对于什么才是公正合理的全球化及其实现方式，它却未能做出回答，相反，它总是宣泄甚于理性，破坏多于建设。"① 这种认识大体反映了我国学者的主流观点。

对于反全球化者对资本主义的批判，需要进行具体的分析。马克思主义经典作家对于封建的社会主义、小资产阶级的社会主义、德国的或"真正的"社会主义这些"反动的社会主义"和"保守的或资产阶级的社会主义"的批判，给我们以深刻的启迪，在理论方法论上具有重要的指导意义。这些形形色色的社会主义虽然表现不一，但究其实质都是逆历史潮流

---

① 郁建兴：《全球化：一个批评性考察》，浙江大学出版社 2003 年版，第 182—183 页。

而动，或在社会主义的旗号下企图拉历史的车轮倒转；或幻想在永远保存资本主义私有制的前提下，消除资本主义的弊端。例如，封建的社会主义"毫不掩饰自己的批评的反动性质，他们控告资产阶级的主要罪状正是在于：在资产阶级的统治下有一个将把整个旧社会制度炸毁的阶级发展起来"。又如，"自由贸易！为了工人阶级的利益；保护关税！为了工人阶级的利益；单身牢房！为了工人阶级的利益。——这才是资产阶级的社会主义唯一认真说出的最后的话"。总之，"资产者为资产者，是为了工人阶级的利益"①。从 19 世纪中叶的各种假社会主义者，联系到今天的某些反全球化者，我们不难看到他们的相似之处，即他们从本质上并不代表广大人民的利益，不代表历史前进的方向。不能因为看到反全球化者反对资本主义，就不加分析地认为这种"反对"具有反映历史进步方向的革命意义。不能简单地认为反对资本主义就是坚持社会主义，更不能把反对资本主义和坚持科学社会主义画等号。在实际生活中我们不难看到，一些反全球化者在批判资本主义的同时，对社会主义也进行放肆的攻击。

在反对全球化运动中，各种类型的非政府组织发挥着重要的作用。1999 年世贸组织西雅图会议召开时，"全世界的公民行动起来，大约 1300 个代表各种不同公共利益的团体在西雅图举行集会，他们对会议提出质疑、抗议和表达要求。……非政府组织已经成为了国际治理中的一支力量"②。但是，国际法和国际关系的主体即使是在全球化的背景下，仍然是国家。在相当长的历史时期内，这个事实不会改变。因此，对各种非政府组织或非政府组织的国际联盟的作用，我们应有清醒的认识，保持一定的距离。中国历来主张：各国的事务应由本国政府和人民决定，世界上的事情应由各国政府和人民平等协商；坚持和平共处五项原则，反对一切霸权主义和强权政治。为了使世界上所有的国家和人民都能分享经济全球化的成果，亟须建立在多极世界格局基础上的国际政治、经济新秩序。在这个过程中，我们要走自己的路，不能对非政府组织抱有任何不切合实际的幻想。

法国社会学家布迪厄谈及全球化时，认为"这是一个十足的神话，一种强势言论，一种'强力观念'"。他还认为，"'全球化'的神话，其功

①　《马克思恩格斯选集》第 1 卷，人民出版社 1995 年版，第 296、302 页。
②　约瑟夫·奈主编：《全球化世界的治理》，世界知识出版社 2003 年版，第 225 页。

用是让人们接受一种复辟，回返到一种野蛮无耻但理性化的资本主义。为了与这种神话作斗争，人们应当回到事实"①。他对全球化的激烈批判，在中国有不少支持者。布迪厄著《遏止野火》的中译本译者河清先生，在翻译该书时，学习严复翻译的《天演论》，把对布迪厄观点的评论，都写在"按语"中。河清先生在他的按语中，痛切地感受到全球化作为一种意识形态，在中国渗透所造成的严重后果，对此必须引起足够的重视②。他说：布迪厄提出，"全球化"这个词是取代"现代化"一词而热炒起来的。当初，美国是用"现代化"的说法，来向全世界强加美国模式。"现代化"，即是将全世界都纳入美国制定的政治经济秩序之中。今日换说"全球化"，其意旨完全一样。中国也紧跟西方主流媒体的风向变换，从"现代化"一词的时髦，转到"全球化"一词的走红。他还严厉抨击了中国的"精英"，认为这些精英鼓吹中国金融市场全面开放，"必然"要与国际金融市场接轨，不能不令人怀疑他们真是昏头如此，还是别有为自己牟私利的目的。对河清先生的上述观点作何评价，这些观点能否全部接受，自然可以商榷，这是完全正常的。但是，自觉抵御全球化意识形态的渗透，使美国等西方大国西化、分化中国的阴谋不能得逞，时时警觉意识形态领域的尖锐斗争，却给人以有益的启迪。

胡锦涛同志在十七大报告中指出："改革开放是党在新的时代条件下带领人民进行的新的伟大革命，目的就是要解放和发展社会生产力，实现国家现代化，让中国人民富裕起来，振兴伟大的中华民族；就是要推动我国社会主义制度自我完善和发展，赋予社会主义新的生机活力，建设和发展中国特色社会主义；就是要在引领当代中国发展进步中加强和改进党的建设，保持和发展党的先进性，确保党始终走在时代前列。"但是，一些人在反对全球化的同时，对改革开放这一基本国策提出异议，否定1978年党的十一届三中全会以来，中国人民在建设中国特色社会主义伟大事业中所取得的重大成就。在这些"反全球化者"看来，我们在以经济建设为中心，实现改革开放，确立社会主义市场经济体制，建立社会主义法治国家，建设社会主义先进文化，推动科学发展，促进社会和谐等方面所取得的成绩，都是由于中国"离经叛道"，卷入全球化所造成的"严重恶果"。

---

① 布迪厄：《遏止野火》，广西师范大学出版社2007年版，第36、38页。
② 参见布迪厄《遏止野火》，广西师范大学出版社2007年版，第216—220页。

在反全球化的口号下，否定我国的社会主义方向，这种认识是极端错误的。

对包括中国在内的广大发展中国家，"反全球化"的意义首先在于它提出了什么问题，而不在于它解决了什么问题，实际上迄今为止，它确实没有、也不可能解决什么实质性的问题。尽管"反全球化"的运动已经"全球化"了，产生了世界性的影响，但是并没有改变自由主义全球化的迅速发展，新自由主义仍然是西方大国主导的全球化的理论基础。从这一基本认识出发，改变新自由主义全球化的现状，建立公平的新的国际政治、经济新秩序只是我们为之努力追求的目标，而我们的立足点仍然要从实际出发，清醒地面对现实，正确地认识全球化既带来机遇和利益，也带来风险和挑战；始终如一地在经济全球化的进程中趋利避害，特别是在全球化中发挥"后发优势"，积极争取后来居上。一方面，我们充分评价反全球化运动的反霸权主义的斗争，积极推进健康的全球治理，使全球化朝着公平、公正的方向发展；另一方面，我们要像对待全球化带来的消极后果一样，对待反全球化带来的种种消极后果，抵制反全球化运动中的有害倾向，在同各种非政府组织的联系中，要持慎重态度。

第五章　世界历史进程中的文化

第一节　文化的内涵

文化是一种价值体系

英文中的"文化"（Culture）一词来源于拉丁文 Cultura，其意是耕种、教育、培养。拉丁文 Cultura 由拉丁文 Cultus 演变而来，其基本含义指为生活而耕作或为敬神而耕作，德文 Kultur、法文 Culture、俄文 кулътура 皆从英文 Culture 演变而来，其基本含义均包括教养、陶冶、栽培、养育、培养、耕作等。由此可见，在西方原始的文化概念中，既包括人的物质活动，也包括人的精神活动。例如，古罗马政治家、哲学家西塞罗曾说，哲学是灵魂的文化（Cultura arrirui est Philosophia），这一理解一直影响至今。以英文为例，除 Culture 有上述含义外，"Cultured"既指有教养的，也指"耕种了的"或"人工培养的"，如 Cultured fields 指耕地，Ctltured Pearls 指人工养殖的珍珠；Culturist 既指文化主义者，也指养育者、养殖者或栽培者。英语文化（Culture）一词的原始含义，在现代英语中也不难找到，如"农业"（agriculture）、"园艺"（horticulture）等。

我国汉语中的文化是"文"和"化"的复合词。在古汉语中，文，华也。华即古字"花"。在《说文》中，"文"又通"纹"，所以在古代汉语中，文有两种含义，其一是指花纹、纹路、纹理，其二是指文字、文采、条文等。化，最早出现在《礼记·乐记》中，"和，故百物皆化"，其意是指化生、变化、造化。我国最早的哲学著作《易经》将"文"、"化"联系在一起，"观乎天文，以察时变；观乎人文，以化成天下"。在汉代以后，"文"和"化"合成了"文化"一个词。例如"文化不改，然后加诛"①。"设神理以景俗，敷文化以柔远"②。在中国的典籍中，不难找到与西方文化概念相近的内容。

儒学强调"以文教化"，即以诗书礼乐、道德伦序教化世人。综上所述可看出，我国古代的文化概念属于精神范畴，主要指人的精神活动。现代汉语中的"文化"一词，是近代学者在译介西方著作时，将Culture借用了古代的"文化"一词的产物，但是并不包括Culture一词的全部含义，而往往特指人的精神活动。如1931年出版的《辞源续编》一书在"文化"条目下作如下解释：国家及民族文明进步曰文化。记述一国之政治民俗教育等之程序谓之文化史。

一般认为，19世纪英国文化史学家爱德华·泰勒在《原始文化》一书中，关于"文化"的定义，是最早有较大影响的定义，由此，《原始文化》在1871年问世，也成为"文化学"作为一个具有完备形态的学科诞生的标志。泰勒说："文化，或文明，就其广泛的民族学意义说来，是包括全部的知识、信仰、艺术、道德、法律、风俗以及作为社会成员的人所掌握和接受的任何其他的才能和习惯的复合体。"③泰勒对文化研究的重大贡献并不仅仅提出了这样一个经典的概念，还在于提出了文化研究的两个重要的原则。泰勒强调："人类社会中各种不同的文化现象，只要能够用普遍适用的原理来研究，就都可以成为适用于研究人类思想和活动规律的对象。一方面，在文明中有如此广泛的共同性，使得在很大程度上能够拿一些相同的原因来解释相同的现象；另一方面，文化的各个不同阶段可以认为是发展或进化的不同阶段，而其中的每一阶段都是前一阶段的产物，并对将来的历史进程起着相当大的作用。"④对于科学地认识人类历史进程中复杂的文化现象来说，明确这两点是十分重要的。这不仅有助于研究具体的、个别的文化现象，而且更有助于对于人类文化发展进行整体性的研究，同时更重要的是努力将自然科学方法的精确性，融入文化研究中去，能够像解释自然现象一样去解释道德现象。

爱德华·泰勒以进化论为理论基础的文化研究，有力地推动了文化问

---

① 《说苑·指武》。
② 王融：《三月三日曲水诗·序》。
③ ［英］爱德华·泰勒：《原始文化》，广西师范大学出版社2005年版，第1页。
④ 同上。

题和文化学研究。自19世纪后半期，文化学家、人类学家、考古学家从自己研究领域的特点出发，对文化问题进行了持久的、系统的研究，产生了不少有影响的成果。在这个过程中，19世纪末20世纪初出现的一批著名的文化人类学家①，对文化研究的深入发展产生了深远的影响。自19世纪末以来，"文化"成为人们日常接触最多的概念之一，也是歧义最多的概念之一。1952年，美国学者克罗伯和克拉克曾合著《文化：关于概念和定义的探讨》，据他们的统计，从爱德华·泰勒《原始文化》一书问世（1871年）到1951年的80年间，关于文化的定义有161种之多。这些定义大体可以概括为描述性定义、历史性定义、规范性定义、心理性定义、结构性定义和遗传性定义。通过对这160余种定义的分析，克罗伯和克拉克提出自己的文化定义：文化是由外显的和内隐的行为模式构成；这种行为模式通过象征符号而获致和传递；文化代表了人类群体的显著成就，包括他们在人造器物中的体现；文化的核心部分是传统（即历史地获得和选择的）观念，尤其是它们所带来的价值；文化体系一方面可以看做活动的产物，另一方面则是进一步活动的决定因素②。随着对文化问题研究的不断深入，关于文化的定义也层出不穷。自泰勒以后的一个多世纪以来，目前已经有500多种关于"文化"的不同的定义，还有人认为，这个数字现在已经近千了③。实际上，说有多少文化研究者，就有多少有关文化的"定义"，也不过分。

那么，究竟什么是文化呢？20世纪初中国新文化运动和"五四"运动期间，一些思想家曾就文化的定义进行过热烈的讨论。梁启超说："文化者，人类心能所开积出来之有价值的共业也。"梁启超对他的定义进行了如下的解释："共业"是佛家用语。"'业'是什么呢？我们所有一切身心活动，都是一刹那一刹那的飞奔过去，随起随灭，毫不停留。但是每活动一次，他的魂影便永远留在宇宙间，不能磨灭。……这叫做业力不灭的公例。在这种不灭的业力里头，有一部分我们叫他做'文化'。"梁启超针

---

① 这些著名的文化人类学家主要有：英国的泰勒、威廉·里弗斯、埃里奥斯·史密斯、威廉·佩里，美国的摩尔根，瑞士的巴霍芬，德国的弗里德里希·拉策尔、莱奥·弗罗贝纽斯、弗里茨，奥地利的威廉·施密特等。

② 参见傅铿《文化：人类的镜子——西方文化理论导引》，上海人民出版社1990年版，第12页。

③ 参见［俄］安娜·尼古拉耶芙娜·马尔科娃《文化学》，敦煌文艺出版社2003年版，第2页。

对"共业"这个概念指出，人类是一彼此相通的整体。"一个人的活动，势必影响到别人；而且跑得像电子一般快，立刻波荡到他所属的社会乃至人类全体。活动留下来的魂影，本人渍得最深，大部分遗传到他的今生他生或他的子孙，永不磨灭，是之谓'别业'。还有一部分，像细雾一般，霈洒在他所属的社会乃至全宇宙，也是永不磨灭，是之谓'共业'。又叫做业力周遍的公例。文化是共业范围内的东西"。文化是共业之一部。梁启超关于文化的解释，虽然借助于佛学的概念，但却从不曾脱离人类的现实生活。"人类所以独称为文化的动物者，全在其能创造且能为有意识的模仿。"① 他强调文化为人类所独有，人类是拥有文化的高级动物。正是由于"文化"，才使人类成为有别于其他任何动物的有"知性"的动物。正是在这个意义上，蔡元培强调："文化是人生发展的状况。"② 他还列举人类生活中的衣食住行、医药卫生、政治经济、科学教育和道德伦理等来说明。

不少学者对文化的定义，更重视对具体的文化内容的描述。梁漱溟早在 20 世纪 20 年代说，文化"不过是一个民族生活的种种方面。总括起来，不外三方面：（一）精神生活方面，如宗教、哲学、艺术等是。宗教、文艺是偏重于感情的，哲学、科学是偏于理智的。（二）社会生活方面，我们对于周围的人——家族、朋友、社会、国家、世界——之间的生活方法都属于社会生活一方面，如社会组织、伦理习惯、政治制度及经济关系是。（三）物质生活方面，如饮食、起居种种享用，人类对于自然界求生存的各种是"③。20 世纪 30 年代，朱谦之在中山大学讲授文化哲学时，强调文化是人类生活的表现，在生物界中，只有人类才能支配环境，创造文化；文化是人类生活各方面的表现。总之，"人类生活的一切表现，下自创作一个泥馒头，上至创作一个宇宙观，一本律典……只要是人类生活的表现，便都可以叫文化"④。但是，同在文化中因研究的对象不同，文化学可以分为两大部门，即文化哲学和文化社会学。钟敬文在进行民间文化研

① 梁启超：《饮冰室合集·文集之三十九》，见《饮冰室合集》第 5 册，中华书局 1989 年版，第 98、100 页。

② 《蔡元培美学文选》，北京大学出版社 1983 年版，第 113 页。

③ 梁漱溟：《东西文化及其哲学》，商务印书馆 1999 年版，第 19 页。该书初版于 1921 年，到 1929 年时，已经刊行 8 版。

④ 朱谦之：《文化哲学》，商务印书馆 1990 年版，第 7—8 页。

究时，也曾对文化的定义进行过研究。他说："凡人类（具体点说，是各民族、各部落乃至于各氏族）在经营社会生活过程中，为了生存或发展的需要，人为地创造、传承和享用的东西，大都属于文化范围。它既有物质的东西（如衣、食、住、工具及一切器物），也有精神的东西（如语言、文学、艺术、道德、哲学、宗教、风俗等），当然，还有那些为取得生活物资的活动（如打猎、农耕、匠作等），和为延续人种而存在的家族结构以及其他各种社会组织。"① 钟敬文虽然是在强调民俗、民间文化，但是并没因此而改变对文化一般意义上的认识。

1926 年，胡适在《现代评论》曾撰写《我们对于西洋近代文明的态度》，对当时学术界探讨文化的具体含义，界定文化这一概念有一定的推动作用。他说："第一，文明（civilization）是一个民族应付他的环境的总成绩；第二，文化（culture）是文明所形成的生活的方式。"② 一些人赞同他关于文化和文明的区分，但对他认为"文化是文明所形成的生活的方式"则不以为然，认为这和梁漱溟的说法雷同。20 世纪 40 年代，陈序经在西南联大讲授文化学，在其《文化学概观》著作中，有专章研究文化的意义，回答"什么是文化"？陈序经广征博引，在分析了不少中外知名的文化学学者的观点之后强调："文化既不外是人类适应各种自然现象或自然环境而努力于利用这些自然现象或自然环境的结果，文化也可以说是人类适应时境以满足其生活努力的结果。""文化的各方面，不但有了密切的联系，不但是变化的，而且是累积的。前一代的文化，不只是有了不少的成分，往往传递到后一代，而且往往成为后一代的文化的基础。假使文化的变化愈剧烈，则其弹性也必愈增大，而其所包含的成分也必愈为繁多，与愈为复杂。同时，其成分的关系也必愈为密切与愈易于互相影响。"③ 累积的增加，不仅仅表现在内容上，而且也表现在范围的扩大。

除爱德华·泰勒之外，陈序经对 20 世纪 20 年代中期美国学者萨皮尔（E. Sapir）提出的观点颇为重视，有较具体的介绍。萨皮尔在《文化：真与假》（*Culture：Genuine and Spurious*）中提出：文化有三种意义：第一是照传统的用法，这就是指着一个社会或团体里的文化的物质与精神两方

---

① 钟敬文：《话说民间文化》，人民日报出版社 1990 年版，第 35 页。
② 胡适：《我们对于西洋近代文明的态度》，《现代评论》第 4 卷第 38 期。
③ 陈序经：《文化学概观》，中国人民大学出版社 2005 年版，第 28、27 页。

面。在这种意义之下，从历史的累积来看，我们可以说无论哪一个部落，或哪一个民族都有其文化。第二，是文化的一种价值的概念。在估量文化的价值的等级上，代表了一种确定的文化水平线。第三，是以为文化的目的是包括在一个名词之下关于生活的各种普通的态度与观点，以及文明的特殊的表征，而给与某种人民在世界上有了一个显明的地位。陈序经认为，"萨皮尔所看重的，是文化的第三种意义。他以为在这种意义之下的文化，才是真的文化。因为这是原来和谐的平衡的自足的文化，而与假的文化处于对峙的地位"①。但是，萨皮尔并没有割裂第三种意义与第一种意义、第二种意义的联系。因为文化自身是一个复杂的整体，至少包含有"动"的方面、"静"的方面和"整体"。"动"的方面主要指文化的发展、变化和累积；静的方面是在讲文化的成分，即物质的与精神各方面等。萨皮尔关于文化意义的认识，经过陈序经的阐释，与爱德华·泰勒的观点更为接近。

当代西方学者赋予"文化"以广泛的含义。"在当代话语中，'文化'这一术语具有复杂的历史并在不同的领域具有多种含义。文化可以指莎士比亚或超人漫画，可以指歌剧或足球，也可以指在家里刷盘洗碗的人或美国总统办公室的组织机构。文化既可以在你的本地街区、在你自己的城市和国家中发现，也可以在世界的其他角落找到。小孩、少年、成人和老人都有他们自己的文化，但他们也许会共享一种文化。"② 英国文化研究奠基人之一蒙德·威廉斯（Raymond Williams，1921—1988）关于文化的概念，在西方学界有较为广泛的影响。蒙德·威廉斯曾著有《文化和社会》（*Culture and Society*）、《马克思主义和文学》（*Marxism and Literature*）等。他提出，"文化"这一术语主要在三个相对独立的意义上使用：艺术及艺术活动；习得的、首先是一种特殊生活方式的符号的性质；作为发展过程的文化。文化不仅是音乐、文学、戏剧、电影、绘画和雕塑，而且还被认为是"有教养"。作为一种"生活方式"的文化，蒙德·威廉斯认为，这种生活方式既可以属于一个民族、一个时期、一个群体，也可以属于普遍意义上的人类。"然而，作为一种生活方式意义上的文化，必须同与之相邻的社会这一概念区别开来。在谈到社会时，我们所指的是个体与群体之

① 陈序经：《文化学概观》，中国人民大学出版社 2005 年版，第 23、24 页。
② 阿雷恩·鲍尔德温等：《文化研究导论》，高等教育出版社 2004 年版，第 4 页。

间的社会互动模式与社会关系模式。一个社会通常会占据一个地域，能够再生产它自身，并共享一种文化；但对许多（尤其是大规模的）社会来说，指出几种文化共存（并不总是和谐地）于一个社会中也许更有意义。"① 在社会生活实践中，当人们将文化理解为一种生活方式时，也经常把它理解为某种生活方式的结果。当文化成为一种广泛的社会生活现象时，文化的意义和价值不可避免地扩大了，以至于英国学者吉登斯把文化看作是现代性的第四个维度。

何谓文化？对这个问题的回答是多人多义。近代以来，有较大影响的关于文化的定义主要有："文化：一种活生生的有机体"、"文化：人类文明的总称"、"文化：人的第二自然"、"文化：给定的和自在的行为规范体系"、"文化：自觉的精神和价值观念体系"、"文化：人的生活样法或生存方式"等②。这表明，试图超越不同的地域和不同的历史环境，找出人所共识的"文化"的定义，既不可能，也无必要。尽管关于文化的定义如此繁杂，但人们还是能够从诸多的定义中，找到"文化"的本质内容，即文化是和人类社会、人类生活、人类形形色色的活动联系在一起的。从近代以来不少中外学者的论述中可看到，文化与人息息相关。"文化不能离开人……人总是社会的人，文化也总是社会的文化，所以这样解说文化也可以说是解说社会。"③ 文化不能脱离人而独立存在。"文化原本就与人息息相关，它的产生是人类不断探索自身生活、活动的意义、完善自我和完善所生存的世界的结果。"④ "从历史的进程，以观察人类的文化史，大概有三大范畴：（甲）是物质的，或地理的因子即是自然，与物质的环境。（乙）是生理的，和心理的因子，即是人类的欲望、思想与意见。（丙）是社会和历史的因子，即是经济、政治、法律、风习、文艺、宗教的社会意识内容。人类历史与文化的演进和改变，不离此三个范畴。"⑤ 欲想了解历史和现实生活中的任何一个国家或民族，必不可少的重要渠道之一，是研究它的文化。"因为文化直接反映了一个国家和民族的生存状态和精神状态。""文化是人的生存状态以及情感、愿望的反映，反过来又对人的生

① 阿雷恩·鲍尔德温等：《文化研究导论》，高等教育出版社 2004 年版，第 7 页。
② 衣俊卿：《文化哲学十五讲》，北京大学出版社 2004 年版，第 6—12 页。
③ 金克木：《文化的解说》，三联书店 1988 年版，第 11 页。
④ ［俄］安娜·尼古拉耶芙娜·玛尔科娃：《文化学》，敦煌文艺出版社 2003 年版，第 3 页。
⑤ 陈安仁：《中国文化演进史观》，交通书局 1942 年版，第 2—3 页。

存、发展给予能动的影响，从这个意义上说，文化即人。"① 文化的实质是人化。因此，了解文化就是了解人，研究文化就是研究人，脱离人和人类社会，去抽象地了解文化，实际上是办不到的。"一切文化只是人类生活的办法，社会制度是文化的一部分。所以离开了生活，文化和社会制度是无从说起的。因为人要求生，所以他得处处和环境周旋。文化只是适应他的处境的办法罢了。处境不同，处境有改变，文化跟着也要有改变。"② "文化从它一开始就存在于人类在懂得利用环境提供的机会上所进行的有组织的开发之中，存在于对集体完成的活动有助的干劲、技能及精神反应的训练中。"③ "文化是以社会符号为媒介的行为总合……所有的文化类型都寓于人的有机体之间。"④ 正是在这个意义上，文化被强调是人类有组织的行为。文化是人类活动的成果，是人有目的的积极行为。

　　马克思主义经典作家虽然没有关于文化的专门的定义，但是，他们的学说却为我们科学理解什么是文化具有不可替代的重要指导意义。从马克思主义基本原理出发，人们可以清楚地认识到，生产过程决定着文化的形式。马克思说："人们在自己的社会生产中发生一定的、必然的、不以他们的意志为转移的关系，即同他们的物质生产力的一定发展阶段相适合的生产关系。这些生产关系的总和构成社会的经济结构，即有法律的和政治的上层建筑竖立其上并有一定的社会意识形式与之相适应的现实基础。物质生活的生产方式制约着整个社会生活、政治生活和精神生活的过程。不是人们的意识决定人们的存在，相反，是人们的社会存在决定人们的意识。"⑤ 文化是一定的社会政治、经济的反映，是一定的社会历史条件的产物；它植根于人类的社会实践中，为一定的政治、经济服务；文化发展具有相对的独立性，同时对经济基础具有反作用。

文化的形态

　　文化的形态和文化的本质、文化的内涵有密切的联系。由于人们对文

---

　　① 孙家正：《文化如水》，新世界出版社2006年版，第3、4页。

　　② 费孝通：《论文化与文化自觉》，群言出版社2005年版，第9页。

　　③ ［英］马林诺夫斯基：《在文化诞生和成长中的自由》，见庄锡昌等主编《多维视野中的文化理论》，浙江人民出版社1987年版，第106页。

　　④ 莱斯利·A. 怀特：《文化科学——人和文明的研究》，浙江人民出版社1988年版，第80页。

　　⑤ 《马克思恩格斯选集》第2卷，人民出版社1995年版，第32页。

化的本质、内涵理解不同，所以对文化的形态内容的理解也往往不同。即使对于"文化形态"这个概念本身的理解，也多有不同。一种将其理解为"一定社会发展阶段上一定人类共同体的文化整体"①。与其联系在一起的，是文化共性的历时性发展；共性和个性的统一；技术文化、制度文化的历史性发展；文化选择性、个性文化的生成；文化的创造性和继承性、个性文化的发展；文化交流与涵化、人类文化的趋同发展等。"文化形态"的另一种含义，是和"文化的形态"相提并论，这样，便和文化的结构或文化的类型联系在一起。本书正是在这种意义上使用这个概念的。

随着对文化问题的研究不断深入，关于文化的形态的研究也日益引起人们的重视，近年提出了不少值得人们重视的新观点。例如，关于文化的分类问题、文化分类的标准、文化的结构、物质文化、非物质文化、象征文化、亚文化、大众文化、地域文化、社区文化、宗教文化、道德文化、审美文化、政治文化等问题的研究，都与文化的形态问题有直接的联系。"文化并不是一个抽象、孤立的个体，而是体现于人类各个发展阶段和各种不同形态的社会中具体的、历史的统一体，是一个有着自身变化节律的完全体系。在我们研究文化形态和寻找文化分类标准时，应该注意到，各文化整体是由若干相同或不同的基本要素组成的，正是这些要素自身的差异或排列组合的不同导致了文化形式的差别。……例如，可以根据工具使用情况划分出文化上的石器时代、青铜时代、铁器时代，根据阶级变化情况分出文化的奴隶制时代、封建时代、资本主义时代和社会主义时代，根据几种较综合的要素区分出农业文化、工业文化、后工业文化，等等。"而物质文化、精神文化或制度文化，"就是从结构上来标定的"②。上述不同文化形态所以要进行这样或那样的划分，划分者自然有他自己的道理。不过需要强调的是，无论是哪一种划分，都不应脱离生产方式、经济基础和社会生产力发展的水平。这些不仅是文化发展强有力的动因，而且还决定了在每种文化形态中，人与人之间关系的本质内容。

关于文化的类型，有论者从不同的视角，将其分为以下四组：1. 物质文化、制度文化和精神文化；2. 传统文化、现代文化和未来文化；3. 世

---

① 蔡俊生等：《文化论》，人民出版社 2003 年版，第 99 页。
② 杨善民等：《文化哲学》，山东大学出版社 2002 年版，第 64 页。

界文化、区域文化和民族国家文化；4. 先进文化、中性文化和落后文化①。这四组文化类型，包括了文化的基本类型，通过对其分析，有助于人们了解文化的本质。英国社会人类学家马林诺夫斯基也曾对文化现象进行了分类。他从文化的功能出发，将丰富、繁杂的文化现象分为以下四种类型：1. 物质设备；2. 精神方面的文化；3. 语言；4. 社会组织②。由于对文化类型的区分没有一个共同的标准，所以中外学者在划分文化的类型，或区分文化的形态时，提出了不少雷同的或相异的观点，如物质文化和非物质文化，自在的文化与自觉的文化等。

马克思主义哲学认为，人类社会生活的本质决定了人类社会实践所创造出的文化，首先是物质文化（substance culture）。"正像达尔文发现有机界的发展规律一样，马克思发现了人类历史的发展规律，即历来为繁茂芜杂的意识形态所掩盖着的一个简单事实：人们首先必须吃、喝、住、穿，然后才能从事政治、科学、艺术、宗教等等；所以，直接的物质的生活资料的生产，从而一个民族或一个时代的一定的经济发展阶段，便构成基础，人们的国家设施、法的观点、艺术以至宗教观念，就是从这个基础上发展起来的。"③ 物质文化，指人类物质生活的进步状况，其中凝聚、体现、寄托着人的生存方式、生存状态、思想感情的物质过程和物质产品。这就是说，物质文化既包括物质产品，也包括物质生产的过程。物质文化还包括人类生存所需要的物质资料，以及人类生存和发展的生态环境，物质文化直接体现出人与自然对立统一的关系。物质文化的进步，表现为物质生产方式和物质生活的进步，直接反映了社会生产力的水平。

马克思、恩格斯在《德意志意识形态》中论及唯物史观基本原理时说："这种历史观就在于：从直接生活的物质生产出发来考察现实的生产过程，把同这种生产方式联系的、它所产生的交往形式即各个不同阶段上的市民社会理解为整个历史的基础，从市民社会作为国家的活动描述市民社会，同时从市民社会出发阐明意识的所有各种不同理论的产物和形式，如宗教、哲学、道德等等，而且追溯它们产生的过程。……这种观点表明：历史不是作为'产生于精神的精神'消融在'自我意识'中而告终

① 参见周晓阳等《现代文化哲学》，湖南大学出版社 2004 年版，第 58—85 页。
② 参见马林诺夫斯基《文化论》，商务印书馆 1945 年版，第 4—8 页。
③ 《马克思恩格斯选集》第 3 卷，人民出版社 1995 年版，第 776 页。

的，而是历史的每一阶段都遇到一定的物质结果，一定的生产力总和，人
对自然以及个人之间历史地形成的关系，都遇到前一代传给后一代的大量
生产力、资金和环境，尽管一方面这些生产力、资金和环境为新的一代所
改变，但另一方面，它们也预先规定新的一代本身的生活条件，使它得到
一定的发展和具有特殊的性质。"① 由此我们不难理解，人类的物质生产是
整个历史发展的出发点，而非把精神中的范畴、观念作为历史发展的出发
点。人们在生产中结成的物质关系是整个社会历史的基础，它决定了整个
社会的基本结构和基本矛盾的形成。生产关系是人类一切社会关系的基
础，它决定了社会生活中人与人的关系，决定了社会历史发展的方向，决
定了历史发展在各个不同阶段的性质。社会存在决定社会意识，物质生产
实践是社会历史发展及社会意识诸形式产生、发展的前提、基础和动力。
在诸多的文化类型中，与精神文化、制度文化相比，物质文化的特殊价值
和意义，与唯物史观基本原理所阐释的内容，是完全一致的。社会实践中
产生的丰富多彩的文化，首先是物质文化，物质文化是人类文化中最基本
的构成部分。物质文化的成果直接维持着个体生命的再生产和社会的再生
产。因此，首先是物质文化的生活资料和生产资料满足人的生存，然后才
有可能出现精神文化和制度文化。列宁曾指出，唯物主义历史观"消除了
以往的历史理论的两个主要缺点。第一，以往的历史理论至多是考察了人
们历史活动的思想动机，而没有研究产生这些动机的原因，没有探索社会
关系体系发展的客观规律性，没有把物质生产的发展程度看作这些关系的
根源；第二，以往的理论从来忽视居民群众的活动，只有历史唯物主义才
第一次使我们能以自然科学的精确性去研究群众生活的社会条件以及这些
条件的变更"②。列宁对唯物史观的评述，对科学理解物质文化与精神文
化、制度文化的关系，也同样有重要的指导意义。

　　"物质文化需要一相配部分，这部分是比较复杂，比较难于类别或分
析，但是很明显的是不能缺少的。这部分是包括着种种知识、包括着道德
上、精神上及经济上的价值体系，包括着社会组织的方式，及最后，并非
最次要的，包括着语言、这些我们可以总称作精神方面的文化。只有在人
类的精神改造了物质，使人们依他们的理智及道德的见解去应对时，物质

① 《马克思恩格斯选集》第 1 卷，人民出版社 1995 年版，第 92 页。
② 《列宁选集》第 2 卷，人民出版社 1995 年版，第 425 页。

才有用处。"① 这样，人们就不难理解，精神文化（spiritual culture）是物质文化的反映，同时又渗透于物质文化之中。文化不能脱离人的积极的精神活动，决定了精神文化是文化的主要形式之一。俄罗斯学者在探讨文化学理论时，十分重视精神文化的基本要素问题，认为这一基本要素包括"习俗、准则、价值、知识、信息、涵义和意义。习俗是人们在集体履行社会职责的过程中，自然形成的一种必要的行为方式，它是一种大众化的习惯……与'习俗'意义相近的术语有'传统'、'风尚'、'宗教仪式'和'礼仪'。准则则与习俗不同，它是通过规范人们的行为来保证人们自觉自愿地进行合作……对准则实施调整的要素是社会道德和法律，而准则得以实现的最重要的手段则是价值"。价值"指的是为了追求一种至上至美的东西而做出的选择，价值是人们凭感觉而认定的一种至高无上，可以追求并应受到尊崇的东西"②。

精神文化由多种精神生活范畴组成，既包括哲学、科学、技术、宗教、文学、艺术、伦理道德、风俗习惯、价值观念等，同时也包括政治理念、审美趣味、宗教信仰、思维方式等心理结构。这一切都是人类在长期的社会实践中形成，而非自然形成的。精神文化通过实践能动地反映客观世界的同时，也能动地改造客观世界。在精神文化中，先进的科学文化和人文文化对社会的进步起着整合和导向的作用，而滞后的部分则是社会发展的阻力，起着负面的作用。

人不仅是生物学意义上的人，而且同时是社会的人。任何一个人或社会群体、社会集团、社会阶层，都不可避免地会同人类社会发生这样或那样的联系，人类各种形式的联系或交往，由此形成了处理这些社会关系的社会规范和社会组织形式，即制度文化（systematic cultural）。制度是人类文化发展的产物，同时也是人类文化延续发展的保证。制度形态的文化一旦形成，同其他形态的文化相比较，显得更为稳定和持久。

制度文化以物质文化为基础，反映出人类社会更深层次的文化内容，在整个人类文化中占有十分重要的地位。这里所说的"制度"，是指社会组织或社会关系的规范体系，既包括社会的根本制度、国家基本结构和政

---

① 费孝通：《论文化与文化自觉》，群言出版社 2005 年版，第 20 页。

② 叶琳娜·米哈伊洛芙娜·斯科瓦尔佐娃：《文化理论与俄罗斯文化史》，敦煌文艺出版社 2003 年版，第 93 页。

权组织形式；同时也包括社会具体制度、社会基层组织结构和组织形式。诸如经济制度、政治制度、法律制度、商品交换制度等规章制度，以及宗法制度、企业制度、婚姻制度、教育制度、行为规范等，都属制度文化范畴。这些制度的文化内涵，传达着人类历史进程中重要的信息，通过对制度文化的研究，可使人们对丰富、复杂的人类社会有更具体、更深刻的理解。例如，如果对以血缘关系为基础的家庭和氏族制度一无所知，或一知半解，那是不可能真正了解原始社会的。人类社会制度文化明显地体现出文化是人类在社会实践中，创造性和传统性的和谐统一。和物质文化、精神文化一样，制度文化是人类活动的成果，它所体现的，同样是在社会生活实践中人与人之间的关系。

文化的功能

功能是一种价值和作用。文化的功能，主要指文化在社会生活中发挥作用，或体现其价值的方式。文化是一个多功能体系，即文化本身有多种功能。这是由文化自身的复杂性、特别是文化结构和形态的复杂性所决定的。文化在"丰富知识、扩大视野、陶冶情操、启迪思维，提升综合素质"等方面，具有不可替代的作用。特别是对于刚刚开始走向生活的年轻人，欲要"了解世界、认识社会、感悟人生、坚定信念、明确责任"，更离不开文化的熏陶。2004 年，教育部编辑《大学生文化读本》8 卷[1]，在帮助青年学生充分吸纳中文优秀文化成果，不断"完善心智、升华境界，提高素养"，努力成为"知行统一、志趣高尚、胸怀博阔、德才兼备的有为青年"，是十分有意义的。

党的十七大报告指出："当今时代，文化越来越成为民族凝聚力和创造力的重要源泉、越来越成为综合国力竞争的重要因素，丰富精神文化生活越来越成为我国人民的热切愿望。"[2] 今天的世界，文化的作用日益凸显，每个国家都十分重视文化的力量。

世界上任何一种文化，都不是抽象的文化，文化的民族性是民族凝聚

---

[1] 靳诺为《大学生文化读本》的总主编。读本的 8 卷分别是：《人生天地间》（人生卷）；《事业的境界》（事业卷）；《情感的故事》（情感卷）；《爱国的理由》（爱国卷）；《文化的血脉》（传统文化卷）；《阅读的欣悦》（读书卷）；《认识科学》（科学文化卷）；《享受健康》（生活方式卷）。中国人民大学出版社 2004 年版。本页引文凡没有注明出处的，均引自丛书总序。

[2]《中国共产党第十七次全国代表大会文件汇编》，人民出版社 2007 年版，第 32 页。

力不断加强的保证。文化是一个民族的血脉和灵魂，是国家发展、民族振兴的重要支撑。民族文化和民族的独立性、生命力密切联系在一起。世界上任何一个民族繁荣发展的重要动因，是其强大的文化力量。每一个民族的文化，都体现出这个民族对世界历史的理解，以及对现实和未来的感悟和期盼。这种理解、感悟和期盼，往往通过民族的精神追求和行为准则表现出来。文化是民族凝聚力取之不竭的源泉。民族的文化认同，是政治认同的前提，是全社会共同的理想、共同的价值取向的基础。文化的凝聚力是民族统一、团结进步、繁荣昌盛的保证。古往今来，任何一个国家或民族的发展，都不能没有强大的文化力量的支持。

文化的繁荣、发展，有益于从整体上提高民族素质，为不断提升民族创造力开辟现实的道路。如果一个民族的文化发展长期处于封闭、落后的状况，却要侈谈这个民族的创造力，那是没有任何意义的。文化是人类精神生产的能力和产物，民族创造力的提升，有赖于文化的大繁荣、大发展。因为民族创造力首先要建筑在科学地认识客观物质世界的基础上，是严密的科学行为，而不是随心所欲地主观臆造或脱离事实去空想。民族创造力需要热情、需要勇气、需要主动精神，但仅仅这些是不够的，更重要的是要不断提高全民族科学素质。这既需要科学理论方法论的指导，也需要教育的普及和提高。只有这样，民族创造力才能融会贯通在民族国家发展的历史进程中，而不是一句空话。

文化是综合国力的重要组成部分。在中国历史上，曾经出现过汉、唐王朝的辉煌盛世。这种辉煌盛世，又是和秦汉、隋唐时期的文化高涨直接联系在一起的。这种现象并非是中国所特有，而是人类历史进程中一个一个具有普遍意义的现象。因为文化是社会的内涵，作为价值体系，存在于社会关系、社会制度和社会行为之中。文化是毋庸置疑的社会存在。近代以来中国的思想家对此早有明确认识。例如，1919 年秋李大钊在论及中国的未来时说：“我们的理想，是在创造一个‘少年中国’。”“我所理想的‘少年中国’是由物质和精神两面改造而成的‘少年中国’，是灵肉一致的‘少年中国’。”李大钊这里所说的“精神”，即是“文化”的同义词，所以他认为这种“精神改造运动”是“文化运动”的内容之一①。在这里，李大钊非常明确地指出了“精神”、“文化”在社会发展中的作用，

---

①　《李大钊选集》，人民出版社 1959 年版，第 235—236 页。

特别是在社会改造中的特殊意义。

文化既表现为社会进步和发展的产物，同时也表现出它是推动社会进步和发展的力量。任何一个国家或民族要发展，不仅需要强大的经济力量，而且需要强大的文化力量。任何一个经济崛起的大国，同时也是一个在文化上崛起的大国。"工业化是一项具有巨大历史威力并不断前进的过程。在此之前，从来没有另一件百年才逢一次的大事如此改变地球的面貌及其居民的生活。"① 工业化和工业时代的到来，不能脱离社会历史发展的物质基础，同时也不能脱离社会历史文化的积累。2008 年 7 月，新加坡《联合早报》发表署名文章②，认为"精神文化决定国家强弱"，西方国家在过去几个世纪的崛起与强大，"其先决条件则是这些国家在精神文化方面所实现的革命性变革"。今天中国的崛起，需要提升无形文化实力。作者强调，中华文化实力有三大支柱。"圣贤明示的伟大哲理智慧"，"华人世代承传的民族性"，以及"中华儿女在长期应对大自然以及外敌、内乱等严峻挑战过程中所积累起来的丰富经验"。这三大支柱确保了中华民族五千年的存续和发展，使她即使经历了西方列强的百年蹂躏，依然能够爬起身来，再度前进。"不过，为了雄立于当今世界的民族之林，中国需要更强大的综合性无形文化实力。"所谓"无形文化实力"，指的是精神文化所具有的决定性力量。

文化是人类社会进步不可或缺的强大精神动力，文化的进步推动着人类社会前进，使其表现出不可逆转的进步趋势。在漫长的人类历史进程中，人类文明所取得的每一个成就，都建立在文化进步的基础上。因为人类文明的任何成就都不是自发实现的，而是由具备一定素质的人创造的。而这些人，无论是出类拔萃的专家，还是普通劳动者，都离不开文化的熏陶和培育。这种熏陶和培育自觉或不自觉地存在于社会生活各领域，始于人类的童年时代，恩格斯在其名著《家庭、私有制和国家的起源》中，曾专节探讨了"史前各文化阶段"。就一个人来说，其一生也是在文化的熏陶和培育中度过的。人生活的每一天，都离不开前人所创造的人类物质文化、精神文化的成果，都在享用着人类所创造的文化的恩泽。

---

① 鲁道夫·吕倍尔特：《工业化史·前言》，见王鸿生《世界科学技术史》，中国人民大学出版社 2001 年版，第 200 页。

② 张汉音：《中国崛起所需要的无形文化实力》，《联合早报》2008 年 7 月 25 日。

随着社会的发展，人们对文化的需求也将不断增加。这是人类社会持续进步的保证。建设中国特色社会主义不仅要重视经济建设、政治建设、社会建设，而且要重视文化建设，在人民物质生活水平不断提高的同时，不断丰富其精神文化生活。只有随着人的精神世界不断丰富，才有可能推动人的全面发展。马克思说，当人们"不是为了获得剩余劳动而缩短必要劳动时间，而是直接把社会必要劳动缩减到最低限度，那时，与此相适应，由于给所有的人腾出了时间和创造了手段，个人会在艺术、科学等等方面得到发展"①。马克思的论断为社会实践所证实。近百年来，发达国家的劳动时间明显减少，随着社会生产力的发展，闲暇时间与其成正比不断增加。正是在这个意义上，人们说"闲暇时代"已经到来。闲暇时间的增加，为人们从事文化活动提供了必要的保证。"有研究认为，在人均 GDP 跨越 1000 美元时，消费支出中吃穿用类比重大大下降，住房类基本不变，而文化消费类支出开始大大上升，第三产业应该占到 GDP 总量的 40% 左右。到 2020 年，我国的人均 GDP 将超过 3500 美元。根据国际经验，如果人均 GDP 达到 3500 美元，恩格尔系数将下降到 30% 以下，文化消费将占到个人生活总消费的 20% 以上。到那时，我国文化消费需求总量可能超过 4.5 万亿元，而现在只有 5000 亿元左右，还不到 1/9。"② 这就是说，为了适应社会的发展，迫切需要加强文化建设，更好地满足人民的文化需求，使人民的精神面貌更加朝气蓬勃，昂扬向上。

文化的功能是多方面的。除上述之外，还包括社会经验的传递功能、价值判断功能、认知功能、规范功能和调控功能等。文化被认为是"人类的社会记忆存储器"，只有文化才有可能传承人类积累的全部经验，并以此为基础去认识世界，改造世界，创造历史。

第二节　文化的产生和发展

文化的萌生

文化的萌生是和人类的起源密切联系在一起的，"随同人，我们进

---

① 《马克思恩格斯全集》第 46 卷下，人民出版社 1980 年版，第 218—219 页。
② 沈壮海主编：《软文化，真实力》，人民出版社 2008 年版，第 11 页。

入了历史"①，同时，就开始有了文化，即人类的历史和文化的历史是同时出现的。马克思主义经典作家科学地论述了劳动在从猿到人转变过程中的主导作用，得出劳动创造了人的精辟结论，同样，人类也恰恰是在劳动中创造了文化。在和人类一起产生的人类社会中，人类在同客观的物质世界发生这样或那样的联系中，创造着物质的和精神的文化，文化是人认识和改造客观世界的产物。马克思在《资本论》中指出："劳动首先是人和自然之间的过程，是人以自身的活动来引起、调整和控制人和自然之间的物质变换的过程。人自身作为一种自然力与自然物质相对立。为了在对自身生活有用的形式上占有自然物质，人就使他身上的自然力——臂和腿、头和手运动起来。当他通过这种运动作用于他身外的自然并改变自然时，也就同时改变了他自身的自然。"② 人在改变自然的同时也在改变着自己，正是在这些改变中，即人类在多种形式的劳动中，创造了文化。

人类社会的产生，大抵是在由原始群到血缘家族公社，即旧石器时代早期，同样在这一时期也萌生了原始的文化。马克思、恩格斯指出："思想、观念、意识的生产最初是直接与人们的物质活动，与现实生活的语言交织在一起的。人们的想象、思维、精神交往在这里还是人们物质行动的直接产物。"③ 人们可以清楚地看到，"文化的发展在相当大的程度上是与蒙昧生活通过野蛮生活向文明生活的进程相吻合的"；"对文化的这种理论上的确定在相当大的程度上是跟实际文化相符的，当把蒙昧状态跟野蛮时期和把野蛮时期跟当代文明相比较的时候，文化就在上述的程度上显现出来"④。文化在各个时期的表现不同，但它都是人类物质和精神活动的成果。

在漫长的人类历史进程中，从来不存在没有文化的历史时期，即人类历史进程中的每一阶段都是有文化的。人是文化的人，人类世界是文化的世界。但也有人认为，人类曾经有过没有文化的时期。他们以庄子的《马

① 《马克思恩格斯选集》第 3 卷，人民出版社 1995 年版，第 274 页。
② 《马克思恩格斯全集》第 23 卷，人民出版社 1972 年版，第 201—202 页。
③ 《马克思恩格斯选集》第 1 卷，人民出版社 1995 年版，第 72 页。
④ 爱德华·泰勒：《原始文化》，广西师范大学出版社 2005 年版，第 18、19 页。

蹄篇》为证据①，在庄子看来，在这个时期人与动物没有什么差别。而事实并非如此，"这是庄子的原始人类观。这是庄子的理想世界观。但是这种原始人类，既缺乏历史的依据，这种理想世界，也绝无实现的可能"②。何况，庄子在《胠箧篇》中，又谈及那个时期的结绳、甘食、美服、乐俗、安居等，又都属于文化的范畴。看来，庄子也并非始终坚持他的原始人类观点。

人类创造文化的动因，在于人类自身的生存需要。恩格斯在马克思墓前的讲话中曾说："马克思发现了人类历史的发展规律，即历来为繁茂芜杂的意识形态所掩盖着的一个简单事实：人们首先必须吃、喝、住、穿，然后才能从事政治、科学、艺术、宗教等等。"③ 人们不难理解，为什么最初的文化创造，总是和人类最基本的生存需要联系在一起。例如，旧石器时代晚期的绘画，由生产力的水平和生产特征所决定，自然以狩猎为主要题材，各种生动的马、鹿、野猪、猛玛，此外还有飞翔的野禽、游动的鱼等跃然于岩画和彩陶之上，例如，西班牙阿尔塔米拉洞窟壁画，是举世闻名的旧石器时代最著名的艺术珍品之一。壁画上的史前野牛创作于公元前2.1万年至1.3万年之间。这些栩栩如生的以动物为主要内容的绘画，是在狩猎或劳动过程中完成的，这是原始社会生活的形象反映。

总之，"人要生活才创造了一个人文世界。这是任何一个普通人都能懂得的道理。如果不是要吃饭，为什么要耕种呢？如果不是要能蔽风雨为什么要造房屋呢"④？英国学者马林诺夫斯基在其代表作《文化论》中，深入地探讨了这个问题。他认为"人和其他动物一样，一定要有养料，为了个人和种族的延续，他也一定要传种。他亦定要时常防御着自然、动物，或他人所给他的危险。他若要得到舒服的生活，不能不有住处，温度的调节及清洁的设备。要满足这些生物上的需要，每个社区都一定得备下一种可谓文化'军需处'及一种传种的安排：一防御机关及一居住的体

① 庄子在《马蹄篇》中说："至德之世，其行填填，其视颠颠，当是时也，山无蹊隧，泽无舟梁，万物群生，连属其乡，禽兽成群，草木遂长。是故禽兽可系羁而游，鸟鹊之巢，可攀援而窥。夫至德之世，同与禽兽居，族与万物并，恶乎知君子小人哉？同乎无知，其德不离；同乎无欲，是谓朴素，素朴而民性得矣。"
② 陈序经：《文化学概观》，中国人民大学出版社2005年版，第265页。
③ 《马克思恩格斯选集》第3卷，人民出版社1995年版，第776页。
④ 费孝通：《费孝通论文化和文化自觉》，群言出版社2007年版，第156页。

系"①。首先是人类的生存需要，决定了人去创造了文化。文化的萌生，正是在满足人类最低的需要中产生的。人类为了御寒而制造或创造了衣服，然后才在此基础上逐渐产生和发展了时装、服饰文化。饮食文化也是如此。它产生的路径，和服饰文化的产生大同小异，在这过程中所反映出的规律性内容，是完全一致的。

文化与人类俱生，文化为人类所独有，人总是生活在文化中，人成为文化的一部分。人类的历史，从某种意义上可以理解为人类文化发展的历史。但是，这绝不是说文化可以脱离人的主观努力会自发地产生或自发地发展。文化的产生和发展，在具体的历史环境中可以借助或利用有利的自然环境，但仍不能脱离人。文化产生和发展的一个重要的规律性的现象是："文化的产生与发展程度如何，是与人类能否努力及其努力的程度如何成为正比例。人类之所以努力创造文化的主因，大概是要适应时代环境，以满足其生活。我们所以说，文化是人类适应时境以满足其生活的努力的工具与结果，也就是这个原故。"② 但是，文化并不是一成不变的，恰恰相反，任何一种文化在社会实践中，都要依据人类生存和发展的需要而发生这样或那样的变化。人类历史的矛盾运动没有止境，文化的发展变化也没有止境。

关于文化的起源，除了我们已经提及的劳动起源说之外，还有一些有一定影响的多种说法。在国外，主要有三种说法：即以古希腊柏拉图为代表的"神示说"，认为文化的起源是由神决定的。古罗马普罗提诺的"流溢说"，认为文化是从宇宙中的最高精神实体"太一"中流出来的。"流溢说"与"神示说"的内容十分接近，所以"流溢说"也被称为"新柏拉图主义"的理论。亚里士多德的"唯物主义起源说"，与上述两种说法有明显不同。在文化起源的问题上，亚里士多德更多的是在强调现实生活中的人的作用。他认为，文化是人类对于自然模仿的结果。在中国传统文化中，不少典籍都有关于文化起源的记载，例如《周礼》、《周易》、《山海经》等，都有具体的记载。在这些典籍中，文化的起源大多与"圣人"有关。例如《周礼》中说："百工之事，皆圣人之所作也。燫金以为刃，凝

① 马林诺夫斯基：《文化论》，中国民间文艺出版社1987年版，第24页。
② 陈序经：《文化学概观》，中国人民大学出版社2005年版，第269页。

土以为器，作车以行陆，作舟以行水，此皆圣人之所作也。"① 同古代希腊罗马诸种神示起源说相比较，中国的典籍主要是强调人在文化起源中的作用，虽然强调的是"圣人"，表现出不可逾越的时代的局限性，但毕竟从天上回到了人间，这还是值得肯定的。

文化是一个民族的精神家园，深深熔铸在民族的生命力和凝聚力之中。半个多世纪前，费孝通先生曾指出："要明白中国的传统文化，就得到乡下去看看那些大地的儿女们是怎样生活的。文化本来就是人群的生活方式，在什么环境里得到的生活，就会形成什么方式，决定了这人群文化的性质。"② 社会存在决定社会意识，而不是相反。这对于认识文化的起源，无疑有重要的指导意义。

漫长的世界历史告诉人们，人类文化的起源是多元的。在大约一万年前，世界出现了四大独立起源的农业文明中心区：两河流域西亚农业起源中心区、中国农业起源中心区、中南美洲起源中心区和非洲农业起源中心区。人类文化的多元文化源头，至今仍可以看得清清楚楚。一部人类文明的历史，从某种意义可以说，就是各个民族多元文化发展的历史。几千年来，希腊文化、希伯来文化、印度文化、中国文化、非洲文化，以及阿拉伯伊斯兰文化等，共同创造了光辉灿烂的人类文化，为人类文化的发展作出了自己独特的贡献，对人类社会的历史和现实产生了深刻的影响。正是各个民族文化的存在和发展，以及不同文化之间的交流和交融，才使文化在各个历史时期呈现出色彩缤纷的多样性，这是整个人类文明存在和发展的基础。

20 世纪初，德国历史哲学家斯宾格勒在他所创立的文化形态史观中，为人们描绘了一幅多元的世界文化图景。他认为人类世界有 8 种独立的高级的文化系统，这就是埃及文化、巴比伦文化、印度文化、中国文化、古典文化（古代希腊罗马文化）、阿拉伯文化、墨西哥文化和西方文化。他否定了"欧洲文化中心"的理论，明确地提出除了西方文化之外，还有其他各种独立的文化。在他看来，"西欧的土地被当作一个坚实的'极'，当作地面上独一无二的选定地区，理由似乎只是因为我们住在这里；而千万年来的伟大历史和遥远的强大文化则都被迫极其谦逊地绕着这个'极'在旋转。这是一种太阳行星式的怪想体系"！他认为，这是西欧人自欺欺人

---

① 《周礼注疏》第 39 卷，见《十三经注疏》上册，中华书局，1980 年影印本，第 909 页。
② 费孝通：《费孝通论文化和文化自觉》，群言出版社 2007 年版，第 12 页。

制造出来的"'世界历史'幻景"。他把西欧文化中心的历史体系称作"历史的托勒密体系",而他把他的理论称为"历史领域中的哥白尼发现",因为从这一理论出发,并"不承认古典文化或西方文化比印度文化、巴比伦文化、中国文化、埃及文化、阿拉伯文化、墨西哥文化等占有任何优越地位——它们都是动态存在的个别世界,从分量看来,它们在历史的一般图景中的地位和古典文化是一样的,从精神上的伟大和上升的力量看来,它们常常超过古典文化"①。继斯宾格勒之后,英国历史学家汤因比继承并发展了斯宾格勒的多元文化理论,在 1934—1961 年撰有 12 卷巨著《历史研究》,他认为 6000 年来的人类历史发展中,曾有 26 种文明形态,其中 21 种得到了发展。虽然他研究世界历史的单位不是"文化",而是"文明",但同样对西欧文化中心的偏见持否定态度。

总之,世界历史是多元文化的历史。据 2004 年《联合国人文发展报告》,在今天的世界上,大约 200 个国家中,生活着 5000 多个不同的民族。1915 年,一个由人类学家组成的小组曾计算出人类历史上继续存在和已经消亡的文化有 650 余种②。1992 年,法国学者埃内贝尔对世界上 160 个国家的种族情况进行了考察后写道:"全球完全属于同质性的国家屈指可数;反之,在文化、宗教、语言、族群呈现异质的情形在各地皆属常态。"③ 在人们看来,这是完全正常的,因为今天的世界仍然有 6000 余种通行的语言,而主权国家和自治地区的数目也不过 220 多个,这样,平均每个国家就有近 30 种语言或民族。自远古以来的世界历史进程表明,一些民族之间虽然有冲突,甚至是激烈的暴力冲突,但是从整体上看,各个民族主要还是和平共处,共同创造着、丰富着和发展着世界文化,推动着历史的进步和发展。

文化的传承

文化的传承,应该有狭义和广义两方面的理解。首先,被认为是民族血脉的传承,直接关系到一个民族的兴盛衰亡。这是因为任何一个民族的文化,都凝聚着这个民族对自身和世界的历史认知、现实感受,和对未来

---

① 斯宾格勒:《西方的没落》上册,商务印书馆 1963 年版,第 33—34 页。
② 威廉·麦戈伊:《文明的五个纪元》,山东画报出版社 2004 年版,第 34 页。
③ 埃内贝尔:《全球部落意识——环球 160 个国家的种族处境》,转引自尚—皮耶·瓦尼耶《文化全球化》,台湾麦田出版社 2003 年版,第 143 页。

的憧憬，积淀着民族精神的核心内容。民族文化的延续和发展，离不开在既有文化传统基础上的文化传承，以及在此基础上的变革与创新。如果文化的传承出现了断裂，那无异于割断了民族的血脉，就会在世界民族之林中丧失自我。其次，文化的传承并非仅仅存在于单一的国家或民族自身，也存在于更广泛的范围内，即人类优秀文化成果的汲取和传承。马克思主义通过对生产力与生产关系基本矛盾的分析，认为人类历史发展分为原始公社制、奴隶制、封建制、资本主义制和共产主义制几种生产方式和与之相应的几种社会形态，这是一个由低级到高级发展的纵向序列。在人类历史发展的每一种社会形态中，都可以看到文化发展的具体内容和各社会形态之间文化的传承关系，这是由文化发展的连续性，以及文化发展的继承性所决定的。

从狭义和广义两方面理解文化的传承，不仅要看到它们之间的差异，同时也要看到它们之间的内在联系，更不能将二者对立起来。在经济全球化的新的历史条件下，不同国家和民族之间的交往和联系会日益增长，文化交往和文化联系的日益频繁是其重要内容之一，其直接后果不可避免地会推动超出某一国或某一民族范围内的文化的传承。

文化的传承是人类特有的一种能力，人类不仅创造了文化，而且还可以使其继续保存下去，并在这种"继续"中，不断地获得新的动因，在不断的创新中得到发展。因此，文化的传承并不是简单地对过去文化的积累或学习，这仅仅是一个方面。人类与动物的重要区别之一，是具有接受文化遗存的功能。自婴儿呱呱坠地、人一降生起，就表现出对人类文化信息的识别和接受能力，虽然一开始表现得很弱，似乎是不自觉的，往往需要一个逐渐加强的过程，但婴儿这种识别和接受的能力的存在却是事实，并早已经被科学研究所证实。"在人脑中多种多样的神经元多达一百至一百五十亿个，各个神经元，靠它的突起组织跟别的神经元形成一万个以上的连接。一般所谓的学习，就是凭借了这种神经系统中的无数的连接线路才成立的。实验表明，人对学习人类行为有一种生物性的基本取向，在婴孩期和儿童期就能积极参与文化行动，人的大脑和神经系统的结构组织，对于适应具体社会文化系统的要求以及后天的学习，都是非常有利的。因此，人类婴儿确是一个非常复杂、精密的学习'机器'。"[1] 人类这种天生

---

① 梅新林等主编：《现代文化学》，内蒙古人民出版社 1995 年版，第 137 页。

的学习特征，还被某些论者认为是人类的遗传基因在起作用。本书不拟深
入探讨这个问题，但有一点却是肯定的，即人类在学习上区别于动物的这
种本能，使文化传承成为文化自身发展中的基本前提成为可能，而这对于
文化的发展是十分重要的。

任何一个国家或民族的文化发展，都表现出由简单、单调向复杂、丰
富的变化过程。这种变化的前提或基础，是文化的传承。没有文化的传
承，一切都无从说起。人类历史发展进程不能割裂，同样，文化发展的历
史进程也不能割裂；不同社会经济形态之间的政治、经济联系是客观存
在，不同社会经济形态之间的文化联系，也是客观存在。正是在这种联系
的客观性，为不同民族之间文化的碰撞、交流、交融，为本民族传统文化
有益内容的现代转化，开辟了现实的道路，从而从整体上推动了人类文化
的发展。无论是某一国家或民族文化发展的历史，还是整个世界文化发展
的历史，都离不开文化的传承。从某种意义可以说，文化发展的历史，首
先是文化传承的历史。

1917 年十月社会主义革命胜利后，苏维埃俄国百废待兴，在如何建设
社会主义这个崭新的历史任务面前，列宁强调，只有掌握人类的全部文化
知识，才能建设社会主义。他说："必须取得资本主义遗留下来的全部文
化，并且用它来建设社会主义。""应当明确地认识到，只有确切地了解人
类全部发展过程所创造的文化，只有对这种文化加以改造，才能建设无产
阶级的文化，没有这样的认识，我们就不能完成这项任务。无产阶级文化
并不是从天上掉下来的，也不是那些自命为无产阶级文化专家的人杜撰出
来的，如果硬说成是这样，那完全是一派胡说。"列宁特别强调："无产阶
级文化应当是人类在资本主义社会、地主社会和官僚社会压迫下创造出来
的全部知识合乎规律的发展。"① 列宁在这里讲的虽然是苏维埃俄国的问
题，但对社会主义革命和建设却有普遍意义。20 世纪世界社会主义运动的
发展，在这方面为人们留下了许多宝贵的经验和教训。忽略或否认文化的
传承，不加分析地全盘否认资本主义的文化，其中包括人类文明的优秀成
果，进而否认文化传承的必要性和可能性，自我孤立、僵化，这样是不可
能真正建设社会主义的。邓小平说："社会主义要赢得与资本主义相比较

---

① 《列宁全集》第 36 卷，人民出版社 1985 年版，第 48 页；《列宁选集》第 4 卷，人民出版
社 1995 年版，第 285 页。

的优势，就必须大胆吸收和借鉴人类社会创造的一切文明成果。"① 这里说的"吸收"和"借鉴"也是一种传承。总之，社会主义是一个开放的，在社会生活实践中与时俱进的理论体系。广泛意义的文化汲取和传承，是其充满活力的重要原因之一。

只有承认文化的传承，才能自觉地做到文化的传承。首先，认真挖掘和提炼祖国传统文化中有益的思想价值，不能简单地认为，产生于历代封建王朝的中国传统文化，都属于封建文化范畴，而采取全盘否定的态度。例如，关于国学，百年来有多种定义②，但都不否认国学是以儒学为主体的中华传统文化与学术，是广义的中国文化。弘扬国学并不等于搞文化复古主义，近年一些大学陆续成立了国学院，2006 年初，《光明日报》推出了新中国成立以来媒体的第一个国学专刊，一些有影响的网站出现了"国学博客圈"，这对于国学的研究和传播，进而传承国学的有益内容，是十分有益的。其次，要加强对文化遗产的保护和利用。这方面的内容十分丰富，要做的工作也很多。例如，我国历史悠久、内涵丰富的地名文化，绵延数千年经久不衰。因为"地名是历史的产物，是特殊的文化现象，是文化遗产的重要部分"。"这些地名保存着人们对特定自然环境和人文环境特有的认识和思考方式，记录着中华民族长期形成的价值观和审美理念，是民族悠久历史的见证，是文化延续和传承的重要载体，是重要文化遗产。"③ 北京是世界著名的历史文化名城，其胡同地名文化研究，在全国地名文化遗产保护中占有重要的地位。当前，关于"北京胡同"的研究不断深化，以及"中国地名文化遗产保护工程"的启动，《中国地名文化遗产保护总体规划》的编制等，对于地名文化遗产的保护和利用，无疑有重要的意义。由于地名文化包括两方面的内容，其一，地名语词，指地名的文化内涵；其二，地名实体文化，指实体的地理文化。因此，地名文化研究对于地名所指代的实体的研究和保护，也是十分有益的。这对于文化的继承和传承，有更直接的意义。最后，运用多种方式宣传、弘扬和普及优秀传统文化。例如撰写包括通俗读物在内的各类著作；拍摄电视专题片；在网络和媒体上开设专栏，开展多种形式的专题讨论等。总之，要使更多的

---

① 《邓小平文选》第 3 卷，人民出版社 1993 年版，第 373 页。
② 百年以来，主要提出了三个关于国学的定义：一是指国学为国故学，二是国学为我国固有学术，三是国学为"六艺之学"。近年一些人更倾向于第三种定义，即国学是"六艺之学"。
③ 刘保全主编：《北京胡同》，中国旅游出版社 2008 年版，第 2 页。

人了解传统文化，自觉地成为优秀传统文化的承载者和传播者。

文化的发展

文化的发展，建立在人类历史发展的基础上，同人类历史的发展一样，文化的历史也可以理解是一个自然历史过程。人类历史发展表现出不可逆转的进步趋势，文化发展也如此。漫长的人类历史进程，决定文化的发展同样也经历了一个漫长的过程。文化的发展，具有不依人的主观愿望为转移的客观自在的规律。

在考古学的旧石器时代早期（地质年代的第四纪更新世早期），约距今300万年前，出现了早期直立人。他们和猿的分界线是能够制造诸如砍砸器一类的工具。在旧石器时代的中晚期，约距今30万至5万年前，早期智人已经能加工石器和骨器，开始用火熟食，使用兽皮衣服，出现了栅式房屋。距今5万年后的晚期智人已经可以使用复合工具，能够人工取火，还出现了原始雕刻及绘画。在中石器时代，约距今1万至0.8万年前，人类的文化特质表现得更为突出，这时已经出现了弓箭、独木舟、手工织物，以及住宅和村落等。新石器时代早期和中晚期的文化特质已经发生了较大的变化。约距今0.8万至0.7万年前，是新石器时代早期，此时已经出现了陶器，家畜驯养和原始畜牧及谷物种植。约距今0.6万至0.5万年前，是新石器时代中晚期，已经出现了刀耕火种、家畜饲养、陶彩等精致的装饰品。继新石器时代之后，是金石并用时代和铁器时代（约距今0.5万至0.3万年前）。在金石并用时代，出现了铜器，畜牧业和农业有了分工。在铁器时代中期以后，人类已经摆脱了蒙昧时代和野蛮时代，进入了文明时代。这时，文字已经广泛使用，出现了金属货币、商品交换；农业和手工业进一步分工。更重要的是私有制的出现、阶级对立和早期国家的形成。在此基础上，出现了科学艺术的繁荣。

文化的发展，如同历史的发展一样，是一个有目共睹的客观事实，但是，文化为什么会发展，文化发展的动力是什么，古往今来却因历史观、价值观、文化背景和信仰的不同，而提出各种不同的观点。20世纪40年代，陈序经先生整理自己在西南联大的讲稿，出版《文化学概观》（商务印书馆1946年版）。在该著作中有专章论述"文化的发展"，介绍了在中外学术界有较大影响的几种观点，即"神意发展说"、"自然发展说"、"文化退化说"、"文化俱分发展说"、"文化循环发展说"、"文化发展进步说"等①。神意发展说认为，不仅文化的发展，而且文化的产生，都是神的意志。在奥古斯丁的《上帝之城》中，上帝的城市就是教会，教会的历史既是人类的历史，也是文化的历史。自然发展说认为，自然是文化发展的原动力，文化的发展无须外力，凡是经过人所创造出来的，必定是坏东西。文化退化说，往往和复古联系在一起。所谓"人心不古，道德沦丧"即是文化退化的具体表现。他们主张补救文化退化的办法，就是回到以往的黄金时代。文化俱分发展说认为，文化发展趋于两个极端：在物质方面不断进步，无一不超过古人；而在精神方面却不断退步，远远落后于古人。文化循环发展说主张在中外都有较大的影响，例如中国的历史循环论认为历史的发展"一治一乱，一盛一衰"，即是突出表现之一。这一理论认为，历史发展不仅是循环的，而且在循环中是在不断地退化。古希腊柏拉图的政治学说，古罗马波利比亚斯的政治发展理论，德国斯宾格勒《西方的没落》中的文化有机体——循环学说，以及在查普宾的《文化变迁》、克娄伯的《从时髦的变化中所见的文明的次序的原理》等著作中，都可清晰地见到文化循环发展说的深刻影响。

　　上述种种理论，都没有正确地回答文化发展的真实原因。文化发展进步说则在一定程度上较正确地回答了这个问题。文化所以能够发展，就在于它的本质是进步的。人类所以不同于无机体和其他的动物，也在于人类有文化，人类的文化是进步的。美国人类学家 A. 怀特撰有专著《文化的进化》，倡导文化发展进化理论，使其成为美国"新进化论"的代表人物之一。他认为，文化的存在和发展并非是由人类心灵或心理所决定的，而是由人类创造和运用符号的能力，以及在此基础上所建构的文化系统决定的。这种"能力"则是人和动物的本质区别。他说："人与动物之间的区别在于，动物仅能接受或获得新的意义和价值，但它们不能创造和赋予新的意义和价值。惟有人才能这样做。……人与动物间的这一区别是本质上的区别，而不是数量上的区别：'或能随意地注入'意义、创造和赋予价值，或不能；两者必居其一，其中没有中间阶段。"② 怀特认为，明确这一点是十分重要的，因为这是全人类存在的基础，并且是唯一的基础。

　　文化的本质决定了文化是一个不断创造的过程，文化体系是一个与时

---

① 参见陈序经《文化学概观》，中国人民大学出版社 2005 年版，第 264—289 页。
② A. 怀特：《文化科学——人和文明的研究》，浙江人民出版社 1988 年版，第 28 页。

俱进的动态体系。从当前国内外数以百计的关于文化概念的定义中，人们往往会产生文化是一个既成事物的总和或综合的印象，而忽略了文化实际上是一个不断发展变化的这一基本事实。任何一种形态的文化都具有相对的稳定性，而不是绝对的。这样，文化的不断发展变化，而这种变化多以创新的形式，以响应时代的呼唤，适应时代的要求，则是不可避免的。

马克思在《资本论》中指出："辩证法在对现存事物的肯定的理解中同时包含对现存事物的否定的理解，即对现存事物的必然灭亡的理解；辩证法对每一种既成的形式都是从不断的运动中，因而也是从它的暂时性方面去理解；辩证法不崇拜任何东西，按其本质来说，它是批判的和革命的。"① 由此意义出发去认识文化的发展，人们不难得出如下的结论："文化是人类在处理人和世界关系中所采取的精神活动与实践活动的方式及其所创造出的物质和精神成果的总和，是活动方式与活动成果的辩证统一。因此，文化研究既需要面对既成事实，又不能把这既成事实看成僵死的、凝固的、不动的东西，而应当在对这些既成事实的好学深思之中，把握其精神，把握其中律动的脉搏和活的灵魂。须知，活动方式和活动成果作为文化的两个方面，总是互相依存、互相制约并在相互作用中一起演进的。"② 这样，就可以把文化中已成形态的研究和文化中已成形态中的"变化"的研究，辩证地统一起来。"已成形态"是暂时的、相对的；而"变化"则是时时处处存在，是绝对的。例如，中华文化在已经到来的 21 世纪的一个重大课题，就是如何推陈出新，继续发展，以回应不断的挑战。当前，一批专家学者正在编撰《中华文化通志》十典百卷，约 3000 万字，主要内容包括历史沿革、区域、民族、制度、教化、学术、科技、艺文、宗教和中外交通等，时限从远古中华文化起源，直至当代，全面、系统总结中华民族文化，是一部空前的中华民族百科全书。这部巨著继承发扬了中国典籍"三通"（《通志》、《通典》、《通考》）的优良传统，同时又注入新的时代精神。

我国著名社会学家费孝通先生曾多次论及"文化自觉"的问题。他所以提出这个问题，是在他看来，"这四个字也许正表达了当前思想界对经济全球化的反应，是世界各地多种文化接触中引起人类心态的迫切要

---

① 《马克思恩格斯选集》第 2 卷，人民出版社 1995 年版，第 112 页。
② 张岱年等：《中国文化与文化论争》，中国人民大学出版社 1990 年版，第 2 页。

求……也就是人类发展到现在已有开始要知道我们的文化是哪里来的？怎样形成的？它的实质是什么？它将把人类带到哪里去"？他还对"文化自觉"进行了如下的解释："文化自觉只是指生活在一定文化中的人对其文化有'自知之明'，明白它的来历，形成过程，所具的特色和它发展的趋向……自知之明是为了加强对文化转型的自主能力，取得决定适应新环境、新时代文化选择的自主地位。"① 由此可以理解，文化自觉的过程，也是文化发展的过程。各个民族在对自己的文化有"自知之明"的基础上发展自己的文化，不仅对自身的发展，而且对世界各种文化多元共存、取长补短、共同发展，努力构筑一个和谐的世界，都具有重要的意义。

马克思主义在揭示社会历史矛盾运动的本质时，强调物质生产是社会生活的基础，经济基础是历史发展的决定因素；上层建筑和经济基础交互作用，上层建筑发挥着积极的作用；人民群众是历史的主人，是历史的创造者。这些基本原理对于解释文化发展的动因时，也是完全适用的。自然，这并不排除在讨论文化发展的动力时，有属于文化学范畴内的一些特定的概念、范畴和内容，但是这一切与马克思主义哲学的基本原理并不相悖。马克思说："历史的每一阶段都遇到一定的物质结果，一定的生产力总合，人对自然以及个人之间历史地形成的关系，都遇到前一代传给后一代的大量生产力、资金和环境，尽管一方面这些生产力、资金和环境为新的一代所改变，但另一方面，它们也预先规定新的一代本身的生活条件，使它得到一定的发展和具有特殊的性质。"② 由此可见，这种观点表明人类的创造活动，无论是物质的，还是精神的，都受到历史上已经形成的"生产力、资金和环境"的规定。在文化的发展上，尤其要看到这种规定，同时还要强调，这种规定并非只是精神上的，而且还包括经济和物质方面的。因此，在论述文化发展的动力时，不能忽略马克思主义唯物史观方法论意义的重要内容，即首先要区别出物质的，首先是作为决定因素的经济因素。即使在经济全球化的背景下，也仍然如此。

经济全球化使人类的文化交往发生了革命性的变化，这种变化既表现在文化交往的范围广、领域多，也表现在频率高、速度快。这些情况表明，在新的历史条件下，人类文化发展出现了新的变化。这就意味着由经

① 费孝通：《费孝通论文化和文化自觉》，群言出版社2007年版，第186、190页。
② 《马克思恩格斯选集》第1卷，人民出版社1995年版，第92页。

济全球化所决定的文化整合问题已经提上日程，亦即文化发展表现出鲜明的时代特征。"文化整合作为人类文化发展的一个重要环节，在世界上的每一种文化的每一个发展阶段上都存在着。文化整合既是对各个具体的文化层面包括物质文化、制度文化、精神文化，以及其文化要素的有机结合，又是对分散在文化中的无形的文化价值力量的整合。"① 与经济全球化联系在一起的文化整合，明显有别于以往各个历史时代的文化整合。2000年，联合国教科文组织在《世界文化报告》中指出，所谓"文化的马赛克"或"地球文化马赛克"的比喻已经过时，"文化再也不是以前人们所认为的是个静止不变的、封闭的、固定的集装箱。文化实际上变成了通过媒体和国际因特网在全球进行交流的跨越分界的创造。我们现在必须把文化看作一个过程，而不是一个已经完成的产品"②。在经济全球化的背景下，文化的"创造"过程，必将加快文化的发展，并在发展中表现出新的特点。

第三节　中国文化的产生和发展

中国文化的产生

中国文化产生和发展的历程，是和中国历史产生和发展的历程联系在一起的，有了历史就开始有了文化；而历史的出现，又是和人的出现联系在一起的，有了人就开始有了历史。因此，探究中国文化的产生，首先要探究中国人或中国人种的起源，以及中国、中华民族的起源。对这些问题的学习和研究，是回答中国文化产生的前提，甚或可以说，这些学习和研究本身，也就是在回答中国文化是如何产生的。早在1919年，柳诒徵先生著《中国文化史》，后在1931年、1947年和1988年多次再版。他在第一编第一章"中国人种之起源"中提出，"中国人种之起源，盖不可考"。他认为原因有二："（一）无文字之证。研究历史，自来皆依据文字。吾人今日所知之文字，仅能及于商、周之时，所读之书，大抵周、秦以来之书。""（二）无器物之证。仅据文字以考史事，不过能识有史以后之事，

---

① 尹继佐主编：《当代文化论稿》，上海社会科学院出版社2006年版，第2页。
② 联合国教科文组织：《世界文化报告——文化的多样性、冲突与多元共存（2000年）》，北京大学出版社2002年版，第9页。

其未有文字以前之史事，仍无从考证。"① 经过 90 余年的发展，特别是中国考古学的进步，为深入探究中国人种之起源，进而探究中国文化的起源创造了许多有利条件。

1988 年夏，费孝通先生应邀在香港中文大学发表演讲时，明确提出，并详尽阐释了"中华民族多元一体格局"问题。他的主要观点是："中华民族这个词用来指现在中国疆域里具有民族认同的十一亿人民。它所包括的五十多个民族单位是多元，中华民族是一体。""中华民族作为一个自觉的民族实体，是近百年来中国和西方列强对抗中出现的，但作为一个自在的民族实体则是几千年的历史过程形成的。"关于中华民族多元一体格局的形成，"它的主流是由许许多多分散孤立存在的民族单位，经过接触、混杂、联结和融合，同时也有分裂和消亡，形成一个你来我去、我中有你、你中有我，而又各具个性的多元统一体"②。在论述这个问题时，费孝通先生谈到了中华民族的生存空间；多元的起源；新石器时代多元交融和汇集；凝聚核心汉族的出现；地区性的多元统一；中原地区民族大混杂、大融合；北方民族不断给汉族输入新的血液；汉族同样充实了其他民族；汉族的南向扩展；中国西部的民族流动等十个问题，较完整地勾勒出中华民族多元一体格局的形成过程。在此基础上，他提出了中华民族格局形成的六个特点③，这就是：中华民族多元一体格局存在着一个凝聚的核心，从华夏族团到汉族；少数民族聚居地区主要是高原、山地和草场，所以少数民族中大部分人从事牧业，和汉族主要从事农业形成不同的经济类型。在语言上，只有个别民族，如回族已经用汉语作为自己民族的共同语言外，少数民族基本上都有自己的语言；导致民族融合的原因是复杂的。除了社会和经济的原因外，政治的原因也不应当忽视；组成中华民族的成员是众多的，中华民族是个多元的结构成员之间大小悬殊，汉族有 9.34 亿人，而珞巴族只有 1066 人；中华民族成为一体的过程是逐步完成的，先是各地区分别有它的凝聚中心，而各自形成了初级的统一体。20 年来，费孝通先生在多种场合阐述他的观点，现在已经为越来越多的人所接受。

---

① 柳诒徵：《中国文化史》上册，上海古籍出版社 2001 年版，第 1 页。

② 费孝通等：《中华民族多元一体格局》，中央民族学院出版社 1989 年版，第 1 页。

③ 参见费孝通等著《中华民族多元一体格局》，中央民族学院出版社 1989 年版，第 29—33 页。

　　中华民族多元一体格局，决定了中国文化是多元一体的文化，它的起源也是多元的。犹如在世界的历史上不存在"西方中心论"一样，在中国的历史上也不存在所谓的"华夏中心论"①。中国是一个统一的、多民族的大家庭，它的每一个成员都为中国文化的形成作出了自己的贡献。如果仅仅认为黄河流域或黄河、长江流域是中国文化的发源地显然欠妥，因为这只是描述了"农耕文化"的萌生和发展，而忽略了与其并存的"游牧文化"。游牧文化并非是产生于中原的农耕文化的蔓延或辐射，因此可以说，东北辽河流域的红山文化、天山山脉等也是中国文化的发源地之一。在天山南北的辽阔地域，几千年来是塞种、乌孙、康居、大月氏、匈奴、鲜卑、突厥、契丹、蒙古、柔然、铁勒和高车等古代民族繁衍生息的地方，他们共同创造了光辉的"游牧文化"。而红山文化则是农耕和游牧并举的文化，在经济上表现出农耕文化和游牧文化开始融为一体的特点。"用考古学文化区系类型学说对中国古文化进行重新认识，大大开阔了考古学家观察古代各族人民在中华辽阔国土上创造历史的视野，开始了从文化渊源、特征、发展道路的异同等方面进行考古学区系类型的深入探索，过去那种过分夸大中原古文化、贬低周边古文化的偏差开始得到纠正。"② 在陕、豫、晋邻境地区；山东及邻省一部分地区；湖北和邻省地区；长江下游地区；以鄱阳湖—珠江三角洲为中轴的南方地区；以长江地带为重心的北方地区的"中国文化起源的六大区系"，为越来越多的学者所关注。

　　中国文化产生的最初标志，是出现在旧石器时代的工具。从距今 170 万年前的元谋人到距今 7000 年前的资阳人，都处于这个时代。距今 50 万年前的北京猿人，已经开始熟练地使用和保存火，在北京猿人文化遗址内发现的灰烬、木炭，以及经火烧烤过的石块、骨骼等，都充分地证明了这一事实。在人类历史进程中，取火技术的掌握和推广，具有划时代的意

---

　　① 目前，国内学术界关于中国文明起源地的观点主要有五种说法：其一，"满天星斗说"：认为我国数以千计的新石器遗址，可以分为六大板块；其二，"两大集团说"：一以半坡文化为代表，另一以青莲岗文化为代表；其三，"接触地带说"：以阴山、秦岭、南岭三条山脉为标志划分出接触地带，找出各种文化之间的区别和联系；其四，"大小中心说"：黄河文化是一个大的文化中心，在该中心之外存在若干小中心；其五，"辽河流域文化中心说"：认为赤峰的红山文化，并非受黄河仰韶文化的影响形成，在远古时期，该文化并非落后于中原文化。关于中国文化的起源，则表述为"满天星斗"、"八大中心"、"七大系统"、"六大区系"等等，说法虽然不一，但有一点是共同的，即中国文化初曙之时，就已经表现出多样性的特点。

　　② 苏秉琦：《中国文明起源新探》，三联书店 1999 年版，第 102 页。

义，以致被认为是人类历史开端。恩格斯说："就世界性的解放作用而言，摩擦生火还是超过了蒸汽机，因为摩擦生火第一次使人支配了一种自然力，从而最终把人同动物界分开。蒸汽机永远不能在人类的发展中引起如此巨大的飞跃。"[①] 火的出现，使人和动物彻底划清了界限。因此，北京猿人火的使用，也被认为是中国文化起源的重要标志之一。从距今 7000 年前，中国文化发展进入新石器时代，其重要标志是磨制的石器代替了打制的石器，农业和畜牧业逐渐代替了采集和渔猎，开始较为广泛地使用陶器。迄今为止，新石器时代的文化遗址在我国已经发现有七八千处之多，如仰韶文化、大汶口文化、红山文化、良渚文化、马家窑文化、龙山文化、屈家岭文化等。

自远古时起，我们各个民族的先民就劳动、生息和繁衍在中国广阔的土地上，共同创造着灿烂的古代文化，中国文化自产生起，就表现出多元的特点。各民族都为中国文化的发展做出了自己不可替代的贡献。春秋战国时期，是中国文化发展的辉煌时期之一，包括激烈的战争在内的剧烈的社会变革，对中华民族的精神生活与文化发展，产生了深刻的影响。诸子百家的兴起，不仅奠定了中华文化的坚实基础，而且有力地推动了"华夏"族的最终形成。正是在春秋战国时期，中原地区的一些古老的部族，开始统一到少数几个大国之中。

早在春秋时期，华夏族许多部落，如神农和黄帝等，已经与东夷、南蛮、西戎、北狄族有了密切接触，有了"诸夏之族"的融合高潮。如北狄为晋国所兼并，西戎为秦国所兼并，东夷多为齐国、鲁国所兼并；南蛮则统一到楚国。秦国和楚国曾被华夏诸国视为"蛮夷"，经过春秋数百年的变迁，已经在政治制度、语言文字、生活习俗和礼仪规范等方面华夏化，渐趋一致，以致再也没有区别。这样，在燕山以南、长江以北和黄河中下游及淮、汉流域广大地区的居民，已经完全融合成统一的华夏族。到汉代时，以华夏族为主体，同时吸纳和融合四周边民，形成了汉族。秦汉盛世，汉文化通过与周边民族的文化，如匈奴、鲜卑、契丹、女真等少数民族文化进行了内容广泛的交流和融合，汲取了各个民族的文化成果，才形

---

① 《马克思恩格斯选集》第 3 卷，人民出版社 1995 年版，第 456 页。

成了绵延数千年经久不衰的中国文化①。例如，胡琴就是汉族与新疆各民族，首先是维吾尔族相互影响下的产物。秦汉以后，在广袤的中国大地上，主要出现了三种不同的文化类型：中原农业文化、北方草原游牧文化、南方游耕文化。中原农业文化的主要特点是，对于草原游牧文化而言，主要表现为有城廓可守，墟市可利，田土可耕，赋税可纳，婚姻仕进可荣。在黄河流域，气候温暖湿润，土地肥沃，古代先民培育了小麦、粟子、大豆和多种蔬菜等农产品，同时驯养出诸如猪、鸡、黄牛、马、羊和狗等所谓"六畜"。中原农业文化在自身发展过程中，与北方草原游牧文化和南方游耕文化，进行了内容广泛的交流和交融。例如，游牧民族用牲畜和农耕民族交换粮食、茶叶和布帛，学习农耕民族先进的生活方式和政治制度；农耕民族学习游牧民族的骑射技术，以及他们独特的民族文化。为了阻挡游牧民族的奔袭，中原农耕民族历时两千多年，修筑成举世闻名的万里长城，保证了先进的农业文化持续发展。

在不同文化的长期碰撞、交流中，推动了不同民族的交融。例如，唐、宋以降，鲜卑、氐、羯、契丹、党项等民族逐渐融合到以汉族为核心的民族大熔炉中。中国文化是多元的统一，中华民族也是多元的统一。在保持各民族、各地域文化多样性的同时，也鲜明地表现出中国文化的整体性和统一性，中国文化所以成为世界上唯一延续发展不曾中断的文化体系，重要的原因之一也在于此。

中外文化交汇

中华民族与世界各民族之间的友好往来，源远流长。秦汉是中西文化交流的开拓期，以张骞通西域为标志，中西文化交流揭开了崭新一页。自汉代开始，中国开始了延续1500年之久的对外开放时期。司马迁《史记》有关外国的介绍和研究，主要集中在"列传"中，如《大宛传》、《匈奴传》等，包括朝鲜、越南、印度，以及大宛、乌孙、康居、燕蔡、大月氏、安息等国。《史记》以下的二十五史，除了《陈书》、《北齐书》之

---

① 我国学界一般认为，中国历史上民族融合的高潮，有以下四次：1. 春秋战国至秦，约500年。楚人、吴人、越人东夷、西戎、南蛮、北狄与"诸夏之族"融合为汉族。2. 南北朝到唐初，约400年。其间匈奴、鲜卑、羯、氐、羌等少数民族入主中原建立前赵、后越、前燕、前秦等十六国，逐渐汉化并融入汉民族中。3. 从五代十国到明初，约500多年。女真、契丹、西夏、沙陀等民族，进入西北和北部地区后，经过"五代十国"与汉族同化。4. 满族入关后。

外，其他二十三种史书中，都涉及了对外国的介绍，各代官修纪传体史书都有"外国传记"，包括东南亚、中亚、西南亚、欧洲和西非许多重要的地区和国家。此外，"还有许多著述，包括旅行家的所见所闻，佛教僧侣的耳闻目睹，某些政治使节的亲身经历，都程度不同地保留着对国外的记述。这些史籍和著述，是中西文化交汇的生动例证。中国文化在与中亚文化、波斯文化、印度文化、阿拉伯文化、欧洲文化的交流、交融中，使自身充满了生机和活力。

　　西汉、东汉 400 年间，《史记》、《汉书》和《后汉书》三部史书，有关西域国家的记载中，希腊化时代晚期的托勒密王朝、塞琉西王朝、罗马帝国等都在其中。"大秦"①的记载最为具体、详尽。在《后汉书》的《西域传》、《西南夷传》中，补充了班固去世以后许多重要的材料，首次记录了有关"大秦国"的情况，大秦被认为是一个"有类中国"的国家。"和帝永元九年，都护班超遣甘英使大秦，抵条枝，临大海欲渡，而安息西界船人谓英曰：'海水广大，往来者逢善风，三月乃得度。若遇迟风，亦有二岁者，故入海人皆赍三岁粮。海中善使人思土恋慕。数有死亡者'。英闻之乃止。……安息西界极矣。自此南乘海，乃通大秦。其土多海西珍奇异物焉。"范晔具体介绍了大秦的地理位置、经济发展、风土人情，以及政治制度等。"大秦国一名犁靬，以在海西，亦云海西国。地方数千里，有四百余城，小国役属者数十。

　　以石为城郭，列置邮亭，皆垩塈之。有松柏诸木百草。人俗力田作，多种树、蚕桑。皆髡头而衣文绣，乘辎軿白盖小车。出入击鼓，建旌旗幡帜。所居城邑，周圜百余里。城中有五宫，相去各十里，宫室皆以水精为柱，食器亦然。其王日游一宫听事，五日而后遍。"在《后汉书》中还具体说明了大秦国所以称作"大秦"的原因，是因"其人民皆长大平正，有类中国"。大秦国物产丰富，经济繁荣，"大秦土多金银奇宝，有夜光璧、明月珠、骇鸡犀、珊瑚、琥珀、琉璃、琅玕、朱丹、青碧。……以金银为

----

　　①　关于"大秦"，我国学术界有不同解释。一般有三种说法：指罗马帝国东部；指罗马帝国；或指黎轩，即亚历山大城。三种说法中，以后一说较为妥当。《史记》：张骞之后，汉朝"益发使抵安息……黎轩……"，黎轩在后来的史籍中叫做大秦，又叫做海西国，后世学者大都认为系中国人对当时地跨欧亚两洲的罗马帝国的称呼。实际上，无论在张骞生前，还是在张骞故后相当长时期内，中国和欧洲并没有建立起直接的联系。汉使所到之黎轩，只可能是罗马帝国在西亚的属地。参见《中国大百科全书·中国历史》第 1 卷，第 142 页；钟叔和：《走向世界：近代中国知识分子考察西方的历史》，中华书局 2000 年版，第 3 页。

钱，银钱十当金钱一。与安息、天竺交市于海中，有利十倍。其人质直，市无二价”①。

在公元166年以前，中国人和欧洲人，一直没有留下过直接接触的记录。后汉桓帝延熹九年（166年），大秦王安敦（Marcus Aurelius Antoninas，一译马可·奥勒略）派遣使节自日南徼外献象牙、犀角、玳瑁。由此中国与大秦，“始乃一通焉”。此后，西人来中国的行踪，“正史”多有记载：例如，公元226年（三国吴黄武五年），大秦商人秦论到交趾，交趾太守吴邈遣谒孙权。公元280—290年间（晋武帝太康中），大秦王遣使贡献。公元635年（唐太宗贞观九年），大秦景教“上德”阿罗本到长安。景教为基督教“聂斯脱利派”在中国的名称。一般认为，阿罗本是叙利亚人，这是基督教传入中国的开端。公元643年（唐太宗贞观十七年），拂菻②王波多力遣使献赤玻璃、绿金精等物。唐太宗具国书回报，并回赠绫绮。据西方汉学家们考证，“波多力”或为罗马教皇 Pope Theodorusi，或为叙利亚总主教 Patriach③。后在公元667年、公元701年、公元719年和公元742年，均有来使的记载。公元1081年（宋神宗元丰四年），拂菻王灭力伊改撒遣使来献鞍马、刀剑、珍珠。公元1091年（宋哲宗元祐六年），其使节又两次来到。这些不断密切的交往，促使中国对外国的了解和研究不断扩大、不断加深。

梁启超说：“中国智识线和外国智识线相接触，晋唐间的佛学为第一次，明末的历算便是第二次。”④ 这是中西文化交汇的两次标志性的事件，对中国文化的发展产生了极其深刻、深远的影响。梁启超所说的晋唐间中外文化交汇，实际上可以追溯到汉代。两汉时，佛教——当时和中国人的信仰完全不同的宗教，从印度传入中国，并逐渐产生了重要的影响，使“独尊儒术”的局面开始发生了变化。南亚次大陆的佛教文化，最初与传统的儒学、魏晋时期流行的玄学，以及道教等曾产生冲突，但孟子、庄子等思想体系逐渐融入佛教，对佛教加以改造，使其开始发生了变化，历经

---

① 《后汉书·西域传》。

② 拂菻国，古代亦称大秦或海西国。多指中国中古史籍对东罗马帝国（即拜占庭帝国）的称谓。在不同的历史时期，拂菻国有时指苫国（今叙利亚）等地中海东岸地区。宋、元时代又用以称呼塞尔柱突厥人统治的小亚细亚。

③ 参见周宁编著《2000年中国看西方》上，团结出版社1999年版，第103页。

④ 梁启超：《饮冰室合集·专集之七十五》，见《饮冰室合集》第10册，中华书局1989年版，第9页。梁启超还认为，“元代时和阿拉伯文化有接触，但影响不大”。见该引文同页。

两汉、魏晋、隋唐，可以清楚地看到佛教传入中国后，经过了排佛、灭佛、佞佛和援佛的过程，在某种意义上也是佛教"中国化"的过程，印度佛教成了中国化的佛教。这足以表明中国文化接纳外来文化的能力和自信力。隋唐时期出现的禅宗、天台宗、华严宗、净土宗等，都是已经中国化了的佛教的宗派。和最初传入的印度佛教相比，"中国化"的佛教已经深深植根于中国大地上，成为独立的学说体系。从魏晋南北朝到唐代中叶的数百年间，中国俨然成为了一个佛教国家，佛学理论体系深刻地影响着中国社会生活的各个方面，包括精神生活。

在隋唐时期，不仅可以看到佛教"华化"，还可以看到儒、佛、道三教鼎立、三教共存、共融、共弘，继先秦诸子百家之后，出现了新的思想学术繁荣景象，"尊道"、"礼佛"、"崇儒"成为中外文化交汇的生动例证。这本身也是魏晋隋唐以来，儒学积极回应异域文化强有力挑战的产物，中国以鲜明的文化自信心和宽广的胸怀吸纳着域外文化，以丰富和充实自己。

魏晋南北朝时期出现经学式微，名教危机，儒学陷入困境的现象，在唐代已经有所改变。唐太宗锐意经术，对前代通儒子孙关怀备至，并自己身体力行倡导儒学。他说："朕今所好者，惟在尧舜之道，周礼之教，以为如鸟有翼，如鱼依水，失之必死，不可暂无耳。"① 唐太宗还下令将左丘明、公羊高、穀梁赤等21位儒学先哲配享孔子庙庭；还命孔颖达等撰写《五经正义》，广为传习。所有这一切，有力地推动了儒学的发展。唐杜牧有诗《江南春》，"南朝四百八十寺，多少楼台烟雨中"，极言佛教寺庙之多，说明佛教兴旺发达。佛教在魏晋南北朝时期的兴旺状况，在隋唐时期得到持续发展，日渐进入鼎盛阶段。隋统一全国后，隋文帝即下令将南北佛教合并，废除北周武帝的排佛政策，下诏兴修具有国家大寺院性质的大兴善寺，在五岳胜地也各修一座寺庙。隋仁寿年间（公元601—604年），在全国修建了舍利塔100多座。唐代长安城内，寺庙荟萃林立，造型极其精美，如大雁塔、小雁塔等。近年发掘的隋代仙游寺（陕西周至县）、唐代法门寺（陕西扶风县）都有大量极其珍贵的佛教文物出土，如寺庙地宫内的坚硬晶莹的佛骨舍利，世间所罕见。同佛教一样，道教在隋唐两代也风行于社会各阶层，产生广泛影响。唐高宗封老子为"太上玄元皇帝"。

① 《贞观政要》卷六，《慎所好》。

唐贞观十一年（637 年），唐太宗下诏"道士女冠宜在僧尼之前"，正式确立了道教的崇高地位。老子的《道德经》与《论语》并列，不仅百官公卿诵读，而且列为贡举必修之课。

在唐代，三教鼎立并非是消极的并存，而是经常举行多种形式的自由辩论，例如，唐贞元年间（公元785—805 年），儒教、佛教、道教在麟德殿展开大辩论，"始三家若矛盾然，卒而同归于善"①。唐太和元年（公元827 年），儒教、佛教、道教曾进行御前辩论，白居易在《三教论衡》中有生动记载。这些辩论在促进自身发展的同时，也加强了三教之间的交流。在宋明时期，儒学从佛教中广泛汲取营养，程颢、程颐宣扬的"理"，即来自佛教的"真如佛性"。朱熹的学说，也有不少内容来自禅宗和华严宗。正是在中国传统儒学和中国化的佛学的碰撞和交融中，同时汲取道教宇宙生成论等思想，产生了在中国封建社会后期有广泛影响的宋明理学，重建了传统的礼治秩序。虽然理学名目繁多，但究其实质，都不会脱离儒、佛、道三家思想。一般认为，中国学术发展历史大体可以分成先秦子学、两汉经学、魏晋玄学、隋唐佛学、宋明理学、清代朴学、近代新学七个阶段，在这七个阶段中，就有三个阶段，即魏晋玄学、隋唐佛学和宋明理学，是和佛教的影响分不开的。

明清之际，即16—17 世纪，资本主义生产关系在一些欧洲欧国家迅速发展，耶稣会为与反对罗马教廷的新教对抗，派遣大量的神职人员到亚洲、非洲和南美洲传教，扩充自己的势力。人口众多、幅员辽阔的中国，自然成为他们首选的对象。明朝万历年间，受罗马教廷派遣的耶稣会士来华。他们虽然担负着宗教殖民的使命，但更多的却是以"文化传教"的方式进行。西学东渐给中国带来了内容广泛的西方文化，特别是科学技术知识。在促进中西文化交流方面，他们不自觉地成为"两大文明之间文化联系的最高典范"②。欧洲古典哲学、文学、史学、音乐、绘画，以及数学、物理学、化学等自然科学知识，特别是科学技术方面的知识，大量被介绍到中国来。"耶稣会学术传教的策略，给明清之际的中国带来西方文化，

---

① 《新唐书·徐岱传》。
② 李约瑟：《中国科学技术史》第 4 卷第 2 分册，科学出版社、上海古籍出版社 1999 年版，第 249 页。

据信，远西诸传教士带来中国的图书多达 7000 余部。"① 这是继唐代景教、元代也里可温教之后，中国文化与基督教文化的第三次深入接触。当时来华的著名传教士有德国的汤若望，西班牙的庞迪我，葡萄牙的阳玛诺、傅泛济，瑞士的邓玉函，法国的金尼阁。意大利的传教士最多，如利马窦、龙华民、高一志、熊三拔、艾儒略、毕方济、罗雅谷等。

　　1916 年，陈独秀曾撰文《吾人最后之觉悟》，具体勾勒了欧洲文化在中国的传播过程，使人们对"西学东渐"有一较为完整的认识。陈独秀将这个过程分为七个阶段，即"七期"②。在陈独秀看来，第一期在有明之中叶，西教西器初入中国。第二期在清之初，火器历法，见纳于清帝。第三期在清之中世。鸦片战争以还，西洋武力，震惊中土，曾、李当国，相继提倡西洋制械练兵之术，于是洋务、西学之名词发现于朝野。第四期在清之末季。甲午之役，军破国削，举国上中社会大梦初觉。虽国几不国，而旧势力顿失凭依，新思想渐拓领土，遂由行政制度问题一折而入政治根本问题。第五期在民国初元，辛亥之役共和告成；第六期辛亥革命之后，吾人于共和国体之下，备受专制政治之痛苦。自经此次之实验，国中贤者，宝爱共和之心，由此勃发，厌弃专制之心，因以明确。第七期为多数人最后之觉悟，包括政治和伦理的觉悟，民国宪法实行时代。陈独秀认为，对西学仅仅学习"火器历法"、"西洋制械练兵之术"是不够的，重要的是思想上的"最后之觉悟"，通过改造封建中国的社会和文化，使中国走向民主共和，立于现代世界民族之林。

　　李约瑟教授在《基督教与亚洲文化》中曾提及，"在中国历史上有四次机会，有可能接受有组织的基督教：一次在公元八世纪叙利亚的景教徒来到时；一次是在十三世纪方济各会大主教来到北京时；还有一次是十七世纪耶稣会教士代表团来临的光辉时期；最后一次是十九世纪新教徒的使者来到中国设立医院并翻译科技书籍。但是这四次的机会中国人都拒绝了"③。尽管如此，在耶稣会教士推动下的西学东渐，以及在其影响下的中西文化交汇和东学西渐，无论对中国文化，还是对欧洲文化和世界文化的发展，无疑都有积极的意义。

---

　　① 王徵：《远西奇器图说录最》，参见冯天瑜、杨华著《中国文化发展轨迹》，上海人民出版社 2000 年版，第 300 页。

　　② 陈独秀：《吾人最后之觉悟》，《青年杂志》第 1 卷第 6 号，1916 年 2 月 15 日。

　　③ 李约瑟：《四海之内》，三联书店 1992 年版，第 178 页。

博大精深的中国文化，对世界文化的影响溯源久远。自秦至清约 2000 年间，中国文化对日本、朝鲜和越南等亚洲国家的影响表现在政治、经济和文化诸方面。指南针、火药和造纸术，是中华民族对人类文明的伟大贡献。马克思说："指南针、罗盘、印刷术——这是预兆资产阶级社会到来的三项伟大发明。火药把骑士阶层炸得粉碎，罗盘打开了世界市场并建立了殖民地，而印刷术却变成新教工具，并且一般地说变成科学复兴的手段，变成创造精神发展的必要前提的最强大的推动力。"① 此外，中国古典文学、古典哲学、戏剧艺术，以及陶瓷、丝绸、漆器、园林、建筑对欧洲以及整个世界文化的影响也是十分久远的。针对根深蒂固的"欧洲中心论"，英国谢菲尔德大学政治与国际关系学高级讲师约翰·霍布森著《西方文明的东方起源》2004 年问世。作者强调：有两个过程导致了东方化的西方的崛起。首先，欧洲发展的每个重要转折点，很大程度上都是通过吸收东方发明（如思想、技术和制度等）而完成的，在公元 500—1800 年之间，这些东方发明通过东方全球化，从先进的东方向东方主导的全球经济扩散；其次，1453 年后欧洲身份的构建导致了帝国主义的产生，由此欧洲人攫取了诸多东方资源（土地、劳动力和市场）。总之，"这种常见但却富有欺骗性的欧洲中心论，从各个方面来说都是错误的，至少可以说，东西方从公元 500 年开始就通过全球化一直联系在一起。更重要的是，经过类比，马丁·伯纳尔认为古希腊文明显然是源于古埃及。同样，本书认为东方（公元 500 年至 1800 年之间比西方更先进）在促进近代西方文明的崛起方面发挥了至关重要的作用"②。约翰·霍布森的著作在西方学术界引起广泛反响。迈克尔·曼认为："这是一本重要的比较社会学和历史社会学著作，既言简意赅地反驳了欧洲中心论，又收集了欧洲和亚洲历史方面令人信服的证据。霍布森认为。所谓的使欧洲主宰世界的许多发明实际上是从亚洲（通常是由中国）扩散到欧洲的，亚洲（中国）直到 19 世纪仍然和欧洲一样发达。"萨西·瑟罗强调该书"富有洞察力和独创性，不亚于其他任何一种描写现代世界历史的文本。霍布森博士突破了学术界对东西方关系原有的认识，对西方文明既定的设想进行了校正，追溯了东方对西

---

① 马克思：《机器·自然力和科学的应用》，载《自然科学争鸣》1972 年第 4 期。

② 约翰·霍布森：《西方文明的东方起源》，山东画报出版社 2009 年版，第 2—3 页。马丁·伯纳尔，当代美国学者，康奈尔大学教授。下引迈克尔·曼、萨西·瑟罗等学者的评价，见该书封底。

方的蒙恩。这是一种罕见的智力再现———一部非凡和发人深省的著作"。

中国文化发展的历史表明，中国文化与外来文化各种形式的交流和交融，永远都不会停止。中国文化与外来文化交流和交融的过程，也是中国文化在继承、弘扬自己优秀文化传统的同时，不断进行文化创新的过程。梁启超曾以"西洋文明"为例深入浅出地指出："拿西洋的文明来扩充我的文明，又拿我的文明去补助西洋的文明，叫他化合起来成一种新文明。"① 中国文化和世界上各个民族优秀的文化一样，是发展的文化。何芳川教授主编《中外文化交流史》时，曾从四个方面，概述了这一交流的特点。这就是：首先，它是动态的，而非静态的。人猿揖别以来，人类社会始终处于发展这一动态上，这是文化交流的基本背景。其次，它是立体的，而非平面的。人类在不同地区，不同国家、民族国家、民族创造的文明与文化，都同人类社会本身一样，是一种立体网络式的结构。即使是最简单、最直接也最容易交换的物质（器物）文化，其中也物化着丰富的制度文明乃至精神文明的内容。再次，它是双向与多向的，而非单向的。文化交流的双向性，其实也是一种多向性互动。最后，中华民族对外文化交流时，其灿烂辉煌的物质文化出超现象常常令人眼花缭乱。当人们集中注视中外文化交流的这一现象时，其实有许多值得重视的事物往往被掩盖了②。

从新民主主义文化到社会主义文化

新中国成立前夕，毛泽东就指出："伟大的胜利的中国人民解放战争和人民大革命，已经复兴了并正在复兴着伟大的中国人民的文化。"③ 中华人民共和国成立的同时，建设中国新文化的历史任务，即提上日程。"随着经济建设的高潮的到来，不可避免地将要出现一个文化建设的高潮。中国人被人认为不文明的时代已经过去了，我们将以一个具有高度文化的民族出现于世界。"④ 新中国成立后，在中国社会发展的历史上，出现了空前的文化复兴和发展的新局面。

---

① 梁启超：《饮冰室合集·专集之二十三》，见《饮冰室合集》第 7 册，中华书局 1989 年版，第 35 页。

② 参见何芳川主编《中外文化交流史》上卷，国际文化出版公司 2008 年版，第 3—4 页。

③ 《毛泽东选集》第 4 卷，人民出版社 1991 年版，第 1516 页。

④ 1949 年 10 月 6 日出版的《新建设》第 3 期，毛主席题词。

　　我国社会主义文化由新民主主义文化发展而来。新民主主义文化是反对帝国主义、封建主义的文化；是民族的、科学的、大众的文化。1940年，毛泽东在《新民主主义论》中，系统阐释了他的新民主主义文化观。毛泽东强调，新民主主义文化是中华民族的新文化。建设中华民族的新文化，又是和建设中华民族的新社会、新国家联系在一起的。新社会、新国家不仅有政治上的自由和经济上的繁荣，而且还有与旧文化有着质的区别的新文化。"中国的长期封建社会中，创造了灿烂的古代文化。清理古代文化的发展过程，剔除其封建性的糟粕，吸收其民主性的精华，是发展民族新文化，提高民族自信心的必要条件；但是决不能无批判地兼收并蓄。""民族的形式、新民主主义的内容——这就是我们今天的新文化。"① 新中国成立后，毛泽东为发展社会主义文化有一系列精辟论述。1956年4月，毛泽东在中央政治局扩大会议上提出"百花齐放、百家争鸣"的"双百方针"，强调艺术问题上的百花齐放，学术问题上的百家争鸣，应该成为发展、繁荣社会主义文化的基本方针。1957年2月，他在最高国务会议第十一次（扩大）会议上发表讲话时强调："百花齐放，百家争鸣的方针，是促进艺术发展和科学进步的方针，是促进我国的社会主义文化繁荣的方针。艺术上不同的形式和风格可以自由发展，科学上不同的学派可以自由争论。利用行政的力量，强制推行一种风格，一种学派，禁止另一种风格，另一种学派，我们认为会有害于艺术和科学的发展。"② 再次强调"双百方针"，对发展社会主义文化的重要意义。

　　无论在民主革命时期，还是在社会主义革命时期，毛泽东都十分重视对中国传统文化的继承问题。1960年12月，他在接见外国代表团时，进一步阐释了我们不应当割断历史，从孔夫子到孙中山都应当给以总结，继承这一份珍贵的遗产的思想。他说："应当充分地利用遗产，要批判地利用遗产。所谓中国几千年的文化，是封建时代的文化，但并不全是封建主义的东西，有人民的东西，有反封建的东西。要把封建主义的东西与非封建主义的东西区别开来。封建主义的东西也不全是坏的，也有它发生、发展和灭亡的时期。我们要注意、区别发生、发展和灭亡的时期的东西。当封建主义还在发生、发展的时候，它很多东西还是不错的。反封建主义

---

① 《毛泽东选集》第2卷，人民出版社1991年版，第707、708页。
② 《毛泽东选集》第5卷，人民出版社1977年版，第418页。

的文化也不是全部可以无批判地利用的，因为封建时代的民间作品，也多少都还带有若干统治阶级的影响。我们应当善于进行分析，应当把封建主义发生、发展和灭亡时期的文化区别开来，应当批判地利用封建主义的文化，我们不能无批判地加以利用。反封建主义的文化当然要比封建主义的好，但也要有批判、有区别地加以利用。"[①] 对待传统文化，必须运用辩证唯物主义和历史唯物主义的观点进行分析，既要反对数典忘祖的历史虚无主义倾向，又要反对复古主义的做法。当前，摆在我们面前的一个突出而紧迫的问题，是"如何使优秀的中华传统文化和时代精神结合"。而要回答这个问题，不可避免地要深入研究"在经济全球化、文化多元化环境中的民族文化现状；不同的文化之间如何沟通、相融；如何进行未来民族的和世界的文化建设，以使人们能在对物质的追求和对精神的需求之间取得相对平衡；如何在经济和社会发展速度和人文精神建设速度之间找到协调点；中华民族如何和各国人民为克服当前地球的种种危机而携手并进"[②]，这是当代中国文化发展所面临的重大挑战。如何赋予中国传统文化以时代精神，这不仅直接影响到中国文化的走势，而且也关系到中华民族的兴衰。

　　同对待中国传统文化一样，毛泽东对如何汲取外来文化的有益内容，也同样十分重视。他说："我们的方针是，一切民族、一切国家的长处都要学，政治、经济、科学、技术、文学、艺术的一切真正好的东西都要学。但是，必须有分析有批判地学，不能盲目地学，不能一切照抄，机械搬运。他们的短处、缺点，当然不要学。"[③] 毛泽东强调，对外来文化无论是一概排斥，还是全盘接受，都是错误的。有选择地学习、汲取外来文化的有益内容，是将这些有益内容和中华民族的文化有机地融合在一起，是为了中国新文化的建设，而不是"全盘西化"，割裂自己的文化传统，放弃自己的文化。

　　毛泽东新民主主义的文化观和社会主义文化观，为建设中华民族的新文化，繁荣发展社会主义文化奠定了坚实的理论基础。改革开放以来，党的历代领导人十分重视发展社会主义文化的问题。文化建设始终是保证我

① 转引自龚育之等《毛泽东的读书生活》，三联书店1986年版，第166页。
② 许嘉璐：《传统文化与时代精神》，《光明日报》2011年1月10日。
③ 《毛泽东著作选读》下册，人民出版社1986年版，第740页。

国社会主义事业持续发展的必要条件，也是我国在世界范围内的竞争中立于不败之地的重要保证。在新的历史条件下，毛泽东的社会主义文化观与时俱进，不断丰富和完善有中国特色的社会主义文化理论。

邓小平领导全党和全国人民进行社会主义现代化建设的过程中，把文化建设放到了十分突出的位置。他认为，科学技术是第一生产力，社会主义现代化必须"两个文明"一起抓；社会主义文化的根本性质，是坚持马克思主义的主导地位和社会主义方向；同时还要大胆汲取和借鉴人类文明的一切积极成果，科学对待历史文化遗产，弘扬爱国主义精神等。在党的七十周年生日时，江泽民同志发表重要讲话，系统阐述了什么是中国特色的社会主义文化。中国特色的社会主义文化，"必须以马克思列宁主义、毛泽东思想为指导，不能搞指导思想的多元化；必须坚持为人民服务、为社会主义服务的方向和'百花齐放、百家争鸣'的方针，繁荣和发展社会主义文化，不允许毒害人民、污染社会和反社会主义的东西泛滥；必须继承发扬民族优秀传统文化而又充分体现社会主义时代精神，立足本国而又充分吸收世界文化优秀成果，不允许搞民族虚无主义和全盘西化"。江泽民强调，"我们应该牢牢把握有中国特色社会主义文化的这些基本要求，极大地提高全民族的思想道德和科学文化素质，促进社会主义物质文明和精神文明的发展"①。

2007年，胡锦涛在党的十七大报告中强调，文化建设是中国特色社会主义事业的重要组成部分；加强文化建设是提高全民族整体素质的重要途径，是全面建设小康社会的重要奋斗目标。党的十七大向全党提出了"推动社会主义文化大发展大繁荣，兴起社会主义文化建设新高潮"的伟大战略任务。这个任务的提出表明，党在新的历史起点上，从全局和战略的高度，比以往更加重视文化发展对社会整体发展的意义和作用；显示了党在世界文化多样性发展的进程中，不断增强中华文化的生命力、创造力和影响力的决心与信心。全面建设小康社会，必须大力发展中国特色社会主义文化，不断满足人民群众日益增长的精神文化需求，不断丰富人民的精神世界，增强人民的精神力量。

加强中国特色社会主义文化建设，首先，要大力推进社会主义核心价值体系建设。社会主义核心价值体系是社会主义意识形态的本质体现，是

---

① 《江泽民论有中国特色社会主义》（专题摘编），中央文献出版社2002年版，第384页。

实现中华文化复兴的根本。要坚持不懈地用马克思主义中国化最新成果武装全党、教育人民，用中国特色社会主义共同理想凝聚力量，用以爱国主义为核心的民族精神和以改革创新为核心的时代精神鼓舞斗志，用社会主义荣辱观引领风尚，巩固全党全国人民团结奋斗的共同理想基础。其次，要大力推进和谐文化建设。积极弘扬爱国主义、集体主义、社会主义思想，把依法治国和以德治国结合起来，加强社会主义法制建设的同时，建立起与社会主义初级阶段相适应的道德体系；积极弘扬科学精神，普及科学知识，贯彻科教兴国的方针，不断提高全民族的科学文化素质。再次，大力推进文化创新，不断解放和发展文化生产力，增强文化发展活力，完善文化产业政策，努力营造有利于出精品、出人才的环境。最后，建设社会主义文化既要弘扬中华文化，科学认识中华传统文化，取其精华，去其糟粕，使之与现代文化相协调；同时要着眼于世界文化发展的前沿，吸收和借鉴各国优秀文明成果的同时，积极推进中华文化走出去，不断提升中华文化的国际影响。

实现社会主义文化大发展大繁荣，必须坚持马克思主义在意识形态领域的指导地位，牢牢把握社会主义先进文化的前进方向。马克思主义既是我国文化建设的指导思想，又是我国当代民族文化中的主流文化。马克思主义是我们立党立国的根本指导思想，决定着文化的性质和发展方向，是文化建设健康发展的根本保证。如果离开了马克思主义的指导，我们就会迷失方向，就会在思想上软弱无力，文化建设就会走上歧路。

第四节　全球化与民族文化

全球化对民族文化的挑战

经济全球化"几乎延伸到世界的每一个角落"，并且"以一种非常深刻的方式重构我们的生活方式"[①]，使人类社会面临着全新的变化。这样，它不可避免地在国际政治、经济领域产生深远影响的同时，也将在文化领域产生重大影响，使之出现挑战性的后果。

首先，经济全球化加快和扩大了不同民族和国家人们的接触、联系，

---

①　吉登斯：《失控的世界——全球化如何重塑我们的生活》，江西人民出版社2001年版，第2、4页。

进而影响到不同民族之间文化的交往，使各民族文化的发展发生变化。这些变化反映在许多方面，包括民族的思维方式、审美情趣、心理素质、伦理观念，以及国民性和民族文化的价值体系等。但是，这一切和坚持文化的民族性并不相悖。任何一个民族国家在参与经济全球化的过程时，保持其民族的独立性和保持其民族文化的独立性是一致的。民族文化凝聚着民族意识、民族感情和民族的价值取向，民族国家在维护其经济利益的同时，特别是民族国家的经济利益已经、或有可能受到危害时，日益要凸显其对民族文化的强化。在经济全球化这一新的历史时期到来的时刻，各民族都在致力于政治、经济、社会发展的同时，探求建设自己的先进文化之路。这是因为在今天，文化尤其是推动经济发展和社会进步的关键因素。

强势文化不等于先进文化。先进文化是顺应历史潮流，符合人类社会发展方向，反映时代精神，体现社会生产力的发展要求，代表未来方向的文化。先进文化是人类文明进步的结晶。今天，以美国为代表的西方国家凭借着强大的经济实力，企图建立起称霸全球的强势文化，将"强势"与"先进"相混淆，标榜西方文化因"强势"而是"先进文化"，并强加于人，似乎参与到经济全球化进程中的广大发展中国家，只有无条件接受西方文化，才有出路。而事实恰恰相反。对广大发展中国家来说，它们建立自己先进文化的主要障碍，并非是这些国家文化的"狭隘"、"封闭"和"保守"，而首先是以美国为代表的西方大国，在这些国家推行文化帝国主义或文化殖民主义政策，凭借着自己的"强势"进行文化渗透、文化侵略，以各种不同的形式消解和摧毁这些国家的民族文化。

在我国，我们要建设的是社会主义先进文化。它的指导思想是马克思列宁主义、毛泽东思想、邓小平理论、"三个代表"重要思想和科学发展观；我们进行先进文化建设的目的，是要激发全民族文化的创造活力，提升国家文化的软实力，使广大人民群众更好地享有基本文化权益。所有这一切，和所谓的西方"先进文化"风马牛不相及，有着本质的区别。对中国这样一个发展中的社会主义大国来说，如果对西方大国的文化渗透缺乏清醒的认识和警觉，甚至主张在"全球化"的旗号下，不加分析、不加选择地全盘接受西方的文化，那无疑是完全错误的。

其次，计算机文化的普及，是经济全球化到来的重要物质前提。在此基础上，以网络为代表的新的信息传播方式和传递技术，对人类文化所产生的影响，无论怎样估计，都不过分。网络，使民族文化注入了全球的内容，不可避免地冲击着民族文化。美国是网络的诞生地。美国麻省理工学院教授、媒体实验室（Media Lab）创办人尼葛洛庞帝认为，"计算不再只和计算机有关，它决定了我们的生存"，"'信息的DNA'正在迅速取代原子，成为人类生活基本的交换物"。"互联网络用户构成的社区将成为日常生活的主流，其人口结构将越来越接近世界本身的人口结构。就像法国的Minitel网络和美国的奇迹网络都认识到的那样，网络上应用最多的是电子邮递。网络真正的价值正越来越和信息无关，而和社区相关。信息高速公路不只代表了使用国会图书馆中每本藏书的捷径，而且正创造着一个崭新的、全球性的社会结构！"① 正是认识到以网络为代表的信息技术对人类文化的深刻影响，许多国家自20世纪90年代起，从规划、政策、示范推广、宣传培训和研究开发等方面入手，全力推动网络化。信息网络的国际化、社会化、开放化、个人化，对民族文化的影响是显而易见的。在无形的网络世界中，几乎每日每时都有前所未有的文化现象面世，让人眼花缭乱，应接不暇。无论是丰富的内容、全新的艺术门类，还是令人叹为观止的表现形式，以及文化成果的传播和积累，都是史无前例的。

在以计算机为中心的现代高科技的支持下，广袤的地球被浓缩成一个"地球村"，国家与国家之间的距离几乎不存在了。在经济全球化的背景下，文化发展打破固有的时空界限，走出国门，进入持续高速发展期。在这样的形势下，我们不仅要看到这对加快和扩大不同民族之间文化交流和交往，提供了有利的条件；同时也要清醒地认识到，这对民族文化冲击已经产生和可能产生的消极影响。美国学者罗伯特·萨缪尔森说："全球化是双刃剑，它既是加快经济增长速度、传播新技术、提高不同国家，包括穷国和富国生活水平的过程，也是侵犯国家主权、侵蚀本土文化传统、威胁经济安全和社会稳定的过程。"② 对于民族文化侵蚀的突出表现之一，首先在消费文化上。在今天世界上的大多数国家，包括在发达国家、发展中国家和贫穷国家，都可以轻而易举地吃到"麦当劳"、"肯德基"，喝"可口可乐"，看好莱坞电影，听美国乡村音乐，吸万宝路香烟，购买美国的廉价商品等。这些食品影视节目，已经不是简单的物质产品或精神产品，

---

① 尼葛洛庞帝：《数字化生存》，海南出版社1997年版，第213—214页。

② Robert Samuslson，"Globalization Advantages and Disadvantages"，*International Herald Tribune*，January4，2000.

而成为凝聚着美国理念的美国文化的象征。这一文化象征成为美国生活方式、政治理念和价值观的载体，在全球渗透和传播。这是一种"非意识形态的"意识形态，即在吃喝玩乐、轻歌曼舞的所谓"纯娱乐"中，向世界各国，特别是向广大发展中国家推行西方意识形态和生活方式。

在西方文化的影响下，一些发展中国家的文化的价值取向在悄悄地发生变化。这在我国也有所反映。例如，一些人淡漠，甚至放弃了自己的精神家园，混淆精华和糟粕、腐朽和神奇的原则界限，热衷于渲染、展示民族文化中的一些庸俗落后，已为时代所淘汰的丑陋东西。至于有人这样做是为了满足外国人猎奇或感官刺激的需要，则更为人所不齿。例如，一些人打着"中国缠足文化"的旗号，津津乐道"悠悠千载一金莲"。众所周知，缠足和八股文、鸦片并列，被认为是旧中国的"三大病症"。缠足是中国封建社会始于隋唐的一种陋习，即从四五岁开始，耗时三四年，把女子的双脚用布帛缠裹起来，使其变成又小又尖的"三寸金莲"。一千多年以来中国的千千万万的女性从小就要经受这种从心理和生理上的摧残。缠足逐渐成为一种普遍的社会习俗，成为封建社会的一种病态的审美。"裹小脚一双，流眼泪一缸。"缠足使鲜血淋漓，肌骨变形，其痛苦用语言难以形容，这里只有历代中国女性的血泪控诉，哪有什么"悠悠千载一金莲"之类的文化可言？

改革开放以来，我国旅游业突飞猛进向前发展，北京的"胡同游"展示中国传统文化的优秀内容，如"四合院文化"等，颇具特色，受到中外游客的普遍赞扬。但前几年，有人却提出建立"八大胡同展馆"，将旧中国妓院云集的北平（北京）"八大胡同"，作为"文化景点"对中外游客开放，这自然遭到北京市大多数居民的极力反对。八大胡同是老北京对烟花柳巷的代称，从广义上说，八大胡同指的是前门大栅栏的观音寺以西，铁树斜街以南，珠市口西大街以北的诸多胡同。乾隆二十一年以后，北京内城禁止开妓院。因此，内城的妓院迁移到这一带集中密集发展。在近代中国历史进程中，"八大胡同"是要摒弃、鞭挞的糟粕，还是要弘扬的"文化"？这并不是什么复杂的问题，但即使是这样一个简单的问题，由于文化价值取向的混乱，也可以得出混淆黑白、颠倒是非的结论。

这种情况也表现在人们的日常生活中，例如，关于我们"面临着以美国为代表的西方文化帝国主义的严重挑战"，这是一个现实存在的问题，仅举北京楼市的命名，即可见一斑。这些楼市的名字是："罗马花园"、

"站前·巴黎"、"柏林山水"、"瑞士公寓"、"阳光波尔多"、"海德堡花园"、"北欧小镇"、"富力丹麦小镇"、"欧陆经典"、"檀香山别墅"、"米兰天空"、"格林斯小镇"、"德国印象"、"莱茵河畔"、"维多利亚花园"、"莫奈花园"、"马奈草地"，还有"US 联邦公园"、"DBC 加州小镇"、"LLSTATION"、"A—Z—Town"、"Ci tyone"、"Loftel" 等等。笔者以为，这些不伦不类的"奇观"除了暴露出崇富、媚外的心理和虚荣、浮华的心态外，还有更深刻的内容值得我们思考，如民族文化的自尊心、自信心，以及民族文化自身的主体意识等。

在学术研究中，不加选择地照抄照搬西方的理论和方法，在某些学科表现得十分突出，以致有人认为在这些学科出现了"集体失语症"，即自动地放弃了自己的话语权，更谈不到学术研究中如何以马克思主义为理论指导，建立自己的理论体系。2002 年夏，美国纽约大学张旭东先生在北大接受记者采访时说："现在，中国任何一个现象都只能在别人的概念框架中获得解释，好像离开了别人的命名系统，我们就无法理解自己在干什么。我们生活的意义来自别人的定义。"他认为这是一个非常严重的问题，因为"文化定位实际上也就是不同文化和价值体系之间的互相竞争。……这反映出一个民族的根本性的抱负和自我期待"[①]。联想到中国学术界的一些现象，他的话确实值得人们深思。中国哲学社会科学研究的真正动力，在于对当代中国、当代世界复杂的现实问题的思考。因此，要独立从事科学研究，就不能将自己的观点，寄希望在别人的概念体系中得到阐释。不能离开了别人的命名系统就寸步难行。如果只知道所谓的"研究"，而忘记了自己首先是中国人，那将是十分悲哀的。

在全球化的背景下，讨论全球化对民族文化的挑战尤其重要，我们不是去适应强势文化国家的全球化模式，以及这一模式在文化发展、文化建设中所体现出的种种规范；也不是去抵制全球化时代的到来，拒绝西方学术中的积极内容，而是要主动地、自觉地、理所当然地积极参加到在全球化背景下，建构有中国风格和特点的新的哲学社会科学创新体系和话语系统中去。它首先应该实现的是当代中国哲学社会科学家、同时也是整个中华民族的价值目标。对整体上的中国文化，或每一历史时代的中国文化，

---

① 张洁宇：《全球化时代的中国文化反思：我们现在怎样做中国人——张旭东教授访谈录》，《中华读书报》2002 年 7 月 17 日。

都不应采取虚无主义的态度，即承认中国文化是充满生机的独立的文化，即使在经济全球化的条件下，也不能失去中国文化的"根"和"魂"。

全球化和民族文化的多元发展

经济全球化不仅是全球范围内社会关系的强化，而且也是全球范围内文化关系的强化，其结果首先是文化发展的多样性，成为现时代人类文化发展的突出特征。"文化多元是每个民族最基本的特点，它无处不在，永世长存。民族认同是对全球化压力的正常的、健康的反映。"① 1999年，在新的千年到来之际，意大利著名思想家恩贝托·埃柯在纪念波洛尼亚大学成立900周年的主题演讲中强调：欧洲大陆第三个千年的目标就是"差别共存与相互尊重"。这就是说，人们发现的差别越多，能够承认和尊重的差别越多，就越能更好地相聚在一种互相理解的氛围之中②。反对文化帝国主义，维护民族文化的独立性，同积极汲取异质文化的优秀成果，承认文化的多元性是一致的，或者说接受文化的多元性，是维护民族文化独立性的前提。因为这种"承认"和"接受"，是对各民族文化多样性、差异性的承认和接受，是对各民族文化特征的充分尊重和理解。

远古以来的人类历史，是一部多元文化发展，即不同民族文化共同发展的历史。随着社会生产力的进步，各个民族、国家或地区联系的增加，闭塞的、彼此隔绝的历史，愈来愈加成为世界的历史。在这个过程中，各民族因彼此交往的增加，使其文化在广泛的历史背景下碰撞、交流或交融，更加充满朝气和生机，绚丽多彩。无论在历史上还是在现实，人们都能真切地感觉到中国文化、希腊文化、印度文化、希伯来文化、阿拉伯文化和非洲等文化传统的影响。在"经济全球化"这一新的历史条件下，并没有改变或终止世界文化多元发展的历史进程，恰恰相反，不同民族的文化在"全球"范围的频繁接触和交往，无论是"地球村（global village）"，还是"世界邻居（our global neighbourhood）"的出现，都为世界文化的多元发展提供了新的历史机遇，进一步推动了世界文化的多元发展。

2001年11月2日，在联合国教科文组织第31届大会上通过的《联合

---

① 联合国教科文组织世界文化与发展委员会：《文化多样性与人类全面发展——世界文化与发展委员会报告》，广东人民出版社2006年版，第34页。

② 参见乐黛云《跨文化之桥》，北京大学出版社2002年版，第3页。

国教科文组织文化多样性宣言》明确提出，文化多样性对人类来讲，就像生物多样性对维持生物平衡那样必不可少，文化多样性是人类的共同遗产。在今天的世界上，"约有大小民族2000多个。其中百万人口以上的民族300多个，人口总和约占世界人口的96%。人口超过1亿的民族有7个，这7个民族也是这7个国家的主体民族，即汉人、印度斯坦人、美利坚人、巴西人、俄罗斯人、日本人和孟加拉人"。① 无论是人口过亿的民族，还是人口只有数万人的民族，每个民族都有自己的"民族性"，即都有自己民族的认同与标识，而这些认同和标识，首先流淌在民族文化的血脉中，在自己的民族文化中鲜明地表现出来。

1982年，世界文化大会通过的《关于文化政策的墨西哥宣言》指出："文化是体现出一个社会或一个社会群体特点的那些精神的、物质的、理智的和感情的特征的完整复合体。文化不仅包括艺术和文学，而且包括生活方式、基本人权、价值体系、传统和信仰。""文化赋予我们判断力和道义感，从而使我们成为有特别的人性的、理性的生物。我们正是通过文化辨别各种价值并做出选择。"② 这里需要指出的是，无论是生活方式、基本人权、价值体系，还是传统、信仰、判断力、道义感，或价值判断、价值选择等文化的构成"因素"，在世界上不可能只有一个标准，或只有一个模式，即使是"全球化"的标准与模式，如所谓"文化全球化"也不存在。每个民族都有自己基于历史与现实的认识和选择，这一切只有融合在民族性之中，即深深地扎根于民族的文化之中，成为民族文化的重要组成部分，才能真正地获得生命。

全球化时代的到来，为不同文化之间的交流和交融提供了新的历史机遇，经济全球化是加快文化交融的强大动力。在"地球村"中，各个国家和民族之间的交往更加广泛、更加频繁，使自己的文化在不同文化的交流和交融中不断获得新的动因，从而使各民族的文化丰富多彩，充满生机，表现出更加鲜明的文化的多样性。由此人们完全可以有理由说，正是在经济全球化这一新的历史条件下，才使文化进一步表现出具有各自民族特征的多样性，而不是相反。

① 李德洙等主编：《当代世界民族宗教》，中共中央党校出版社2003年版，第27页。
② 转引自欧文·拉兹洛《多种文化的星球——联合国教科文组织国际专家小组的报告》，社会科学文献出版社2001年版，第153页。

　　1922 年，英国哲学家罗素在《中西文明比较》中写道："不同文化之间的交流过去已经多次证明是人类文明发展的里程碑。希腊学习埃及，罗马借鉴希腊，阿拉伯参照罗马帝国，中世纪的欧洲又模仿阿拉伯，而文艺复兴时期的欧洲则仿效拜占庭帝国……"[1] 正是由于不同文化之间的碰撞、交流和交融，才使得这些文化在自身的发展中不断地相互汲取营养，在不同的历史时期都焕发出新的生命力，世世代代延续下去。这种文化的交融，不是一个民族的文化融化到另一个民族的文化之中，导致这个或那个民族文化的消失，或使本民族的文化受到削弱，相反却是在这种交融中，使本民族的文化因汲取外来文化的有益内容而更加健壮，更加生气勃勃。中国文化的发展历程充分证明了这一点。在不断吸纳异质文化精华的过程中，中国文化不仅没有被外来文化所取代，相反却变得根深叶茂，创造出新的、更有活力的文化。

　　不同民族之间的文化、各异质文化所以能够交流、交融，表明文化具有同质性，而且文化的同质性又是和文化的多样性联系在一起的。所谓"文化的同质性"，是强调将人类文化发展作为一个有机的整体进行研究，或者说，人类文化发展有一个共同的层面。任何一种文化，都是世界性和民族性的辩证统一。文化的世界性不是一个抽象的概念，这种世界性存在于民族性之中，并通过文化的民族性体现出来。如果文化的民族性失去了，世界性也就不复存在。世界文化由具有各自鲜明特点的民族文化组成，世界上不存在超然于民族文化之上的所谓独立的"世界文化"，伴随着经济全球化已经或正在形成金融的全球化、传媒的全球化等，但并没有出现什么体现出单一价值体系的"文化的全球化"。

　　2004 年《联合国人文发展年度报告》认为，文化多样性对社会发展至关重要。促进文化多样性是发展的关键。保持文化多样性和保护少数民族的权利对于发展和社会稳定至关重要。政府采取有利于少数民族的赞助性行动或多语教学政策，可以促进国民的团结，降低民族之间爆发冲突的危险。各民族都面临这样的选择：要么接受并促进文化多样性，要么遭遇暴力冲突，发展滞后等问题。"在这些文化认同方面的斗争，如果撒手不管或处理不当，就会很快演变为国内或国际局势动荡的根源之一，引发冲

---

　　① 参见中华孔子学会等编《经济全球化与民族文化多元发展》，社会科学文献出版社 2003 年版，第 76 页。

突，从而导致发展倒退。"报告的主笔福田—帕尔说："我认为，今天的现实是，我们认识到国家没有必要建立在单一的文化认同之上。"① 如果说一个国家是这样，对更为复杂的世界就更是如此。在全球化背景下，一些人从美好的愿望出发，对民族文化的多元发展持乐观态度。他们认为，"全球化是以对话代替对抗；全球化是以和平代替战争；全球化是以合作代替掠夺和抗争；全球化是以共生共存代替'一个吃掉一个'；全球化是以'双赢'替代'你死我活'；全球化是以多元、开放、和谐替代'闭关锁国'、'惟我独尊'和那永无止境的'斗争哲学'。在全球化的进程中，随着非西方力量的增长与强大，全球化进程会更加独立、自主，最终成为民族文化多样性共存共荣的过程。"② 然而，这一切是不可能自发实现的，也不可能在短时期内一蹴而就。树欲静而风不止，一些人认为，通过超越"西方中心主义"、"东方主义"；超越"种族中心主义"、"人类中心主义"；超越"冷战思维模式"，树立"后现代全球意识"，就可以实现"民族文化多样性共存共荣"，这也不现实，因为世界上文化帝国主义、霸权主义和强权政治的存在，毕竟是客观事实。

在经济全球化的背景下，欲要"民族文化多样性共存共荣"，关键是在合理的国际政治秩序、合理的国际经济秩序的基础上，各民族文化平等相处。世界各民族文化之间，没有贵贱优劣之分，都为人类文明进步做出了不可替代的贡献。要使民族文化生机勃勃独立发展，各个民族首先要自觉汲取世界优秀文化成果，使本民族文化发展通过不断汲取异质文化的有益营养，焕发出新的青春活力；积极主动地汲取外来文化的有益内容，和积极抵御、防范外来文化霸权的侵蚀应有机地统一在一起。在当代，任何一种民族文化都是在与外部环境、外来文化的不断撞击中得到锤炼和发展的。保护传统文化，并不是像对待古文物那样把它与周围世界隔绝开来，相反，一种文化只有与时代相适应，跟上时代前进的步伐，既不断地更新和发展，又不失却自身传统的特色，才是一种有生命力的文化、一种根深叶茂的文化。总之，既不是把自己与世界隔绝开来，实行文化孤立主义或文化封闭主义，盲目地把其他民族文化的优秀成果排斥在外；也不是故步自封，妄自尊大，将自己的文化凌驾于其他文化之上；更不能鼓吹文化的

---

① 《参考消息》2004 年 7 月 16 日。

② 缪家福：《全球化与民族文化多样性》，人民出版社 2005 年版，第 342 页。

极端民族主义，狂热地宣扬某一种文化，而把其他文化视做异端。

全球化和民族文化的现代转化

同世界文化发展的基本特点一样，任何一个民族文化的发展都有继承性，否则每个新生的一代，都要从狩猎采集、钻木取火开始，人类只能在原始状态下重复，永远不能进步。显然，没有继承性的文化是不存在的。文化不仅有继承性，而且还有变异性，就是说任何一个民族的文化都是在不断的发展变化中，随着时代的进步，表现出从低级到高级、从简单到复杂的变异，从某种意义上可以说，发展变化是民族文化存在的重要形式之一。如果说，"继承性"强调的是文化的民族性，那么，"变异性"则更多的是强调文化的时代性。文化的变异性并不是随心所欲地进行这样或那样"变异"，而是有着深刻、具体的时代内容，是时代精神的折射或反映。因此，一种有影响的观点认为，文化是社会的产物，社会的不断发展演变，决定了文化的发展变化，文化过程就是文化变异的过程。

文化的时代性决定了文化存在、发展的过程中，在每一个时代，或每一个特定的历史时期内，都有明显有别于已经逝去的前一个历史时代或前一个历史时期的文化特征和文化内容。这些特征和内容，与时代的特征和内容协调一致。不同时代的特征有天壤之别，决定了不同时代文化特征的天壤之别。当然，天壤之别与文化的继承性并不矛盾，因为继承并不等于全盘照搬，而是有选择、有扬弃、有创新。只要我们将原始文化、奴隶占有制文化、封建主义文化、资本主义文化和社会主义文化相比较，就不难理解什么是文化变异，什么是文化的现代转化。

在社会发展与文化发展的辩证关系中，不应忽略的另一重要内容，就是文化发展对社会的发展至关重要。首先，文化变革是社会发展的先导，社会变革或革命的前奏。无论是物质文化还是精神文化，都是如此，在一定的历史环境中，精神文化的作用有时更大。例如，14—16世纪的欧洲文艺复兴运动倡导以人为中心、以人为本，猛烈抨击以神为本位的宗教思想对人性、对人的精神的束缚；强调人的尊严和价值，追求现世的幸福生活。文艺复兴运动，实际上是为新兴的资产阶级登上历史舞台的新文化运动。

其次，文化变革是社会发展的精神动力，社会发展归根结底是通过人完成的，即使有强大的物质力量支持，但离开人的创造性的劳动，社会发展也不会自发实现。人格的自我完善；社会责任感、使命感的实现；文学、哲学和艺术修养的积淀，以及社会历史观、价值观和社会理想的形成，都离不开变革中的文化的滋养。1914 年冬，梁启超在清华大学作题为《君子》的讲演时，引用《周易》中的"天行健，君子以自强不息"；"地势坤，君子以厚德载物"①来勉励师生，强调君子应该像天宇一样运行不息，不屈不挠；君子接物度量如大地一样，没有任何东西不能承载。不仅是清华学子，而且整个中华民族都从这两句话中汲取了无穷无尽的精神力量。在新的历史条件下，文化的传承不断赋予民族文化以新的时代精神和社会内容，即使在 21 世纪初叶的今天，中国人民在建设中国特色社会主义，实现中华民族伟大复兴时，仍然需要发扬光大"自强不息"、"厚德载物"的精神。

最后，文化发展也是社会发展的重要标志之一，文化变革自身也是社会发展的成果或结果。社会发展有具体的内容，包括政治、经济和文化等方面的内容。在今天的世界中，特别是在经济全球花的背景下，文化发展与社会发展的关系更加密切，例如生态文化或生态文明的进步，直接涉及人和自然如何和谐相处，这不能不关系到人类社会的现实和未来，至于计算机文化的普及，微机和互联网深入到社会生活的各个领域，则直接催生了"信息化时代"的到来，使人类社会生活已经发生了，并将继续发生着深刻的革命性的变化。今天整个人类社会日新月异迅速发展的轨迹，无一例外都可以从文化的发展和转化中找到依据，文化的发展，直接推动着社会的进步。

马克思、恩格斯在《德意志意识形态》中指出："单个人随着自己的活动扩大为世界历史性的活动，越来越受到对他们来说是异己的力量的支配……受到日益扩大的、归根结底表现为世界市场的力量的支配。""只有这样，单个人才能摆脱种种民族局限和地域局限而同整个世界的生产（也同精神的生产）发生实际联系，才能获得利用全球的这种全面的生产（人们的创造）的能力。"②今天，马克思、恩格斯所预言的生产力的普遍发展和与此相联系的世界交往已经成为现实，经济全球化所产生的影响远非仅仅是物质生产方面的，普遍的"世界交往"自然包括精神生产的联系的加

① 《周易》，中华书局 2006 年版，第 3、11 页。
② 《马克思恩格斯选集》第 1 卷，人民出版社 1995 年版，第 89 页。

强，不同国家或民族在文化交流、交融的过程中，自身文化也将发生这样或那样的变化。当然，这些变化是以保持文化的基本属性——民族性为前提的。在经济全球化的新的历史条件下，文化的民族性、时代性不会消失，而是以新的形式——即文化的"综合创新和现代转化"表现出来，从而从整体上促进了人类文明和世界文化的发展。

在全球化的背景下，真正做到"民族文化的综合创新和现代转化"，要自觉地克服两种倾向。其一，在文化帝国主义和西方强势文化的冲击和影响下，因文化认同危机和诸多的文化冲突的存在，因而丧失自我，不仅在政治、经济等方面依附于西方大国，而且文化上任西方文化自由泛滥，西方文化中所蕴含的西方的价值观、人生观和生活方式被冠以"世界性"、"全球性"和"普世性"（universalism）的美名，在民族国家畅通无阻，使各民族文化受到严重挑战和摧残。在这种情况下，作为代表一个民族特点的精神成果的"民族文化"，不可避免会走向衰落。这样，文化的民族凝聚功能，精神激励功能，价值整合功能都无法实现。这不仅使民族文化的安全受到严重威胁，而且使整个民族国家的顺利发展也受到严重威胁。一个显而易见的事实是：丧失了自我的文化，在民族国家的发展中，将会变成一种破坏性的力量。其二，片面强调文化的民族性，否认文化的时代性。自我孤立、自我封闭，逆"全球化"的世界历史潮流而动，脱离人类历史进程的主流。这表现在文化发展上，则是"文化部落主义"。从这一基本认识出发，强化所谓民族文化的"独立性"，并错误地认为，这是在经济全球化的历史条件下，保护自己，避免"文化冲突"的灵丹妙药。

产生上述错误认识的主要根源之一，是过分夸大了西方大国在经济全球化进程中的主导地位，忽略了世界政治、经济格局在经济全球化过程中已经发生，和今后可能发生的变化。一些西方学者认为："每一个国家都有权力对现代性做出自己的解释，并在全球秩序中去实现它。通过消解西方原有的等级差别和现代权力形式的垄断能力，现代性的全球化将同时带来一个西方优势终结的新时代。"① 2003 年，美国耶鲁大学研究员沃勒斯坦在分析美国的衰落时，曾在一部专著中专章分析《全球化：世界体系中的一段漫长轨迹》。他说，我们并不是处在"已经得到确立的新的全球化世界。相反，我们现在处在一个过渡时代"。他认为，"这时候资本主义进

___

① ［英］罗宾·科恩等：《全球社会学》，社会科学文献出版社 2001 年版，第 53 页。

入了它的最终危机，这一危机可能延续 50 年之久。我们面临的真正问题是，在这一危机中将会发生什么情况，在当前的世界体系过渡到另外一种历史体系或几种体系时会发生什么情况"①。沃勒斯坦的观点在国际学术界有广泛的影响，例如，任教于英国斯特灵大学的瓦西利斯·福斯卡斯等，在 2005 年出版的《新美国帝国主义》中指出：美国是在简单地强制性消耗发展中国家的自然资源，并强迫其他发达国家依赖于美国对世界经济的管理。作者断言，这种情况最终将无法延续下去，美国正陷入一个深度危机的时期。正确认识全球化的实质，以及准确把握全球化进程中国际政治经济形势的变化，彻底摒弃一些西方理论家所宣扬的，"全球化将不可避免地导致资本主义制度在全球的确立"这样的神话，是我们当今正确进行民族文化的创新和转化，满怀信心地走向世界、走向未来的基础和前提。

在经济全球化的背景下，中国文化正在以综合和创新的时代精神走向世界。中国传统文化曾经创造出无比灿烂的辉煌成果，但是近代以来，随着资本主义世界体系的建立和扩张，中国却落后了，甚至在 19 世纪末面临着亡国灭种的危险。显然，历史悠久的中国传统文化在新时代的剧烈冲击下，也表现出明显的缺失。为了真正实现中国传统文化的现代转化，我们必须对中国传统文化从整体上有一正确的认识。张岱年先生对中国传统文化的积极因素和消极因素进行了归纳，认为它有"四长四弊"。四长是："（1）摆脱神学独断的生活信念；（2）重视相辅相成的思维方式；（3）肯定道德自觉的人格观念；（4）爱国爱族的牺牲精神。"四弊是："（1）尚通忽别的致思心习；（2）不重实际探求的学术方向；（3）忽视个性自由的人际观念；（4）尊尊亲亲的传统陋习。"② 当今，摆在我们面前的重要任务是"扬长去弊"，弘扬中国传统文化的基本精神，使之适应经济全球化的现代社会发展需要。

关于中国文化的基本精神，以及这些基本精神如何实现现代的创新和转化，改革开放以来的 30 多年，在我国学术界引起热烈的讨论。众多的论者从不同的视角出发，论述中国文化基本精神的意蕴、内涵和功能；论述中国传统文化的价值系统；论述中国传统文化现代转换的必要性和基本路径；论述经济全球化为中国传统文化的现代转换所带来的契机，等等。

---

① 沃勒斯坦：《美国实力的衰落》，社会科学文献出版社 2007 年版，第 32、51 页。
② 张岱年：《中国文化发展的道路》，见《文化与价值》，新华出版社 2004 年版，第 272 页。

这些讨论方兴未艾，至今仍然是一个不衰的话题。

有些学者认为，中国文化的基本精神主要是"天人合一"、"以人为本"、"刚健有为"、"贵和尚中"[①]；也有学者认为，"宗教神学思想在中国始终没有而且也不可能成为意识形态的主流，中国古代社会从来没有教权高于王权的时代，相反，是王权高于教权、压倒教权。因此，从内在动力和外在表现来看，中国文化的基本精神是以人文主义为内核的"[②]。从这一认识出发，中国文化的基本精神主要是："自强不息"、"正道直行"、"贵和持中"、"民为邦本"、"平均平等"、"求是务实"、"豁达乐观"、"以道制欲"等。还有学者提出，中国传统文化中既有消极的成分，也有积极合理的部分。只有这些有积极借鉴意义的部分才可以实现现代转换。这主要是"自强不息的奋斗精神"、"厚德载物的仁爱精神"、"爱国爱民的集体主义精神"、"明道正义的治功途径"、"信以待人的处世原则"、"推己及人的忠恕之道"，以及"乐行忧违的人生境界"等[③]。实际上，有关中国文化基本精神的内容，论者的讨论，已经远远超出上述已经谈到的诸方面，如还有"天人协调"、"以和为贵"、"和谐自由"、"好学不倦"，以及"尊祖宗、重人伦、崇道德、尚礼仪"等。所有这些都是中华民族宝贵的精神财富，都是民族文化的核心内容，都是伟大的民族精神的具体体现。在经济全球化的背景下，它们通过综合创新和现代转化，必将赋予中国文化以更加鲜明的民族特征和时代精神，在促进人的全面发展；在推动中外文化交流、交融；在抵御西方文化渗透、维护国家文化安全；在建设中国特色社会主义，实现中华民族伟大复兴中，做出积极的贡献。

第五节　全球化与全球历史观

全球化与当代史学的全球性

英国史学家 E. H. 卡尔说："我们一生下来，这个世界就开始在我们身上起作用，把我们从纯粹的生物单位转变成社会单位。"因此，"在研究历史之前，应该先研究历史学家。……在研究一个历史学家之前，应该先

---

①　参见张岱年等主编《中国文化概论》，北京师范大学出版社1994年版，第16章第2节。
②　李宗桂：《中国文化导论》，广东人民出版社2002年版，第352页。
③　参见孙熙国等《全球化与中国传统文化的现代转换》，山东大学出版社2009年版，第3章第2节。

研究他的历史环境和社会环境。历史学家是单独的个人，同时又是历史和社会的产物"①。不言而喻，全球历史观的产生和发展，以及体现这种历史观的著作问世，和人类社会的全球化进程有直接的联系。这个问题虽然在最近一二十年因全球化进程的加快才凸显出来，但早在 20 世纪 50 年代中期即已开始萌生，只不过它作为一个过程，是随着经济全球化的到来逐渐表现出来的，最初并没有引起人们的广泛关注。

全球历史观所以要强调"全球"，是针对西欧为中心或欧美中心历史观的"中心"而言的。这种历史观大肆宣扬西欧白色人种的优越，认为西欧的历史是整个人类普遍的历史，始终是人类历史矛盾运动的中心。因此，整个世界的历史都应以西欧的历史来认识和剪裁。欧美以外诸地区、国家和民族的历史没有独立存在的价值，都是"西欧中心"或"欧美中心"的陪衬，这些地区和国家的人民，都是欧美"白种人的负担"。

"西欧中心理论"并不是古已有之，而是在资本主义发展过程中，为宣扬殖民主义、种族主义，维护资产阶级的根本利益逐渐形成的。早在 14 世纪初，意大利诗人但丁·阿利吉耶里在其名作《帝制论》中，就提出了世界历史是世界各个国家和民族的历史。人们还可以追溯到古希腊历史学家波利比阿，他认为他所撰写的历史不是"罗马"的历史，而是"世界"的历史。他在《通史》中写道："我所叙述的历史，始自第 140 '奥林匹亚德'。……从这时候起，各国的历史开始成为一个有联系的整体：意大利、利比亚、希腊以及亚洲，各地所发生的史事都是互相影响的。而所有那些史事的发展倾向，最后是要归于统一……"② 只是到了 18 世纪中期，德国哥丁根学派的一些史学家才提出了西欧中心理论。以后经德国哲学家黑格尔、史学家兰克，法国社会学家孔德，美国历史学家海斯、穆恩、韦兰等人的发展，使其系统化。"白种人是世界历史的主角"成为西方史学中一种根深蒂固的偏见。

20 世纪初，西欧中心论开始受到挑战，1918 年，德国历史哲学家斯宾格勒在其代表《西方的没落》中，提出"文化形态史观"（或称"历史形态学"），他认为历史研究的单位是"文化"，并将生物学概念引入历史研究中，为人们描绘出一幅多中心、而不是以西欧为中心的世界文化图

①　E. H. 卡尔：《历史是什么》，商务印书馆 1981 年版，第 29、44 页。
②　郭圣铭编著：《西方史学史概要》，上海人民出版社 1983 年版，第 53 页。

景。此后，英国历史学家汤因比继承、发展了斯宾格勒的"文化形态史观"。1934—1961 年，其多卷本《历史研究》陆续问世。汤因比强调把人类历史看作一个整体进行研究。他认为近 6000 年的人类历史发展中，有 26 种文明（或社会）得到了发展，西方基督教文明只是其中之一。

第二次世界大战后，国际战略力量的深刻变化导致了雅尔塔体系的建立，其核心内容是苏美两极格局代替了以欧洲为中心的多极均衡格局。另外，战后分裂的欧洲经历了重建和繁荣时期，克服了 20 世纪 70 年代中期至 80 年代中期的危机，逐渐出现了一体化的趋势；亚洲和非洲民族解放运动蓬勃发展，使帝国主义殖民体系瓦解，诞生了一系列民族民主国家，并在世界上日益发挥重要的作用；联合国不再限制接收新会员国，国际政治经济的联系空前密切。1989 年东欧发生剧变，1991 年苏联解体，两极格局瓦解，使雅尔塔体系不复存在。正是在雅尔塔体系建立后又逐渐瓦解这样复杂的社会背景下，"全球历史观"在 20 世纪 50 年代西方各种重构世界史的潮流中为人们所关注，而 80 年代中期以来全球化趋势的加快，则使其进一步产生了重要的影响。

英国史学家 G. 巴勒克拉夫在其论文集《处于变动世界中的史学》（1955 年）中，最先明确提出这个问题，以后又在《当代史导论》（1967年）、《当代史学主要趋势》（1978 年）、《泰晤士世界历史地图集》（1978年）等著述中对其作了进一步阐释。他认为：主要从西欧观点来解释历史已经不够了，因此西方史学需要"重新定向"，史学家应该"从欧洲和西方跳出，将视线投射到所有的地区和时代"[①]。他认为，"今天历史学著作的本质特征就在于他的全球性"，世界史研究的重要任务之一是"建立全球的历史观——即超越民族和地区的界限，理解整个世界的历史观"[②]。这样才能抛弃西欧中心论的偏见，"公正地评价各个时代和世界各地区一切民族的建树"[③]。他特别强调考察世界历史进程时，应该有"全球性眼光"，因为世界史不仅仅是世界各地区史的总和，若将其分割再分割，就会改变其性质，正如水一旦分解成它的化学成分，便不再成其为水，而成了氢和氧。在《当代史导论》中，他首先从"结构的变化和本质的区别"

---

① Geoffery Barraclough, *History in a Changing World*, Oxford, 1955, p. 27.
② G. 巴勒克拉夫：《当代史学主要趋势》，上海译文出版社 1987 年版，第 1、242 页。
③ G. 巴勒克拉夫主编：《泰晤士世界历史地图集》，三联书店 1985 年版，第 13 页。

入手阐释了当代史的本质，他说："当代史的一个显著的事实是，即它是世界史，而不是某些地区的历史。因此，如果我们不采用全球性的眼光，就不能够理解塑造世界史的诸种力量。这意味着，采用全球性的眼光并不仅仅是通过增强论述欧洲以外地区事物的章节来补救我们关于当代史的传统观点，而是对有关整个世界格局的各种传统看法和论断予以重新审视与修正。"面对美洲、非洲、中国、印度和其他欧洲之外地区的历史已经发生的重大变化，"再用传统的历史发展模式来解释显然已不合时宜，因此有必要提出新的整体历史格局来取而代之"[①]。在他看来，对以西欧中心论为核心内容的传统史学修修补补是无济于事的，因此他在《当代史导论》中，对"现代"和"当代"进行了全新的解释。他从科学和技术进步的冲击，作为新世界催化剂的工业制度和帝国主义；相形见绌的欧洲，人口因素的重要意义；从欧洲均势到全球政治时代，朝向全球联系的局势的演变；从个人主义到大众民主，技术社会中的政治组织；对西方的反抗，亚非对欧洲霸权主义的反应；观念的挑战，共产主义理论和苏联的范例的影响，以及当代世界的文学和艺术等方面，论述了当代世界的历史，全球的历史。

20 世纪 50 年代末、60 年代以后，西方有多种在不同程度上体现了全球历史观的著作问世，其中美国历史学家 L. S. 斯塔夫里阿诺斯和 W. H. 麦克尼尔的著作的影响最为广泛。因为他们的世界史著作所体现的全球观点，特别是 L. S. 斯塔夫里阿诺斯与 G. 巴勒克拉夫的观点相近或不谋而合。实际上，他们的学术思想相互渗透、相互影响，共同丰富和完善了全球历史观的思想。

美国历史学家 L. S. 斯塔夫里阿诺斯的两卷本《全球通史》（1970—1982 年），一改西欧和北美为中心的传统取向，从"全球历史观"出发，描述了 1500 年以前和 1500 年以后的全球文明，就建立一种崭新的世界史体系——"全球史"进行了有益的尝试。作者强调"本书是一部世界史，其主要特点就在于：研究的是全球而不是某一国家或地区的历史；关注的是整个人类，而不是局限于西方人或非西方人"[②]。作者所以强调 1500 年

---

①　G. 巴勒克拉夫：《当代史导论》，上海社会科学院出版社 1996 年版，第 2 页。

②　L. S. 斯塔夫里阿诺斯：《全球通史——1500 年以前的世界》，上海社会科学院出版社 1988 年版，第 54 页。

是一个重要的年代，意在说明 1500 年以前的各人类社会均处于不同程度
的彼此隔离的状态之中。而 1500 年以后，由于人类的通信联系日渐加强、
交通工具不断发达，整个地球以加速度日渐缩小，因此，1500 年是人类历
史上第一个重要转折点。这样，由于地区的历史开始成为全球的历史，便
导致了新的全球性视野的出现，进而出现了人类、动物和植物的全球性扩
散，以及全球性的经济关系、政治关系和文化关系。

　　美国史学家 W. H. 麦克尼尔在《世界史》（1967 年）中强调了"一种
观察人类历史的整体观念"①，在此之前，他的另一部代表作《西方的兴
起——人类共同体的历史》（1963 年），也表现出一定的全球性的历史思
维特点。他通过对《中东统治的时代（至公元前 500 年）》、《欧亚文化的
均势（公元前 500—公元 1500 年）》、《西方统治的时代（公元 1500 年至
今）》三篇的论述，分析了自原始社会以来人类各种文明的兴起、发展及
相互联系，强调文明的历史就是文化扩散的历史。也有学者认为，《世界
史》和《西方的兴起——人类共同体的历史》不是以全世界为中心，"完
全是以西方为中心的史著"，而 70—80 年代，"他写《疫疠与人类》时，
已把重点放在整个人类上面，没有西方中心的约束。等到他写《力量的追
求》时，他就拿人类在宇宙里面的问题来作为他观察的对象。……到这时
候，他已完全脱开西方中心的历史观念。他的思想发展正反映了现代世界
的扩张所带来的反省"②。尽管如此，当美国《世界史杂志》1990 年创刊
时，W. H. 麦克尼尔撰有《25 年后再评〈西方的兴起〉》作为发刊词。他
在总结该书的优劣得失时，对其所体现的"整体观念"进行了充分的肯
定，并对全球历史观的发展前景充满了信心。

　　近年，美国学者 I. 沃勒斯坦的多卷本著作《现代世界体系》，在学术
界引起人们的广泛关注。他认为"世界体系是一个社会体系，它具有范
围、结构、成员集团、合理规则和凝聚力。世界体系的生命力由冲突的各
种力量构成。这些冲突的力量由于压力的作用把世界体系结合在一起，而
当每个集团不断地试图把它改造得有利于己时，又使这个世界体系分裂
了。世界体系具有有机体的特征，因为它具有生命期。在它的生命期中，

　　①　William Hardy McNeill, *A World History*, Oxfort, 1967, p. 1.
　　②　许倬云：《中国文化与世界文化》，贵州人民出版社 1991 年版，第 218 页。《力量的追求》
一书的副标题是《公元 1000 年以来的技术、武装力量与社会》，原书名是 "*The Pursuit of Power*:
Technology, Armed Force and Society since A. D. 1000"。

它的特征在某些方面发展变化，而在另一些方面则保持稳定。人们可以依据该世界体系运行的内在逻辑来判定处于不同时期的世界体系的结构的强弱"①。I. 沃勒斯坦还就"世界体系分析"进行了说明，认为它不是传统的历史学、经济学或政治学，而是在呼吁一种"统一学科的历史社会科学"，并将这看作是"超越社会科学中的欧洲中心论倾向，建立一种面向21世纪的社会科学"的实际努力。

德国学者 A. G. 弗兰克，在其代表作《白银资本：重视经济全球化中的东方》的《导论》中，详尽分析了"真实的世界历史与欧洲中心论的社会理论"，他通过研究1500年到1800年的世界历史，认为西欧中心论"不过是一种胜利者的神话和十足的种族主义神话"，而"亚洲，尤其是中国一直在世界经济中居于支配地位"。他说，这部专著的价值在于"它摧毁了那些所谓'西方天然优越'的说法的历史依据……论证了中国在历史上的世界经济中的'中心'地位和角色。并且认为中国因此在未来也许还会具有这种地位和角色。但是，我绝不是像西方某些人所指责的那样简单地用中国中心论来取代欧洲中心论"。A. G. 弗兰克所致力追求的是一种更充分的"整体主义全球'树林'框架"②。他认为几乎所有的历史学家只喜欢看具体的历史树木，而忽视、甚至否认树林的存在，尤其是全球树林的存在。他认为这是错误的，因为树木是在树林里生长的，必须在树林里才能存活和繁殖。A. G. 弗兰克的观点被认为是"极具挑战性"的观点，尽管有不少争议，但却给人们以深刻的启迪，促使人们从"整体主义全球'树林'框架"出发去认识历史。全球史观的产生和迅速发展，反映了现实世界的深刻变化，经济全球化趋势有力地促进了全球史研究的发展。在经济全球化日趋发展的新的历史条件下，全球历史观的研究和全球史理论体系的构建，已经进入一个新的发展时期。

从世界史到全球史

在西方学术界，19世纪被称为"历史学的世纪"，表明历史学在19世纪得到突飞猛进的发展。一种有影响的观点长期影响着西方史学界，即历

---

① I. 沃勒斯坦：《现代世界体系》第1卷，高等教育出版社1998年版，第460页。

② A. G. 弗兰克：《白银资本：重视经济全球化中的东方》，中央编译出版社2000年版，第4、19、26页。该书原名是：*ReOrient：The Global Economy in the Asian Age*.

史总是世界史，只有在总的历史关系中才可领会个别史。但是这里所说的"世界史"似乎有全球的意味，但是，并不能简单地等同于全球史。全球史因全球化时代的到来而凸显，有鲜明的时代特征。从世界史到全球史，不是简单术语称谓的变化，而首先是历史认识单位的转变，这其中有着深刻的实质性的内容。

在经济全球化的背景下，全球史（global history）强调把整个世界看作一个不可分割的有机的统一体，从全球的角度而不是从某一国家或某一地区的角度来考察世界各地区人类文明的产生和发展，把研究重点放在对人类历史进程有重大影响的诸历史运动、诸历史事件和它们之间的相互关联、相互影响和相互作用上。在"全球史"的视野下，历史研究客体从"民族"或"国家"，正在改为"全球"，明显地表现出历史研究单位的新的转变。

20世纪50—60年代，苏联科学院主编有10卷本《世界通史》。编者认为："在上个世纪末和本世纪之初，'世界通史'的性质起了显著的变化。这种变化，一部分是由历史知识的增长本身所引起的。许多重大的发现，尤其是考古学领域中的发现，开阔了历史科学的眼界，使历史科学能够洞察多少世纪的深处，恢复了许多久已消失的文明的面貌。历史科学的问题范围扩大了。历史研究的技术已更加复杂了。先前由著者单人执笔的'世界通史'已由多卷集的集体出版物取而代之了。"例如，《剑桥古代史》、《剑桥中世史》、《剑桥近代史》，分别为12卷、8卷、14卷，于1902—1939年先后出版。苏联科学院《世界通史》各卷，虽然努力"就复杂万端的大批历史事实中，阐述一些最重要的史实，借以对各个时代范围以内的世界史过程给予一个完整的图景，同时也照顾到这个过程在各国各地所表现的特征"[①]，但基本上仍然是以国别或民族为历史研究的单位加以描述。在20世纪60年代以前，无论是那个国家的多卷本《世界通史》，都没有改变历史研究的单位，这一事实表明，以"民族"或"国家"为历史研究的单位，是国际史坛世界通史研究居统治地位的主流观点。

1902—1912年《剑桥世界近代史》14卷问世几十年后，剑桥大学出版社又在20世纪50年代开始陆续出版《新编剑桥世界近代史》，同样是14卷，由克拉克爵士主编。新编本反映了西方学者在世界通史（主要是近

---

① 苏联科学院主编：《世界通史》第1卷，三联书店1959年版，第2、25页。

代部分，1493—1945 年）方面的最新研究成果。克拉克在该著作的《总导言》中写道："《新编剑桥世界近代史》并不按所有的国家分别进行连续的叙述。它既不是各民族历史的汇编，也不是在同一本书中包括这样一种汇编。它不打算成为每种民族语言的文学或每种地区性艺术流派的历史手册。如果是国际性事件，我们就从国际的观点予以叙述……"① 但是，克拉克在这部著作中，接受并发展了《剑桥世界近代史》主编阿克顿爵士的所谓"主流"国家的观点，即欧洲中心主义观点。克拉克说："他（阿克顿）的指导思想依然是这部《新编剑桥世界近代史》的准绳。"尽管这部著作强调"要把已经肯定的研究成果表述在'文明'的历史之中"，但是，它仍然是以国别或民族为历史研究的单位。因为只有这样，才能突出"主流国家"在人类历史进程中的作用。"如果一些国家或民族都经过一个共同的历史过程，我们就把它们安排在一章里。如果一些民族或民族集团的事务同其他民族或民族集团的事务有显著的差异而不能一同叙述，我们就有必要用专章或专节来加以叙述。"② 事实正是这样，我们在这部著作中主要看到的是国家和民族的历史。尽管这些国家和民族共同创造着人类的文明，推动着人类历史的前进，但是在克拉克等西方史家的叙述中，他们在世界历史进程中的地位和作用并不是平等的，明显地表现出受西欧中心论的影响。在西欧中心论的影响下，"世界通史"研究的单位只能是民族或国家。当然这并不是说，所有以国家或民族为研究单位的世界通史，其主旨都是在宣扬西欧中心论。

20 世纪初，英国历史学家古奇在总结 19 世纪的西方史学时说，那时，"历史的范围一直在逐渐扩大，直到它包括了人类生活的每一个方面。现在没有人敢再同意西利和弗里曼的主张：前者说，历史是列国的传记，后者说，历史是过去的政治。……自然界的影响，经济因素的压力，思想和理想的起源和转化、科学和艺术、宗教和哲学、文学和法律的贡献、物质生活条件以及群众的命运，这一切现在也同样要求历史家的注意。历史家必须不断地观察生活，也必须全面地观察生活"③。历史研究单位的转变，既是一种历史观念的变化，也是一种历史方法的转变。但是，这种转变只

---

① 克拉克主编：《新编剑桥世界近代史》第 1 卷，中国社会科学出版社 1999 年版，第 33 页。
② 同上书，第 32—33 页。
③ 古奇：《十九世纪历史学与历史学家》下，商务印书馆 1989 年版，第 859 页。

是一定限度内的转变，不应脱离其本意而将其无限扩充或随意附加。

就"全球史"来说，并没有彻底结束西欧中心论在西方史学的影响。例如，L. S. 斯塔夫里阿诺斯强调他的全球史基本观点时说，"就如一位栖身月球的观察者从整体上对我们所在的球体进行考察时形成的观点，因而，与居住在伦敦或巴黎、北京或德里的观察者的观点判然不同"①。然而，这在实际中是很难办到的。如果将"一位"理解成一个"民族"、一个"国家"，那么他即使是从整体上去观察"我们所在的球体"，也只能形成这个民族或国家自己的观点，而非"全球"的，不可能将自己的观点强加于人。如果将"一位"广义地理解成不同民族或国家的集合，那同样也不会得出"全球"同一的共识，因为即使是"栖身月球"从整体上去观察"我们所在的球体"，也不会只用一个民族或一个国家的"一对眼睛"去观察，恰恰相反，因民族文化背景不同，历史思维和认知的方式不同，以及历史观和价值观的不同，而得出各种不同的答案。民族的多样性，决定了历史判断的多样性，即使在全球史的架构中，也不会改变这一基本事实。

中国历史学家对西欧中心论的批判由来已久。这种批判的过程，从某种意义上说，也是构建中国学者心目中的"全球史"的过程，虽然他们没有直接使用"全球史"和"全球史观"这样的概念加以表述。中国人学习或研究世界历史，不是对西方史学思想的简单接受，而是通过自觉的文化选择，有助于形成中华民族的历史记忆。

1928 年 3 月，雷海宗在《评汉译韦尔斯著〈世界史纲〉》中指出，韦尔斯是"西洋著作界一个富有普通常识而缺乏任何高深专门知识的人，所以在他的脑海中'历史'一个名词就代表'西洋史'，而他的历史观也就是他以西洋史为根据所推演出来的一个历史观"。雷海宗认为："我们中国人学习世界历史，则必须要从中国的角度来看世界，这样就能够在很大程度上纠正过去把'世界史'看成是'西洋史'的错误看法。"② 周谷城教授在 1949 年出版的 3 卷本《世界通史》，也是从世界历史的整体出发研究全球的历史。第 1 册论述世界诸古代文化区。第 2 册主要论述了 15 世纪之

---

① L. S. 斯塔夫里阿诺斯：《全球通史——1500 年以前的世界》，上海社会科学院出版社 1988 年版，第 54 页。

② 雷海宗：《伯伦史学集》，中华书局 2002 年版，第 578 页。

前亚洲、欧洲和非洲之间的历史。第 3 册则以 15 世纪以后的欧洲的历史为主。他认为"世界史，顾名思义，应该是关于世界整体的历史，应该具有世界性，事实不然，所有的世界史教科书，截至今日为止，无论是进步的或不进步的，几乎都以欧洲为中心，俨然欧洲史一样"①。1990 年，吴于廑教授在《中国大百科全书·外国历史》卷的"世界历史"总述中，精辟地阐释了有丰富的全球历史观思想的新的世界史体系。他认为世界历史的主要内容是"对人类历史自原始、孤立、分散的人群发展为全世界成一密切联系整体的过程进行系统探讨和阐述。世界历史学科的主要任务是以世界全局的观点，综合考察各地区、各国、各民族的历史"。历史正是在不断地纵向、横向发展中，"已经在越来越大的程度上成为世界历史"，因此，"研究世界历史就必须以世界为一全局，考察它怎样由相互闭塞发展为密切联系，由分散演变为整体的全部历程，这个全部历程就是世界历史"②。这种认识，为大多数中国历史学家所接受，至今仍是中国历史学的主流观点。

雷海宗、周谷城、吴于廑诸教授关于"全球史"的理论和研究实践，是中国史学的宝贵遗产，有待我们去认识和开发，特别是在全球化的历史背景下，"世界史（world history）"或"普世史（universal history）"正逐渐为"全球史"所取代的时候。究竟什么是"全球史"？为什么"世界史"或"普世史"在今天会发生向"全球史"的转变？后者和前者相比较，有哪些地方不同，又有哪些地方相同？以及为什么相同，又为什么不同，等等，当我们认真研究雷海宗等先辈的史学思想时，我们会从中受到有益的教益。

全球史是民族历史记忆的全球史

20 世纪 60 年代以后，西方有多种在不同程度上体现了全球史观的著作问世。L. S. 斯塔夫里阿诺斯的两卷本《全球通史》出版后约 30 年，《全球通史》第 7 版在 1999 年问世。两种版本相比较，可以看出第 7 版的内容已经有了较大的改变。L. S. 斯塔夫里阿诺斯在题为《为什么需要一

---

① 《周谷城史学论文选集》，人民出版社 1983 年版，第 144 页。
② 吴于廑：《世界历史》，见《中国大百科全书·外国历史》卷，中国大百科全书出版社 1990 年版，第 1、15 页。

部21世纪的全球通史》的"致读者"中说:"每个时代都要书写它自己的历史。不是因为早先的历史书写得不对,而是因为每个时代都会面对新的问题,产生新的疑问,探求新的答案。这在变化节奏成指数级增长的今天是不言自明的,因此我们需要一部提出新的疑问并给出新的答案的新历史。"他在具体回答为什么在世纪之交要撰写新版本的《全球通史》时说:"答案与出版第1版的理由是相同的,还是那句话:新世界需要新史学。20世纪60年代的后殖民世界使一种新的全球历史观成为必需,今天,20世纪90年代以及21世纪的世界同样要求我们有新的史学方法。60年代的新世界在很大程度上是殖民地革命的产物,而90年代的新世界则正如教皇保罗六世所言,是'科技的神奇影响力'的结果。科技渗透到了我们生活的方方面面,这种难以抗拒的影响令人信服地证明着它的存在。"① 科技革命,特别是计算机文化的普及是全球化的基础、前提和动力。从某种意义上说,它也是全球史的基础、前提和动力。

L. S. 斯塔夫里阿诺斯在第7版《全球通史》中,提出并回答了这样一些令人感兴趣的问题:"全球统一性的开始","从世界历史看地区与全球的统一";"全球统一性的巩固"、"马克思的预期与世界历史的发展";"第一次世界大战,全球性的影响";"第二次世界大战,全球性的影响";"第二次工业革命,全球性影响"等。上述这些内容,在30年前初版时是不曾有的,所以增加了这些内容,则是 L. S. 斯塔夫里阿诺斯对30年来人类社会现实发展的回应,是一位严肃的历史学家从"新世界需要新史学"这一命题出发,对全球化进程的一种积极的历史思考。事实表明,30余年来的全球化进程,并非是"全球"的全球化过程,而是以美国为中心的由西方主导的全球化过程;"全球史"也不是"全球"的全球史,而是仍直接或隐含保留有"西方中心论"的全球史。全球化的过程,是资本主义不断调整其生产关系,以适应生产力的发展,不断扩大资本主义生产关系对生产力的容量的过程,而且事实上在一些方面也见到成效,但是,这并没有从根本上解决资本主义历史进程中的固有矛盾。这一切不能不影响到全球史。

德国格奥尔格·埃克特国际教科书研究所汉娜·西斯勒教授说:"虽

---

① L. S. 斯塔夫里阿诺斯:《全球通史》(第7版)上,北京大学出版社2005年版,第17—18页。

然全球史本身不是一个新的历史现象，但又有很多是史无前例的。……以下的东西是新的：计算机、因特网、传播技术革命以及随之而来的交往方式变革；挑战男性地位及两性关系的社会运动；从事通讯技术劳动大军形象的改变；从业人口模式的改变，其中妇女、少数民族人数的增加，结果代际间关系发生了变化，文化革命发生了。她不仅仅使长久以来被认为是理所当然的'等级制'被相对化了，而且促进了新的获取知识的方式产生。对教育的需求发生了相对的改变；世界范围的跨国界移民，世界人口向都市的汇集；国际贸易关系错综复杂的世界经济使世界上没有地区不受牵连；全球金融市场，世界范围资本主义畅行无阻；全球及地区性新的不平等现象。这些都有待我们去认识。"① 在认识全球史或全球化的历史时，确实是有许多东西等待着我们去认识，但是这些认识不是脱离具体社会内容的抽象的所谓"学术"的认识，而必须要有社会学的关注。

　　全球化意识形态是不以人的主观愿望为转移的客观存在，这在 L. S. 斯塔夫里阿诺斯新版本的《全球通史》中也可以清楚地看出。他在《历史对今天的启示——马克思的预期与世界历史的发展》一节中写道：事实恰好与马克思的预言相反，"革命首先发生的地方不是在西方……可以说历史颠覆了马克思主义。……而在 20 世纪 90 年代则发生了一件更加令人惊奇的事件，它再次颠覆了马克思主义——由于计划经济的失败，1917 年以来在第三世界建立的社会主义政权相继倒台。苏联、东欧及其他地区的社会主义政权解体后，正在狂热地寻求能够代替社会主义的体制"② 。我们不难从这段话中看到意识形态——全球化意识形态的渗透和影响。历史研究不能脱离历史观的指导，而历史观是一种社会意识形态。这只是说明，古今中外，历史研究不可能做到所谓的"价值中立"，不可能有纯而又纯的"客观"性，这是事实。

　　基于上述基本认识，我们不同意将"全球史"纳入所谓有"普世价值"的"全球化"的全球史体系中去，这个体系实际上是不存在的。"全球史"的研究单位是"全球"，但是不同的历史观、不同的历史价值判断标准、不同的民族文化背景，都会对"全球史"的历史认识得出不同的结

---

① 汉娜·西斯勒：《世界史：理解现在》，《学术研究》2005 年第 3 期，第 89 页。
② L. S. 斯塔夫里阿诺斯：《全球通史》（第 7 版）下，北京大学出版社 2005 年版，第 636 页。

论，绝不会因经济全球化的到来，使人类对全球历史的认识，都"化"在一起，成为全球化的普世的历史记忆。同样，这实际上也是不存在的。我们讲的全球史，是民族历史记忆的全球史，而不是全球化的全球史。

关于历史记忆问题，是近年西方学者在历史哲学或历史认识理论中讨论较多的问题之一。例如，美国弗吉尼亚大学历史系教授阿兰·梅吉尔在2005年初完成的新作《历史认识论》中，即有专节讨论"历史记忆"问题，涉及"有记忆的历史"和"无记忆的历史"等等。法国历史学家雅克·勒高夫也有专著《历史与记忆》。这些著作更多的是理论上的阐释，也包括不同观点的讨论。例如，雅克·勒高夫认为，记忆有历史的"原材料"的特点，无论是思维中的、口头的还是书面的，它是历史学家汲取的活素材。而阿兰·梅吉尔则对此持有异议，他认为把记忆作为史实的唯一来源是有很大潜在危险的。"记忆是历史的必不可缺的条件（conditio sine qua non），并不意味着记忆是历史的一个基础，更谈不上它是历史唯一的基础。"① 从雅克·勒高夫和阿兰·梅吉尔不同的观点中可以看出，无论在美国还是在欧洲，历史记忆问题已经成为历史认识中的一个重要理论问题，却是不争的事实。

历史是一种记忆的形式，历史著作的基本任务或最重要的任务，就是保存记忆和传承记忆。古代希腊史学脱胎于散文记事。那些古老的散文作家有闻必录，将散于民间的系谱、神话、传说记载下来，传承下去。所以西方史学自萌生时期起，就将史学和记忆密切地联系在一起。希罗多德在《历史》中写道："所以要把这些成果发表出来，是为了保存人类所达成的那些伟大成就，使之不致因为年代久远而湮没不彰，为了使希腊人和异邦人的那些可歌可泣的丰功伟绩不致失去其应有的光彩……以永垂后世。"② 中国古典史学也是如此。中国最早的编年体史学著作《春秋》问世，首先得益于商周以来的各种史料文献的积累。孔子正是大量使用了《鲁春秋》的文献资料，所以有《春秋》问世。这部著作"以事系日，以日系月，以月系时，以时系年"，具体体现了中国远古以来通过历史记忆的传递而形成的历史意识。

中国史学是中华文明的重要组成部分。无论是中国传统史学，还是当

① 阿兰·梅吉尔：《记忆与历史》，《学术研究》2005年第8期，第88页。
② 希罗多德：《历史》，商务印书馆1959年版，第167页。

代中国史学,都以其拥有名扬中外的史家、史著,以及完备的修史制度、丰富的史学体裁和史学思想,以及进步的、科学的历史观念而令世人瞩目。自先秦以来,中国史学十分重视史实的记录、搜集、整理,这是形成中华民族历史记忆的宝贵的资源。中国史学的重要特点和优点之一是经世致用,司马迁谈及他撰写《史记》的旨趣和目的时,明确提出"述往事,思来者",以及"欲以究天人之际,通古今之变,成一家之言"①。在探讨全球史的问题时,我们尤其应该发扬这一优良传统。因为探讨中华民族历史记忆中的全球史,不能封闭在历史学家的书斋中,而是将这个问题放在广泛的社会历史背景中去思考。

1999 年,斯特恩斯等著有《世界文明史》,这是在美国广泛流行的一本世界史教科书,作者在回答为什么要学习世界史时说:原因显而易见,美国的人口构成在不断地改变,这增加了对国际状况理解的需求。……第二,美国对国际事务的参与不断增长,它在太平洋沿岸、加勒比海岸和大西洋长久以来就是一大势力,但是美国将它的利益划定在欧洲。在 20 世纪后半叶,参与了三场亚洲战役后,再加上全球范围大规模的经济文化往来,美国及其公民已经拥有了全球观念。这一观点强调当前国际事务和所有文明的重要性。这样,就不难理解我们为什么要强调中华民族历史记忆中的"全球史"。这种强调并非是多余,因为这是和在全球化的背景下,强调中华文化的独立性紧紧联系在一起的。

在西方,历史研究的目的是为了更好地理解现实和未来,并不是在 20 世纪才开始的。述及 19 世纪的西方史学,德国"兰克学派"的客观主义史学的影响最大。人们一般只看到兰克和兰克学派所主张超然的、不偏不倚的"客观主义",以及撰写历史时应做到"如其实在所发生的情形一样",而忽略了德国近代史学所表现出的强烈的民族主义色彩,正如美国历史学家 G. G. 伊格尔斯所言:"在 1830 到 1871 年德国走向统一的过程中,历史学家在这些关键时期所扮演的重要角色是前所未见的。如果我们对历史学家们的角色不加重视,我们就无法写出德国的历史和德国自由主义的历史。"② 从这一事实出发,我们不难了解西方史学关注现实传统的历

---

① 《史记·自序》、《史记·报任安书》。

② 王晴佳:《论民族主义史学的兴起与缺失》(上),《河北学刊》2004 年第 4 期,第 132 页。

史渊源。这一传统并没有因为"全球化时代"的到来而改变，相反，在新的历史条件下不可避免地表现出新的特点。

如果说经济全球化是当今世界不可阻挡的潮流，那么，文化——民族文化的多样性同样是当今世界不可阻挡的另一股潮流。史学被称为"文化中的文化"，具体到"全球史"，也不可能只有一个模式的全球史。如果说只有一种"全球史"，那只能是按照西方中心的史学观念和西方意识形态塑造的全球史。中华民族有自己民族历史记忆中的全球史，其他民族也是如此。民族的历史记忆是发展着的历史记忆，也是开放的历史记忆。在不同的历史时期，民族的历史记忆会有不同的内容，会不断地发展变化。这不仅仅是自身社会历史发展的折射，是历史与现实的呼唤，同时也是在汲取其他民族优秀文化的结果。那种担心强调民族的历史记忆，会导致文化保守主义或狭隘民族主义的认识，是完全多余的。

第六章　全球化和文化帝国主义

第一节　帝国主义的文化侵略

文化侵略是帝国主义的既定政策

在西方的著述中，"帝国主义"大多被描述为一国对别国的政治、军事和经济征服的企图，而从不提及对他国的文化征服、文化控制，或文化侵略。例如，《剑桥词典》将帝国主义定义为："一个国家有很强的实力或对其他国家有很大的影响，特别是在政治和经济事务中。"《美国传统词典》则认为，帝国主义是"通过占有领土或对其他国家建立经济和政治霸权来扩大一国权威的政策"。《微软电子百科词典》关于帝国主义的定义是："一个国家对别国的政治、军事和经济控制。"① 实际上，文化渗透、文化侵略和政治、经济、军事上的侵略一样，始终是帝国主义政策的一个重要组成部分。在进行文化侵略时，帝国主义往往用华丽的辞藻来掩饰自己，声称这是为了被侵略、被压迫民族的利益。所谓"文化侵略"，是指"当'文化'被用来为武力侵略服务的时候——包括事先制造侵略他国的思想舆论，对将来武力侵略他国的可能性和必要性进行种种学术意味的设想、研究和论证；或在战争中为侵略进行宣传、辩护；或在占领他国的条件下，以奴役被侵略国的人民为目的，蓄意歧视、污蔑、毁损、破坏、掠夺对象国的文化，并将自国的思想观念、宗教信仰、文化设施、自国的语

---

① 《剑桥词典》、《美国传统词典》和《微软电子百科词典》关于帝国主义的定义，均转引自瓦西利斯·福特卡斯等《新美帝国主义》，世界知识出版社2006年版，第13页。

言文字等强加于对象国——这些'文化'的行为都构成'文化侵略'"①。从某种意义上说,"文化侵略"比军事侵略更具危险性。

在日本帝国主义侵略中国的历史上,文化侵略和军事侵略、经济侵略一样,是其并行的三种基本的侵略方法。毛泽东在《论持久战》中指出,日本帝国主义"掠夺的即灭亡中国的政策,分为物质和精神的两方面。……在物质上,掠夺普通人民的衣食,使广大人民啼饥号寒;掠夺生产工具,使中国民族工业归于毁灭和奴役化。在精神上,摧毁中国人民的民族意识。在太阳旗下,每个中国人只能当顺民,做牛马,不许有一丝一毫的中国气"②。王向远著《日本对中国的文化侵略:学者、文化人的侵略战争》,作为"日本对中国的文化侵略研究丛书"中的一种,较全面系统地揭露了日本帝国主义对中国的文化侵略③。王著的主要内容包括日本近代化的设计师福泽谕吉的侵华计划;"大日本膨胀论"与"支那分割论";从"合邦"、"一体"到"大亚细亚主义";"新秩序"、"皇化圈"与天皇制法西斯主义侵华理论;"东洋史"、"支那史"研究中的文化侵略;"支那国民性研究"对中华民族的丑化;日本对华"思想宣传战";日本"对支文化工作"的方案与实施;日本在华通信报刊及其文化侵略;在华情报组织、情报收集与文化间谍活动;日本文化特务眼中的中国抗日宣传与抗日教育;日本在华奴化教育与日语教学的强制推行;日本对华宗教文化侵略等。这些方面大体包括了日本对华文化侵略的主要方面,这些侵略行径服务于日本帝国主义对华军事、经济侵略,给中国人民带来了严重的灾难。文化侵略和文化破坏又是紧密联系在一起的,日本发动侵华战争时,我国珍贵的图书典籍、古建筑、文化珍宝的损失,是人类文明史上的一场浩劫。"北京人"头盖骨化石标本,在日军侵占北平时失踪,至今仍不知流落何方。

1941年5月,邓小平谈到八路军129师文化工作的方针任务和努力方向时指出:"日本帝国主义和汉奸亲日派的政治目的是要把中国变为日本

---

① 王向远:《日本对中国的文化侵略:学者、文化人的侵略战争》,昆仑出版社2005年版,第4页。

② 《毛泽东选集》第2卷,人民出版社1991年版,第455页。

③ 王向远:《日本对中国的文化侵略:学者、文化人的侵略战争》,昆仑出版社2005年版。"日本对中国的文化侵略研究丛书"的其他几种是:《笔部队和侵华战争——对日本侵华文学的研究与批判》;《日本右翼言论批判——"皇国史观"与免罪情结的病理剖析》;《日本对华教育侵略——对日本侵华教育的研究与批判》等。

帝国主义的殖民地，其文化工作方针是实行奴化政策，以奴化活动和奴化教育来腐蚀我们的民族意识，消灭民族爱国思想，摧毁民族气节。他们毁灭中国的文化机关，焚毁中国的民族典籍，屠杀与监禁爱国的文化人、知识分子和青年学生，建立汉奸文化机关，豢养一批汉奸文人，鼓吹东洋文化、灌输'中日亲善'、'共存共荣'、'东亚新秩序'等奴化思想，培养奴化人才。"① 日本对华文化侵略的目标，是妄图断裂中华民族传统文化的血脉联系，摧毁中华民族的民族认同感和国家观念，淡化乃至消灭民族意识、民族精神。文化侵略往往是军事、经济、政治侵略的先导。通过文化侵略，企图使被侵略的民族失去灵魂，失去民族文化的自信心，首先在思想上成为侵略者的附庸。一个失去自身文化传统和文化特质的民族，必将走向全面的衰亡。

日本欲在亚洲，乃至世界称霸的重要手段之一，就是有计划、有步骤地在推行日本语，实行日本教育制度。语言教育是"皇化"教育的基础和重要内容之一，因为日本"语言"是大肆推行日本文化，实行"同化"政策的桥梁，是培育对日"亲善友好"感情的一个载体。日本侵华期间，日本侵略者极力要把日语变成所谓的"国语"，在占领区通过强大的军事实力强制推行。

1895 年《马关条约》签订后，台湾沦为日本帝国主义的"割让地"，开始了长达半个世纪之久的殖民统治。日本侵略者将台湾视为有待"皇化"的"新版图"，在台湾积极推行包括"心性同化"在内的"同化政策"。自 1895 年开始，日本即在台湾开始大肆推行学习日本语，在台湾城镇开设日语练习所、日语夜学会、日语普及会、日语奖励会等。1937 年日本全面侵华战争开始后，它又在台湾强制取消了作为选修课的汉语，实行单一的日语教育，在录用公务员、中等学校升学考试等，都要使用日语，中文刊物被强行停刊。不仅如此，还将日语推进到家庭，利用行政权力，奖励在家庭日常生活中使用日语。在日语教学的同时，广泛推行日本生活方式、行为方式，如强行拆毁台湾传统信奉的祖先神灵牌位，改信奉日本的"天照大神"；禁演台湾的传统音乐、戏剧；推广"皇民化"运动，如奖励穿和服；废止中国人的姓名，改称日本人姓名；强迫学唱日本军歌、日本民谣等。日本在台湾不断强化文化侵略，"其主要目的是：1. 便于推

---

① 《邓小平文选》第 1 卷，人民出版社 1989 年版，第 22—23 页。

行政令，加强殖民统治；2. 废止台湾本地语言，从思想到日常生活使台湾人丧失民族意识和国家观念；3. 通过同化教育培养台湾人具有日本的所谓国民性格，便于进行殖民统治；4. 泯灭台湾人民的反抗意识，以便配合其对台湾的经济掠夺"①。日本侵略者在台湾的文化侵略活动，就殖民主义、帝国主义的文化侵略行为来说，具有一定的典型意义。在不同的国家、不同的时代和不同的历史条件下，文化侵略的表现形式和具体内容可能会有差别，但其本质却是一致的。

文化侵略或文化扩张，历来是帝国主义的重要内容之一，而非始自20世纪末全球化时代的到来。美籍学者爱德华·W. 萨义德在其代表作《文化与帝国主义》中，有详尽阐释。19世纪末20世纪初，主要资本主义国家进入帝国主义发展阶段，帝国主义的统治与扩张，包括意识形态和文化方面的内容。从"西方中心主义"出发，认为西方与世界其他地方之间，有本质的差别。"人们对于西方与非西方的边缘地带间的地理和文化的界限的感觉与认识非常强烈"，而且认为"这些边界是绝对的"。"西方对非西方世界的大规模统治现在已经是为人们所接受的历史研究的一个分支了。现在，就其研究范围而论，已是全球性的了。……帝国的巨大地理疆域，特别是英帝国的，与正在普遍化的文化语境已经结合在一起。当然，是权力使这种结合成为可能。与此同时，还有能够留在遥远的地方，得以了解别人，整理与传播知识，发现特征、描绘、传播、展示和表现其他文化（通过展览、远征、照片、绘画、调查、开办学校）的可能。而最主要的是统治他们的能力。这一切又产生了所谓对土著的'职责'，在非洲或其他地方为了土著的利益或者为了祖国的'声誉'而建立殖民地，这是文明人的使命措辞。"总之，帝国主义的"统治不是静止不动的，而是以许多方式传播宗主国的文化。……一系列较新的研究描述了帝国的主题是如何编进了大众文化和小说结构中或历史、哲学和地理的语境中去"。如果说，老牌帝国主义的霸权主要是通过两种力量，一种"存在于直接的统治"，另一"存在于文化领域"，那么在当代美国，"它的不同之处就在于文化扩张的范围的突飞猛进。这主要是由于传播与控制信息的工具空前发

① 齐红深主编：《日本对华教育侵略——对日本侵华教育的研究与批判》，昆仑出版社2005年版，第14、15页。

展"①。在不同的历史时期和不同的国家或地区，帝国主义文化侵略的内容及表现形式会有所变化，但是，它和现实世界的紧密联系，以及在政治、经济、军事和外交等领域的利益关系，却是不会改变的。美国文化所蕴涵的深层内容是西方资产阶级的社会政治理念、价值观念、意识形态和生活方式。当以美国文化为中心的西方文化的比重超过一定的"度"，甚至高于本国文化时，将会使人们的生活方式、思维方式、行为方式、价值观念倾向"西化"，极大削弱了对民族文化的认同。

　　西方的理论家从他们的世界观、价值观出发，同样也不否认文化发展和社会发展之间的内在联系，不否认文化所蕴涵的现实的价值观。他们为了维护美国国家的基本利益，强调必须战胜"美国存在的崇尚多样性及多文化主义的思想"，并毫不掩饰地指出："如果多文化盛行，如果对开明的民主制度的共识发生分歧，那么，美国就可能同苏联一道落进历史的垃圾堆！"为了维系这种"共识"，"增强人民之间的凝聚力"，就必须制造一个"假想敌"，并可随心所欲地通过"假想敌"突出体现美国国家利益的文化"中心论"的必要性，以此否定任何形式的多元文化——多元的文化价值观的发展。他们还认为，冷战后北约组织的主要任务是"保护和维护西方文明"，西方大国领导人的责任是"保护和促进他们共同拥有珍贵而又独特的文明中的利益、价值观和文化等"②。

文化产业和文化资本扩张

　　20世纪上半叶，甚至到20世纪50年代初，"文化产业"③在世界范

---

　　①　爱德华·W.萨义德：《文化与帝国主义》，生活·读书·新知三联书店2003年版，第150—151、415页。

　　②　参见朱马杰《当代国际关系中的文化博弈》，《国际问题研究》2001年第2期。

　　③　在21世纪初叶的今天，"文化产业"概念仍然存在着深刻的冲突和不确定性，这个概念仍然是模糊不清，有不少争议。英国曼彻斯特大学大众文化研究所执行主任贾斯廷·奥康纳在《欧洲的文化产业和文化政策》中写道："文化产业是指以经营符号性商品为主的那些活动，这些商品的基本经济价值源自于它们的文化价值。""在很大程度上，文化产业观念是受牵涉其中的政策框架驱动的。""文化产业是与经济和文化政策相伴而生的。"他还认为，文化产业包括广播、电视、出版、唱片、设计、建筑和新媒体；还包括"传统艺术"——视觉艺术、手工艺、剧院、音乐厅、音乐会、演出、博物馆和画廊等。贾斯廷·奥康纳强调，"文化产业的内涵必须是开放的"，广告，甚至营销方面的内容，都可以包括在内。贾斯廷·奥康纳的上述观点，有一定的代表性。参见林拓等主编《世界文化产业发展前沿报告（2003—2004）》，社会科学文献出版社2004年版，第11—12页。

围内还是一个陌生的概念，在一些国家和地区，是否存在"文化产业"还是一个争论中的问题；还有一些国家，对建筑、体育、设计、旅游、信息和通信等，是否属于文化产业范畴，至今仍有不同的解释。然而，经过不到半个世纪的发展，尽管对"文化产业"这个概念还有许多争议，但随着文化在人类历史进程中的作用和影响日渐凸显，文化产业已得到迅速发展，在许多国家已经成为国民经济的支柱产业。在今天，文化产业已经不仅仅是一般意义上的知识、信息和休闲娱乐，而且在传统的文化产业的基础上，又出现了不少文化产业的新的增长点，如"创意经济"（The Creative Economy）。据西方学者统计，20世纪末以来，创意经济每天创造220亿美元的产值，并以5%的速度递增。一些西方大国增长的速度更快，美国为14%，英国为12%。这一切都在预示，创意正在改变世界，一个新经济时代正在到来①。1997年，布莱尔出任英国首相后，立即成立"创意产业特别工作组"，负责制定创意产业的国家发展战略，指导、协调创意产业发展。今天，创意产业已经成为仅次于金融服务业的英国第二大产业。在美国，"资本的时代已经过去，创意的时代已经来临"已是一个深入人心的观念，与高科技相提并论的"新经济"的实质，就是知识经济和创意经济。澳大利亚明确提出"创意国家"（Creative Nation）的口号。布里斯班大学创意产业研究中心是推动国家创意经济发展的重要机构。

　　20世纪90年代以后，在世界范围内出现了文化产业迅猛发展的浪潮。内容异常丰富的包括出版在内的信息产业、传媒业、旅游业、娱乐业，以及电信、电脑、网络等，使文化产业从整体上出现了日新月异的变化。在此基础上出现了跨行业、跨国别的文化产业集团，例如世界传媒中的美国在线——时代华纳公司、迪斯尼公司、贝塔斯曼公司、维阿康姆公司、新闻集团、索尼公司、TCL公司、环球公司、日本广播公司等基本垄断了世界传媒市场，被称为世界传媒业的"巨无霸"。以美国为代表的西方大国控制、垄断世界文化市场，在全球范围内进行广播、电影电视、多媒体网络娱乐、音像制品、图书报刊、旅游开发、通信等经营时，并非仅仅是获取数以亿计的美元收入，而是通过跨国的文化产业集团，向广大发展中国家推销渗透有鲜明意识形态色彩的西方文化理念。美国凭借强大的经济实

---

　　① 《创意经济：新经济的巨大引擎》，参见邹广文等《全球化与中国文化产业的发展》，中央编译出版社2006年版，第2页。

力和文化优势，广泛利用科技革命的先进成果，在信息、网络和计算机文化日渐普及的条件下，大肆进行西方文化资本输出和扩张。与赤裸裸的文化侵略相比较，文化资本输出和扩张往往是潜移默化进行的，"润物细无声"，而实际上却是一场没有硝烟的战争。

"美国文化产业其实营造出了一种特殊的'美国形象'。这种美国形象并不反映真正的美国，它已经'异化'出美国自身而成为一种被大众传媒再度制造出的'虚拟图像'。对于世界各地的人们来说，他们大多数人所认知的美国，并不是到美利坚去亲历而知的，而往往是通过大众传媒的宣传而获致的。然而，大众传媒的领衔者又是美国自己，他们可以通过这些现代科技途径来打造自身的形象。"① 美国文化产业刻意制造出的"美国形象"，使美国成为人们"心而往之"的美好象征，同时通过各种形式的文化扩张，将其传输到世界各地。

被输入国在输入美国这些文化产品的同时，还接受了美国的生活方式、价值观念、道德伦理，乃至人生的信仰，在不知不觉中成为美国文化的忠实崇拜者。这个过程没有文化侵略的血腥的强迫性，但谁又能说，这不是文化侵略呢？只不过形式不同而已。轻歌曼舞的动画片和情节跌宕起伏的言情剧，并不是脱离社会内容的抽象的娱乐，而是蕴涵着形形色色的西方的文化价值理念。在这些西方文化价值理念推销和散布的过程中，各发展中国家的民族文化则面临着严重的挑战。美国等西方大国对他国进行文化渗透、文化扩张时，各民族国家自身的文化——从传统到现实的民族文化不可避免遭到弱化、破坏，甚至被肢解。

在经济全球化的过程中，世界文化和文化产业的发展，逐渐形成了有明显差异的强势文化和弱势文化。一般说来，美国、英国、法国、德国、加拿大、澳大利亚和日本等国的文化，属于前者；而广大发展中国家，则属于文化产业发展弱势的国家。美国的强势文化，不仅挑战或影响到广大发展中国家的文化发展，而且对美国以外的西欧、北美和日本等强势文化国家，也构成威胁。美国好莱坞的大片、三大电视网的娱乐节目、时代华纳的流行音乐，影响到世界文化市场的每一个角落。例如，加拿大电影市场的 95%、电视剧的 93%、英语节目的 75%、书刊市场的 80% 都在美国

---

① 李怀亮等主编：《文化巨无霸：当代美国文化产业研究》，广东人民出版社 2005 年版，第39 页。

的控制中。美国强势文化的实质，是霸权主义文化。在国际文化竞争中，美国的目标不仅是充当西方，而是充当世界文化的霸主，于是，在全球范围内不可避免地出现文化渗透和表现不一的反渗透的斗争，文化资本扩张导致的文化冲突也始终不断。美国凭借强大的经济实力和高科技手段，通过电影、电视、广播、书籍、报刊、广告、流行音乐及国际互联网，对包括中国在内的世界各国进行文化渗透。尽管好莱坞影片中充斥着大量脱离人们现实生活的谎言，但这些影片所宣扬的所谓自由、平等、博爱、民主、人权，以及公平、公正、正义、宽容、人性、个性、权利等美国文化理念，无一不是在影片漂亮的包装下，俨然成为具有"普世价值"的真理。美国一位著名的制片商曾说："这些圆盒子里装有卷得很紧的一卷卷印着美国电影制片者思想、想象和创作才能的走遍世界的影片。……我相信，美国影片是对共产主义最有效的摧毁力量。"① 正是在这个意义上，人们把好莱坞看成美国欲征服世界的得力工具，有人说"世界上每一座电影院，都是美国的大使馆"，还有人说，好莱坞电影是推行美国全球战略的"铁盒里的大使"。

目前，美国控制了世界75%电视节目和60%以上广播节目的生产和制作，每年向国外发行的电视节目总量达30万小时，许多国家的电视节目中美国节目往往占到60%—70%，有的占到80%以上，文化产品是美国最大的出口产品，每年的出口额达600多亿美元，甚至超过航天航空和电子产品的出口额。美国的电影产品在全球电影市场中，占绝对优势地位，全球放映的电影，85%来自好莱坞。美国年产电影故事片500多部，在欧洲、北美、南美、大洋洲、亚洲150多个国家和地区放映，电影观众数以亿计，票房收入十分可观，1999年为74.9亿美元，2000年为77亿美元。美国电影在海外的票房收入近年年均在50亿美元以上。1996年，美国电影公司海外子公司销售美国电影达96亿美元，2000年为136亿美元。2003年为175亿美元。美国每年都有名利双收的"大片"问世，每部票房收入都在1亿美元以上，一部《泰坦尼克号》影片，在海内外的票房收入达18亿美元②。这一切既是美国文化产业发展的产物，同时也是美国文化产业发展，在全球进行文化资本扩张的基础。

---

① 柳静编著：《西方对外战略策略资料》第1辑，当代中国出版社1992年版，第16页。
② 参见邹广文等著《全球化与中国文化产业发展》，中央编译出版社2006年版，第164页。

　　法国社会学家、法兰西学院院士布迪厄在《文化资本与社会资本》等著作中提出，"资本"包括"经济资本"、"社会资本"和"文化资本"三种基本的类型。在文化产业中，文化资本与经济资本并重。文化资本（包括具体的状态、客观的状态和体制的状态）是人们参与社会生活所获得的理念和知识，以及依据成规法则可以有效读写的一切东西。他还认为，文化资本的传递和获取的社会条件，比经济资本具有更多的伪装。在等级制社会中，文化资本的不平等分配是导致一些人处于劣势的原因之一。一些学者认为，布迪厄使用"文化资本"这个概念，意在说明在资本主义社会中，不平等的文化实践、价值和语言能力在分配上的特性，但在现实生活中，这个概念已被引申为说明文化霸权、文化渗透、文化扩张的表现和存在形式。在作为文化产业重要组成部分的传媒业中，"文化资本"的扩张，最为露骨。美国等西方大国的大众传媒产品，如电影、电视节目，录音录像制品，以及新闻和广告等，源源不断地"单向"输入到广大发展中国家。

　　美国杜克大学讲座教授弗雷德里克·詹姆逊论及"全球化和政治策略"时，看到了美国文化资本扩张这一事实，以及这种扩张给民族国家将带来何种灾难。他说："许多人认为，全球化的真正核心问题是世界文化的标准化，地区流行的或传统的文化形式被逐出或沉默无语，从而使美国的电视、音乐、食品、服装和电影取而代之。这种对美国模式现在正取代其他一切模式的担心，现在已经超出文化范畴，扩散到我们剩余的两个范畴……在一个更深的层面上，这种焦虑变成了一种社会的焦虑，而文化的焦虑只是一种征象：换言之，这种恐惧是，特定种族—民族的生活方式本身将遭到破坏。"① 所谓世界文化"标准化"的实质是"美国化"，这只能通过美国文化资本不择手段的扩张才有可能实现，对世界各国人民来说，这无疑是一场灾难。

文化外交

　　外交指"一个主权国家通过其官方代表，在遵守国际惯例的基础上，为了维护本国的国家利益，与其他主权国家或由主权国家组成的国际组织

---

　　① 弗雷德里克·詹姆逊：《现代性、后现代性和全球化》，中国人民大学出版社2004年版，第366—367页。

所进行的官方之间的正常交往"①。一般认为，1648 年 10 月签订的《威斯特伐里亚和约》，标志着近代外交制度的正式形成，随着外交行为逐渐规范化，外交人员也开始职业化。第二次世界大战后，世界外交出现了新的特点，即外交范围扩大化、外交形式多样化、外交决策民主化、外交使节的作用逐渐淡化。所谓"外交形式多样化"，是指"出现了经济外交、文化外交、科技外交、体育外交、军事外交、议会外交、政党外交、多边外交、地方外交、人民外交以及人权外交等"②。

　　20 世纪 90 年代以来，"冷战"结束使国际社会发生了急剧变化，世界政治版图重新改写。在这个过程中，文化与当代国际政治的关系愈加密切，"文化"进入了国际关系研究领域。我国的一些学者认为，外交中的文化手段，"特别是其中的大众传媒手段，是国家为了特定目的，通过推进教育、科技、体育、艺术等国际交流，以达到近期特别是长远的战略目标而进行宣传、广播、新闻报道、文化传播等活动"③。还有人提出，"文化外交是指一个国家通过文化舆论等手段促进国家利益、推广其价值观的过程，是推行其对外政策的重要手段。其实，如果用今天特别时尚的一个概念'软实力'来解读文化外交这一概念，则可以将这一概念解释得更加清楚：文化外交其实就是'软实力'使用的具体实践"④。在经济全球化的背景下，文化在外交中的作用日渐凸显，文化手段在外交中的广泛应用，成为实施国家外交战略的重要组成部分。但这里需要指出的是，在不同的国家实施不同外交战略时，文化外交的内容和后果也是不同的。在美国等西方大国，文化外交是实现其文化侵略或文化渗透的重要途径。

　　在美国等西方国家，文化被称为是"外交中的第四手段"，"除了政治、经济、军事问题之外，教育和文化事务是现代国家外交政策的第四，也是最人道的部分"⑤。从表面上看，在处理外交事务时，文化和政治、经济、军事可以相提并论，而实际上，文化的作用在不断增强。特别是当政治、经济、军事、文化诸手段综合运用时，文化的重要性有时就显得更为

①　《中国大百科全书》第 22 卷，中国大百科全书出版社 2009 年版，第 528 页。
②　同上。
③　俞正梁：《当代国际关系学导论》，复旦大学出版社 1986 年版，第 102 页。
④　李冬文：《文化外交：软实力运用的重要载体》，见李洪峰主编《文化价值》，文物出版社 2008 年版，第 251 页。
⑤　路易·多洛：《国际文化关系》，上海人民出版社 1987 年版，第 27 页。

突出。向国外有成效地输出美国的生活方式、行为方式、价值观和文化理念，会起到用政治、经济和军事手段所起不到的作用。西方一些理论家认为，非文化手段，特别是军事手段，只能一时解决问题，而文化手段则可久远，甚至一劳永逸解决问题。在"冷战"结束后，这种认识更为流行，这和所谓"文明冲突"理论盛行有直接的联系。

在美国一种有影响的观点认为，第二次世界大战后世界文化的中心已经转移到了美国。美国不仅要在政治、经济上，担负起世界的"领导责任"，而且在文化上，也要担负起这样的责任。这样，美国的文化概念和文化思想，将成为战后世界秩序的基础。美国为了追求政治、经济和文化中的世界霸权，始终把对外政策中的"文化"因素或"文化"问题，摆在一个十分重要的地位，文化扩张和渗透始终是外交战略的组成部分。"和政治经济在一起，文化——在这个词汇的最大意义上，今后是一种国际关系的构成要素"。① 这里说的"文化"的内容十分庞杂，还涉及大众文化、后现代大众传媒时代的文化等等，但其核心内容或本质内容，是价值观，是意识形态，而从不是什么超意识形态的具有"普世价值"的文化。正因为如此，美国政府认为，"若要在'冷战'中获得胜利，除了武器和金钱外，还需要思想输出"，即需要"文化外交"②，通过形形色色的文化渠道对世界各国家和民族施加影响，推销美国式的自由、民主和人权观念。文化外交的目的和作用，与文化观念和文化产品的输出完全一致，都是为美国的对外文化战略服务的。

"冷战"结束后，美国以"文化外交（cultural diplomacy）"为旗号的文化渗透或文化侵略进入了一个新的阶段。西方一种有影响的观点认为，"今后的世界不是资本主义和社会主义的对峙，而是美国式的放任主义的文化同反美国文化之间的对峙"③。如果说这种观点还有一定道理，那就是它指出了在今后的世界中，不可避免地存在美国文化同其他文化，即所谓"反美国文化"的对峙。但它没有指出所以会发生"对峙"的根本原因，

---

① 里戈：《对外文化关系》，见阿芒·马特拉《世界传播与文化霸权》，中央编译出版社2005年版，第239页。

② Robert H. Thayer：*America's Cultural Relations Abroad*（November 5，1959），in The Annals of America Vol. 17（Chicago：Encyclopaedia Britannica，Inc. 1976），p. 546.

③ 1995年1月1日，美国耶鲁大学教授保罗·肯尼迪答记者问，《参考资料》1995年1月9日。

在于美国的强权政治和文化霸权主义。这在美国的文化外交中，同样有突出的表现。

自 2001 年以来，美国对文化外交各项目的拨款已增至原来的三倍以上。2006 年，美国开始实行酝酿已久的"全球文化计划"（Global Cultural Initiative，GCI），将美国文化外交推进到一个新的阶段。美国国务院主管公共外交与公共事务的副国务卿卡伦·休斯（Karen Hughes）指出，国务院将与政府和民间文化组织合作开展有关计划。美国国务院教育与文化事务局（Bureau of Educational and Cultural Affairs，ECA）、国家艺术基金会（National Endowment for the Arts）、国家人文基金会（National Endowment for the Humanities）、美国电影协会（American Film Institute）、约翰·肯尼迪表演艺术中心（John F. Kennedy Performing Arts Centre）等机构，都是"全球文化计划"的具体执行者。通过艺术演出活动、相互翻译介绍文学作品，举办以学习历史为内容的夏令营，参观文化遗址，举办国际电影节，以及展开诸如"探讨民主"之类问题的学术研讨会等，将美国的价值观传播或强加给其他国家。在这个计划中，美国的上述文化手段已经成为美国外交政策的组成部分，特别是在现代核战争无法严密保护本国不受报复的情况下，文化手段在国际政治中，往往会发挥着更加重要的作用。美国文化外交中的一个重要内容，是以多种形式推销美国式的"民主"和"人权"。一些美国学者认为，在全球"促进民主和人权"，不仅是美国道义上的义务，而且是支持美国国家安全的可靠战略方式。

在国际政治生活中，任何一个国家的外交活动，都会把国家利益放在至高无上的地位，同时任何一个国家的外交活动，也不可避免地会受到自身文化价值观的影响。美国文化价值观中所表现出强烈的"帝国主义"、"殖民主义"、"霸权主义"、"扩张主义"色彩，成为美国外交中维护美国国家利益的重要工具。例如，美国之音广播电台，每天用 50 多种语言向全世界播音，听众数以千万计。自由欧洲电台同美国之音一样，也扮演着同样的角色，担负着同样的任务，通过大众传媒对外传播美国文化，成为维护美国国家利益的重要工具。20 世纪 90 年代东欧剧变，苏联解体，使美国受到鼓舞，进一步加大了文化外交的投入。1994 年，根据《1994 和 1995 年财政年度对外关系授权法》，决定建立"自由亚洲电台"，在对外宣传中，推行美国的价值观。1998 年 6 月，时任美国总统的克林顿在访华前夕，曾在美国全国地理学会就"21 世纪的美中关系"发表讲话。他说：

"这给我们提供一个在公开和私下场合敦促中国领导人改变方向的重要手段。""我们的信息仍然是强有力的和连续不断的：不要由于政治信仰而逮捕人；释放因此而关在监狱中的人；放弃强制性控制人口的做法；恢复同达赖喇嘛的对话；允许人们信仰自由，并且要认识到，只要不给中国人民以基本人权，我们的关系根本不能发挥全部潜力。"克林顿还特别强调，"为了支持这个信息，我们正在加强'自由亚洲电台'"①。由此人们不难看出，"自由亚洲电台"在中美关系中的重要作用了。克林顿上述的话，不仅是对中国内政的粗暴干涉，而且暴露出美国政府始终不变的"西化"、"分化"中国的企图。邓小平说："可能是一个冷战结束了，另外两个冷战又已经开始。一个是针对整个南方，另一个是针对社会主义的。西方国家正在打一场没有硝烟的第三次世界大战。所谓没有硝烟，就是要社会主义国家和平演变。"② 在美国的文化外交中，鉴于披着"文化"外衣的外交行为，有很强的隐蔽性和欺骗性，而且表现手段常常让人眼花缭乱，所以人们对其更需保持高度的警觉性。从东欧剧变，苏联解体中，美国的文化外交可谓表现得淋漓尽致，它同美国政府的政治、经济和整个外交政策保持高度一致，相互配合得也几乎无懈可击，都是要把所谓"民主的资本主义"，传播到世界各地。正是从这个意义上，西方的一些理论家认为，"冷战"的胜利，是美国文化的胜利，文化外交功不可没。

在美国，一种有影响的观点认为，意识形态是指"文化中那个积极关心建立和防御信仰与价值模式的部分"③，因此不可避免地带有鲜明的阶级性。第二次世界大战后漫长的"冷战"，可视为国际政治生活中意识形态尖锐对立的集中体现。在美国的文化外交中，并不回避意识形态的存在和影响。维护美国国家基本利益，是美国意识形态始终不变的基础和前提。这种意识形态是美国的凝聚力量。作为美国文化外交基础或动因的另一重要内容，是认为美国是"举世无双的全球性大国"，是"第一个全球大国"。曾出任美国总统国家安全事务助理的兹比格纽·布热津斯基认为，"冷战"是以美国的胜利结束的，这一结果赋予了美国承担世界领袖的战略机遇。他说："美国总统第一次自我加冕全球领袖是个重要的历史时刻，

① 正源编著：《克林顿访华言行录》，中国社会科学出版社1998年版，第21页。
② 《邓小平文选》第3卷，人民出版社1993年版，第344页。
③ 克利福德·格尔兹：《文化的解释》，上海人民出版社1999年版，第258页。

即便无从得知他在日历上的确切时期。这个时刻紧随苏联的解体以及冷战的结束。美国总统虽没有在国际上获得任何正式的祝福，但确实担当起了全球领袖之职。不但美国的媒体如此相称，外国人也以全球领袖之礼相待。"① 布热津斯基还认为，美国"加冕全球领袖"意义非凡，美国将在世界文化和政治领域开创美国人的世纪，文化外交是塑造这个新世纪的重要手段和工具。

第二节　西方"和平演变"战略

西方对外战略中的和平演变战略

第二次世界大战后，世界格局发生了深刻变化。由于德国、日本、意大利战败，英国、法国的衰落，美国的崛起，使美国成为战后资本主义世界体系的新中心。与此同时，尽管苏联在第二次世界大战中遭受到严重的破坏和损失，但通过实施第四个五年计划（1946—1950年）后，很快发展成为世界强国。第二次世界大战末期和战后，东欧和亚洲一些国家走上了社会主义道路，以苏联为首的社会主义阵营形成。第二次世界大战结束、两大阵营的形成，标志着第二次世界大战期间苏联和美国的"盟友关系"结束。美国在战后的战略目标，是谋求"主宰世界"，"领导世界"，建立体现出美国根本利益的新的世界秩序，为此，美国积极推行强权政治，霸权主义，而其中的核心内容是反苏反共。还在第二次世界大战进行中，苏联与美国、英国缔结成反法西斯联盟时，西方大国对共产主义意识形态的仇视，就丝毫没有改变，他们依然认为，"纳粹制度具备同共产主义一样的最坏特征"②。战后，苏美及其以苏美为首的东西方两大阵营，在政治、经济、军事、外交，以及文化等领域，出现了全面的对峙和对抗，但又避免在战后不久直接交战，因为真枪实弹的"热战"不但难以击溃社会主义国家，而且西方国家自己也难以承受战争的代价，于是便开始了所谓的"冷战"。这正如艾森豪威尔所言，"冷战的目的不是占领他国领土或以武力征服他国。我们的目标更为微妙，更为广泛，更为彻底。我们是试图以和平的手段使全世界都相信真理……为普及这个真理，我们将要使用

---

① 布热津斯基：《第二次机遇》，上海人民出版社2008年版，第1页。
② 特鲁汉诺夫斯基：《丘吉尔的一生》，北京出版社1982年版，第333页。

的方法通常称为'心理战'……所谓的'心理战'就是争取人的思想，争取人的意志的一场斗争"①。

1946 年 3 月 5 日，丘吉尔在美国总统杜鲁门的陪同下，在美国密苏里州富尔顿的威斯敏斯特学院发表题为《和平砥柱》的讲话，即揭开冷战序幕的"铁幕演说"。丘吉尔从"全面遏制苏联"的战略理论出发，污蔑社会主义国家是所谓"铁幕后的国家"，"共产党第五纵队已经建立……到处构成对基督教文明的日益严重的挑衅和危险"，他主张美英建立特殊的关系，加强西方联盟，包括建立一支"国际武装力量"，反对苏联和其他社会主义国家。1947 年 3 月 12 日，杜鲁门在美国国会两院联席会议上发表咨文，声称今日世界的所有国家都面临着两种不同生活方式的选择，一种是"以多数人的意志为基础的自由制度"；另一种是"以强加于大多数人的少数人的意志为基础的极权政体"。杜鲁门还说，"美国必须支持那些自由国家人民抵抗武装的少数人或外来的奴役阴谋"，这是美国的"伟大责任"。事后杜鲁门大肆宣扬他的这篇讲话，认为这是"美国对共产主义暴君扩张浪潮的回答"，自此冷战迅速展开。1947 年 4 月，美国记者斯沃普首先使用了"冷战"这个术语，同年，美国著名专栏作家李普曼撰写了一系列有关冷战的文章，此后，"冷战"一词迅速流传，为人们广泛采用。

在冷战中，对社会主义国家实行"和平演变"战略，是西方垄断资产阶级"遏制共产主义"的重要手段，是一种"超越遏制战略"，"和平演变"，是通过政治、经济、思想、文化、学术、教育和宗教等渠道，与社会主义国家的接触，在体现西方价值观的"自由"、"民主"、"平等"、"人权"等理论的蛊惑下，在价值观、意识形态和生活方式等方面，向社会主义国家进行渗透和侵蚀，影响和改造社会主义国家人民，特别是第二代、第三代青年人；通过经济私有化、政治和思想文化观念西方化，颠覆社会主义国家，使这些国家的社会制度发生根本的变化，走上资本主义道路。而这种资本主义，并非是与西方大国平起平坐，只能是原始的、买办式的资本主义，广大劳动者不仅要受本国资产阶级新贵的奴役，而且要受外国资本的剥削。

1953 年 1 月 15 日，杜勒斯在国会提出用"和平演变"的方式，实行

---

① 弗朗西斯·斯托纳·桑德斯：《文化冷战与中央情报局》，国际文化出版公司 2002 年版，第 165 页。

对社会主义国家的"解放政策"。他说："只要苏维埃共产主义统治着世界现有各国人民总数的1/3，只要它正在设法至少把它的统治扩展到许多其他的国家，我们便绝对得不到巩固的和平或是欢乐的世界。""因此我们必须时刻记住这些被奴役的人民的解放问题。不过，解放并不就是解放战争。解放可以用战争以外的方法达到。""它必须是而且可能是和平的方法。那些不相信精神的压力、宣传的压力能产生效果的人，就是太无知了。"① 杜勒斯出于对新中国的敌视，污蔑"中国共产主义是一个致命的危险"。1958年10月他从台湾活动回国后，声称要"用和平方法使全中国得到自由"。他还把希望寄托在社会主义国家第三代、第四代人身上，认为社会主义国家所发生的"演进性的变化"，将使社会主义国家领导人的后代"获得自由"。

杜勒斯的后继者继续推行"和平演变"战略，肯尼迪说，"只有通过和平的转变，东欧才能获得自由"。"我们的任务是奉行一种耐心地鼓励自由、谨慎地压制暴政的政策，这是一种期望演变而不是期望革命的政策——是一种依靠和平而不是依靠战争的政策"。肯尼迪提出通过加强"美国之音"的广播，对社会主义国家进行渗透，"培育自由的种子"，让所谓"丧失了自由"的人们，在美国的帮助下尽快"获得自由"。1980年5月，尼克松新著《真正的战争》出版，他强调要"鼓励"社会主义国家"本身内部的和平演变"；要加强自由欧洲电台和自由电台的工作，不管是在苏联，还是在其他国家，"不应当怕进行宣传战"。尼克松明确提出"不战而胜"，认为"如果苏联胜利，世界将成为对自由国家来说是不安全的地方。我们要不战而胜，就必须决心以不进行战争的方式使用我们的力量"。1982年10月，尼克松的另一新著《领导人》出版。尼克松说：共产主义世界已经发生了变化，西方"可以加速这一变化"；"西方的希望就在这个过程之中"。对此，西方"必须有足够的耐心"。尼克松认为，"思想具有其自身的力量，我们可以使思想透过屏障"，要通过文化和贸易施加影响。

1988年，尼克松在《1999年：不战而胜》一书中，与其前任一样，继续放肆地攻击共产主义。他说："极权共产主义在本世纪初还只是一个策划于密室之中的阴谋，现在已经统治着世界人口的35%"。"20世纪最

① 辛灿：《西方政界要人谈和平演变》（修订本），新华出版社1989年版，第3页。

重大的事态发展不是殖民主义宣告结束或民主大踏步前进，而是极权共产主义的崛起。"① 尼克松充分认识到 20 世纪科学技术的进步，超过了过去的任何时代，并阐述了如何使用科学技术的新成就——广播、影视和信息技术这一"思想战线上的有效武器"，推行和平演变战略。尼克松认为，苏美的竞争是军事、经济和政治性的，但美苏之争的根源在于意识形态。如果美国在意识形态战中败北，则美国所有的武器、条约、贸易、外援和文化关系都将毫无用处。他还认为，美国与苏联进行意识形态竞争时，美国有一手好牌，即美国的"自由和民族价值观在世界各地极有魅力"。尼克松曾在 1983 年出访保加利亚、罗马尼亚、匈牙利和捷克斯洛伐克东欧四国，他认为"东欧的共产党人已经完全失去了信仰"，"我们所希望的和平变革的条件已经成熟"。尼克松对匈牙利实行"自由化政策"大加赞扬，认为匈牙利是一个杰出的例子，因为匈牙利除在经济上逐步实行自由化外，还允许西方的广播电台、电视台，不受干扰地向该国播放节目，甚至可以在布达佩斯买到某些西方报纸。尼克松对广播、电视、报刊在实施和平演变策略时的作用，十分重视。1988 年 8 月 28 日，尼克松在《星期日泰晤士报》撰文《必须使东欧获得自由》，他说："西方必须促进东欧的和平变革"。"我们必须利用现代通讯工具打破东欧对其人民的控制。自由欧洲电台是我们在东西方斗争中最有效的计划之一。我们 90 年代的目标应是通过卫星向那些国家直接进行电视转播。"②

20 世纪 80 年代末 90 年代初，随着苏联东欧国内政治、经济形势的变化，西方大国进一步加紧推行"和平演变"战略。国际垄断资产阶级认为，对苏联东欧实行的和平演变政策，已经发生了作用，已经到了制定一项新政策的时候了，目标要更大胆，使苏联东欧"同过去决定性地决裂"，"深入持久地进行政治、经济变革"。1990 年 3 月 27 日，布什向美国国会提出的《美国国家安全战略》报告中提出，"创造条件使苏联加入和欢迎苏联加入一个和平、自由和繁荣的国际社会。……以促进苏联各种思想和民主价值观念的自由交流"，同时使所有东欧国家，成为"自由国家的世界联邦的一部分"③。布什特别强调，进行这一努力的主要工具是美国之音

---

① 尼克松：《1999：不战而胜》，世界知识出版社 1989 年版，第 5 页。
② 柳静编著：《西方对外战略策略资料》第 1 辑，当代中国出版社 1992 年版，第 51 页。
③ 辛灿：《西方政界要人谈和平演变》（修订本），新华出版社 1989 年版，第 123、124 页。

电台、自由广播电台和自由欧洲广播电台，"他们的影响是无法估价的"。美国之音对苏联广播，每周在 500 小时以上，在苏联解体，东欧剧变中，发挥了不可替代的作用。

"和平演变"战略是西方对外战略中的重要内容之一，颠覆社会主义国家，企图在世界上"全盘西化"，建立单一的资本主义制度是西方大国的既定政策。苏联是世界上第一个社会主义国家，在社会主义建设中曾取得辉煌成就；在第二次世界大战中付出了巨大的民族牺牲，打败了德国法西斯，在 1991 年末却毁于一旦。为什么苏联共产党作为苏联的执政党的地位丧失了？为什么苏维埃社会主义共和国联盟解体，作为社会主义的苏联国家不复存在？究其原因，历史的，现实的；直接的，间接的；内部的，外部的；政治的，经济的；党内的，党外的等等，可以找出很多，但其中的重要原因之一，即外部原因就是美国等西方国家的"和平演变"战略。

文化冷战

第二次世界大战后，美国为了"抵制共产主义的影响"，发动了长达近半个世纪之久的"冷战"，其中也包括"文化冷战"（cultural cold war）。美国中央情报局 1947 年成立之初，即开始为进行这场特殊的战争组织队伍。这支队伍表面上看是按照"超党派"的原则去效忠国家，而实际上，"这支队伍是美国进行冷战的秘密武器，广泛地散布在文化领域之中。在战后的欧洲，作家、诗人、艺术家、历史学家、科学家、评论家，无论他们喜欢不喜欢，知情不知情，其中绝大多数人都多多少少与这一隐蔽事业有着某种联系。美国间谍情报机构在长达 20 年的时间里，一直以可观的财力支持着西方高层文化领域，名义上是维护言论自由"。"如果我们把冷战界定为思想战，那么这场战争就具有一个庞大的文化武器库，所藏的武器是刊物、图书、会议、研讨会、美术展览、音乐会、授奖等等。"① 事实表明，这些武器的功能，归根结底是为了削弱民族国家的主权，以美国的文化为榜样，在全球范围内推行美国的生活方式和价值观，通过不断增强美国意识形态的力量，达到文化侵略的目的。

---

① 弗朗西丝·斯托纳·桑德斯：《文化冷战与中央情报局》，国际文化出版公司 2002 年版，第 2 页。

1949 年 5 月，"自由欧洲委员会"成立，表面上，它由"非官方的美国公民组成"，而实际上却同中央情报局有十分密切的联系，艾伦·杜勒斯和他的兄长约翰·福斯特·杜勒斯在其中起着举足轻重的作用，是实际的"后台老板"。中央情报局的一些官员，被安插到该委员会的重要岗位上。该委员会的主要任务是"利用逃亡的东欧人多种多样的专长来开展各种项目，以此积极地与苏联的统治地位作斗争"。为了取得与苏联斗争的胜利，"自由欧洲委员会"强调不仅要利用强有力的物质力量，更要依靠思想上的力量，积极投入到形形色色的文化冷战中去。1950 年，"自由欧洲电台"在柏林设立，很快又建立了 29 个广播站，用 16 种语言进行广播，披着"文化"、"学术"、"艺术"的外衣，进行反苏反共宣传。自由欧洲委员会还成立一机构"自由十字军"，作为它募集资金的机构。这个机构同中央情报局的关系就更为密切，大量的募款由它自由支配。

　　20 世纪 60 年代美苏"冷战"高潮时期，美国政府开始实施"和平队"计划。肯尼迪总统认为，和苏联派驻在国外训练有素的医生、教师和工程技术人员相比，美国政府外交决策部门的工作人员，包括驻外大使，素质低下。为了对付苏联，1961 年 9 月 22 日，美国国会通过的《和平队法》，和平队获得永久授权。"和平队"成员由教师、医生、护士、农业专家和工程师等组成，主要是到发展中国家从事教育、农业、商业、环境、社区开发、医疗保健等工作，"献给争取世界和平秩序的斗争"。和平队在表现出美国式的"仁爱"和"人道"的同时，更重要的是出于冷战的政治需要。自从成立以来，18.2 万名美国"和平队"队员的足迹遍及 138 个国家和地区。

　　美国一向重视在落后国家的文化输出活动，在历史上主要是由教会、非政府组织和基金会来承担的。但在第二次世界大战后，美国政府为与国际共产主义的抗衡，十分重视文化输出活动。"和平队"是美国在战后发起的一次大规模的文化外交活动，不用枪炮、不用高压政治来实现和维护美国的国家利益。肯尼迪把美国的外交政策形容为"一手抓箭，一手抓橄榄枝"。"和平队"以文化"使者"的形象活跃在许多发展中国家，与美国强权外交形成鲜明对比，但在服务于美国全球"冷战"战略上，并无本质上的区别，"和平队"始终是美国对外政策的有重要组成部分，被视为美国"软实力"的一种象征。

　　为了对抗马克思主义和共产主义意识形态的影响，美国政府在"冷战"高潮中，即在 1950—1967 年曾投入巨资，在西欧执行了一次秘密的文化宣传计划。"好的宣传就是要做到不像宣传"，"文化自由代表大会"（Congress Cultural Freedom）从这一基本认识出发，在中央情报局特工迈克尔·乔斯尔森（Michael Josselson）的主持下执行。这个计划的主要任务，就是让欧洲，主要是西欧的知识分子不再热衷于马克思主义和共产主义，转而从思想上接受美国的观点。鼎盛时期，"文化自由代表大会"曾经在35 个欧洲国家设立办事处，出版各类刊物 20 余种，拥有自己的可提供新闻纪录片和故事片的服务公司。属于该机构的雇员有数十人，他们经常举办各种艺术展览，召开多种内容的国际会议，或为音乐家、画家颁奖等等，通过频繁的接触和联系施加影响并进行渗透，加强美国对西欧的吸引力，服务于美国的外交战略。当然，这一切都是在极端秘密的状态下进行的，是一场"无声的战争"，"一场没有硝烟的战争"。

"文化自由代表大会"存在的 17 年，得到中央情报局数千万美元的支持。它所做的一切，是当时中央情报局直接领导下的秘密文化战——文化冷战的重要组成部分。所谓"秘密文化战"的实质是政治战，就是要在文化渗透等方面主动采取攻势，对付社会主义国家，而且要始终将这种攻势保持下去。"文化自由代表大会"成为文化冷战中有"强大杀伤力"的重型武器。在它的控制下，《评论》（Commentary）、《新领袖》（New Leader）、《党派评论》（Partisan Review）等刊物，大肆鼓吹"用民主的制度摧毁极权专制制度"，成为反对共产主义意识形态的载体。

"文化冷战"并非仅仅在美国进行，20 世纪七八十年代，在英国政府的默许下，反苏反共组织"俄罗斯团结者人民劳动联盟"（"NTS"）曾派遣英国学生进入苏联，执行从内部破坏苏联稳定的任务。"NTS"成立于1930 年，由一群流亡的白俄人在贝尔格莱德创建，以后中心设在法兰克福。"NTS"以推翻苏联为宗旨，"自由俄罗斯电台"每天都对苏广播。此外，"NTS"还将间谍秘密送进苏联、东欧国家。1975 年，美国、加拿大、苏联和欧洲国家达成了《赫尔辛基协议》，协议里写入了西方长期坚持的"尊重人权"、促进"人员和文化交流"等要求，使反苏反共分子受到鼓舞。"NTS"利用西方同苏联文化交流这一新的渗透途径，派人潜入苏联。这样，一批又一批的英国学生在"学生"身份的掩护下，以"学术研究"为幌子，进入波兰、捷克斯洛伐克和苏联。他们除了获取情报信息、联系并资助苏联持不同政见者外，还发展反苏组织成员。他们回国时则将许多重要情报带了出来，包括一些反苏人士的手稿，"学生军"带出的一些重要情报还被交给了北约盟军最高司令部，帮助制订对苏作战计划。

"冷战"结束后，和平队依然存在，其功能也没发生任何质的变化。1992年，美国和俄罗斯两国政府签订"和平队"协议以来，已经陆续有700多名和平队志愿者到俄罗斯，执行英语和商务教学计划。但10年后，俄外交部于2002年12月27日宣布，废止俄罗斯和美国有关"和平队"在俄开展援助活动的协议。俄罗斯外交部发言人雅科文科托词称，作出这一决定，是因为俄国内经济社会状况和10年前相比，已发生了较大变化，原有的援助项目已不适应现实需要。而真实的原因，是部分和平队志愿者打着援助旗号从事间谍活动。俄罗斯联邦安全局局长帕特鲁舍夫曾在接受媒体采访时说，"和平队"的某些所谓志愿者打着援助的旗号进入俄罗斯，却借职务之便，暗中广泛收集俄社会、政治、经济等各领域情报，而且还想方设法收集有关俄政府官员的信息。

美国进行文化冷战时，美国中央情报局介入其中，被越来越多的事实所证实。1966年，《纽约时报》曾连续发表文章，揭露美国文化界的一些名人，如何成为中央情报局文化队伍中的一员，以及他们如何利用自己在文化界的声誉，为中央情报局服务的。他们的身份，使他们参与了范围广泛的秘密活动，带有浓厚的文化色彩。但是，这些人并不是各行其是，个人为所欲为，而是按照美国国家安全委员会文件所规定的内容和要求活动的。例如，首先要统一思想，明确一些基本概念的具体内容，然后在此基础上贯彻执行。例如，"宣传"的定义是："'任何以影响特定群体的思想和行动为目的的新闻、专题讨论或有组织的努力或运动'，均可称为宣传工作。这种努力中一个重要组成部分是'心理战'。这里'心理战'的定义是这样的：'一个国家有计划地利用宣传或'非战'的活动来沟通思想、交流情况，以求影响外国群体的观点、感情和行为，其目的是有助于国家达到其既定目标'，均可称为心理战。"进一步又为"最有效的宣传"下了这样一个定义："宣传对象按照你所指定的方向走，而他却以为这个方向是他自己选定的"①。在文化冷战中，美国为实现自己的战略目标不择手

---

① 美国国家安全委员会指令，1950年7月10日，Final Report of the Select Committee to Study Government Operations with Respect to Intelligence Activities（Washington：United States Government Printing Office，1976）。转引自弗朗西斯·斯托纳·桑德斯《文化冷战与中央情报局》，国际文化出版公司2002年版，第5页。

段，但又具有很大的欺骗性或迷惑性。当你身陷其中时，明明是仰人鼻息，亦步亦趋被人牵着走，却又丝毫没有察觉，反而认定这是自己选择的路，心甘情愿地从思想上缴械，自觉地成了失去自我的西方的俘虏。

西方和平演变战略和苏联解体

1991 年 12 月 25 日，世界上第一个社会主义国家苏联解体，苏联共产党同时失去执政地位，这使国际社会主义运动遭到严重挫折，同时直接改变了世界地缘政治和国际关系格局，这是 20 世纪重大历史事件之一，对人类历史进程产生了深远的影响。

第二次世界大战结束后不久，美国成立了一些以苏联和东欧国家为研究对象的研究所，一些大学也陆续开设有关苏联和东欧历史与现实的课程，包括华沙条约组织的研究等等。在此基础上，逐渐形成了一门新的学科——苏联学。"苏联学"丝毫不掩饰它鲜明的意识形态色彩，和强烈的反苏反共政治倾向。1945 年，美国中央情报局局长艾伦·杜勒斯在国际关系委员会发表的讲演中说："人的脑子，人的意识，是会变的。只要把脑子弄乱，我们就能不知不觉改变人们的价值观念，并迫使他们相信一种经过偷换的价值观念。……我们要把布尔什维主义的根挖出来，把精神道德的基础庸俗化并加以清除。我们将以这种方法一代接一代地动摇和破坏列宁主义的狂热。我们要从青少年抓起，要把主要的赌注押在青年身上，要让他们变质、发霉、腐烂。我们要把他们变成无耻之徒、庸人和世界主义者，我们一定要做到。"① "苏联学"的主要任务和研究内容，和艾伦·杜勒斯所阐述的美国的对外战略完全一致，在学术研究的外衣下，对苏联和东欧社会主义国家"西化"、"分化"实行和平演变政策时，具有特殊的作用。它不仅在社会主义与资本主义两种社会制度的斗争中，在苏美对抗中，及时系统地提供理论支持，而且配合美国情报部门的工作，进行超出学术研究范畴的反苏活动。无论是基础理论研究，还是对策性、前瞻性研究，都表现出这些特点。苏联学有关苏联政治制度的研究、经济政策研究、军备问题研究、民族问题研究、宗教政策研究、苏联党和政府与人民群众关系的研究、苏联持不同政见者研究，以及文化和教育政策的研究等等，都始终贯穿着一个目标，即支持苏联国内的反对派，在知识界培植和

---

① 尼·伊·雷日科夫：《大国悲剧》，新华出版社 2008 年版，第 2—3 页。

积聚亲美反苏的力量，不择手段制造混乱，使苏联加速走向灭亡。

尼克松在《1999 年：不战而胜》中写道："我们必须采取一些政策，使苏联参加我们两种制度之间的竞争，以在他们的制度中促进和平演变。""除非我们发动攻势——但是是和平攻势，否则我们不能在美苏之间的争斗中获胜利。我们应该制定在铁幕两边与莫斯科进行和平竞争的战略，不仅在东欧而且在苏联国内同苏联进行和平竞争。我们必须承认，从长远看，和平竞争与保持我们的军事威慑力量对于美苏争斗的结果同等重要。"[①] 除尼克松的著作外，布热津斯基的《大失败——20 世纪共产主义的诞生与毁灭》，基辛格的《一些意见：1982—1984 言论和文章摘编》等，可认为是美国"苏联学"研究的代表作。布热津斯基在《大失败》中说，西方国家也可以与社会主义国家进行文化、科技和经济交流，这有助于促进"性质独立的公民社会"在社会主义国家出现，有助于加快"民主变革"的速度，使社会主义国家更快地融入资本主义社会。通过开展与苏联等社会主义国家的文化和科学交流，使知识分子，特别是青年知识分子对西方的社会方式、技术发展和文化有强烈的认同感。理查德·派斯、布热津斯基、亚历山大·亚诺夫、乔治·凯南和皮亚列尔等人，是美国著名的苏联问题专家，在美国的"苏联学"研究中占有举足轻重的地位。他们在一些具体问题的观点上不尽相同，甚至大相径庭，但通过"和平演变"的方式，使苏联脱离社会主义道路，向资本主义转变却是完全一致的。

国际垄断资产阶级出于对共产主义意识形态的敌视，将通过"和平演变"颠覆社会主义国家作为既定战略。他们强调，西方对社会主义国家放弃使用武力并不意味着维持现状，而是意味着和平的转变。就苏联而言，美国在各方面的努力，就是要使克里姆林宫上的红旗降落。1981 年 5 月 18 日，里根在圣母玛利亚大学演讲时说，共产主义是"人类历史上反自然的一章，而且它的最后几页直到今天还继续书写着。这种制度不可能永远存在，他将走到自己的尽头。未来的几年将是我们国家复兴的几年，也是自由事业和文明传播的几年。西方不是遏制共产主义，西方要战胜共产主义。我们不想对此进行批判来给自己找麻烦，我们正在把人类历史上可悲

---

① 尼克松：《1999 年：不战而胜》，世界知识出版社 1989 年版，第 145 页。

而又可怕的一章删掉，这一章现在已经写到了结尾"①。1985 年戈尔巴乔夫发动改革，要建设"人道的、民主的社会主义"；1987 年开始推行民主化、公开性和对外政策的新思维，要世界各国人民"摆脱意识形态的狭隘偏见"，提出"新思维的核心是承认全人类的价值高于一切，更确切地说，是承认人类的生存高于一切"②。针对戈尔巴乔夫向右转，在苏联明显地出现了倒向资本主义的变化。美国及时调整对苏和平演变策略，从遏制、"以压促变"，转变为"以接触促变化"，通过"广泛的接触"，加速将苏联纳入资本主义世界体系中去，结束社会主义与资本主义的"历史性的对抗"。

戈尔巴乔夫被西方认为是一个"可以与之打交道的人"。他用社会民主主义代替马克思列宁主义，放弃了在意识形态领域马克思主义的指导地位，使资产阶级思想任意泛滥。曾目睹苏联解体历史过程的美国驻苏大使马特洛克认为，在 20 世纪 80 年代末，戈尔巴乔夫"已经一步一步抽去了影响苏联历史 70 年的'社会主义'的真正含义。到 1991 年中，他实际上已经成为一个隐藏的资本主义者"，"抛弃了马列主义最后的精髓"③。在戈尔巴乔夫那里，已经一点点社会主义的影子也找不到了。戈尔巴乔夫还提出"不让历史留空白点"，从揭露社会主义的"黑暗面"入手推动改革，不遗余力地丑化苏联各族人民的革命历史、丑化列宁和斯大林的历史，导致了人们思想的严重混乱。俄罗斯联邦共产党中央委员会主席、俄罗斯国家杜马议员久加诺夫说，戈尔巴乔夫、叶利钦掌权期间，利用媒体传播西方民主价值观，破坏了人民对爱国主义和祖国历史的感情，由此产生的后果，比法西斯主义还严重④。例如，1990 年 10 月 21 日，"民主俄罗斯"通过决议，要把十月社会主义革命纪念日——11 月 7 日，变成"哀悼日"，号召在这一天的 21 时 45 分，即"阿弗乐尔号"巡洋舰开炮的时刻，莫斯科全城关闭 5 分钟，燃起蜡烛致哀。"俄罗斯民主论坛"在《行动计划》中提出，宣布 11 月 7 日为"民族灾难日"。在列宁格勒，一些人

---

① 罗伊·麦德维杰夫：《苏联的最后一年》（增订再版），社会科学文献出版社 2009 年版，第 155 页。

② 戈尔巴乔夫：《改革与新思维》，新华出版社 1987 年版，第 180、184 页。

③ 小杰克·F. 马特洛克：《苏联解体亲历记》（下），世界知识出版社 1996 年版，第 655 页。

④ 参见李兴耕等编《前车之鉴》，人民出版社 2003 年版，第 128—129 页。

表示，他们将打着黑旗，在哀乐中举行示威游行，哀悼"专制制度的受害者"。一些人污蔑十月革命犯了"原罪"，诋毁十月革命是布尔什维克精心策划的"阴谋"，是一次"政变"，是在特定的历史条件下"各种偶然事件的巧合"，使俄国"偏离了人类文明进步的轨道"，"中断了俄国的自然发展进程"。总之，十月革命是俄国的"悲剧"。彻底否定十月社会主义革命，不是历史学不同学术观点的争鸣，而是通过"乱史"，开始"乱国"的信号，正所谓"灭人之国，必先去其史"。

　　西方一些理论家认为，苏联解体的原因，是苏联"与美国不可超越的经济和军事力量相抗衡"的结果。一些俄罗斯学者针对这种观点指出，"冷战和西方施压是苏联解体的主要原因"，"西方在军事上和经济上的施压不是最主要的因素，美国的情报机构以及各种秘密的意识形态和政治中心的积极活动才是至关重要的因素"。西方是从内部对苏联实施逐步侵占战略的。这些活动的结果，使"苏联内部发生的一系列过程起到了自身的作用。在西方的压力之下，我们从心理上发生崩溃。在苏联已经形成了强大的亲西方的'第五纵队'，西方成功地在我国造成这样的氛围，即广大人民群众情愿背叛自己的祖国"，一些人"自觉地或不自觉地都成了西方破坏势力手中的傀儡"①。无论是"亲西方的'第五纵队'"，还是"西方破坏势力手中的傀儡"，都是以美国为代表的西方资本主义国家，长期以来对苏联实行和平演变政策的结果。苏联解体后，原苏共的一些领导人在反思苏联解体的原因时，也都清醒地认识到了这一点。原苏联国防部长亚佐夫认为，长期以来，西方敌对势力对苏联进行了有组织、有预谋的各种颠覆活动。"二战以后，以美国为首的西方国家十分清楚，通过军事手段无法战胜苏联，因此寄希望于'和平演变'和苏联内部动乱。原苏联最高苏维埃主席卢基扬诺夫认为，西方敌对势力的存在决定了国际范围的阶级斗争在相当长的历史时期内将依然存在。在一定历史阶段，阶级矛盾会激化……西方曾允诺戈尔巴乔夫，让苏联融入西方文明社会，这实际上是一场骗局，而且这种骗局还将继续进行下去。原苏联克格勃主席克留奇科夫也认为，苏联发生的事件不是解体，而是崩溃，是外部势力有意识、有目

_____

① 罗伊·麦德维杰夫：《苏联的最后一年》（增订再版），社会科学文献出版社2009年版，第156页。

的催化并支持的破坏过程。"① 原苏联部长会议主席雷日科夫说:"我们的悲剧就在于我们丢失了'苏维埃价值',我们没有把过去的一切正面的东西带到新时期来。非但如此,许多对我们格格不入的、不为多数人民所接受的教义,也被强加给我们这个社会。我们这个国家缺少一种起核心作用的思想,有的只是起瓦解作用的、外来的思想和价值。"② 总之,苏联解体的外部原因,是西方推行和平演变的,首先是意识形态、价值观渗透的结果,这是不争的事实。

1996 年,在美国出版《胜利:美国政府对前苏联的秘密战略》,作者是美国中央情报局前雇员彼得·施瓦茨。作者披露了美国政府用和平手段,以瓦解苏联为目的的秘密战略的一些内幕。"秘密战略"的核心内容是"攻心为上",通过"软战争",使苏联党和国家领导人、各级政府官员,以及高级知识分子和广大民众,对社会主义制度,对苏联的前途失去信心,动摇他们的信仰,直至完全丧失信仰。为达此目的,中央情报局在总统里根的支持下,雇用了一批国际政治、世界经济,以及历史学和心理学的专家,用和平演变的手段,推行"攻心战"。彼得·施瓦茨写道:"前苏联垮台不是上帝青睐美国,而是里根政府奉行的政策所致。"里根对苏联是否具有生命力并不感兴趣,他提出的任务是将这种生命力降低到零。彼得·施瓦茨还认为,"谈论前苏联崩溃而不知道美国秘密战略的作用,就像调查一件神秘突然死亡案件而不考虑谋杀。死亡的原因究竟何在?病人吃的是真正对症的药方吗?死亡事件是否存在着特殊反常和预谋"③?

20 世纪 80 年代,里根政府提出"星球大战计划",诱使苏联极力发展重工业和军事工业,高科技军工产品和航空航天产品,过多地消耗国家经济实力、自然资源和技术力量,使轻工业和农业长期落后,不能满足人民日益增长的物质生活和文化生活需求,特别是生活水平提高缓慢,又加重了苏联人民对轻工产品供应不足的不满。与此同时,美国凭借其经济和军事实力,将石油当成推行其秘密战略的"武器",在国际市场上倾其所能压低石油价格,急剧减少苏联的外汇收入,从而使苏联经济加速陷入混乱,以在苏联经济的"危机"中,更好地推行美国的秘密战略。在这个过

① 李兴耕等编:《前车之鉴》,人民出版社 2003 年版,第 111 页。
② 尼·伊·雷日科夫:《大国悲剧》,新华出版社 2008 年版,第 19 页。
③ 参见杨斌《软战争——美国军事经济霸权挑战中国》,经济管理出版社 2001 年版,第 96 页。

程中，一些在美国和西方国家培养的知识分子，如福特、洛克菲勒、卡耐基、索罗斯、哈耶克等基金会长期支持的苏联"知识精英"，多身居要职，为苏联解体起了推波助澜的作用。毋庸讳言，苏联解体的原因，和计划经济体制僵化有直接的联系，但这决不是唯一的重要原因，我们不应该否认，至少应清醒地看到，美国等西方国家积极推行和平演变战略的恶果。

毛泽东曾指出，帝国主义企图消灭社会主义有两手：战争方法为第一手，"和平旗子，文化往来，人员往来，准备用腐蚀、演变方法消灭社会主义，这是第二手"①。从苏联解体、东欧剧变的过程，和今天以美国为代表的西方大国对我国继续实行的"西化"、"分化"政策这一事实，我们必须警钟长鸣。2008 年，美国自我标榜"独立的"非政府组织——民主基金会通过它所资助的各种项目，加紧对中国的活动。它资助的中国项目多达 50 项，仅次于伊拉克的 52 项，排名世界第二。人们普遍认为，从民主基金会近年来在一些国家制造的"颜色革命"和剧烈社会动荡来看，它对中国的高度关注显然包藏祸心。这 50 个项目中，"藏独"项目最多。1988 年成立的"西藏国际运动"组织在 1994 年获得了美国民主基金会的第一笔资助，此后于 1997 年、1998 年、2000 年、2001 年、2002 年和2003 年，又都获得了民主基金会数额不等的资助。现"西藏国际运动"在华盛顿、阿姆斯特丹、柏林和布鲁塞尔开设分部，成为达赖与支持西藏独立的美国政治人物之间的一座桥梁，对西方的"和平演变战略"，我们必须保持高度的警觉。

第三节 "文化全球化"的文化帝国主义本质

谎言和陷阱

世界各民族和国家在各自历史发展进程中所形成的文化，均具有自己的特色。文化作为一种价值体系，它的核心内容是道德风范和社会理想，包括世界观、人生观和价值观等等，它渗透在人们的精神生活和物质生活之中，集中反映了各个民族的民族精神。在漫长的人类历史发展过程中形成了文化的多样性，经济全球化并没有使这一事实丝毫改变，那为什么一些西方的理论家却视而不见，极力宣扬以单一的西方文化为目标的"文化

---

① 《建国以来毛泽东文稿》第 8 册，中央文献出版社 1993 年版，第 599 页。

的全球化"呢？因为文化的多样性，以及不断增强的文化多样性的趋势，使各民族的文化不断彰显的同时，"西方文化中心"的理论日趋走向衰落。美国等西方国家为了用自己的"强势文化"反对所谓"多元文化的盛行"，极力推行文化霸权主义，企图倚仗自己经济上的优势，将自己的文化模式强加于人，建立自己意识形态的一统天下。他们通过各种形式的文化渗透宣扬其政治理念、价值观念和生活方式，使发展中国家的某些人，特别是年轻人的价值观念、生活方式、思维方式、行为方式受到侵蚀，民族文化受到消极影响，极大地削弱了人们对民族文化的认同。因此，对西方文化的文化霸权、文化渗透，及建立以西方为中心的单一文化的威胁，我们应有清醒的认识。

目前国内学术界有一种观点认为，文化霸权中的"霸权"，在英语中的对应词汇是"hegemony"，而"hegemony"的希腊文和拉丁文分别是"egemon"和"egemonia"，他们的本义是指一个国家的领导人或统治者。因此，"文化霸权或文化领导权作为概念是同义的，即都是指以同意或服从为基础的文化形态的控制或影响。这对于受过儒家传统文化濡染，知道'王'与'霸'区别的国人，似乎有点难于接受。然而仔细想想，西方的理解自有其道理，它所关注的重点在于各种文化相互作用中的主导者或主导权。这是一种客观的实际或客观的状态，它可以向不同方向演化，表现为我们理解的'王道'或'霸道'，即确切意义上的领导权或霸权。无论文化领导权抑或文化霸权，其实质就是文化主导权，这是每一个文化主体都无法回避的文化现实。"① 19世纪末、20世纪初以来的世界史表明，任何一种文化霸权下的"同意或服从"，都是被迫的文化接受，而不是主动的文化选择；同样，任何一种文化霸权下的"文化形态的控制或影响"，都是和帝国主义政策联系在一起的文化侵略或文化扩张。从这一基本认识出发，或者从事实出发，文化霸权和文化帝国主义在概念上是同义的。这种文化霸权往往以文化的形态表现出来，而其背后所蕴含的是在政治上、经济上获取更多、更大的利益。今日世界上文化霸权和文化帝国主义的存在，是现存国际政治、国际经济秩序不平等的客观反映。

国内学术界还有一种观点认为，20世纪末以来，随着国际垄断资本主义在全球扩张加剧，在经济全球化的背景下，"文化的全球化"也必将随

---

① 孙晶：《文化霸权理论研究》，社会科学文献出版社2004年版，第2页。

之而来，将在某种程度上实现"全球文化的同质化"。为了强调这种观点，他们认为，马克思主义经典作家曾表述过类似的观点，这实际是对经典作家原意的一种曲解。马克思主义经典作家曾指出："资产阶级，由于开拓了世界市场，使一切国家的生产和消费都成为世界性的了……过去那种地方的和民族的自给自足和闭关自守状态，被各个民族的各方面的相互来往和各方面的相互依赖所代替。物质的生产是如此，精神的生产也是如此。各个民族的精神产品成了公共的财产。民族的片面性和局限性日益成为不可能，于是由许多种民族的和地方的文学形成了一种世界的文学。"① 马克思、恩格斯在这里所说的"世界文学"是指"世界文化"。但能否就此就可以理解为这是马克思、恩格斯对"文化全球化"将成为可能的"预见"，以及"文化全球化是各民族文化交融的一种必然结果，是人类共同体验、创造的结晶，是人类生存和发展的需要"②，这是一个有待于进一步商榷的问题。包括笔者在内的一些论者不同意上述观点。如有的论者认为，"世界文化是一个色彩斑斓的画卷，而不是清一色的设计图纸。没有文化的民族化，就没有真正意义上的世界文化。失去了文化的民族个性，世界性的文化共性也就失去了存在的基础。而且，在文化领域内，没有了差异，没有了竞争，也就没有了生机活力，自然也就没有了文化进步"③。总之，民族文化和世界文化不是对立的，世界文化也不等于文化的"全球化"，以美国文化为代表的西方文化竭力要成为世界文化的主流文化，进而要成为全球的"文化"，这里所推行的实际上是体现西方价值观的一种新的意识形态。美国标榜的所谓文化的"全球化"被形象地概括为"三片"，即代表美国饮食文化的麦当劳快餐"薯片"；代表美国影视文化的好莱坞"大片"；代表美国信息、计算机文化的硅谷"芯片"。"三片"所体现的美国强势文化对世界的影响越来越大，已是不争的事实。

正确理解马克思、恩格斯所说的"世界文学——世界文化"的含义，首先应该将其放在广阔的世界历史背景中去理解。随着近代资本主义世界

① 《马克思恩格斯选集》第1卷，人民出版社1995年版，第276页。"文学"一词德文是"Literatur"，这里泛指科学、艺术、哲学、政治等等方面的著作。——原编者注

② 罗成琰：《全球化背景下中国文化的创新》，见《全球化背景下中国文化竞争力研究》，中国时代经济出版社2004年版，第79—80页。

③ 丰子义等：《马克思"世界历史"理论与全球化》，人民出版社2002年版，第151—152页。

市场的形成，被隔绝的世界开始连成一体，使所有国家的生产和消费，不同程度地愈来愈具有世界性的意义。"世界文化"是相对于封闭的、孤立的"民族"或"地域"的文化而言，首先是相对于那个封闭的、孤立的历史时代而言。正是由于近代世界和中古世界相比发生了剧变，所以各个民族的文化开始有了"世界"的内容，而这种"世界性"的内容，并不是一开始就有的，而是世界历史发展的结果。此外，马克思主义经典作家并不是用"世界文化"来否定或代替"民族文化"。世界文化的形成只是在新的历史条件下，赋予了民族文化新的内容，主要表现为民族文化在保持民族性的同时，而更加突出民族文化的时代感和时代精神，传统文化适应时代发展的客观要求，不断发生新的转换。在这里，并不存在与民族文化相悖的单一的"世界文化"。

因此，我们可以有理由说所谓"文化全球化"，是一个美丽的谎言，或者说是一个陷阱。对"文化全球化"的观点，一些西方学者也持异议，例如英国学者费舍斯通认为，不断增长的国际间货币、商品、影像以及信息等，已经产生了"第三种文化"，它是超国界的，它调和着不同国家之间的文化。总之，在他看来，不存在"同一的全球文化"。又如法国学者魏明德认为，"在文化方面，全球化既可以产生最好的结果，也可以产生最坏的结果。……我们可以重新发现我们的根源，通过与外部的接触经感应而再度发现，不是靠重复过去的文化形式，人类可以藉由这些文化形式的相互作用踏上追寻自然天性的种种潜能之旅，从而进行创造。我们必须挖掘个性才能达到普遍，但是，只有在我们学会尊重和欣赏他人的个性时，才能够表达出自我个性的精华"。魏明德从以上认识出发，认为在全球化的背景下文化方面的"最坏结果"，就是加速每个文化对自身源头的忘却，"而只有一大盆共同的'汤'"。这似乎可以理解是文化的全球化了，但这只"是一种建立在最平庸的参照和产品上的普遍的伪文化"[①]。法国另一位学者尚—皮耶·瓦尼耶则更明确地指出，所谓"文化全球化"，"事实上，它只是美、欧、亚洲三角地区，受到其所属国家鼓励的私人产业霸权式支配下的一种大型的文化交融现象"[②]。全球化对民族文化发展提出了挑战，但是，挑战的结果决不是要建立起"一大盆共同的'汤'"的

---

① 魏明德：《全球化与中国》，商务印书馆 2002 年版，第 7 页。
② 尚—皮耶·瓦尼耶：《文化全球化》，台湾麦田出版社 2003 年版，第 92 页。

伪文化，不是、也不可能实现归于一统的"文化全球化"，而是使各民族文化在特定的历史环境中通过交流和交融，而变得更加灿烂辉煌，这是世界各民族人民的共同愿望。

每一民族文化都有其不可替代的、有别于其他民族文化的特殊性和独创性。这些特殊性和独创性既表现在语言、文学、音乐、绘画、戏剧、宗教、习俗等观念形态的精神生活中，也表现在诸如各类经济生产的物质生活中，特别是在生产方式、生活方式、思维方式和情感方式中。民族文化具有传承民族精神、民族历史记忆的功能，使民族文化的血脉奔流不息，世代相传。如果它失去了这样的功能，使自己民族的文化失去了"认同与标识"，而在"全球化"或是其他什么冠冕堂皇的口号下"化"到其他的文化中，那就不仅仅是这个民族文化的衰亡或民族的文化意识、文化心理的衰亡，而且这个民族整体也必将走向衰亡。因为任何一个民族赖以生存的文化传统，都是这个民族的灵魂，当一个民族失去了自己的生活方式、价值体系、传统、信仰，以及基本的人权观念，那这个民族的灵魂也就失去了，其生命就将枯萎，作为一个独立的民族，自然也就不存在了。

在西方的国际政治理论中，衡量一个国家的综合国力，要看这个国家在军事、经济、技术和文化在全球的影响；国家的最低利益表现为"领土、政治制度和文化完整"[①]。文化不仅和领土、政治制度相提并论，而且被认为是国家综合国力的重要组成部分，是与国家基本利益密切相关的基本因素之一，这足以反映出"文化"的重要性，以及它在维护国家安全中的重要地位。这里所说的"文化"的含义，仍然是意识形态和价值观，以及信念、信仰和理想等。因为在一些西方学者看来，随着经济全球化对人类社会的影响日益加深，"全球化应被认为是社会生活'文化化'不断加深的一种形式"[②]，"文化"已经超出一般意义的观念形态文化的范畴。这样，在经济全球化的背景下，西方大国极力宣扬"文化全球化"的目的也就昭然若揭了。

2005 年，联合国教科文组织第三十三届大会 154 个参与投票的国家和地区，以 148 票赞成，4 票弃权，2 票反对，通过了由法国和加拿大倡议

[①]　摩根索：《又一次大辩论：美国的国家利益》，见《当代国际关系理论》，中国社会科学出版社 1990 年版，第 94 页。

[②]　Waters Malcom, *Globalization*, london, Routledge, 1995, p. 124.

的《文化多样性公约》。维护和发展文化多样性、反对文化单边主义,是世界各国人民的共同愿望。世界文明的多样性,是人类世界存在的基本形式,是人类文化存在的基本形态,也是促进人类社会不断前进的动因。因而表现出多种不同的文明。文明多样性的存在和发展,要求各个国家和民族相处时,要尊重差异、相互学习,平等协商、相得益彰,人们正是从这个意义上说,文明的多样性催生了世界的和谐发展。

　　在全球化的背景下,依然能够保持文化的多样性,因为这是和保持民族的独立性紧紧联系在一起的。文化的基本特征之一是民族性,这是这一民族立足于世界民族之林的基石。建立以美国文化为主导的所谓文化的"全球化",其实质是推行文化霸权,是典型的"文化帝国主义"。

文化帝国主义

　　"文化帝国主义"(cultural imperialism)这一术语,产生于20世纪60年代。但一般认为,美国加州大学圣地亚哥分校传播学教授赫伯特·许勒1976年在《传播与文化支配》一书中,首先对该概念进行了较详尽的阐释,以后他又在《大众传播与美利坚帝国》中,继续探讨了这个问题。在他看来,文化帝国主义是若干过程的总和,是一个历史性的现象。就传播媒介领域来看,国际文化的"交流"愈来愈加失衡,年轻的发展中国家的文化发展空间,受到严重的"挤压"。一些西方学者对赫伯特·许勒的观点加以阐释,他们认为,文化帝国主义,是"运用政治与经济权力,鼓吹并宣扬外来文化的种种价值与习惯,损害的却是本土文化"。"帝国主义国家控制他国的过程,是文化先行,由帝国主义国家向他国渗透支持帝国主义关系的文化内容,然后完成帝国主义对他国的征服。"①

　　英国诺丁汉特伦特大学国际传播与文化研究中心主任约翰·汤林森(一译约翰·汤姆林森,John Tomlinson)教授1991年著有《文化帝国主义》。在他看来,"文化帝国主义这个概念是说,全球文化多多少少倾向于成为一种霸权式的文化。全球文化如果说有什么问题的话,应该说,这种悲观式的建构一直是20世纪末一个更为突出的现象。的确,有人把文化

---

　　①　A. Bullock and O. Stallybrass (eds), *The Fontana Dictionary of Modern Thought*, London, Fontana, 1977, p. 303; M. Barker, Comics, Manchester University Press, 1989, p. 292.

帝国主义理论看作是文化全球化的早期理论之一"①。他通过对60年代产生、90年代又重新被人提起的"文化帝国主义"的分析,探讨了"冷战"后文化发展的特点和趋势。他认为在西方国家和发展中国家的文化"交流"中,明显地表现出不平等的文化霸权;"文化帝国主义"就是一个国家有那样一种权力,可以把他们的文化转置到别的国家,致力于"文化的全球化"。然而,无论是"文化帝国主义"还是"文化全球化",都不仅仅是一个抽象的理论问题,而是一个现实问题。他从社会生活实际出发,进一步分析说文化帝国主义理论"其中心前提相当简单,即某些主流优势文化会威胁到其他文化,但其中还包含更多复杂、相互矛盾、模糊不清的理念。事实上所谓的'文化帝国主义'也有不同的界定范围:从美国对欧洲的主宰、'西方世界'对其他区域的主导、核心国家对边陲国家的控制、现代世界对加速消失的传统世界,以及资本主义对几乎是每个人、每项事物的掌控,都可列入其范畴"②。英国学者弗里德曼明确指出,文化帝国主义是"帝国主义本质内容的一部分,使特定的以美国文化为中心的西方文化,不断通过文化霸权增加其影响力,使美国的价值观、消费产品,及其生活方式广为流传到世界其他地方"③。显然,他清楚地意识到了文化方面的霸权主义政策,是全球化的背景下整个帝国主义政策的重要组成部分。

文化渗透和文化扩张,是美国称霸全球战略的重要组成部分;文化帝国主义是美国谋求世界霸权的重要内容之一。"世界霸权",既包括政治、经济、军事、外交上的霸权,也包括文化方面的霸权。在西方的一些理论家看来,通过"暴力"建立起来的霸权,是对权力的一种简单的体现,"是低质量的权力形式",而通过"知识"或"文化"建立起来的权力——一种"有目的的支配他人的力量",则是"高质量的权力",具有高度的"灵活性"和"权威性"。布热津斯基在《大失控和大混乱》中说:"削弱民族国家的主权,增强美国文化作为世界各国'榜样'的文化和意识形态力量,是美国维持其霸权地位所必须实施的战略。"以美国为代表的西方文化和价值观念,极力要渗透到世界其他国家和民族之中,建立起以美国文化为主导的文化,把自己的意识形态强加给其他国家和人民,甚

---

① 约翰·汤姆林森:《全球化与文化》,南京大学出版社2002年版,第116页。
② 约翰·汤林森:《文化全球化》,台湾韦伯文化国际出版有限公司2003年版,第90页。
③ Friedman,J:*Cultural Identity and Global Process*. London:Sage,1994,p.195.

至以此来干涉别国内政，其实质是典型的"文化帝国主义"。"文化帝国主义"，是美国霸权主义的重要支柱之一。

在今天的世界上，文化帝国主义的重要表现之一，是追求"话语霸权"，并不择手段，包括施压和诱骗，将各民族文化纳入它的文化体系中去，在所谓"文化全球化"的旗号下，自觉或盲目地趋于对西方文化的认同。与此同时，淡化、排斥、挤压，甚至破坏和摧毁多元的民族文化。在这个过程中，西方经济上的强势和文化上的强势的一致性，成为文化帝国主义追求话语霸权的动力和基础。第二次世界大战后，特别是20世纪80年代以后，世界上一些国家，包括一些发展中国家，已经进入或开始进入大众文化时代，通俗文化深入到社会生活的各个角落，时装、广告、流行歌曲、街舞、歌厅，以及通宵达旦的电视连续剧等，不仅有观念形态的娱乐功能，而且在一定的历史条件下，成为这个或那个民族形成自己道德、伦理或民俗观念的重要资源。这样，话语霸权与通俗文化的结合，就进一步推进或强化了话语霸权的影响。

"美国的通俗文化——好莱坞电影、广告形象、包装服装和音乐——提供了一幅丰富多彩的图画，一套象征符号、物品和人工制品，它们可以毫不夸张地按无限多的结合方式组合与再组合成不同的集群。每一次选择后的意义都被改编了，因为个别的物品——牛仔裤、摇滚唱片、托尼·库尔提斯发式，女式短袜等等——从它们最初的历史和文化语境中被提取出来，与来自其他语境的符号并置在一起。"[1] 所谓"并置"，并非是两种不同语境的符号互不相关地并列在一起，而是美国文化渗透在世界各国家或民族文化之中。这种渗透在表面上是无声无息地进行着，而实际上却使民族文化在发生"剧变"：由模仿到入化；在不断远离民族文化传统的同时，亦步亦趋地成为美国文化的追随者和仆人。美国学者在讨论"消费主义与意识形态"时，曾介绍了埃及医生谢里夫·海塔塔的一篇文章。谢里夫·海塔塔说："当我第一次看到我的儿子穿着牛仔裤时，那种震惊几乎令我全身发抖。当时我觉得他正在变得像国外一些发狂的青年一样，那些属于迪斯科一代的青年。"但时隔不久，"过去我认为不可能的一些事居然在我身上发生了，要抵抗它们甚至比坚持左翼运动更难。在我71岁时，我居然也习惯了穿牛仔裤和耐克鞋。我也开始听摇滚乐、牙买加节奏音乐，有

---

① 多米尼克·斯特里纳蒂：《通俗文化理论导论》，商务印书馆2001年版，第42页。

时甚至说唱乐。我也开始喜欢光顾迪斯科舞厅，有时我还会有其他的一些欲望，尽管在此之前我成功地抵御了它们的侵袭。我知道这些东西已悄悄溜进了我们的生活，通过传媒，通过电视、电影、广播、广告、报纸，甚至小说、音乐、诗歌。这就是文化，它正四处伸展，席卷全球"①。这种情况清楚地表明，以美国为代表的西方文化只是"单向"的流动，西方的文化流向非西方的民族国家，而很少有非西方国家的文化流向西方②。尽管这些国家在一定程度上表现出对西方文化的认同，但是西方文化对这些民族国家的文化仍然持一种排斥的态度；没有平等的交流、交融或对话，只有以西方为中心的文化扩张，这是赤裸裸的文化霸权。这种情况所造成的后果，远非诸如文化产业层面上的物质损失，而是民族自信心和民族文化自信力的丧失，是国家主流意识形态受到严重的威胁和挑战。谢里夫·海塔塔清楚地看到了世界上所谓全球化的文化，实际上是弱势文化对强势文化的一种被迫接受，是民族文化被摧残、被扭曲。对此，他感到痛心疾首。文化帝国主义对民族国家入侵所造成的后果，和传统帝国主义的血腥和暴力，在本质上没有任何区别。在经济全球化的背景下，文化帝国主义被披上了种种迷人的外衣，如"文化全球化"，美国至今仍在营造和推行美国历史上最强有力的文化帝国主义，尤需世界各国人民警惕。

从第二次世界大战后到冷战后，世界已经发生了深刻的变化，但文化帝国主义的存在，使今天的世界仍然面临着单一文化的威胁。经济全球化加快了不同国家和民族之间文化的交流和交融，但并没有改变多元文化并存这一世界文化发展的客观趋势。广大发展中国家，深受文化帝国主义和文化霸权主义在政治文化、消费文化和大众传播文化等方面的扩张和渗透之害。美国等西方国家以"文化全球化"为名推行文化帝国主义，宣扬未来世界各个国家、各个民族的文化都将消失在单一的"全球化"的文化中，比直接鼓吹"全盘西化"具有更大的欺骗性。"文化全球化"是文化

---

① 〔美〕弗雷德里克·杰姆逊等编：《全球化的文化》，南京大学出版社2002年版，第230页。

② 以电影为例。可清楚地看到这一点。1990—1993年间进口电影占本国全部发行电影的百分比如下：智利占100%，马来西亚、秘鲁占98%，埃及占75%，俄罗斯占72%，巴基斯坦占58%，泰国占50%，伊朗占47%，而美国只占22%。许多发展中国家的电视节目，有60%—80%的栏目内容来自美国。美国电影产量仅占全球影片总量的6.7%，却占领了全球50%以上的总放映时间。参见李怀亮等主编《文化巨无霸：当代美国文化产业研究》，广东人民出版社2005年版，第47页；胡惠林：《文化产业发展与国家文化安全》，广东人民出版社2005年版，第113页。

帝国主义的理论武器。在西方大国的文化扩张面前，广大发展中国家，以及一些发达国家并非如西方大国一相情愿那样，只是被动地接受，而是在以美国文化为核心的西方文化的剧烈冲击下，选择保护本民族文化健康发展的现实道路，通过积极地进行自身文化的反思，以及传统文化的现代转化和重构，不断创造着本民族的新文化，以增强本民族赖以生存的民族文化的力量。

"文化全球化"、霸权文化和美国化

在不同的历史时期和不同的历史条件下，"文化帝国主义"有不同的内容和不同的表现形式。在经济全球化到来的新的历史条件下，文化帝国主义的主要表现形式之一，就是鼓吹和人为编造出来的、而实际上并不存在的"文化全球化"。如果一定要讲"文化全球化"，那将其称之为"作为文化帝国主义的文化全球化"似更准确。

20 世纪 90 年代东欧剧变、苏联解体后，一些资产阶级学者欢呼雀跃，认为这是在"文化全球化"的道路上迈出的重要一步，因社会主义制度和社会主义理想的"消失"，而揭开了世界文化"融合成一体"的序幕。他们将社会主义国家的"失败"和世界文化的"融合"及"文化的全球化"联系在一起，由此不难看出这种文化"融合"及"文化全球化"的实质。即使如某些中外论者所言，经济全球化将导致人类"文化整合时代"的到来，但这种整合并不会改变世界文化多样性的客观存在，不会将作为各民族文化的基本属性——"民族性"整合到所谓具有"全球性"的"文化"中。

在当代世界文化发展过程中，始终存在着"文化全球化"和"反文化全球化"的尖锐斗争。日本学者星野昭吉指出："今天文化全球化的每一种潮流从根本上都处于西方思维方式的影响之下。""文化全球化就是非西方文化被西方文化同质化与一体化的过程。"① 在实际生活中，我们几乎每天都可以看到这一事实，同时也可以看到，世界各国人民维护民族文化的独立性，与之展开斗争的事实。

2002 年 7 月，时任美国总统的布什在一次演讲中，介绍了初创阶段的

---

① 星野昭吉：《全球政治学：全球化进程中的变动、冲突、治理与和平》，新华出版社 2000 年版，第 196 页。

新机构——美国"国土安全文化局"（Homeland Security Cultural Bureau）。由于美国历来不设文化部，该局的成立就格外引人注目。据美国国土安全文化局的网站（http：//www. hscb. org）介绍，该局的主要任务，是使民众和官员理解文化在国家安全中所起的积极或消极作用，即维护国家安全或威胁国家安全的作用；及时发现和排除国家安全中的文化隐患；促进和培育文化产业，彰显"伟大的美利坚民族的自由和力量"；利用文化产业的力量和广泛影响，在全球宣传"美国是世界上最伟大的国家"。美国舆论认为，国土安全文化局的成立，是宣传、维护和提升美国文化力量具有里程碑意义的事件。在它的统领下，美国政府内外的各种力量将有效地协调，加速美国的文化扩张。

在"全球化"的背景下，美国国家政策的一个明显特点是将"文化"和"新经济"、"高科技"并列，极力使以美国文化为中心的"西方文化"，成为当今世界的"主流文化"，用西方的价值观支配世界。托夫勒教授等认为，军事力量和经济力量不再作为衡量国家实力的主要目标，知识的控制是明日世界争夺的焦点。谁的文化成为主流文化，谁就将成为国际权力斗争的赢家，谁就将掌握未来[①]。从这一基本战略目标出发，一些美国学者在全球化的背景下极力鼓吹"文化全球化"。

所谓"文化全球化"理论，其本质是世界文化发展的"美国化"。其具体内容是："如果世界趋向一种共同语言，它应该是英语；如果世界趋向共同的电信、安全和质量标准，那应该是美国的标准；如果世界正在由电视、广播和音乐联系在一起，那节目同样也应该是美国的；如果共同的价值观正在形成，它应该是符合美国人愿望的价值观。"[②] 这是文化帝国主义理论的具体体现。"文化帝国主义的东西，是最巧妙的，并且如果它能单独取得成功，也是最成功的帝国主义政策。它的目的，不是征服国土，也不是控制经济生活，而是征服和控制人心……文化帝国主义在现代所起的典型作用，是辅助其他方法。它软化敌人，为军事征服或经济渗透做准备。"[③] 显然，"文化全球化"的核心内容，仍然是意识形态和价值观，所谓"普世性"的"全球化"文化并不存在，"文化全球化"是建立在西方

[①]　参见中国社会科学院"世界文明"课题组编《国际文化思潮评论》，中国社会科学出版社1999年版，第6页。

[②]　David Rothkopf: *In Praise Cultural Imperialism*, Foreign Policy, p. 45, NO. 107, Summer 1997.

[③]　摩根索：《国际纵横策论：争强权、求和平》，上海译文出版社1995年版，第90页。

民主制和自由主义价值观基础上，它的实质只能是体现"美国化"的文化。

"文化全球化"的实质，首先是在"全球化"的招牌下，在全球建立起美国意识形态的一统天下。极力要在意识形态上建立起自己的绝对统治，并非是美国垄断资产阶级的新发明，早在"自由"资本主义发展阶段，各国资产阶级就是这样做的。1842年2月，马克思在对普鲁士的书报检查令进行批判时曾指出："你们赞美大自然令人赏心悦目的千姿百态和无穷无尽的丰富宝藏，你们并不要求玫瑰花散发出和紫罗兰一样的芳香，但你们为什么却要求世界上最丰富的东西——精神只能有一种存在形式呢？"马克思继续揭露道："每一滴露水在太阳的照耀下都闪现着无穷无尽的色彩。但是精神的太阳，无论它照耀着多少个体，无论它照耀什么事物，却只准产生一种色彩"①，这就是普鲁士政府的色彩。在今天，所谓"文化全球化"，只不过是在新的历史条件下，美国在"全球化"的旗号下，去推行这一既定的帝国主义政策。西方文化明明蕴涵着西方的价值观念、生活方式和行为方式，但却披上了"全球化"的外衣。伴随着经济全球化的进程，人们还可以看到金融全球化、传媒全球化等，但无论在理论上，还是在实践中，都不存在"文化全球化"。因为世界上任何一种文化都是具体的、民族的文化，一旦它失去了"民族性"这一文化的基本属性，与他种文化"融为一体"，那它就失去了自己的生命，实际上就只剩下一个空壳。在"超意识形态"、"普世"、"全球化"的文化背后，实际上是带有鲜明意识形态色彩的美国文化，或是以美国文化为代表的西方文化。"美利坚是一个高度注重意识形态的民族，作为个人，他们通常不注意他们的意识形态，因为他们赞同同样的意识形态，其一致程度令人吃惊。"萨缪尔·亨廷顿认为，对美国而言，"没有一些意识形态，只有一种意识形态，这就是我们民族的宿命"②，同样也是"文化全球化"的内核。

美国霸权文化的突出表现之一，是网络霸权，亦称互联网霸权主义。网络霸权和美国极力在全球争夺的"制网权"密切联系在一起。美国政府强调，制网权和制海权、制空权、制天权同等重要，直接关系到国家的兴衰存亡。美国始终认为，互联网是"国家安全和经济繁荣的核心环节"。

---

① 《马克思恩格斯全集》第1卷，人民出版社1995年版，第111页。
② 萨缪尔·亨廷顿：《失衡的承诺》，东方出版社2005年版，第26页。

联邦调查局下属机构曾发布《关于网络空间安全的国家战略》，强调网络安全是国家安全的重要内容。2009 年 6 月 23 日，美国网络司令部就是在这种理念不断加强的背景下成立的。

互联网起源于美国。40 年来，美国一直利用互联网发源地优势，牢牢掌控互联网核心优势，当今全球互联网根服务器有 13 台，其中唯一的主根服务器在美国，其余 12 台辅根服务器中有 9 台在美国。所有根服务器均由美国政府授权的 ICANN（互联网名称与数字地址分配机构）统一管理。美国掌握着国际互联网的根服务器，就相当于掌握了全球互联网的命脉，随时可以停掉这个国家或那个国家的域名解析。由美国独自掌控国际互联网这一战略资源是很危险的，尽管联合国等国际组织和一些国家都曾要求美国放权，但至今仍被拒绝。美国建立和发展了新的军种——网军，是世界上第一个引入网络战概念的国家，并首先将其应用于实战。2009 年5 月，微软公司曾在美国政府的授意下，切断了古巴、伊朗、叙利亚、苏丹和朝鲜五国的 MSN 即时通讯服务端口，Google、雅虎和美国在线也采取了类似的措施；伊朗大选前后，美国为了支持选举失利的"改革派"，利用 Twitter 帮助伊朗反对派制造舆论。互联网实际上充当着美国政府推行强权政治、霸权主义的工具；进行意识形态战争的工具。几年前，美国国防部部长办公室曾委托兰德公司完成了《美国信息新战略：思想战的兴起》的报告。其主要内容是美国开展网络空间战的五项政策建议：1. 在世界各地扩张网络连接，特别是把网络连接到那些不喜欢美国思想观念的国家；2. 把在世界范围推行信息自由船舶作为美国的权力；3. 开发多层次的信息分享系统，不仅是确保信息安全，更重要的是制造一个全球性的信息分享空间，以便公开讨论某些问题；4. 创建一个"特种媒体部队"，可以随时派遣到发生冲突的地区，搜集与传播信息；5. 在国家与非国家组织、特别是与非政府组织间建立一个更紧密的协调行动机制。通过这样一种机制和网络运作方式，确保在网络空间中，美国的价值观念、行为准则、道德标准以及其他能够提升美国软实力的思想要素得到他国的分享、认同、采纳并渗透到这些国家的制度建设中①。几年来的事实表明，兰德公司完成了《美国信息新战略：思想战的兴起》，并没有仅仅停留在文件中，而已

---

① 参见李希光《谷歌事件背后的美国信息新战略》，《中国社会科学内部文稿》2010 年第 3期。

经付诸实施。

2010 年 1 月 12 日，谷歌公司高级副总裁大卫·多姆德说，"发现来自中国的针对该公司基础设施的高度精密和目标明确的攻击，导致谷歌知识产权失窃"；"有证据显示，袭击者的主要目的是进入中国人权人士的邮件账户"，其意是影射中国政府支持"黑客攻击"，同时标榜自己是"人权卫士"，制造了"谷歌事件"①。1 月 21 日，美国国务卿希拉里·克林顿发表题为"网络自由"的演讲，指责中国的互联网管理政策，影射中国限制互联网自由，向世界推销其所谓"信息自由"。希拉里呼吁中国对谷歌及其他美国公司最近遭遇的网络攻击进行彻底、透明的调查，声称，"从事网络攻击的国家或个人，应当面对后果和国际谴责"，"在一个互联互通的世界上，对一国网络的攻击可能是针对全球社会的攻击"。美国总统奥巴马 22 日表态支持希拉里，白宫发言人伯顿称，奥巴马赞同希拉里的观点，总统"对谷歌归咎于中国的网络安全违规事件仍然感到不安，我们期待中国方面给出答案"。从谷歌公司向中国政府发难，到希拉里就"网络自由"发表演讲，再到奥巴马公开支持希拉里，美国从谷歌公司到国务院，到白宫，发起了针对中国等发展中国家的互联网攻势，充分暴露了美国大肆推行互联网霸权主义，企图用网络霸权操控他国，建立美国价值观的一统天下，追求美国国家利益最大化的真面目。互联网协会主席唐·希思说："如果美国政府想要拿出一项计划在全球传播美式资本主义和自由主义的话，那么，互联网就是最好的传播方式。"② 美国前国务卿奥尔布赖特曾说，有了互联网，对付中国就有办法了，中国不会拒绝互联网这种技术，

---

① 谷歌（Google）是世界第一搜索引擎网站，1998 年 7 月成立于加利福尼亚山景城，2005 年 7 月 19 日，谷歌宣布在中国设立研发中心，并任李开复为谷歌大中华区总裁。2009 年 6 月，谷歌中国被中国中央电视台曝光搜索结果含有色情信息；2009 年 9 月 4 日前谷歌全球副总裁、大中华区总裁李开复正式辞职。2010 年 1 月 13 日，谷歌官方透露，将停止在中国过滤搜索结果，这将意味着谷歌对于搜索结果的处理将不再依据中国法律，谷歌中国将有可能退出中国市场。2010 年 1 月 17 日据香港媒体报道，几天前威胁退出中国的谷歌，本周末发出了一些微妙的表态，据美国一些媒体 16 日报道，谷歌已否认媒体报道的关闭谷歌中国网站和办公室的新闻。6 月 29 日，谷歌在中国的注册公司向中国工业和信息化部提交了年检的整改措施，承诺将继续遵守中国的法律。7 月 20 日，中国工业和信息化部官员宣布，谷歌在中国的注册公司年检结果在经过整改后合格。关注谷歌能否继续获得在华市场运营牌照的西方媒体认为，互联网巨头谷歌，终于在中国法律和中国巨大市场前低下了头，而谷歌今后在中国如何发展还有待观察。

② Steve Lohr, *Welcome to Internet*, *the First Global Colony*, The New York Times, January9, section 4, 1.

因为它要现代化，这是我们的可乘之机，我们要利用互联网把美国的价值观送到中国去。这已为无数事实所证明，"谷歌事件"，设在境外的包括"法轮功"和"藏独"、"疆独"等2000余家反华网站，以及美国等西方大国利用网络，通过电子邮件、电子公告版、电子论坛，电子聊天室、留言板等，扩大西方意识形态影响，进行西方文化渗透，都使我们对网络霸权以及网络意识形态，有更清醒的认识。有研究者认为，谷歌事件在多方面给中国以警示①，其中之一是："中国只有通过有特色的社会主义实践，创造一种能够为全球分享的人类进步和社会发展的新知识和新思想，中国才能在一个完全开放的网络和信息世界里不受制于他国，国家的核心利益才不会受到威胁。"同样，这也是粉碎美国在思想观念和文化上对中国进行渗透和扩张的有效措施。

　　如果说第二次世界大战后的一段时间，"文化统治是美国全球性力量的一个没有受到足够重视的方面"②，那么，在经济全球化的影响和推动下，"文化统治"在美国则受到了空前的"重视"，以美国为代表的西方文化，以前所未有的速度和力度在全世界广泛传播，极力在全球范围内表现为一种强势的主流文化。例如，20世纪90年代后期，全世界电影票房价值约为155亿美元，美国占据2/3以上，达105亿美元；日本富士产经通信集团，每年收入100亿美元，1998年后向"彻底数字化"迈进，与澳大利亚默多克媒体集团联合建立数字化国际媒体；在国际网络传播中，80%以上的信息来自西方国家，只有5%出自于中文信息，90%以上的网络服务由西方国家提供，中国大陆提供的仅为1%③。1999年，法国当时的外交部长韦德里纳指出："美国今天的霸权地位已经延伸到了经济、货币、军事、生活方式、语言和铺天盖地地涌向全球的大众文化产品等领域。这些文化产品左右着人们的思想，甚至使美国的敌人也为之着迷。"④

　　在经济全球化进程中，不仅形成了西方主导的全球性的市场，而且同时出现了西方文化——意识形态和生活方式在全球迅速扩张的趋势，这已经是不争的事实。尽管这种扩张是打着文化"全球化"的招牌进行的，似乎"文化全球化"是一个不可逆转的超意识形态的自然历史过程，但"文

---

① 李希光：《谷歌事件背后的美国信息新战略》，《中国社会科学内部文稿》2010年第3期。

② 布热津斯基：《大棋局》，上海人民出版社1998年版，第34页。

③ 参见朱威烈主编《国际文化战略研究》，上海外语教育出版社2002年版，第6—7页。

④ 参见胡鞍钢等主编《解读美国大战略》，浙江人民出版社2003年版，第39页。

化全球化"的文化帝国主义本质，已经引起了愈来愈多的人们的警觉。例如，近年一些西方学者正确地指出："全球化——作为当代世界'压缩'的一种形式和世界历史的一种新诠释学的基础——正在使所有社会文化形态相对化，并使它们'平等化'。""坚持在日趋全球化的世界的异质性和多样性，是全球化理论不可缺少的部分。"① 广大发展中国家也都认为，世界文化的多样性，是人类的伟大财富、世界的宝贵遗产，而且是建立世界新的政治、经济秩序的基础。显然，经济全球化并非一定会导致"文化全球化"，恰恰相反，而是和文化多样性的进一步发展密不可分。

---

① 罗伯森：《全球化：社会理论和全球文化》，上海人民出版社2000年版，第187、188页。

第七章　全球化和文化发展战略

第一节　文化与国际政治

文化与国际关系

1993年，美国学者萨缪尔·亨廷顿发表论文《文明的冲突》，在学术界，特别是在国际政治研究中，产生广泛影响。1996年，亨廷顿的专著《文明的冲突与世界秩序的重建》问世，进一步推动了国际关系研究中的文化研究或文明研究。1996年，美国学者迈克尔·麦哲在其主编的《华盛顿季刊》春季号撰文《文化与国际关系》，他在分析西方学术界关于文化与国际关系研究的基础上，总结了这一研究的五种基本观点：1. "文化是生活的技能"，认为文化是决定国家、民族和个人经济命运的关键因素；2. "文化是认识的过滤器"，认为文化上的认识和信仰体系强有力地影响国家领导人看待政策问题，并且经常决定他们对待问题的选择方案；3. "文化是社会经济的构架"，认为文化在社会、经济、政治、军事结构方面起着设计者的作用；4. "文明冲突论"，认为文化是国际关系中的关键变量，是国际冲突的首要原因；5. "文化影响力日益衰落"，认为随着全球化、信息化和科学技术的发展，使得各种文化相互交融，不同文化的人们思想、观念、行为逐步一体化，各种不同的文化正越来越被共同文化所取代①。这些观点既是研究的结论，也是深入、深化研究相关问题的新起点。值得一提的是，文化与国际关系的研究，如要取得新的进展，不能仅仅停

---

① 参见张骥、刘仲民等《文化与当代国际政治》，人民出版社2003年版，第4页。

留在理论的层面上或从概念出发，而应密切关注国际政治的发展变化，自觉从历史与现实、理论与实践的结合上去分析问题、认识问题，这是研究文化与国际关系的一个重要方法论原则。

朱威烈主编《国际文化战略研究》提出，在国际关系方面，文化大体具备五个方面的功能："首先，文化为人们观察和认识国际关系提供一种感知上的视角"；"其次，文化为国际关系行为体（主要指国家、组织和个人）的行为提供一种动力"；"文化的第三个功能在于它对国际关系中的伦理问题提供了一种价值评判标准"；"文化的第四个功能在于它帮助提供一种认同（或身份）基础。在世界政治中，国家之间的关系不仅是物质的，而且是社会的和文化的"；"文化的第五个功能在于它是一种交往方式。在复杂的国际交往过程中，语言是最主要的文化交流工具，其次有音乐、艺术、工艺、体育等。在广泛的文化交流中，国家之间进行相互理解和认识"①。俞新天等著《强大的无形力量——文化对当代国际关系的作用》，也从五个方面提出文化在国际关系中的作用，即"认识与认同"的作用；"理解、误解和有意曲解"的作用；"制度与文化"的作用；"冲突与融合"的作用，以及"文化对外交的作用"等②。他们的表述虽然不一，但实质上并无矛盾。第二次世界大战后，文化的功能急剧膨胀并迅速进入国际关系领域，尽管这个过程正在展开，但它的作用却已清楚地为人们所知。"清理西方国际关系理论的脉络，发现文化的地位愈益显著。批判理论颠覆了传统理论对文化的忽视，'文明冲突论'认为文明的差异是今后国际冲突的根源，'软实力论'提出文化和意识形态的无形吸引力胜于军事强制力，建构主义则根本认为，信仰、规范和观念等文化内容，建构了国际政治的基本结构。文化已经走上了国际关系理论的前台，甚至成为整个国际关系理论的建构基础。"③ 这些事实足以说明，从批判理论、文明冲突论，到软实力论、建构主义理论等理论的提出，现代国际关系研究已经无法回避文化的作用。

影响国际关系的各类危机或冲突的出现，包括有全球性或地区性影响

① 朱威烈主编：《国际文化战略研究》，上海外语教育出版社 2002 年版，第 17—18 页。

② 参见俞新天等《强大的无形力量——文化对当代国际关系的作用》，上海人民出版社 2007 年版，第 114—295 页。

③ 俞新天等：《强大的无形力量——文化对当代国际关系的作用》，上海人民出版社 2007 年版，第 15 页。

的危机或冲突；也包括种种突发事件和因科学技术、自然灾害等引起的危机或冲突，除去政治、经济制度和价值观念的因素外，伦理、风俗、道德观念、宗教信仰、历史传统，以及民族心理特质等，也有重要的作用，而这些都属于文化的范畴，都离不开文化的因素。如果认为产生国际危机或冲突的原因，只限于经济原因，那未免失之偏颇，不应否认或忽视经济利益的决定性作用，但这并不等于"经济决定论"，并不是说经济利益是唯一的、排他的原因。人们从现代国际政治发展中的一系列事实中，逐渐认识到文化是影响到国际关系的最大变量之一。"在政治纠纷、军事冲突、经济摩擦不断发生的当今世界，一种新的发展正在引起世人注意，即广义的文化在国际关系和国际政治中的作用。在冷战后的国际关系运作中，文化因素的敏感也大大增加。"① 就这里所说的"广义的文化"而言，"经济"可以包括其中，但不是唯一的内容。

　　在人类文明的历史发展中，文化的碰撞、冲突与交流、交融并存。尽管这些在不同的历史条件下表现形式不一，或平缓，或激烈，但在漫长的历史长河中，这个过程毕竟是存在的。例如，从"巴勒斯坦问题"的形成，还有至今人们依然看不到问题解决前景的"阿以冲突"中，人们不难看到文化因素的作用。巴勒斯坦位于亚洲西部，地中海东岸，是欧洲、亚洲和非洲之间的交通要冲。早在公元前 3000 年，巴勒斯坦即已创造了光辉的文明，自公元前 1000 余年始，巴勒斯坦先后成为犹太教、基督教和伊斯兰教的圣地。传说希伯来王国所罗门王在位时，曾为犹太教的神主建造了耶路撒冷大圣殿；基督教的创始人耶稣诞生地和遇害地也在巴勒斯坦；公元 7 世纪后，穆罕默德创立伊斯兰教，后又建立横跨欧洲、亚洲和非洲的帝国，巴勒斯坦成为阿拉伯世界的一部分，逐渐伊斯兰化，耶路撒冷成为伊斯兰教的圣地之一。从古到今，特别是 19 世纪末以来，巴勒斯坦问题始终是国际关系、国际政治的热点问题之一。错综复杂的民族问题、宗教问题，政治问题和经济问题交织在一起，在这之中，历史上形成的"文化因素"不可低估，甚至在某种意义上可以说，正是这些"文化因素"使得历史上形成的难题，至今仍然棘手，并在今天新的历史条件下演变成国际热点问题。

---

① 王沪宁：《文化扩张与文化主权：对主权观念的挑战》，见王缉思主编《文明与国际政治——中国学者评亨廷顿的文明冲突论》，上海人民出版社 1995 年版，第 340 页。

文化是民族的基本属性之一。自古以来，民族和宗教矛盾中的文化因素始终存在，并时时对民族或宗教矛盾的生成、演变或消融，有直接的影响。这种影响表现在诸如"阿以冲突"这类激烈、长久的国际危机中，但也不尽然。例如 1988 年 9 月，一本关于伊斯兰先知穆罕默德的小说《撒旦诗篇》由英国企鹅书店出版。作者 萨曼·拉什迪于 1948 年出生于印度孟买的一个穆斯林家庭，后在英国长大，曾就读于英国剑桥大学。现居住在美国。《撒旦诗篇》是一部幻想型小说，作者叙述一个印度电影明星梦幻出一位商人，受了主的耳语，成了创建一种宗教的先知。穆斯林认为，作者亵渎了伊斯兰教先知穆罕默德和《古兰经》，无比愤慨。1989 年 2 月 14 日，伊朗前精神领袖霍梅尼号召穆斯林在全世界追杀拉什迪，使《撒旦诗篇》事件国际化，并且引发了数国的制裁。在此之前，印度、巴基斯坦、沙特阿拉伯、埃及、索马里、孟加拉、苏丹、马来西亚、印尼等国已宣布了禁书令。

2 月 18 日，拉什迪就《撒旦诗篇》作公开道歉，他说："我认识到世界各地穆斯林因我的小说出版而忧伤。我对该书出版后给伊朗伊斯兰教忠实信徒造成的痛苦而深感遗憾。"但是，霍梅尼拒绝了拉什迪的道歉。霍梅尼重申："即使拉什迪忏悔并成为虔诚的人，也不能得到宽恕，每个穆斯林应以自己拥有的任何手段送他去监狱。"霍梅尼领导的宗教组织坚持追杀萨曼·拉什迪，有 508 名伊朗教徒表示捐献各自的肾脏集资继续悬赏他的首级。从此，拉什迪开始了东躲西藏的生活，多年来处于英国警方严密的安全保护之下，每年的保护费高达 160 万美元。不仅如此，所有与这本书有关的人都受到威胁。日本一名翻译者被谋杀，意大利和挪威的翻译者也受到攻击。

霍梅尼的声明使英伊之间开始僵冷的外交关系更加紧张。各西方国家决定采取共同行动，召回各自驻伊朗的使节"回国磋商"，以示抗议，谴责霍梅尼这一违反最基本的国际法则的行为。联合国秘书长德奎利亚尔也呼吁伊朗取消对拉什迪的生命和人权的威胁。但霍梅尼的旨意不变，英伊在拉什迪事件上的分歧未能得到解决，伊朗宣布与英国断绝外交关系。直至 1998 年 9 月 21 日，出席第 53 届联合国大会的伊朗总统哈塔米在答记者问时说："拉什迪事件已经完全结束。从现在开始，我们应该促进不同文明之间的对话，而不是冲突。"9 月 24 日，伊朗外长哈拉齐宣布，伊朗政府不再采取任何行动威胁《撒旦诗篇》的作者拉什迪以及其他与该书有关人员的生命安全，也不鼓励或不支持任何组织追杀拉什迪。这样，围绕着"萨曼·拉什迪"的伊斯兰国家同西方国家的紧张关系有所缓解，延续了10年之久的这场国际风波逐渐结束。

此外，在现代国际关系发展中，历次中东战争；围绕着克什米尔争端的印巴战争；因孟加拉国独立引发的国际纷争；因印度国内寺庙之争引起的印度与伊斯兰国家关系的恶化；因塞浦路斯问题土耳其与希腊的争端，以及伊朗、伊拉克八年之久的"两伊战争"等，堪称现代国际危机的重要内容，追根溯源，这些危机的出现，有维护国家利益或民族利益等深刻原因，但毋庸讳言的是，文化因素也是以这样或那样的形式在发挥作用，有时甚至是重要的作用。第二次世界大战后，和印巴分治联系在一起的"克什米尔问题"的形成即是一例。信奉印度教、伊斯兰教的各族人民由最初共同反抗英国的殖民统治，后来发展成不同教派之间大规模的流血冲突和仇杀，以致酿成战争，使克什米尔归属问题至今仍然悬而未决，成为南亚次大陆动荡的根源。英国政府惯用"分而治之"的方法挑唆不同宗教和民族之间的争端，以收渔人之利，但它为什么能得逞却是值得人们深思的。印度的宗教和民族问题由来已久，印度教和伊斯兰教之间的尖锐矛盾，也非一日之寒。从1965年、1971年印巴战争中，人们不难找到历史的文化因缘。

在国际关系中，文化的影响表现在各方面，并不都局限在国家或民族之间重大的冲突甚至在战争中，往往在日常生活中也有表现。例如，2010年初，日本与美国和澳大利亚这些盟友之间却为捕鲸事情闹得沸沸扬扬。日本在南极海域的捕鲸船频频遭到美国环保团体的阻挠，而澳大利亚则要求日本立即停止捕鲸，否则就要把日本告上国际法庭。说起西方社会出现的反捕鲸活动，一些日本人不以为然，既然欧美过去也曾为了炼油而大肆捕鲸，战后麦克阿瑟将军在日本时看到老百姓都吃不饱时，曾指示日本捕鲸充饥，过去西方人自己做的事情为什么就不允许日本人现在做呢？西方人可以吃牛肉，为什么日本人就不能吃鲸鱼肉呢？鲸鱼肉有怪味儿，吃到嘴里又硬，大多数日本人并不爱吃。但在第二次世界大战后饥饿的年代，鲸鱼肉确实缓解了日本人的粮食危机。今天，一些日本人认为，日本人不能忘记当年吃鲸鱼肉的感觉，正是那种强烈的饥饿感才使日本人在战后创造了经济高速发展的奇迹。现在一般的日本人是为了寻找当年的感觉才吃鲸鱼肉的。在欧美存在着"鲸鱼是神圣的动物"这样的价值观，而日本则没有这种文化价值观，日本与西方国家因捕鲸产生的矛盾，除去经济利益外，在某种意义上其实也是一种文化摩擦。

文化与国际关系，不仅表现在"国际冲突"中，也表现在"国际合作"方面。这是因为自远古以来，文化的多样性，始终是和文化的碰撞、交流或交融联系在一起的。在"碰撞、交流或交融"的过程中，会加强不同文化体系的沟通、理解和认同。这样，在国际政治生活中，整个人类或某些民族和国家在他们所面临的共同问题时，往往会求同存异，在不少方面找到共同语言。例如，独立后的亚非各国，普遍要求加深相互了解，发展友好关系。1954 年 12 月，缅甸、锡兰、印度、印度尼西亚和巴基斯坦五国茂物会议公报，明确提出了举行亚非会议的宗旨，其主要内容是促进亚非各个国家之间的友好睦邻关系；讨论与会各国的社会经济与文化发展问题；讨论民族主权的问题，以及反对种族主义和殖民主义问题；讨论亚非各国政府及人民在世界上的地位；以及他们对于促进世界和平与合作所能做出的贡献等等。1955 年 4 月 18 日至 24 日，在印度尼西亚的万隆召开了亚非会议，即万隆会议。这是一次从殖民主义奴役下取得独立的亚非国家，第一次在没有殖民国家参加下，自由地讨论关系亚非人民切身利益问题的国际会议。会议期间，帝国主义极力在某些国家之间制造纷争，企图分裂会议。在中国等大多数国家的努力下，挫败了帝国主义的阴谋，最终通过了《亚非会议最后公报》，确立了以和平共处十项原则作为国家之间友好合作的基础。

在现代国际关系中，既然异质文化在一定的条件下可以合作，那么，人们就不难理解国际关系中的同质文化的合作了。例如，欧洲联盟（European Union，EU）是欧洲一些国家组成的经济和政治集团。1993 年 11 月 1 日，《欧洲联盟条约》获得欧共体所有成员国批准并生效，欧洲联盟正式成立，至 2007 年 4 月，有 27 个成员国，总面积 432.2 万平方公里，4.8 亿人口，GDP12 万亿美元，总部设在比利时首都布鲁塞尔。欧盟的宗旨是"通过建立无内部边界的空间，加强经济、社会的协调发展和建立最终实行统一货币的经济货币联盟，促进成员国经济和社会的均衡发展"，"通过实行共同外交和安全政策，在国际舞台上弘扬联盟的个性"。从 20 世纪 50 年代的欧共体到 90 年代联盟成立的进程中，文化起着至关重要的作用。事实表明，欧洲统一的基础，是欧洲文化的同一性，欧盟深深植根于欧洲文化的沃土中。欧洲文化渊源于希腊、罗马古典文明、基督教和"合众国"理想。欧洲统一思潮早在中世纪就已出现，法兰克帝国和神圣罗马帝国等都曾将欧洲许多地区统一在其疆域之内。1453 年，拜占庭帝国首都君士坦丁堡被奥斯曼帝国攻陷后，波西米亚国王于 1646 建议，将欧洲基督教国家组成联盟，对抗奥斯曼帝国。1776 年，美国独立战争爆发后，一些欧洲人曾设想仿效美利坚合众国，建立欧洲合众国。法国 19 世纪伟大作家维克多·雨果曾说："总有一天，到那时……所有的欧洲国家，无须丢掉你们各自的特点和闪光的个性，都将紧紧地融合在一个高一级的整体里；到那时，你们将构筑欧洲的友爱关系……"雨果的预言，在今天已经成为现实。

文化发展战略是国家安全战略

文化在国际关系中的作用，及其可能产生这样或那样的深刻影响，已是不争的事实。但是，文化的这种"作用"或"影响"并不是盲目实现的，而是和维护国家和民族的基本利益相协调统一；至于究竟会产生什么样的"作用"或"影响"，则直接取决于国家的整体发展战略，是和国家政治建设、经济建设、社会建设并重的文化建设的重要内容。

从 18 世纪下半叶"战略"（strategy）这一概念提出，到 20 世纪相继出现的"国家战略"（national strategy）、"发展战略"（development strategy）和"文化发展战略"（strategy of cultural development）等概念出现，反映出"战略"研究的不断深化，以及"文化"在国家和世界政治、经济生活中的作用不断加强，特别是第二次世界大战后，文化的功能急剧膨胀，使得"文化发展战略"研究应运而生，受到越来越多国家的重视。这里需要指出的是，"文化发展战略"和"战略文化"（strategic culture）是有联系的，但毕竟是两个不同的概念。西方学者一般认为，"战略文化指一国对他国进行威慑或使用武力的传统、价值判断、行为模式、习惯和态度，以及适应特定的条件和环境，和解决问题的方式"[①]。一些中国学者认为战略文化研究，"是传统战略学界与当代国际关系理论、历史文化分析等多种学科渗透结合的一种尝试。顾名思义，它主要包含两个要素：一是'战略'，二是'文化'，即从国家历史和文化积淀、意识形态和潜意识、地缘

---

① Ken Booth, *The Concept of Strategic Culture Affirmed*, in Carl Jacobsen, ed., Strategic Power: USA/USSR, London: Macmillan, 1990, p. 21.

位置和文明传承等视角，发掘并阐明不同地域和国家的军事战略设计和国家总体战略的'独特因子'或'识别符号'，探寻战略研究的思想文化钥匙"①。与"战略文化"相比较，"文化发展战略"则有更丰富的内容。自20世纪90年代以来，文化发展战略的意义，无论是在国内还是在国外，都已经远远超出仅仅是探讨文化在社会发展中的地位和影响。"文化发展战略是人们对以往文化发展进行反思的基础上，对文化发展的重大问题做出长远的、稳定的、全局性的谋划和设计。文化发展是社会发展的重要组成部分，是国家战略全局的重要组成部分。在一般战略学的意义上，文化发展的战略谋划和设计，不仅是对文化发展本身的谋划和设计，而且也是对国家发展战略全局的谋划和设计。因此，制定文化发展战略，必须明确国家发展的目标，必须纳入国家整体战略范畴。"② 这就是说，文化发展战略不是孤立存在的，其内容也不仅仅是一般意义的文化问题。对世界上任何一个国家或民族而言，文化发展战略都具有全局性的意义。所谓文化发展战略，是指对文化发展的目标、途径和实施方式进行全局性的、整体性的规划。它不仅是基于对历史的总结，对现实的思考，更是对未来的前瞻和追求。文化发展战略属于"大战略"范畴，即属于可以运用各种类型的国家资源，以和国家基本政策协调一致的战略。联合国教科文组织（UNESCO）在其所通过的文件中，如《世界文化发展报告：我们创造性的多样性》（1995年）强调文化是发展的中心；《文化政策促进发展行动计划》（1998年）提出世界经济发展可以最终以文化概念来定义，强调社会发展的最高目标是文化的繁荣，所有这些，在各国的文化发展战略中，都有所体现。对世界上任何一个国家来说，制定其文化发展战略的目的，都不是为了发展文化而发展文化，而是关系到国家发展方向的文化选择，其实质是从本国的实际出发，通过"文化发展战略"谋求国家的整体发展，增强综合国力，从而在激烈的国际竞争中保持生机和活力。

　　文化发展战略虽与国家发展战略息息相关，但并不否定文化和文化发展有自己的特殊性，文化属于上层建筑范畴，是人类意识形态的重要组成部分，不能简单地将文化发展与社会发展混为一谈。马克思主义经典作家

---

① 赵景芳：《美国战略文化研究·序言》，时事出版社2009年版，第1页。
② 李昆明、王缅主编：《大国策：通向大国之路的中国文化发展战略》，人民日报出版社2009年版，第23页。

认为，意识是社会的产物，"人们的意识，随着人们的生活条件、人们的社会关系、人们的社会存在的改变而改变"。"随着经济基础的变更，全部庞大的上层建筑也或慢或快地发生变革。"① 显然，文化发展具有社会发展的一般规律的性质，但是又有相对的独立性，文化有自身矛盾运动的规律性。这就要求人们研究或制定文化发展战略时，既要看到社会发展的一般规律，又要看到文化自身发展的规律，同时从时代的本质要求出发，将两者有机地统一在一起；既不能忽视文化发展与国家政治、经济、社会发展的内在联系和辩证关系，也不能无视文化发展的特殊性和规律性。任何一个国家发展战略，都不能没有文化发展战略。民族文化是民族的灵魂，从这个意义上说，没有文化发展战略的国家战略，是没有根、没有灵魂的战略。对世界上任何一个民族的生存和发展而言，文化的内在驱动力和凝聚力都是不可替代的，它直接关系到民族的荣辱盛衰，生死存亡。

尽管美国极力谋求文化霸权，企图实现"美国文化全球化"，但文化的多样性毕竟是一客观事实。1993 年，《多种文化的星球——联合国教科文组织国际专家小组的报告》，由美国学者欧文·拉兹洛编辑出版。该报告的第一部分是"多样性：世界文化的起源、发展和精神"。该《报告》认为，多样性不仅是一个事实，而且是一个必须掌握和正确评价的重要事实。文化的多样性——在多样性受到重视和至关重要的地方，没有必要追求一致性。世界上每一种文化都有它自己的世界，人们可以毫无偏见地进入每一个世界来充分了解每一种文化，尊重每一种文化的现状。《报告》还认为，欧洲文化、北美洲文化、拉丁美洲与加勒比地区文化、阿拉伯文化、非洲文化、俄罗斯文化和东欧文化、印度和南亚文化、中国和东亚文化，是"曾经并继续最广泛地影响人们思想和社会发展的文化或文化体系"②。《报告》引用了联合国教科文组织的多种文件，如《关于文化政策的墨西哥宣言》（1982 年），强调"每一种文化都代表自成一体的独特的和不可替代的价值观念，因为每一个民族的传统和表达形式是证明其在世界上的存在的最有效手段"。"普遍性并不等于无差异……因为每一个民族必须依靠其自身内在的资源勇敢地面对人类共同的命运。"综上所述不难

① 《马克思恩格斯选集》第 1 卷，人民出版社 1972 年版，第 270 页；《马克思恩格斯选集》第 2 卷，人民出版社 1995 年版，第 82—83 页。

② 〔美〕欧文·拉兹洛编：《多种文化的星球——联合国教科文组织国际专家小组的报告》，社会科学文献出版社 2001 年版，第 3 页。

看出，文化的同一性和文化的多样性是并存的。不可否认，世界各个国家和民族之间的文化有"同一性"；同样也不可否认，世界各个国家和民族的文化，也都有自己的特殊性。

在经济全球化这一新的历史条件下，世界文化发展"多样性"这一基本特征和趋势继续存在，并表现出新的特点，这就是：近代以来逐渐强化的以"欧洲中心论"或"欧美中心论"为基础的世界文化格局，正被"世界多元文化并存"的新的世界文化格局所取代。这不可避免地加快了世界不同文化的冲突、交流和交融。在这个过程中，以美国为代表的西方大国继续推行、坚持文化帝国主义、文化霸权主义；而世界各国人民则积极维护自己的文化传统，通过弘扬光大民族文化，抵御西方文化的渗透和侵蚀，努力从历史与现实的结合上维护国家文化安全。这样，世界各个国家，包括西方发达国家和广大发展中国家，都从维护自身基本利益出发研究和制定文化发展战略。"文化发展战略是指战略主体对国内、国外文化发展的战略环境进行全面分析，在此基础上，以文化发展的战略指导思想和战略方针为指引，科学确立文化发展的战略目标和任务，制定有效的战略措施和实施方式。"① 美国等西方国家鼓吹"全球文化一体化"或"美国文化全球化"，是西方国家的文化发展战略的前提和基础；广大发展中国家则反其道而行之。显而易见，任何一个国家的文化发展战略所蕴涵的深刻内容，都和国家的长远利益和整体利益密切相关，因此，人们强调文化发展战略是国家发展战略，世界各个国家都对其十分重视。

任何一个国家制定自己的文化发展战略时，都会从具体的世界形势和本国的实际出发，将其与国家整体发展战略协调统一。但是，因各个国家在世界政治格局中所处的地位、影响和目标不同；各国所面临的现实任务不同；各国政治、经济和文化等发展的不平衡；同时各国的语言、文学、艺术、哲学、宗教、法律、文化体系和文化传统不同，文化政策和文化选择也有很大差异，所以各国文化发展战略的指导方针也不同，甚至大相径庭。尽管如此，人们仍可在各国多种多样的文化发展战略中找到某些"共同点"。当然，这些共同点不是具体内容的雷同，而是制定文化发展战略的路径和框架十分相近，这表明，世界大多数国家在文化建设、文化发展和国际文化竞争中，面临着相同的任务。

---

① 邓显超：《中国文化发展战略研究》，江西人民出版社 2009 年版，第 20 页。

从文化发展战略的内容看，人们同样不难理解文化发展战略是国家发展战略，其核心内容，首先是如何在激烈的国际文化竞争中，发展、壮大自己的文化力量。"如果不能迅速建立自己的文化优势，就难以在激烈的国际竞争中捍卫自己的战略利益，就会处于被动守势。"① 围绕着综合国力展开的竞争，是当代国际关系发展的重要特征和发展趋势。在当代世界，文化在综合国力竞争中的作用日渐突出。文化力在各国综合国力竞争中的作用不断增强，已成为核心竞争力。任何一个国家的综合国力，不仅包括政治、经济、军事实力，也包括内容十分广泛的"文化力"。文化力，顾名思义，是指综合国力中的文化、精神力量，强调文化也是一种力量。文化与经济、政治相互影响、相互交融和相互渗透，既是综合国力竞争的一种基本现实，又是各国捍卫和实现其国家利益的一个重大战略。文化力以科技力、文化经济力、民族凝聚力的形式制约着综合国力的发展。文化、经济和政治相互联系、相互促进这一新的特点表明，大力发展文化是增强综合国力的重要途径。

不同民族的多样文化是人类的共同财富，世界各民族文化都是在相互借鉴、相互交流和交融中发展的，任何一个民族文化的生存，都离不开世界优秀文化的滋养，这是世界文化和人类文明发展的规律。如何汲取外来进步文化、反对文化霸权，是世界各国文化发展战略的又一重要内容。一方面，反对文化孤立主义，即文化上的自我隔绝和孤立政策，具体表现为盲目地反对与异质文化的交流，企图通过文化的封闭性和排他性，来保护自身文化的所谓"纯洁性"。另一方面，维护自身的文化安全，在汲取优秀的外来文化的同时，抵御外来腐朽文化的渗透和侵蚀，反对形形色色的文化霸权主义，即反对建立在强权政治、强势经济基础上的文化扩张，反对在意识形态、价值观念和宗教信仰等方面，强化"欧美文化中心论"，压制、诋毁非欧美文化，反对世界文化的多元发展。

文化力量的重要标识之一，是它的国际影响力。如何不断扩大自身文化的国际影响力，使文化"走出去"，同样是文化发展战略要考虑的问题。文化影响力与文化市场、文化资源和文化环境有直接联系，特别是与文化市场影响力的关系更为密切。一般认为，文化市场影响力占一国文化影响力评价体系60%的比重。一个显而易见的事实是文化产业的发展，在很大

---

① 刘云山：《推动中国特色社会主义文化发展繁荣》，《人民日报》2002年12月11日。

程度上正是文化市场的发展。文化产业和文化市场已经成为拉动经济增长的增长点和巨大力量，而且迅速走向国际化，一个国家和民族的价值观念、思想意识、行为方式只有通过大规模的文化产业运作，才能在全球广为传播，渗透到不同国家人民的生活中去。文化产业已成为实现国家文化发展战略的重要载体。

最后，没有文化创新，就没有文化的生命，因此，文化发展战略要体现出一种具有战略意义的创新精神。创新精神是文化发展的基础和前提，推陈出新，与时俱进，在继承、弘扬优秀的文化传统的同时，不断从变化着的世情、国情出发，赋予其新的社会意义和时代精神，形成新的文化观念、文化形态和文化理论，逐渐形成完善的文化创新体系，这是文化发展的必由之路。在激烈的国际文化竞争中，要传播自己的声音、树立自己的形象、掌握更多的话语权，"文化创新"有更为特殊的意义，甚至是决定性的意义。没有创新精神的文化，是萎缩的，是失去动因和生机的文化，在这种情况下，无从提升精神文化力，扩大"文化国际影响力"更是一句空话。

第二节　国际文化发展战略

美国的文化发展战略

早在第二次世界大战期间，美国即已开始研究文化发展战略问题，这一研究是和美国考虑如何构建战后世界政治、经济秩序联系在一起的。"二战"结束后，美国将文化发展摆在和政治、经济发展同等重要的地位，而且强调文化发展要和政治、经济发展协调配合，服从于美国的国家利益，为美国的国家利益服务。第二次世界大战结束后，美国不仅在国际政治、经济生活中极力要充当世界领袖的角色，而且在文化上也要担负起"世界的责任"，由此，美国的文化发展和美国的强权政治、霸权主义联系在一起，"冷战"期间，则成为美国对社会主义国家实行"遏制政策"和"和平演变"的重要工具。美国为维护自己的利益，不仅有资本输出、贸易输出、技术输出，而且还有文化理念、思想意识形态和生活方式的输出，即不遗余力地推销美国思想，同社会主义国家进行一场思想文化领域的战争。文化是实现美国国家利益的特殊工具或特殊武器。

20世纪90年代"冷战"结束后，美国以"冷战"的胜利者自居，继承了冷战的遗产，在"普世价值"的虚伪旗号下坚持冷战思维，继续推行以文化霸权主义为核心的文化战略。在美国的一些理论家看来，美国赢得"冷战"胜利的原因，既非军事力量，也非外交手腕，而是美国"民主思想"的力量。因此，在全球继续推行美国"民主思想"，成为实施美国文化发展战略的首要任务，它的目标和美国在政治、经济、军事和外交所追求的目标是完全一致的，企图通过强权政治，霸权主义，在全球实现"美国的理想和制度"，即建立起美国的一统天下。1993年，美国克林顿政府发表国家信息基础结构行动计划，其目的是通过全球化的网络信息传播，开辟"思想战场"，用"自由、民主、人权"的价值观念去占领世界、统治世界，最终实现"思想的征服"。目前，互联网上的英语内容几乎占到100%；传播于世界各地的新闻中，90%由美国等西方国家垄断。

美国文化战略的主要内容是诸多形式的文化扩张，如面向全球的影视、广播和报刊出版物的广泛传播；包括接受留学生在内的多种形式的文化教育交流；不断加强的形形色色的文化输出等。"冷战"结束后，美国对俄罗斯等原社会主义国家的文化投入明显增加，借此来巩固在这些国家所谓的"民主化进程"。美国的"文化交流项目"，在"超意识形态"的旗号下，蕴涵着深刻的意识形态内容。例如，在美国政府的直接资助下，一些基金会和文化机构接受"藏独"分子前去"学习"或"访问"，这些人在美国学成回到印度、尼泊尔等国后，成为分裂社会主义中国的"藏独"骨干分子。

在美国的政府机构中，从不设文化部，如果据此认为美国的文化发展完全是依据市场的原则，美国政府对其从不干预或从来没有得到美国政府的支持，那这种认识就是十分片面的，与事实不符。一方面，美国的文化发展战略是国家战略，文化战略深入到国家生活的每个角落，在国家政治、经济、军事、外交等领域，都有文化战略的主要内容渗透其中，非政府的文化组织在这些方面发挥着重要的作用；另一方面，美国政府通过推动文化产业的发展，来塑造"美国形象"，并通过它具体体现或实现美国的文化战略的意图。从表面上看，文化产业是美国政府不加干预的市场行为，而实际上，文化产业在国内外传播、维护美国的核心价值观念；在不断塑造"美利坚民族"精神，特别是在强化"美利坚民族"的文化凝聚方面所起的作用，是任何机构或产业都无法代替的。美国的文化产业被称为

"巨无霸"①，巨额利润使美国政府有可能以各种"非政府"的形式，将巨额资金投入到非营利性的文化事业中去，而这一切又都是和美国政府的整体战略联系在一起的。还要提及的是，无论是美国的联邦政府，还是地方政府，都通过不断的文化立法保障美国的文化事业按照美国政府的要求发展，诸如《联邦税收法》、《国家及人文事业基金法》、《博物馆图书馆事业法》、《联邦通讯法》、《文娱版税法》、《相互教育和文化交流法案》、《福布赖特—海斯法案》等。此外，美国的联邦艺术暨人文委员会、国家艺术基金会、国家人文基金会和国家博物馆学会等，虽然不是国家文化管理机构，和隶属于美国国务院的"文化关系处"等行政机构有区别，但这些机构却在一定程度上行使国家文化管理机构的职能，也是不争的事实。

　　美国的文化产业是美国文化发展战略的重要载体，同时也是实现美国文化发展战略核心内容——输出美国文化的重要工具，其目标是用美国文化主导世界。美国文化产业的这种社会功能，往往在它获取巨额利润时被掩盖了，似乎在世界上处于绝对优势地位的美国文化产业，仅仅是捞取越来越多的美元，不存在用美国文化价值观去"重塑"世界的使命，这是一种假象。当美国新闻署在数以百计的国家开设新闻处、图书馆，建立数以千计的美国文化宣传中心，在全球，乃至在非洲的赤贫地区，大肆推销代表美国文化精神的好莱坞的影片、乡村音乐、快餐、软饮料和廉价的美国文化商品时，美的政治理念、文化观念和生活方式，也同时输入到了那里。这些东西建立在强势文化，其实质是强权文化的基础上，同时依托于美国雄厚的物质力量和霸权主义外交政策，往往在当地会产生深远的影响。在潜移默化中，美国诸如"民主"、"自由"等政治诉求和价值观念披着文化的外衣，逐渐为当地居民所接受。这样，美国有着极其明确目标的文化输出、文化扩张或价值观念的渗透，却在某些国家被认为是"自觉的文化选择"。当美国的文化输出俘获了、改变了被输出国人们的头脑时，民族文化就会不可避免地受到冲击和挑战，民族尊严、国家利益被抛至脑

---

　　① 据较新的资料统计：美国控制了世界75%的电视节目和60%以上的广播节目的生产和制作；在互联网交易方面，2002年美国占全球3330亿美元网上交易总额的64%；音像制品，美国音乐制品占全球音乐市场份额的1/3强，海外年销售额达到600亿美元；在电子游戏方面，美国2002年的电子游戏出口产量占全球的40%。目前，美国的文化产业（包括软件）与航空业和农业相匹敌，是最大宗的出口产业。1996年，美国软件和娱乐产品的国际销售额达602亿美元，1999年已超过1000亿美元，2001年高达1600亿美元，自1991年以来，美国此类产品增长高达89%。以上参见邓显超《中国文化发展战略研究》，江西人民出版社2009年版，第33—34页。

后。美国在战场上，在激烈的经济贸易市场搏杀中得不到的东西，通过文化输出却得到了。

对于社会主义中国，美国文化发展战略特殊的重要内容，是通过具体的文化渗透、文化侵略政策，"西化"、"分化"新中国，以实现军事占领和经济压榨想要实现的战略任务。他们提出，"要摧毁所谓的中华文化，只要在文化上取得胜利，就会使中国人民崇拜美国的文化，从而抛弃自己的文化，向往美国的生活，这样中华民族在文化的意义上就会灭亡"[①]，亦即中华民族的灭亡。为达此目的可不择手段，自20世纪50年代以来，陆续形成了所谓的对华"十项措施"或"十条政纲"[②]。美国政府认为，这些措施经过半个世纪的实施，已经取得了"积极的成果"，对此，我们应高度警觉。

欧盟的文化发展战略

1949年欧洲委员会成立后不久，14个成员国在1954年签署了《欧洲文化协议》。该协议的宗旨是强调"欧洲文化认同"，捍卫共同的文化遗产；加强欧洲各国之间开展文化交流与合作。该文化协议向所有成员国和非成员国开放。到2008年初，已经有49个欧洲国家，即几乎所有欧洲国家都签署了该协议。《欧洲文化协议》在欧洲有广泛影响，在欧盟发展的历史上，被认为是有重要历史意义的文件之一。《欧洲文化协议》的宗旨，亦即是欧盟文化发展战略的基础。这一切都出于欧洲国家之间同根的文化，文化的同根性使他们的联盟有着牢固的基础。文化因素是欧盟的重要特征。

第二次世界大战后，欧洲的一体化进程首先是从经济领域开始的，此

---

① 李昆明、王缅主编：《大国策：通向大国之路的中国文化发展战略》，人民出版社2009年版，第49页。

② 对中国进行文化侵略的"十项措施"的主要内容是：1. "让他们的教育失去活力"；2. "让他们向往性的开放和激情"；3. "让他们对自己的民族语言失去兴趣，进而学习和使用我们的语言"；4. "让他们对自己的民族节日失去兴趣，败坏他们无聊的民族节日"；5. "让他们对我们的生活方式产生浓厚的兴趣，只要他们向往我们的衣、食、住、行、娱乐和教育的方式，就是成功的一半"；6. "让他们鄙视并攻击他们的先哲"；7. "让他们使用我们的标准"；8. "让他们对自己的民族英雄感到厌恶，要不断地制造'新闻'，丑化他们心目中的明星和英雄"；9. "让他们只对金钱感兴趣，公开反对他们原来所受的思想教育，特别是共产主义教条"；10. "让他们的人才被我们利用。要创造优越的工作条件和生活条件吸引他们的人才，成为我们的人才。"参见李昆明、王缅主编前引书，第49--51页。

后逐渐深入到政治领域，但是，文化问题却从来没有忽略，欧洲的一体化不能没有文化的一体化，否则，欧洲的一体化是不完整的、不会长久的一体化。欧洲的舆论普遍认为，欧洲建设不能只以经济和法律为基础，这样是不能成功的，要设法赋予欧洲一个灵魂，就是文化。文化是使欧盟各国人民达致相互信任的纽带。1992 年正式签署的《马斯特里赫斯条约》（欧洲联盟条约）的重要内容之一，就是确定了欧洲文化发展的基本原则：弘扬共同文化遗产，致力于各成员国文化的繁荣，尊重各国各地区文化的多样性。这同《欧洲文化协议》的宗旨是完全一致的，在开展欧洲文化建设，不断加强欧洲文化意识认同的同时，并不否认欧洲各国和民族文化的多样性。

　　一些成员国在批准《马斯特里赫斯条约》时遇到一些困难，条约生效日期被迫推迟，直到 1993 年 11 月 1 日，修改后的《马斯特里赫斯条约》最终生效，欧洲联盟正式成立，有力地推动了欧盟文化发展战略的制定和实施。欧洲联盟不仅是政治联盟、经济联盟，同时也是文化联盟。欧盟是政治、经济、地理、社会、文化的实体。在欧盟内，文化被赋予新的法律地位。《马斯特里赫斯条约》第 128 条，是专门阐述欧洲文化政策的条款，涉及以下重要内容："（1）文化行动的目的：除了将致力于弘扬欧洲共同文化遗产，发展成员国文化，尊重各国各地区文化多样性外，欧盟还鼓励欧洲文化创作以及与其他国家和国际组织的文化合作。（2）欧盟的职责范围：提升欧洲各国人民对欧洲历史文化的了解与传播。（3）注重文化在共同体整体活动中的地位：这是《马约》的签约各方一致达成的共同增设的一项关键性内容，体现了各签约国共同推动联盟内文化发展的坚定信念。这意味着，今后欧盟在进行经济决策的过程中，必须将文化因素及其文化目标考虑在内。（4）欧盟在超越国家层面上文化事务的发言权：根据欧盟的辅助及补充性原则（subsidiarity），欧盟的干预性作用主要在于鼓励各成员国之间在相关领域内进行合作。"① 欧洲文化政策的上述四个方面的内容，对欧洲联盟的发展，还有更重要、更深刻的意义，那就是通过弘扬欧洲共同文化遗产，加强欧洲各国的文化联系和交流、交融，进一步加强欧洲一体化的进程。《马斯特里赫斯条约》的签订和批准生效，虽然在法律

---

　　① 张生祥：《欧盟的文化政策：多样性与同一性的地区统一》，中国社会科学出版社 2008 年版，第 71 页。

上宣告了欧盟的成立，但要真正实现各成员国人民对欧洲共同体的认同，使各成员国的公民承认他们不仅是某一国家的公民，而且还是"欧洲公民"（European citizens），这还有不小的空间，而能真正弥合这个空间的重要因素就是文化因素。不言而喻，欧盟的文化发展战略对欧盟未来的发展，具有十分重要的意义，越来越多的人意识到，欧洲文化战略已经成为欧洲一体化政策的重要组成部分，对于塑造新的"欧洲形象"具有重要的意义。

实现欧洲文化发展战略的重要前提，是在不断提高欧洲文化实力的基础上，自觉地抵制美国文化产品的输入，抵御美国文化价值观的侵袭，弱化乃至消除美国文化对欧洲文化的侵蚀和影响。20 世纪 80 年代以来，在欧洲举办的"欧洲影视年"活动，就是为了应对好莱坞大举进入欧洲电影市场所采取的行动。欧盟清楚地看到了欧洲文化被美国殖民化的现实危险，有针对性地采取各种措施提高欧洲文化的影响，如大力加强多种形式的欧洲文化的传播，密切各欧洲国家之间的文化合作，建立"欧洲文化事务理事会"，组织"欧洲青年管弦乐团"，扩大欧洲文化在世界的影响等。欧盟还实施一些大型的欧洲文化项目，如"梅蒂亚"系列计划（Media）、"万花筒"计划（Kaleidoscope）、"雅利安"计划（Afiane）、"拉斐尔"计划（Raphae1）和"文化 2000"项目（Culture2000）等。近代以来业已存在的"泛欧主义思潮"，在新的历史条件下赋予了新的内容，这一思潮的文化内容进一步彰显，从历史与现实的结合上强调共同的文化渊源和相似的历史际遇，为欧盟的巩固和扩大奠定了现实的基础。在多极化的世界政治格局中，欧洲是多极中的一极，这将对世界现代历史的发展产生深远的影响。

俄罗斯的文化发展战略

苏联解体后，俄罗斯政治经济发展面临着许多严重的问题。90 年代俄罗斯国内生产总值几乎下降了 50%，按国内生产总值计算，俄国的生产总值仅相当于美国的 1/10，相当于中国的 1/5。在 1998 年后俄国的人均国内生产总值降至 3500 美元，这还不到西方发达国家平均水平的 1/5。1999 年时，如果要使俄罗斯人均国内生产总值达到葡萄牙或西班牙现在的水平，在国内生产总值年增长速度不低于 8% 的情况下，大约需要 15 年的时间。如果在 15 年里能保持年增长速度为 10%，那么可以达到英国或法国的水平。但是，在一个四分五裂、一盘散沙似的社会里是不可能完成上述任务的。在一个基本阶层和主要政治力量信奉不同的价值观和不同的思想倾向的社会里，也不能保障经济持续发展。

俄罗斯政府和知识界、思想界都努力寻找能够复兴俄罗斯的全民族思想意识。1999 年 12 月 30 日，时任俄罗斯总统的普京发表《千年之交的俄罗斯》，集中阐述了以"俄罗斯思想"为核心的强国梦想，他说，俄罗斯新思想是一个合成体，它把全人类共同的价值观与经过时间考验的俄罗斯传统价值观，尤其是与经过 20 世纪波澜壮阔的一百年考验的价值观有机地结合在一起。重要的不是强行加快这一进程，也不是中断和摧毁这一进程。"俄罗斯思想"是俄罗斯民族有史以来的全部思想和文化的深厚积淀，涵盖影响到俄罗斯人思维方式的哲学、宗教、文明起源、文化习俗的各个方面，包括社会政治、经济制度以及由此而形成的世界观、价值观和意识形态。它作为一个概念，专指俄罗斯民族所特有的、最本质的文化因素。它既是俄国解决迫在眉睫危机的治国方针，也是俄国长远的文化战略。针对一些政治家、政论家和学者呼吁建立"国家意识形态"或"官方意识形态"，普京表示反对，但他力主建立高于各种社会、集团和种族利益的超国家的全人类价值观。保证俄罗斯社会团结的重要支柱，是俄罗斯人自古以来就有的传统的价值观，这些价值观今天依然十分明确，这就是爱国主义、强国意识、国家观念和社会团结。这些价值观也是"俄罗斯思想"的核心。

普京认为，爱国主义是一种为自己的祖国、自己的历史和成就而产生的自豪感，憧憬着自己的国家变得更美丽、更富足、更强大和更幸福的心愿。这是人民英勇顽强和力量的源泉。丧失爱国主义精神，就丧失了民族自豪感和尊严，俄罗斯也将丧失人民产生伟大创举的能力。关于"强国"，普京做了新的阐释，更加注重文化因素的作用。他说：当今世界上一个国家的实力与其说表现在军事方面，不如说表现在它能够成为研究和运用先进技术的领先国家，能够保障人民高水平的生活，能够可靠地保障自己的安全和在国际舞台上捍卫国家的利益。他坚信，俄罗斯过去是，将来也还会是一个伟大的国家。关于国家观念，普京认为不能照抄照搬英国、美国等西方国家的"自由主义价值观"，在俄罗斯，国家观念是秩序的源头和保障，是任何变革的倡导者和主要推动力。普京主张要承认历史的和民族的传统，而不必现在去评价其优劣。普京认为，20 世纪 90 年代的经验雄辩地证明，只是将外国课本上的抽象模式和公式简单地照搬到俄国，俄国的改革不付出巨大的代价就能取得真正的成功是不可能的。机械照抄别国的经验是不会取得成功的。关于社会团结，这就是在俄罗斯集体活动向来比个体活动重要；而专制作风在俄罗斯社会根深蒂固这也是事实。大多数俄罗斯人不习惯通过自己个人的努力奋斗改善自己的状况，而习惯于借助国家和社会的帮助和支持做到这一点，这是因为俄罗斯民族性格中的基本因素是共同性，共同性构成了俄罗斯精神的重要内容。

与实现强国梦联系在一起的"俄罗斯思想"，成为俄罗斯的文化发展战略，实际上也已成为"国家意识形态"，并不是偶然的。在俄罗斯，从上到下，在社会各个阶层都普遍认为，俄罗斯正处于其数百年来最困难的一个历史时期。大概这是俄罗斯近200—300年来首次真正面临沦为世界二流国家，甚至三流国家的危险。为了避免陷入这种窘地，国家必须付出巨大的脑力、体力及道德力量。需要开展协调一致的建设性工作，首先要加大国家对科学、教育、文化和卫生领域的扶持措施①。如果一个国家，它的人民生理和心理都不健康、不能享受高等教育、缺乏专业知识，那么这个国家任何时候都不可能攀登到世界文明的顶峰。普京虽然已经卸任，但"俄罗斯思想"在今天的俄罗斯国家生活中仍有广泛的影响，依然有着举足轻重的作用。俄罗斯社会各界相信，"俄罗斯思想"将帮助国家渡过难关，走向美好的未来。

日本的文化发展战略

一个多世纪以来，日本的国家发展战略先后经过了三个阶段："军事立国"阶段（明治维新至第二次世界大战结束）、"经济立国"阶段（第二次世界大战结束后至20世纪七八十年代）、"文化立国"阶段（20世纪七

---

① 例如，近年来，俄罗斯大力支持国产影视作品的创作与生产，政府采取了一系列扶持电影业发展的措施，让俄罗斯电影重现辉煌。随着国家经济实力的回升，俄政府对电影业的拨款逐年增加。2001年拨款达2500万美元，2002年增至5000万美元，2003年比2002年又增加了70%。2001年，俄罗斯出台了《俄罗斯文化发展纲要》，2002年推行了"关于国家支持发展民族电影生产的措施"。通过对电影厂实行股份制，对电影生产实行国家订购制，成立专门的发行机构，吸纳西方的商业化运作理念，搞活流通领域，改造电影院，开设电影网络等措施，理顺了电影生产、发行及放映之间的关系。通过减少审批程序，降低税收标准，拓宽融资渠道，实行重点资助，加大国产影片的宣传力度等措施，促进了本国影片的生产，保护了民族电影业的发展。2008年12月，俄成立了由普京总理亲自挂帅的政府国产电影发展委员会，以保证联邦各部委、文化活动家和经营实体在国产电影发展问题上的有效合作。见杨政《俄罗斯：政府为国产电影助力》，《光明日报》2010年8月18日。

八十年以来）。

第二次世界大战结束后，日本举国上下大力发展"科技与贸易"，通过实施"经济立国"战略，在资本主义经济发展史上创造了"日本奇迹"，在资本主义世界成为仅次于美国的第二经济大国。然而，在经济高速增长的过程中，也产生了一系列严重问题，如 20 世纪五六十年代的严重公害问题，以及全国生态环境遭到破坏问题等①。这促使人们思考，在经济高速发展的同时，如何建立科学、安全、舒适的文化环境，保证经济的可持续发展。此外，世界各国对日本经济发展中过分强调以利润为核心的交往和思维方式，也深感不满，称之为"经济动物"，这些都促使日本开始认真研究文化，包括传统文化与现代化的关系，通过深入开展文化建设以解决日本社会发展中所面临的尖锐问题，在 20 世纪末，日本正式提出"文化立国"发展战略。

1990 年，日本成立了由著名专家学者和艺术家组成的"文化政策促进会议"，作为文化厅长官的咨询机构，有力地推动了"文化立国"的研究，尽管当时并没有这样具体的目标。1995 年 7 月，文化政策促进会议提出《新的文化立国目标——当前振兴文化的重点和对策》报告，提出了"文化立国"战略的初步设想，这是对"文化立国"的一大促进。1996 年 7 月，文化厅正式提出了《21 世纪文化立国方案》，标志着日本"文化立国"战略，在政府层面正式启动。1998 年 3 月，文化政策促进会议又提交了《文化振兴基本设想——为了实现文化立国》的报告，对"文化立国"战略进行了详尽阐释。该文件还强调，21 世纪是日本依靠自己的"文化资源"与"文化优势"，开始文化立国发展的新世纪。日本的"文化立国"战略的基本政策主要包括以下内容：建设大型的国家文化基地，增强日本文化的对外传播；实施与"文化立国政策"相协调的环境政策、旅游政策和产业政策；适应时代变化，实施"社区文化建设计划"；开展大型的"参与型"的文化活动；积极发展新兴的文化产业；适应知识经济时代的要求，进一步完善著作权制度；加强日本语的国际地位，以适应全球化的趋势；建立多元化的文化事业的支持体系；扩大保护文化遗产对

---

① 20 世纪五六十年代，日本连续发生的重大公害事件主要有：三次水俣病事件、富山骨痛病事件、宫崎砷污染事件、四日市哮喘等。这些事件造成严重的汞、镉、砷和有毒的重金属粉尘的污染，致使数以万计的人中毒，数百人死亡。

象，设立世界文化遗产保护与修复的机构；重视与亚洲国家的文化交流与合作，发展日语教育的国际网络。为了贯彻"文化立国"发展战略，在《文化振兴基本设想——为了实现文化立国》的报告中，还提出了振兴日本文化的具体课题，如发展艺术创造活动；继承和发扬日本传统文化；重视文化事业人才的培养，以及加强日本文化的国际竞争力等等。这些表明，面向21世纪的日本文化发展战略已经基本形成。

围绕着"文化立国"发展战略，日本政府采取了多种措施支持和配合，保证了在国家内外政策中，这一发展战略畅通无阻。20世纪70年代末，日本大平正芳首相在国会演讲时说，在以欧美为榜样的百年近代化历史上，在追求经济富裕的战后30年的过程中产生了各种各样的"脱轨"，在物质文明被认为达到极限的今天，时代从经济中心在向文化中心转移。他强调，一个新的"文化时代"已经到来①。从上述基本认识出发，在对外政策中，"文化外交"成为日本外交的重心之一。1972年，日本政府出资100亿日元，成立了"国际交流基金会"，在全球推行日本语教学活动。日本还通过发展卡拉OK、动漫和游戏软件，积极推行日本文化走出去。目前，世界各国电视台播映的动画节目中，60%是日本的原产动画；在欧洲，"日本制造"的动画占有市场超过了80%②。日本文化产品的输出，成为推动日本文化发展战略落实的重要内容之一。

在这个过程中，日本文化发展过程中对外来文化的吸纳能力强，以及在吸纳基础上有选择地汲取和自我塑造，使之迅速民族化、本土化等特点，同样有鲜明的表现。另一方面，日本在实现"文化立国"的战略时，对如何继承、发扬日本的传统文化，特别是传统的道德文化，给予了充分的重视。这一切在日本的文化产业发展中有具体的表现。在日本经济中，文化产业占有极其重要的地位，成为仅次于日本制造业的第二大支柱产业。日本在世界上被称为"动漫王国"，因为它的动画、漫画等有全球性的影响，足可以与居世界之首的法国、美国相比。"如今漫画在某种意义上已经成为日本文化的代名词，每年在全球各地举行的动漫节都会吸引无数的年轻人参加。而日本国内也出现了不计其数的漫画学校以及开设漫画

①　参见丁兆中《战后日本文化外交的发展趋势》，见《日本学刊》2006年第1期。
②　参见中宣部文化体制改革和发展办公室、文化部对外文化联络局编《国际文化发展报告》，商务印书馆2005年版，第234页。

专业的大学，漫画已经成为日本的一个重要文化产业。据日本出版科学研究所公布的数据显示，2006 年日本国内共出版了 10965 种漫画的单行本，漫画杂志 305 种，漫画书和漫画杂志的销售数量占所有出版物销售量的 36.7%。"① 此外，日本的文学艺术、广播电视、新闻出版、休闲娱乐、文化旅游，以及科学技术与哲学社会科学研究，在"文化立国"的总体战略下，也都有不俗的表现。

韩国的文化发展战略

韩国原是一个落后的农业国家，20 世纪 60 年代中期以后社会经济得到迅速发展，约用 20 年的时间基本完成了工业化进程，可与新加坡和中国的香港、台湾地区相提并论，跻身于"亚洲四小龙"之列。在这个过程中，政府试图从传统文化中寻找推进现代化的力量，开始扶持传统文化的发展。1986 年，韩国开始第六个经济发展五年计划时，明确提出"文化的发展与国家的发展同步化"的战略构想，为日后推行"文化立国"为核心内容的文化发展战略，奠定了坚实的基础。

1990 年，韩国政府颁布了《文化发展十年规划》，提出"文化要面向全体国民"；1993 年政府提出《文化繁荣五年计划》，将文化产业的开发作为文化繁荣的实际任务。1994 年，韩国文化观光部成立了"文化产业政策局"，着手研究文化产业的法律体系，颁布各种文化政策综合计划，强调文化产业对国家经济整体发展的重要意义。1997 年，身陷严重的亚洲金融危机中的韩国，设立了"文化产业基金"。韩国将摆脱金融危机的出路，寄希望调整国家产业结构后的文化产业的发展，使其真正能和信息、电子和汽车等行业具有同等重要的地位。1997 年 12 月金大中当选韩国总统后，在 1998 年正式提出"文化立国"的战略，有力地推进了韩国文化产业的发展②。这首先表现在政府对文化事业、文化产业的投资急剧增长。政府

---

① 严圣禾：《日本的消闲阅读》，《光明日报》2010 年 6 月 19 日。

② 例如，1998 年"文化立国"战略提出后，韩国政府先后颁布了《国民政府的新文化政策》（1998 年）、《文化产业发展五年计划》（1999 年）、《文化产业振兴基本法》（1999 年）、《文化产业发展推进计划》、《21 世纪文化产业的设想》（2000 年）、《电影产业振兴综合计划》（2000 年）、《文化韩国 21 世纪设想》（2001 年）、《设立文化地区特别法》、《出版与印刷基本法》（2002 年）等计划或法律、法规和政策。1998 年韩国成立游戏产业振兴中心；2001 成立文化产业振兴院，每年可得到政府数以千万计美元的资助。韩国还设立多种基金支持文化产业发展，如文艺振兴基金、文化产业振兴基金、信息化促进基金、广播发展基金、电影振兴基金、出版基金等。

对文化事业的财政预算，"2000 年首次突破国家总预算的 1%，2001 年又上调 9.1%，进入'1 兆韩元时代'，2003 年达 1 兆 1673 亿韩元。随之，政府加大对文化产业的投入，文化产业预算由 1998 年的 168 亿元增加到 2003 年的 1878 亿元，占文化事业总预算的比例由 3.5% 增长到约 17.9%。韩国文化产业振兴院 2002 年通过国家预算拨款、投资组合、专项基金共融资文化产业事业费 5000 亿韩元，为文化产业和基础设施建设、营销和出口、人才培养，各投入 1700 亿、1870 亿、1430 亿韩元。"[1]

1999 年，韩国颁布了《文化产业振兴基本法》。韩国将"文化产业"界定为文化商品生产、流通、消费相关的产业，包括影视、广播、音像、游戏、动画、卡通形象、演出、文物、美术、广告、出版印刷、创意性设计、传统工艺品、传统服装、传统食品、多媒体影像软件、网络及相关的产业。韩国《文化产业发展五年计划》集中体现了韩国文化发展战略的主要特点与核心内容。1999 年至 2003 年的五年计划分三个阶段完成。第一阶段主要是在法律法规、组织机构、资金和人才等方面进行必要的准备，为文化产业发展打下坚实基础；第二阶段重点发展外向型产品，扩大韩国文化的世界影响力，开拓海外市场，提高文化的国际竞争力；第三阶段是建设一批标志性的、具有一定规模的文化产业园区，形成集约化、规模化的产业经营。三个阶段的目标是完全一致的，即集中力量，开发具有国际竞争力的高端文化产品；重点培育有民族特征和时代特征的战略性文化产业；集中力量支持重点产业和重点项目，力争使国家扶持政策产生最大的整体实效，积极培养高级文化专门人才，为将韩国建设成文化产业强国奠定坚实基础，开辟广阔的现实道路。为此。韩国政府对文化产业相关的部门实行高奖励政策，不断提高对影视、动画、音乐和游戏的奖励力度，例如"国务总理奖"的奖金为 1000 万韩元；"文化观光部长官奖"奖金为 500 万韩元，"特别奖"奖金 300 万韩元。

在政府的全力支持下，韩国的文化产业发展后来居上，成为不可动摇的国家政策。文化产业不仅成为国家经济发展的重要支柱之一，而且迅速走向世界，成为文化产品出口大国，韩国文化也迅速扩大了在世界的影响，使韩国的国家形象得到很大程度的提升。韩国"文化立国"战略实施后效果显著，1995 年，韩国电影出口总值为 21 万美元，到 2001 年达 1100

---

① 邹广文等：《全球化与中国文化产业发展》，中央编译出版社 2006 年版，第 191 页。

多万美元，增长 50 倍；韩国三大电视公司之一的 MBC，在 2003 年 6 月上海电视节上卖出 100 多万美元的产品，而几年前在上海电视节上才卖出 5 万美元的产品①。"2002 年韩国文化产业规模达到 157 亿美元，海外出口 5 亿美元，占世界市场份额的 1.5%。2007 年实现海外出口 100 亿美元，达到世界市场份额的 5%，跻身于世界文化产业五强"②，成为世界五大文化产业国家之一。继法国之后，韩国是在文化上可与美国分庭抗礼的文化大国。在摆脱亚洲金融危机给韩国带来严重影响的过程中，韩国的文化产业使韩国获取巨额利润，为韩国经济的重新崛起做出了重要贡献。

韩国文化发展战略基于自己国家的历史与现实，受国家政治经济发展诸现实条件的制约，不可避免地会表现出自己的特点，但韩国毕竟不是孤立于世界历史潮流之外，所以和欧美国家及邻国日本等，也有相似或相同之处，那就是通过多种手段将自己的文化推介到世界各个国家去，不断扩大民族文化的世界影响，文化"走出去"和文化产品在世界市场所占份额不断扩大，成为文化发展战略的重要内容之一。2002 年，韩国政府曾斥资 17.1 亿韩元，支持本国企业参加在中国、美国、日本、法国、德国、芬兰等国举办的文化产品展销活动；同年，在韩国汉城（首尔）还曾举办"数字化文化暨广播影像展览会"，中国 CCTV、美国 CBS、日本 NHK、英国 BBC 等 24 个国家的 6000 余人与会，共签约 1200 万美元，韩国的一些名牌文化产品，开始在世界日益产生广泛影响。

法国、加拿大的文化保护政策

法国是世界文化大国之一，也是世界上最早制定对外文化政策的国家之一，其文化政策的本质内容是维护法国国家的根本利益。法国政府通过多种形式，实行严格的对民族文化的保护政策。在加强文化发展的同时，积极推进文化交流，加强法国文化的国际影响，提升法国的国际地位，振兴法国的大国形象。

1958 年法兰西第五共和国成立后不久，法国政府即于 1959 年 7 月颁布政府令，宣布成立法国历史上第一个文化部，作家安德烈·马尔罗被任

---

① 上海交通大学国际文化产业创新与发展研究基地编：《中国文化产业评论》第 1 卷，上海人民出版社 2003 年版，第 82 页。

② 李昆明、王缅主编：《大国策：通向大国之路的中国文化发展战略》，人民出版社 2009 年版，第 88 页。

命为首任文化部长。政府令同时阐明了法国的文化政策：使最大多数的法国人能接触全人类的、首先是法国的文化精华；使法国的文化遗产拥有最广泛的群众基础；促进文化艺术创作，繁荣艺术园地。这成为法国历届政府的基本文化政策。1964 年，在马尔罗的领导下，法国开始文化遗产的清点工作，仅国家登记入册的历史建筑遗产就有 4 万处，这个数字还在增加，将法国文化遗产的保护工作提升到了一个新的高度。第五共和国成立以来，法国先后出台了《保护及修复历史遗迹法》（1962 年和 1967 年），《古迹保护法》（1967 年），《建筑法》（1977 年），《图书单一价格法》（1981 年），《著作法》（1986 年），等等。1994 年 8 月 4 日，法国议会通过了文化部部长杜邦提出的"关于法语使用的法案"，简称杜邦法。该法案规定禁止在公告、广告中，在电台、电视台播送节目中（外语节目除外）使用外语；在法国境内出版的出版物必须有法语的概述；在法国境内举行的各种研讨会，法国人必须使用本国语言发言等。

法国是最早提出"文化例外"（cultural exception）主张的国家，法国认为文化产品有特殊性，不能与其他商品一样流通。1989 年，欧洲议会通过"无国界电视"指令，确保播放欧洲影视作品的时间额度，法国的"文化例外"主张也得到越来越多的欧洲国家认同。1993 年，法国和加拿大等国在乌拉圭回合谈判中，美国又一次提出关贸总协定中应该包括电影和电视节目。美国指责法政府对本国文化产品"补贴"，违反了自由贸易原则，要求取消对美国影视作品进入欧洲市场的"配额限制"。以法国为首的欧洲国家则以"文化例外"为旗号，经过激烈争论，终于在关贸总协定里成功地将这两个领域的产品和服务排除在适用于一般商品的规定之外。1999 年，在世贸组织西雅图谈判前夕，法国在欧盟内继续坚持它的"文化例外"主张，并得到欧盟成员国赞同。1999 年 10 月，欧盟在声明中指出：欧盟在世界贸易组织今后的谈判中，将如同在乌拉圭回合谈判中一样，注重欧盟及其成员国保护并发展其制定及施行各自文化及影视政策的能力，以保护各国的文化多样性。

法国对民族文化的保护政策，得到法国政府和国家领导人的坚决支持。2006 年 3 月，法国总统希拉克在出席欧盟首脑会议，当法国人塞埃在发言时坚持用英语而不用法语时，希拉克总统毅然起身离席，以示抗议。面对英国等国媒体的嘲讽，希拉克说，我们不能将明天的世界建立在一种语言之上。法国民众十分赞赏希拉克的行为，认为希拉克通过捍卫法语，表达了法国政府捍卫法兰西文化和民族精神的决心，是用实际行动维护法国的民族利益。希拉克多次强调，法语的国际地位直接关系到法国能否重新跻身世界强国之列，因此，法国的对外文化传播始终将法语教学放在首位，"要不惜一切代价在全球推广法语，哪怕牺牲其他文化活动的开展"，这已经成为法国朝野的共识，在全球推广法语是法国对外文化政策的政策基石之一。法国政府的民族保护政策，在财政上的支持有充分的保证。法国政府对文化事业的支持有三种形式：其一，国家财政：20 世纪 90 年代，雅克·兰出任文化部部长时，文化预算在国家总预算中所占比例突破 1%。国家拨给文化部的款项，2006 年达到 28.86 亿欧元，约占国内生产总值的 1%[①]。其二，地方政府：法国的大区、省、市等政府部门，每年都有支持文化事业发展的财政预算。其三，国家对文学、艺术或学术事业的资助或奖励。法国政府通过制定减税等政策鼓励企业支持文化发展，如支持文化事业的企业可以享受 3% 左右的税收优惠等。

在经济全球化的背景下，美国凭借其发达的电影和广播影视业，大举入侵欧盟，对欧盟国家的文化发展日益构成严重威胁。一些欧洲国家为维护本国的文化利益和文化安全，积极倡导"多元文化论"。在 2001 年联合国教科文组织第 31 次大会的开幕式上，希拉克代表法国提出，应对"文化全球化"，要提倡文化多样性。这种多样性是建立在确信每个民族可以在世界上有自己独特的声音，每个民族能够以它自身的美丽和真理充实人类的财富。自此，法国将"文化例外"的提法改为"文化多样性"。但是，"文化多样性"和"文化例外"的本质内涵是完全一样的，其实质都是对民族文化的保护，都是对美国推行的"单边文化战略"的对抗。

加拿大位于北美洲北半部，原是英国的殖民地，后来又是更强大的美国的北邻，美国经济发达，对加拿大在文化、政治和经济上都有巨大的影响。所以早期加拿大文化总有一种无根的困惑。加拿大同美国一样，是一个移民国家，英裔占 40.2%，法裔占 26.7%，多生活在魁北克地区，其他主要为土著。与美国文化相比，加拿大的移民文化结构与其相似，但发

---

① 1987 年，法国文化预算的总量，比 1959 年增加了 7 倍。到 1993 年，文化预算占国家总预算的 1%，近 140 亿法郎。1996 年的文化经费为 155.42 亿法郎，比上年增加 15.8%，占国家财政预算总额的 1%。1997 年、1998 年、1999 年这三年的文化经费分别为 151 亿法郎、151.46 亿法郎和 156.69 亿法郎，其中，1999 年比 1998 年有较大幅度增长，增幅达 3.6%。参见苏旭《法国文化》，文化艺术出版社 2001 年版，第 31 页。

展处于弱势。在美国文化霸权的压力下，加拿大的文化发展举步维艰，曾被认为是美国文化的"附庸"。加拿大文学以前常被称作"随从文学"（client literature），使加拿大人感到屈辱，在这种现实面前，如何发展自己的文化成为加拿大不得不认真考虑的问题，或者说，成为加拿大文化发展战略、加拿大文化政策迫在眉睫需要解决的问题。

在 20 世纪 70 年代前，加拿大为了强化对国家文化的认同，曾经推行单一的盎格鲁文化，但事与愿违，因遭到非英语民族的激烈反对而被迫停止。后加拿大政府通过《加拿大多元文化法案》，从法律上确定了多元文化为国家文化发展的基本政策。但是，加拿大与美国无论是地理上的接近，或文化结构的相近，都为美国文化的渗透打开了方便之门。与美国大陆主义（continentalism）相联系的"天赋使命观"则为美国文化的渗透起了推波助澜的作用。"'天赋使命观'使美国人产生了这样的信仰，即美国的文明是人类迄今为止所出现的最高文明，其他国家民族能否达到美国的水平取决于美国对他们教化的努力；随着时间的推移，临近的落后国家势必会争相投入美国的怀抱，美国的影响也注定要扩大到整个美洲。"① 在 20 世纪 50 年代，美国和英国、法国等西方大国的文化产品，共同占据着加拿大的文化市场；而在 70 年代末 80 年代初，则变成了美国一家独霸。美国文化的影响在加拿大社会生活的各个领域都可以清晰地看到、感受到，这在生活方式、交往方式、思维方式上，以及在音乐、舞蹈、影视等观念形态的追求上，尤其突出。20 世纪末，随着加拿大与美国文化联系的不断增多，美国文化通过卫星电视、互联网、多媒体等现代技术的大量渗入，使加拿大文化发展面临着更为严峻的挑战，其消极影响远不止在民族文化的缺失上，而是整个国家的利益和安全都将受到危害。为此，加拿大政府先后成立了一些机构，加强民族文化的发展，如"多元文化咨询委员会"（1973 年）、"文化常务委员会"（1985 年）、"多元文化和公民身份部"（1991 年）等。此外，还设立"文化产业发展基金"，制订"广播法"、"国产税法"等，限制美国等西欧大国的文化扩张，支持本国民族文化产业的发展。尽管这些政策和法律遭到美国等西方大国的反对，但是加拿大政府为了支持民族文化的发展，维护国家的基本利益，并没有在外国

---

① 参见王晓德《美国文化与外交》，世界知识出版社 2000 年版，第 178—180 页；戴晓东《加拿大：全球背景下的文化安全》，上海人民出版社 2007 年版，第 143 页。

的高压下屈服。

为了保护民族文化的发展，强化对民族文化的认同，加拿大政府对外采取了一系列的对策，"首先，它在保障民族统一的前提下，以绥靖主义的策略笼络法裔加拿大人之心，最大限度地满足他们的文化诉求。其次，它逐步改变种族主义的文化政策，在承认土著人和'第三种势力'文化之合法性的基础上，帮助他们恢复和增进原有的文化传统。再次，它通过文化保护主义，在加强民族文化及文化产业竞争力的同时，尽可能地遏制美国文化的渗透，抵御美国化的扩张"①。加拿大为了消解与抵制美国文化的扩张，采取了许多措施，如成立"皇家民族艺术、文学与科学发展委员会"即"梅西委员会"（Massey Commission）②，颁布《投资加拿大法》、《广播法案》，建立维护民族文化发展的加拿大委员会、国家电影局、国家美术馆、国立图书馆、广播监理会、广播电视委员会、加拿大杂志协会等。这些法案或机构，对于应对美国文化渗透的威胁，促进加拿大民族文化的发展，发挥了不同程度的积极作用。

在经济全球化的背景下，加拿大政府对民族文化的保护尤为重视。例如，在和美国签署自由贸易协定时，始终坚持把文化排除在协议之外；加拿大不允许美国的体育有线节目频道ESPN进入加拿大市场，在国内支持TSN、罗杰斯体育网和"比分"等体育频道，得到了加拿大社会各阶层的拥护。一些有识之士还指出，要采用适应21世纪的新的科学技术来维护民族文化的发展，如因特网可以成为保护民族文化的有力工具，要充分认识到因特网在传播本国文化上的潜力，制定政策加速本国的文化项目在网上传播。加拿大政府规定文化产品中必须包含"加拿大内容"，加拿大企业不得在加拿大发行的外国期刊上做广告，各类电台和电视台的节目中，至少60%是"加拿大内容"。

尽管加拿大政府对保护本国的文化采取了许多措施，但随着与美国经济联系的不断增多和美国文化通过卫星电视、互联网、多媒体等现代技术的大量渗入，加拿大文化发展仍面临着美国化的现实危险。当前，加拿大正致力于加强和建设有加拿大特色的、明显不同于美国的文化。大多数加

① 戴晓东：《加拿大：全球背景下的文化安全》，上海人民出版社2007年版，第154页。
② "梅西委员会"，因"皇家民族艺术、文学与科学发展委员会"主席，为加拿大前驻联合国高级专员文森特·梅西（Wincent Massey）而得名。

拿大人认为，必须在广播和电视节目保持一定量的"加拿大内容"，要真正保持一定量的"加拿大内容"，而不是在形式上。

第三节　经济全球化与中国的文化发展战略

建设社会主义和谐文化

新中国成立以来，党和政府对我国文化发展战略始终十分重视。毛泽东关于文化建设的战略思想，是我们在新的历史条件下，研究和制定文化发展战略研究的宝贵的理论遗产。例如，他的政治、经济、文化三位一体思想，建设民族的科学的大众的文化的思想，以及繁荣社会主义文化的一系列方针原则，对在经济全球化背景下，即经济全球化对全球文化已经产生这样或那样影响的情况下，研究和制定当代中国文化发展战略，仍具有现实的指导意义①。

2004年9月，党的十六届四中全会首先提出"社会主义和谐社会"的问题；2006年10月，党的十六届六中全会通过的《关于构建社会主义和谐社会若干重大问题的决定》对这一问题进行了系统阐述。《决定》指出，社会和谐是中国特色社会主义的本质属性，构建社会主义和谐社会是党领导全国各族人民将长期为之奋斗的价值目标。2006年4月21日，胡锦涛总书记在美国耶鲁大学演讲时指出：中华文明历来注重社会和谐，强调团结互助。中国人早就提出了"和为贵"的思想，追求天人和谐、人际和谐、身心和谐，向往"人人相亲、人人平等、天下为公"的理想社会。今天，中国提出构建和谐社会，就是要建设一个民主法治、公平正义、诚信友爱、充满活力、安定有序、人与自然和谐相处的社会，实现物质和精

---

① 中共十六届四中全会提出："加强文化发展战略研究，抓紧制定文化发展纲要和文化体制改革总体方案。"几年来，这一工作已经取得了重大进展，已经有一些著作问世。例如，邓显超著《中国文化发展战略研究》，江西人民出版社2009年3月出版，该书认为文化发展的战略措施，主要是建立文化创新体系；建立公共文化服务系统；构建文化市场体系；保护知识产权，促进文化产业发展；加强文化遗产的保护与利用；实施人才兴文战略；统筹区域与城乡的文化发展；对外文化发展战略等八个方面。又如李昆明、王缅主编《大国策：通向大国之路的中国文化发展战略》，人民日报出版社2009年9月出版，该书认为中国文化发展的战略目标和任务，主要是社会公共文化体系建设；新闻传播与网络时代的媒体建设；打造现代文化产业发展平台；提高文化自主创新能力和整体实力；民族文化遗产的保护、开发与人类共享；提高中国文化的国际影响力；培养高层次文化人才队伍。

神、民主和法治、公平和效率、活力和秩序的有机统一。构建社会主义和谐社会，不但需要雄厚的物质基础、可靠的政治保障，也需要强有力的文化支撑。无论是经济社会的协调发展、人与自然的和谐相处，还是人与人的和睦相处，乃至人自身的心理和谐，都离不开和谐文化的支持。作为一种与社会主义和谐社会相适应的新型的文化体系，和谐文化是社会主义和谐社会建设的重要组成部分和力量源泉。因此，实现社会和谐自然包括文化和谐，和谐文化是和谐社会的精神支撑，构建社会主义和谐社会，需要充分发挥和谐文化的积极作用。

所谓"和谐文化"，顾名思义，是以"和谐"为其思想内核，是以崇尚和谐、追求和谐为价值取向的文化形态，包括人自身的和谐、人际关系和谐、人与社会和谐、人与自然和谐等等，体现在思想观念、价值体系、思维方式、行为方式、社会规范、社会风尚等方面。在我国，"和谐文化是全体人民团结进步的重要精神支撑"①，是社会和谐的思想基础。建设社会主义和谐文化，要在以人为本的原则下实现人的全面发展，要最大限度地满足广大人民群众日益增长的文化需要，要汲取人类文明的一切优秀成果，加强与世界各国文化的交流、对话；要在国际文化竞争中，不断提升中国文化的影响，充分显示中国的文化综合实力；要继承中华民族传统思想文化的精髓，通过弘扬中华文化，倡导和谐理念，培育和谐精神，形成解决社会矛盾的新认识，不断加强民族凝聚力与亲和力。

建设社会主义和谐文化不仅是重大理论问题，更是紧迫的现实问题。当前，我国已进入改革发展的关键期，突出表现为经济体制的深刻变革，社会结构的深刻变动，利益格局的深刻调整，思想观念的深刻变化。社会的生产方式、生活方式、利益分配、价值取向等也出现多样化趋势。不同区域之间、行业之间、阶层之间、代际之间的认识差异日益明显。这种空前深刻的社会变革，给我国社会发展带来巨大活力，同时也带来这样那样的矛盾和一些新问题，例如，由于劳动者就业结构和方式不断变化，人员流动性日益加强，社会组织和管理面临着许多新问题，人与社会的矛盾更为突出；毋庸讳言，13 亿中国人在理想信仰、思想道德和文化修养等方面存在着差异是一客观事实，但在许多方面却是可以找到共同点的。在这种情况下，更要在全社会积极引导人们用和谐的思想认识问题、分析问题、

---

① 《中国共产党第十七次全国代表大会文件汇编》，人民出版社 2007 年版，第 34 页。

解决问题。在不断提高全体社会成员思想道德素质的基础上，使崇尚和谐、维护和谐深入人心，从而在全社会形成共同的理想信念和道德规范，如崇尚爱国主义、集体主义、社会主义思想；加强社会公德、职业道德、家庭美德、个人品德建设；自觉履行法定义务、社会责任、家庭责任，以及形成男女平等、尊老爱幼、与人为善、互爱互助、见义勇为、见利思义、顾全大局等社会风尚；培育坦诚、大度、宽容、开放的社会心理，营造相互尊重、相互体谅、相互帮助的社会风气，以及弘扬科学精神，普及科学知识等。同时，还要坚持新闻出版、广播影视、文学艺术、社会科学的正确导向；不断增强新闻媒体的社会责任感，弘扬社会正气，通达社情民意，关注社会热点，疏导公众情绪，搞好舆论监督。所有这一切的实质，是确立一种全社会普遍信守的文化理念，实现对当代中国和谐文化的认同，这些都离不开社会主义和谐文化的建设。

　　和谐文化观是科学发展观的文化陈述，建设社会主义和谐文化，是对人类文化发展规律认识的深化，丰富和发展了马克思主义的社会主义文化理论。实现社会和谐，是人类梦寐以求的社会理想，是古代先贤们和社会主义的思想先驱们毕生追求的理想。例如，1803 年，空想社会主义思想家傅立叶曾撰有《全世界和谐》，明确提出现存的资本主义制度是不合理的，它将被新的"和谐社会"或"和谐制度"所代替。19 世纪中叶马克思主义诞生后，揭示了人类社会的本质及发展规律，使人类的社会和谐理想从空想变成了科学。马克思主义揭示了社会系统各种要素之间的普遍联系以及人与社会、人与自然以及人与人之间的辩证关系；提出了关于"自由人联合体"和"人的自由而全面发展"的思想，指明了实现未来社会包括和谐社会的基本条件和正确道路。我们党提出关于建设社会主义和谐文化的思想，是坚持马克思主义，发展马克思主义，马克思主义中国化的重要成果。建设社会主义和谐文化，是时代的召唤，它是建设社会主义和谐社会的精神动力和文化基础，关系到广大人民群众的根本利益，关系到国家的长治久安。

建设社会主义核心价值体系

　　建设和谐文化，必须十分重视社会主义核心价值体系建设，因为"和谐文化"的核心内容和灵魂是"社会主义核心价值体系"。我们说的"和谐文化"，是社会主义的和谐文化，它的社会属性是社会主义，属于社会主义意识形态范畴，是以马克思主义和中国特色社会主义理论体系为指导，以人的全面发展为目标，是中国特色社会主义伟大事业的重要组成部分。2006 年 10 月，党的十六届六中全会《关于构建社会主义和谐社会若干重大问题的决定》中指出："建设和谐文化，是构建社会主义和谐社会的重要任务。社会主义核心价值体系是建设和谐文化的根本。"① 2007 年 10 月，胡锦涛总书记在党的十七大报告中又对建设社会主义核心价值体系提出了明确、系统的新要求，进一步明确了建设社会主义核心价值体系的具体内容，强调建设社会主义核心价值体系，增强社会主义意识形态的吸引力和凝聚力。在文化越来越成为综合国力竞争的重要因素的新的历史条件下，社会主义核心价值体系愈加成为巩固全党全国各族人民团结奋斗的共同思想基础。

马克思主义指导思想，中国特色社会主义共同理想，以爱国主义为核心的民族精神和以改革创新为核心的时代精神，社会主义荣辱观，构成社会主义核心价值体系的基本内容。马克思指出："'价值'这个普遍的概念是从人们对待满足他们需要的外界物的关系中产生的。"② 人们在认识和改造世界、创造和实现价值的过程中，必然要形成一定的价值观念。一个国家、一个民族、一个社会在长期共同的认识和实践活动中，必然要形成一定的文化价值观念体系。例如，中国封建社会形成的以"三纲五常"；西方资产阶级在反封建斗争中提出的"自由、平等、博爱"，以及现在公开标榜的"自由、民主、人权"等。价值观念具有鲜明的阶级性。任何社会的核心价值体系，都是在统治阶级主导下形成的，核心价值体系是社会意识的本质体现，决定着社会意识的性质和方向。建设社会主义和谐文化，坚持马克思主义在意识形态领域的指导地位，用马克思主义的立场、观点和方法来认识世界和改造世界，必须坚持以社会主义核心价值体系为根本。

社会主义核心价值体系，是社会主义意识形态的本质体现。建设社会主义核心价值体系，是"推动社会主义文化大发展大繁荣，兴起社会主义文化建设新高潮"的重要内容之一。不同的社会形态有不同的核心价值体

---

① 中共中央文献研究室编：《十六大以来重要文献选编》（下），中央文献出版社 2008 年版，第 660 页。
② 《马克思恩格斯全集》第 19 卷，第 406 页。

系，这种价值体系的形成归根到底取决于各社会形态存在和发展的客观要求。社会主义社会必须有自己的核心价值体系。如果没有，社会成员的行为就没有共同的价值取向，就会各行其是，造成其行动和思想混乱，甚至离心离德，基本价值观相互抵触，这样，构建和谐文化、和谐社会就会变成一句空话。核心价值观就是社会价值观体系中起主导和支配作用的价值观。通过建设社会主义核心价值体系，使人们个体的、集团的价值选择、价值认同与社会主义的核心价值体系相一致、相协调，在全社会形成共同的理想信念和道德规范，不断增强中华民族的凝聚力、向心力，为构建和谐社会创造良好的人文环境和文化生态。

社会主义核心价值体系符合人类社会发展的总体趋势，反映了人民的共同利益和共同要求。通过建设社会主义核心价值体系，最大限度地形成社会思想共识；抓住社会主义核心价值体系建设，就是抓住了和谐文化建设的根本，就能保证和谐文化建设沿着正确的方向发展。只有用社会主义核心价值体系引领社会思潮，才能充分发挥和谐文化在推进经济社会发展中的巨大作用。强调"坚持以社会主义核心价值体系引领社会思潮"，具有十分重要的意义。在任何社会中，社会思潮都是大众社会心理的体现，反映出社会文化的基本状况。文化观念的变化，文化价值理念的变化，多是首先通过社会思潮表现出来。社会主义核心价值体系作为国家的主流意识形态，完全具备引领社会思潮的特质和能力，在社会主义和谐文化建设中，以社会主义核心价值体系引领社会思潮，形成全国各族人民为建设中国特色社会主义而团结奋斗的思想共识，具有不可替代的积极作用。

以社会主义核心价值体系为核心建设和谐文化，是由维护国家文化安全所决定的。在经济全球化的新的历史条件下，世界文化发展呈现出各国家、各民族文化交流、激荡进一步加强的趋势。我们一方面要积极吸取人类文明的先进成果，另一方面要防止西方腐朽的价值观念、文化理念和政治模式的影响和渗透。维护我国的文化安全，首先是价值观和意识形态安全。要做到这一点，在建设和谐文化中，就必须坚持社会主义核心价值体系，牢牢把握文化发展的主导权。当前，我国意识形态领域的主流是健康的，但也必须看到意识形态领域的复杂性和不断出现的新情况、新问题。随着计算机文化的普及和国际文化交流的日趋频繁，西方大国对我国实行"西化"、"分化"，推行"和平演变"的政策也表现出新的特点，世界范围内社会主义和资本主义在意识形态领域的渗透和反渗透的斗争将是长期的、复杂的，有时甚至是非常尖锐的。在这种情况下，我们更要坚持以社会主义核心价值体系为根本，去建设社会主义和谐文化。

社会主义核心价值体系与中国传统文化是相通的，历史不能割断，文化的联系和传承自然也不能割断。社会主义核心价值体系和中国传统文化之间不是截然对立的，中国传统文化既存有受阶级的、时代的局限的某些糟粕外，同时也凝结了历代劳动人民的智慧。取其精华，弃其糟粕，社会主义核心价值体系与中国传统文化是可以相通相容的。建设社会主义核心价值体系要汲取、借鉴全人类的一切文明成果，中国传统文化的优秀内容自然包括其中。马克思主义在中国的传播和发展，一直与中国传统文化紧密相连。毛泽东最早提出了"马克思主义中国化"的问题，强调"马克思主义必须和我国的具体特点相结合并通过一定的民族形式才能实现"①。毛泽东思想将马克思主义普遍真理与中国革命和建设实践相结合，与中国的传统文化相结合，使之坚实地扎根于中国历史与现实的基础上，采取中华民族易于接受的形式，从而为中国人民所接受，成为指导中国革命和建设的强大思想武器。在建设社会主义和谐文化、社会主义核心价值体系，以及中国文化发展战略时，深入研究和发掘我国传统文化中的积极因素，是摆在我们面前的现实的任务。

振兴文化产业

在国家经济发展中，文化产业具有特殊的意义。文化产品既有一般商品的属性，也有自身特点所决定的特殊的文化价值。20 世纪 80 年代以来，大多数国家在研究自己的文化发展战略时，文化产业都占有重要的位置，成为新的经济增长极之一。西方一种有影响的观点认为，今天真正占主导地位的资源，以及绝对具有决定意义的生产要素，既不是资本，也不是土地和劳动，而是文化。这种理论表明，文化产业在西方大国已经发展为重要的经济形态，成为财富的新源泉。而西方国家向全球推销其文化产品时，从来是和推销其政治理念、文化价值和生活方式联系在一起的，文化渗透离不开文化产业。文化产业不仅可以为其创造巨额利润，而且可以加速扩展其价值观念。从这一事实出发，特别是在经济全球化的背景下，国际文化竞争不断加剧的形势下，研究和制定中国的文化发展战略，加快文

---

① 《毛泽东选集》第 2 卷，人民出版社 1991 年版，第 534 页。

化事业的发展，振兴文化产业具有重要的意义①。

2000年10月，中共十五届五中全会通过的《中共中央关于制定国民经济和社会发展第十个五年计划的建议》中，正式使用了"文化产业"的概念，确立了发展文化产业的战略。2001年11月，中国加入WTO后，我国的文化市场逐渐放开，发达国家的文化产品相继进入国门，对中国文化市场产生强烈冲击，我国在以更加积极的态度向世界开放的同时，将不得不直面西方大国的文化挑战。由于及时地调整文化发展方向，及时地制定发展文化产业的政策、规划，以及逐步完善相关的法规、法律，使我国文化产业在21世纪初叶，开始得到迅速发展。"2003年，我国文化及相关产业所创造的增加值3577亿元，占GDP的3.1%。2003年我国文化及相关产业有从业人员1274万人，占全部从业人员（7.44亿人）的1.7%。如果按照GDP增长持平计算，2004年文化及相关产业创造的增加值接近3900亿元"②。近年，我国文化产业每年以超过17%的速度在增长。与2004年相比，2008年文化产业实现增加值达到7630亿元，增长121.8%；增加值占同期GDP的比重由2.15%提高到2.43%，提高了近0.3个百分点。据最新统计，2009年，文化产业增加值为8400亿元左右，比2008年现价增长10%，快于同期GDP增长速度，相当于同期GDP的2.5%左右③。2008年，北京、上海、广东、湖南、云南的文化产业所占当地GDP份额已经超过了5%。

在我国，文化产业包括"文化服务"和"相关文化服务"两部分。文化服务包括的主要内容是新闻服务；出版发行和版权服务；广播、电视、电影服务；文化艺术服务；网络文化服务；文化休闲娱乐服务；其他文化

---

① 例如，《国家"十一五"时期文化发展规划纲要》提出："十一五"时期农村文化建设重点工程有广播电视"村村通"工程；农村电影放映工程；乡镇综合文化站建设；配备流动综合文化服务车等。"十一五"时期重大文化产业推进项目有国家数字电影制作基地建设工程；国产动漫振兴工程；"中华字库"工程；国家"知识资源数据库"出版工程等。

② 张晓明等主编《2005年：中国文化产业发展报告》，社会科学文献出版社2005年版，第6页。2006年5月19日，在深圳举行了"第二届文化发展战略论坛"，国家统计局首次公布了根据经济普查的基础数据重新测算的我国文化产业统计数据。数据显示，2004年，我国文化产业实现增加值3440亿元，占GDP的2.15%；从业人员996万人（其中个体从业人员89万人），占我国全部从业人员（7.52亿人）的1.3%，占城镇从业人员（2.65亿人）的3.8%。数据表明，与第二产业总量大大提高相反，文化产业总量不大，并比以前的统计有较大缩水。参见李昆明、王缅主编《大国策：通向大国之路的中国文化发展战略》，人民日报出版社2009年版，第228页。

③ 张玉玲：《中国文化产业"家底"大盘点》，《光明日报》2010年6月16日。

服务，如文化艺术商务代理服务，文化产品出租与拍卖服务，广告和会展文化服务等。相关文化服务的主要内容是文化用品、设备及相关文化产品的生产；文化用品、设备及相关文化产品的销售等。我国文化产业虽然取得重大发展，但距文化产业大国、强国还有相当大的距离。我国文化产业的经济价值和国际影响力，都与我国在世界经济中的地位不相称。这主要表现在我国文化产业的发展水平还不高、活力还不强，与人民群众日益增长的精神文化需求还不相适应，与日趋完善的社会主义市场经济体制还不相适应，与现代科学技术迅猛发展及广泛应用还不相适应，与我国对外开放不断扩大的新形势还不相适应①。

据统计，从 1995 年到 2005 年我们国家图书出版进出口比例大致是 10∶1，2004 年我国网络游戏市场，韩国的产品大致占据了 45% 的市场份额，利润约占据了 65%；动画片的 60% 产自日本，20% 产自欧美。建设社会主义和谐文化，努力促进社会主义先进文化的繁荣和发展，必须大力发展我国的文化产业。2006 年，中共中央、国务院发布《关于深化文化体制改革的若干意见》，提出文化体制改革的目标任务是：以发展为主题，以改革为动力，以体制机制创新为重点，形成科学有效的宏观文化管理体制，富有效率的文化生产和服务的微观运行机制，以公有制为主体，多种所有制共同发展的文化产业格局和统一、开放、竞争、有序的现代文化市场体系；要形成完善的文化创新体系，形成以民族文化为主体、吸收外来有益文化，推动中华文化走向世界的文化开放格局②。《意见》的出台，明确了文化产业发展在当代中国整个文化发展中的战略意义，标志着中国文化发展进入了一个新的历史阶段。我国的文化产业，不仅为文化事业的发展提供产品和资本的支持，同时也为国家经济、政治和社会的全面发展提供支持。

2009 年 9 月 26 日，新华社受权发布国务院《文化产业振兴规划》

---

① 2011 年 2 月 18 日，社会科学文献出版社在北京发布《文化软实力蓝皮书：中国文化软实力研究报告（2010）》，蓝皮书显示，目前我国文化产业占世界文化市场比重不足 4%。改革开放 30 多年来，我国的硬实力发展很快，但是，我国的文化软实力与硬实力相比，两者之间的落差还比较大。该报告称，在世界文化市场，美国独占鳌头，占 43% 的份额；欧盟紧随其后，占 34%；人口最多、历史悠久的亚太地区仅占 19%。这 19% 中，日本占 10%，澳大利亚占 5%，剩下的 4% 才属于包括中国在内的其他亚太国家和地区。

② 参见中共中央、国务院《关于深化文化体制改革的若干意见》，《人民日报》2006 年 1 月 13 日。

（2009 年 7 月 22 日，国务院常务会议通过），这是继纺织、轻工等规划之后的第十一大产业振兴规划。国家将重点推进的文化产业包括文化创意、影视制作、出版发行、印刷复制、广告、演艺娱乐、文化会展、数字内容和动漫等。《文化产业振兴规划》出台，将强有力地推动整个中国文化产业的发展。文化产业的基本功能，即不断满足人民的精神文化需求，切实保证和实现人民的文化权利，促进人的全面发展，将随着文化产业的发展，更充分地实现。

国务院《文化产业振兴规划》提出：当前和今后一个时期，我国文化产业发展的重点任务主要包括以下八方面的工作：（一）发展重点文化产业。以文化创意、影视制作、出版发行、印刷复制、广告、演艺娱乐、文化会展、数字内容和动漫等产业为重点，加大扶持力度，完善产业政策体系，实现跨越式发展。（二）实施重大项目带动战略。以文化企业为主体，加大政策扶持力度，充分调动社会各方面的力量，加快建设一批具有重大示范效应和产业拉动作用的重大文化产业项目。（三）培育骨干文化企业。着力培育一批有实力、有竞争力的骨干文化企业，增强我国文化产业的整体实力和国际竞争力。（四）加快文化产业园区和基地建设。加强对文化产业园区和基地布局的统筹规划，坚持标准、突出特色、提高水平，促进各种资源合理配置和产业分工。（五）扩大文化消费。不断适应当前城乡居民消费结构的新变化和审美的新需求，创新文化产品和服务，提高文化消费意识，培育新的消费热点。加强原创性作品的创作，打造一批具有核心竞争力的知名文化品牌。（六）建设现代文化市场体系。建立健全门类齐全的文化产品市场和文化要素市场，促进文化产品和生产要素的合理流动。重点建设传输快捷、覆盖广泛的文化传播渠道。（七）发展新兴文化业态。采用数字、网络等高新技术，大力推动文化产业升级。支持发展移动多媒体广播电视、网络广播影视、数字多媒体广播、手机广播电视，开发移动文化信息服务、数字娱乐产品等增值业务，为各种便携显示终端提供内容服务。（八）扩大对外文化贸易。落实国家鼓励和支持文化产品和服务出口的优惠政策，在市场开拓、技术创新、海关通关等方面给予支持。制定《2009—2010 年度国家文化出口重点企业和项目目录》，形成鼓励、支持文化产品和服务出口的长效机制。

2010 年 4 月，中共中央宣传部、中国人民银行、财政部等九部门联合下发《关于金融支持文化产业振兴和发展繁荣的指导意见》。这是新中国成立 60 年来第一个金融和文化密切结合的文件。《指导意见》指出："加大金融业支持文化产业的力度，推动文化产业与金融业的对接，是培育新的经济增长点的需要，是促进文化大发展大繁荣的需要，是提高国家文化软实力和维护国家文化安全的需要。各金融部门要把积极推动文化产业发展作为一项重要战略任务，作为拓展业务范围、培育新的盈利增长点的重要努力方向，大力创新和开发适合文化企业特点的信贷产品，努力改善和提升金融服务水平，促进我国文化产业实现又好又快发展。"随着《指导意见》的公布实施，我国文化产业蕴涵的巨大发展潜力将充分释放，文化产业正迎来新一轮发展机遇。

我国文化产业发展前景光明。通过进一步解放和发展文化生产力，激发全社会的文化创造活力，文化市场的进一步完善，以及一些具有国际竞争力的文化企业的迅速成长，中国文化产业的发展在整个国民经济发展中的地位偏低，比例太小的状况会有明显改变。文化产业作为国家文化发展战略的重要组成部分，在维护中华民族根本利益方面，必将作出更大的贡献。

中国文化走出去

世界各国的文化发展战略都是从本国的社会发展实际出发，各不相同，但有一点却是相同的，那就是通过文化建设和文化发展，不断扩大自身文化的覆盖面，提高自己在国际上的文化影响力、意识形态影响力、制度影响力和外交影响力，树立自己国家的文化形象。我国是一个发展中的、开放的社会主义国家。这种开放不仅表现在经济上，而且也表现在精神文化上。因为开放的经济和封闭的文化不可能并存，这就决定了我国在文化上同样不能"闭关自守"。我国要屹立于世界民族之林，中华文化就一定要主动地走出国门，将一个发展的中国、开放的中国、文明进步的中国的崭新形象展示给世界。例如，自 1999 年以来，我国每年都在海外举办"感知中国"系列文化交流活动，介绍中国辉煌的文化艺术。目前已经在法国、美国、德国、俄罗斯、巴西、阿根廷、瑞士、韩国、南非、墨西哥、斯洛伐克、捷克、波兰、埃及等 20 多个国家举办，卓有成效地推介了灿烂的中华文明，提升了中国文化在世界的影响。

又如，作为国际汉语推广和中国文化传播平台的孔子学院，目前虽是起步阶段，但在世界上已经产生了广泛的影响。孔子学院是我国在海外设立的以教授汉语和传播中国文化为宗旨的非营利性公益机构，它建立的背景是中国经济快速地发展，学习汉语和中国文化成为世界各国的迫切要求。它的建立必将推动中外文化的交流与融合，为建设一个持久和平、共同繁荣的和谐世界而服务。2004 年 11 月 21 日，全球第一所孔子学院在韩国首尔建立，从 2004 年到 2009 年底，我国已经在 88 个国家建立了 282 所孔子学院和 274 所孔子课堂，还有 50 多个国家的 260 所机构提出了开办申请①。到 2010 年 6 月，孔子学院已经遍布 96 个国家，建立了 302 所孔子学院。正如国外的一些学者所指出的那样，中国正在用汉语文化来创建一个更加温暖和更加积极的中国社会形象。除了课堂教学外，孔子学院还建设了网络孔子学院和广播孔子学院。2007 年开通的广播孔子学院由中国国际广播电台与孔子学院总部共同创建，依托众多国际台海外听众俱乐部，用 38 种语言向全球汉语学员传播中国文化。网络孔子学院和广播孔子学院的开通，使中国文化传播更加广泛。

　　科学的、完全意义的"开放"，无论在经济上，还是在文化上，都不仅仅是"引进来"，而且也包括"走出去"。没有"走出去"的开放，是不完整的开放。明确这一点，对于我国在全球化的背景下，解放和发展文化生产力，提高中华文化的竞争力，使有五千余年悠久历史的中华文化以更加积极的姿态走向世界，具有重要的意义。2005 年 10 月，胡锦涛在党的十六届五中全会，以及这次全会通过的《中共中央关于制订国民经济和社会发展第十一个五年规划的建议》中都提出，社会主义先进文化建设要"加快实施文化产品'走出去'战略，推动中华文化走向世界"②，要不断提高文化企业的核心竞争力，积极培育和开拓国际文化市场。2007 年 2 月，温家宝总理说："我们要运用各种形式和手段，包括巡演巡展、汉语教学、学术交流和互办文化年等，进一步推动中华优秀文化走出国门、走向世界，增强国际影响力。要积极实施文化走出去战略，大力发展文化产业，提高文化企业和文化产品的国际竞争力，扩大图书、影视等文化产品的出口，推动中国文化产品特别是文化精品走向世界。"③ 2007 年 10 月，

---

　　①　常大群：《孔子学院与中国文化传播初探》，《光明日报》2010 年 4 月 28 日。
　　②　中共中央文献研究室编：《十六大以来重要文献选编》（中），中央文献出版社 2006 年版，第 1033 页。
　　③　温家宝：《关于社会主义初级阶段的历史任务和我国对外政策的几个问题》，《光明日报》2007 年 2 月 27 日。

党的十七大报告明确提出，要"加强对外文化交流，吸收各国优秀文明成果，增强中华文化国际影响力"①，中华文化大踏步"走出去"的时代已经到来。2009年10月，中国首次作为主宾国参与世界知名的法兰克福书展，搭建起国际图书贸易的新平台；2010年5月的深圳文博会上，海外文化产业成交额首次突破100亿元，中国对外文化贸易揭开了新的一页；同年7月1日，天创国际演艺公司在自己收购的美国布兰森白宫剧场开始驻场演出，开创文化产品出口新模式。这些表明，我国文化产业的国际竞争力正在不断提高，对推动中华文化走出去，具有重要意义。

从以国家利益为最高原则的文化发展战略出发，中国文化走出去时，要把确保国家文化安全摆到首位，将发展文化产业的主动权牢牢掌握在自己手中。事实表明，这是完全可以做到的。文化安全和文化"走出去"相辅相成，在经济全球化的背景下，进行文化建设、发展文化事业不能脱离人类文明发展大道，不能脱离世界历史进程。中国文化走出去的意义不仅仅在经济方面②，更重要的是，它表明，中国开始了从文化方面走向世界的新的进程。中华文化所以能"走出去"，是中华文化与世界其他国家或民族的文化是相通的，她只有"走出去"，才能加快中外文化之间的碰撞和融合，通过自觉的文化批判和文化选择，使中华文化根深叶茂，永葆青春，并为世界各国人民所认同。"走出去"是向世界全面展示浩如烟海的中华民族优秀文化的最好途径。当在中国经济加快融入全球经济的同时，我们要排除闭关自守的文化排外主义的干扰，破除中西对立的僵化思维方式，以开放的胸襟、兼容的态度和科学的精神对待外国文化，汲取人类创造的一切优秀文明成果。"走出去"是用实际行动促进不同文明之间的对话，在新的历史条件下，在不断创新的基础上把中华文化全面推向世界的同时，共同推动世界文化多样化的发展。

中国是一个历史悠久的文明古国，拥有在人类历史上不可替代的传统文化和民族文化，其光辉灿烂，千秋万代立于世界文化之林，是人类文明的重要组成部分。中国文化在世界文明史上的重要地位，是中国文化"走出去"的深厚基础。但是，中国文化走出去，不能仅仅推介中华民族的传

---

① 《中国共产党第十七次全国代表大会文件汇编》，人民出版社2007年版，第35页。
② 国产动画片《喜羊羊与灰太狼之牛气冲天》，制作成本为600万元人民币，在不到一个月的时间，创下突破亿元的票房纪录。有人认为，这意味着一直受困于日美动画包围的中国动漫，在2009年打了一个漂亮的翻身仗。

统文化。弘扬中华文化的优秀传统，让世界领略到源远流长的中国传统文化的恒久魅力是完全必要的，但这只是走出去的一个方面，我们同时也要重视介绍日新月异的中国新文化，树立改革开放、发展，正在建设有中国特色社会主义，实现伟大民族复兴的当代中国的形象，使世界人民全面理解中国文化的历史和现实，进而了解当代中国的真实面貌。

目前不合理的国际政治秩序、国际经济秩序，都是由西方发达国家主导的，同样不合理的国际文化秩序，也是由西方发达国家主导的。"欧美中心论"或"欧美中心主义"，在世界文化的各个领域几乎都有明显的反映。渗透有西方意识形态，维护西方大国根本利益的西方的价值判断标准，似乎成了唯一的评价标准。这严重阻碍了广大发展中国家文化的发展，不利于全球文化多样性的形成。中国是最大的发展中社会主义国家，凭借悠久的历史和厚重的文化底蕴，应该通过文化走出去，在提升中华文化的世界影响，维护国家的文化主权和文化安全、实现国家文化发展战略的同时，为建立公平、公正的国际文化新秩序做出自己的贡献。到 2008年初，"中国与世界上 121 个国家签定了文化合作协定，与 160 多个国家和地区有不同形式的文化往来，与数千个外国和国际文化组织保持着各种形式的联系"①。中国文化走出去的内容是十分丰富的，如签订官方或民间的文化协定、文化条约；组织或参加双边、多边的国际文化交流活动，包括会议、展览、演出等，涉及的具体内容有文学、文物、新闻、出版、图书馆、博物馆、科技、体育、卫生、宗教、青年、妇女、旅游等；举办多种形式的教育交流活动，包括互换留学生培养，语言教学，学术交流等；开展内容丰富的艺术交流活动，如影视节、服装节、饮食节、艺术博览会、夏（冬）令营和专业人才的交流等。

---

① 沈壮海主编：《软文化 真实力》，人民出版社 2008 年版，第 72 页。

第八章　经济全球化与中国文化安全

第一节　国家安全和国家文化安全

国家安全

2004 年 9 月，党的十六届四中全会通过的《中共中央关于加强党的执政能力建设的决定》提出："坚决防范和打击各种敌对势力的渗透、颠覆和分裂活动，有效防范和应对来自国际经济领域的各种风险，确保国家的政治安全、经济安全、文化安全和信息安全。"《决定》强调，要"始终把国家主权和安全放在第一位，坚决维护国家安全"①。国家安全和国家的根本利益，即与国家的生存和发展密切联系在一起，任何一个国家的"生存和发展"如果受到威胁而陷入危机之中，那这个国家的安全，就无从谈起。国家的这些根本利益，表现在政治上、经济上、文化上、军事上和科学技术等方面，这些方面是密切联系在一起的整体，如果它们之中任何一个方面的安全受到威胁或遇到危险，那整个国家的安全都会出现问题。

一般认为，"国家安全"（National Security）这个概念，最初由美国专栏作家李普曼在 1943 年提出，当时第二次世界大战尚未结束，这里所说的"安全"，主要指的是"军事安全"，长期以来，国家安全都是和国家的军事安全联系在一起的。20 世纪 80 年代中期以来，随着经济全球化迅速发展，微机的普及和互联网的出现，信息化的发展影响到人类社会生活

---

①　中共中央文献研究室编：《十六大以来重要文献选编》（中），中央文献出版社 2006 年版，第 289—290 页。

的各个领域，使"国家安全"的含义也发生了深刻的变化，"冷战"后这个问题就更加凸显。所谓"安全"，是指某一行为主体处于没有危险的、没有受到威胁的状态。国家的基本要素是居民、领土、政府和主权，这四个方面是统一的，缺一不可。当其中的任何一个方面不安全，国家的整体安全就会遭到破坏。军事安全自然是国家安全的重要内容，但远不是唯一的，或最重要的内容。这样，在经济全球化的新的历史条件下，人们将与军事安全联系在一起的"国家安全"称为"传统的国家安全"。传统的国家安全问题，主要是军事和战争问题。军事和战争之外的国家安全问题，被称为"非传统的国家安全"，诸如政治安全、经济安全、文化安全、科技安全、生态安全、信息安全、社会安全、能源安全，以及防范和反对各种形式的恐怖主义活动等等。

政治安全是国家安全的核心，在我国主要是指主权独立、领土完整、政权巩固；社会和谐、有序、稳定；马克思主义主流意识形态占据主导地位，政治制度、意识形态等方面免受各种威胁和危害。一个国家如果政治安全得不到保障，就无法独立地存在下去。经济全球化趋势虽然没有改变主权的基本原则，但对主权提出了一系列挑战，美国等西方大国极力通过国际经济组织及跨国公司控制和干涉属于他国主权范围内的事务。在一些国家和地区，确实出现了国家主权在一定程度上"弱化"和"让渡"的现象，但这并没有改变国家主权的本质特征。我国政治安全面临的最大威胁是西方敌对势力对我国实施西化、分化政策，即企图颠覆中国共产党的领导和中国的社会主义制度，在中国实行资本主义制度，进而分裂中国。冷战结束后，中国已经成为西方敌对势力进行西化、分化的主要目标。他们采取各种手段，利用所谓的人权、民族、宗教等问题，干涉我国内政，破坏我国的政治安全。

2005 年 10 月，党的十六届五中全会通过的《中共中央关于制定国民经济和社会发展第十一个五年规划的建议》强调，在扩大开放中重视维护国家经济安全。2006 年 3 月，温家宝总理在第十届全国人民代表大会第四次会议上所作的政府工作报告中，再次重申了这个问题。一般认为，经济安全包括战略资源安全、产业安全、国有经济安全和金融安全等。这里所说的"战略资源"除了粮食、石油、原材料外，也包括人才和技术资源。也有人认为，中国经济安全所面临的主要问题有两个，即外资冲击国内市场的风险和外贸面临的国际市场风险。还有人强调经济全球化这一时代特征，认为发展中国家参与经济全球化的起始条件是决定其经济安全的内在因素；发达国家推行经济全球化的战略意图和政策举措是影响发展中国家经济安会的深层因素；经济全球化是影响发展中国家经济安全的环境因素。不难看出，影响我经济安全的因素既有来自国内、国际的因素，同时又有国内、国际因素的互动影响而产生的新因素。正视经济风险的客观存在，努力消除威胁经济安全的隐患，加快市场经济体制改革，不断增强自身抗御经济风险的能力，应成为维护我国经济安全的重要内容。

国家生态安全，是指一个国家生存和发展所需的生态环境不受或少受破坏与威胁的状态，使之能够适应经济和社会发展的需要。水土流失、干旱洪涝、沙尘暴、泥石流、水污染、大气污染，垃圾问题，以及对自然资源的破坏性开发、消耗等，使生态环境日趋恶化，直接影响到社会发展，国家安危，以至于威胁人类的生存。生态破坏将使人们丧失生存空间，会产生大量生态灾民使社会动荡，并影响周边国家和地区的稳定。生态安全是国家安全的自然基础，是其他方面安全的基础和载体，是国家安全的一个重要组成部分，保障国家生态安全，是维护国家安全的重要任务之一。

在经济全球化的背景下，资源短缺、环境污染、臭氧层破坏、全球气候变暖、生态平衡等全球环境恶化问题日渐突出。1972 年 6 月，联合国在瑞典斯德哥尔摩召开第一届环境大会，发表《人类环境宣言》，揭开了全球环境治理的序幕。1992 年，联合国在巴西里约热内卢召开世界环境与发展大会，有 178 个国家的 118 位国家元首和万余名政府官员参加。会议通过了《21 世纪议程》、《里约热内卢环境与发展宣言》等重要文件。环境保护和生态安全引起世界各国的普遍关注。例如，1991 年 8 月，美国首次将环境视为国家安全而写入新的国家安全战略。1997 年，美国中央情报局成立"环境研究中心"。

我国资源严重短缺，生态环境十分脆弱，随着城镇化和工业化的发展，人口增长和资源开发利用对生态环境的压力越来越大，当前我国的生态环境形势严峻，生态恶化的趋势还没有得到根本扭转，例如，长江、黄河等大江大河源头的生态环境恶化；沿江、沿河的重要湖泊、湿地萎缩；一些地区江河断流，地下水位下降严重。此外，严重的荒漠化的问题，以及沙尘暴、泥石流、水污染、乱砍滥伐、水土流失、干旱、洪涝等灾害事故频发，已经严重影响我国经济社会的可持续发展。正因为如此，我们把环境保护、生态保护，上升到与民族、与国家兴衰存亡的高度。历史的经验教训不可忘记，例如美索不达米亚平原上的巴比伦文明、地中海地区的米诺斯文明、巴勒斯坦"希望之乡"等文明的衰弱和消亡，都与生态环境恶化有密切的联系。

2001年初，我国在《全国生态环境保护纲要》中，首次明确提出"维护国家生态环境安全"。保障国家生态安全，首先要树立全民生态安全意识，将维护和改善生态环境作为社会发展的基本原则。维护生态安全的关键，在于确保各种重要自然要素的生态功能，特别是维护生态平衡的功能得到正常发挥。为此要加快生态环境保护立法，既要制定综合性的生态保护法，也要抓紧研究制定有关生态保护的专门法律、法规。从实际出发，制定国家生态安全指标体系，建立生态监测评价体系，提高环境监管水平；加快建立和完善国家生态安全的监测、预警系统，及时掌握国家生态安全的现状和变化趋势，为国家提供相关的决策依据。

20世纪80年代末以来，世界各国的政治、经济、军事、社会和科学技术活动，对信息和网络的依赖越来越大，信息安全所面临的风险也越来越高。信息和网络成为国家的战略命脉，直接关系到国家和民族的安危。根据国际标准化组织的定义，信息安全主要是指信息的完整性、可用性、保密性和可靠性。信息安全还指信息网络的硬件、软件及其系统中的数据受到保护，不受偶然的或者恶意的原因而遭到破坏、更改、泄露，系统连续可靠正常地运行，信息服务不中断。信息安全是任何国家都十分重视的问题，是关系到我国经济社会发展的重大问题之一，是一个不容忽视的国家安全战略。党和政府高度关注和重视信息安全保护和信息安全产业的发展，《国家信息化领导小组关于加强信息安全保障工作的意见》、《国家中长期科学和技术发展规划纲要（2006—2020年）》、《国民经济和社会发展第十一个五年规划纲要》以及《信息产业"十一五"规划》等，都对发展信息安全产业提出了明确的要求。国家还颁布了《中华人民共和国计算机信息系统安全保护条例》和《信息安全等级保护管理办法》等法律法规，加强信息安全工作。

我国改革开放的深入发展，使各方面的信息量急剧增加，并要求大容量、高效率地传输这些信息，使通信技术发生了革命性的变化。目前，除有线通信外，短波、超短波、微波、卫星等无线电通信也被广泛地应用。与此同时，国外敌对势力为了窃取我国的政治、军事、经济、科学技术等方面的秘密信息，运用侦察台、侦察船、卫星等手段，形成固定与移动、远距离与近距离、空中与地面相结合的立体侦察网，截取我国通信传输中的信息。近年，我国各种网络安全事件，特别是带有经济或政治目的的安全事件明显增加，感染僵尸网络的主机总数数以百万计。近年来全世界发生了多起针对国家信息安全的事件，比如海底电缆损坏导致互联网中断、微软主动切断了对古巴、朝鲜等五个国家的相关服务，导致这些国家的用户无法登录 MSN。这一切表明，我国如何有效地化解信息化带来的风险，建立完善的国家信息安全战略，已是迫在眉睫的一个亟待解决的现实问题。

"传统国家安全观把军事安全作为国家安全的基石和主要内容，认为国家能否实现安全，或者说能否消除别国的存在所带来的威胁，最终取决于国家相对其他国家而言的权力或能力，而这种权力或能力的最终要体现就是国家的军事力量。因此，国家所要做的最重要的事，就是尽可能大地增加自己的能力，特别是军事能力。"① 虽然随着全球化进程的深入发展，出现了与传统国家安全观不同的"非传统国家安全观"，影响国家安全的因素不断增多，特别是经济因素的作用在增强，但是，不能因此而忽略军事安全在国家安全体系中的重要地位。我们不应片面地理解"冷战时期世界政治主要靠军事力量驱动，冷战后主要靠资本力量来驱动"，如果认为军事安全地位的下降，同时也会使军事手段的有效性下降，那是完全错误的。即使从非传统国家安全观出发，只要民族国家在世界上存在，军事安全就依然是国家安全的核心内容。

"冷战"结束后，在经济全球化的背景下，战争以及导致战争的根源依然存在，如车臣战争、科索沃战争、阿富汗战争和伊拉克战争等即充分证明了这一点。我们清楚地看到经济全球化的发展，使我国的军事安全遇到了新的挑战和重大压力，要求树立新的军事安全观念，明确新的国防建设思路，运用新的军事手段维护国家安全。维护国家军事安全的主要任务是应对外敌的战争威胁和军事入侵，保证国家的主权和领土完整，不受外敌的侵犯。过去是这样，现在也是如此。军事因素在国家安全中仍占有重要地位，在国家安全体系中，军事安全与其他因素相互依存，是统一的有机整体，以政治、经济、文化和国防为核心的综合国力是维护国家安全的

① 子杉：《国家的选择与安全：全球化进程中国家安全观的演变与重构》，上海三联书店2005年版，第165—166页。

基础。当前，"高新技术的广泛应用，正在深刻改变着世界社会经济的面貌，引发了军事领域一系列革命性变化"。例如，"武器装备呈现出信息化、智能化、一体化的趋势，各种武器装备联结为一个有机体系，远程攻击能力大大增强，打击精度空前提高，杀伤力成倍增长。战争形态、作战样式也随之出现了一些新的特征，全纵深作战、非线式作战有可能成为高技术条件下战争的基本作战方式"[①]。这使得我国的军事安全面临着新的历史性机遇的同时，也面临着更为严峻的挑战。因此，我们要与时俱进，迎难而上，从维护和捍卫国家根本利益这一大目标出发，顺应世界军事发展潮流，大力加强国防建设，捍卫国家军事安全。

文化安全

党的十六届四中全会通过的《中共中央关于加强党的执政能力建设的决定》提出，要确保国家的文化安全。这是从当今世界各种思想文化相互激荡的实际出发，提出的重大政治任务，也是有效地应对西方敌对势力对我国实施西化、分化战略的必然要求。国家文化安全，是指能够有效地消除和化解潜在的文化风险，抗击外来文化的渗透和入侵，使国家的文化主权和文化尊严神圣不可侵犯，悠久的文化传统和自觉的文化选择得到保护。维护国家文化安全，就是捍卫国家文化主权的独立性，捍卫国家的主流文化价值体系，保障国家的文化建设与发展，使国家文化立法权、文化管理权、文化制度和意识形态选择权、文化传播和文化交流的独立自主权等，不存在威胁或危险。

文化安全是国家稳定发展的精神前提和支柱，是深层次的国家安全。文化安全是国家得以存在和发展的基础，它同政治安全、经济安全、军事安全一样，是一个国家安全体系的重要组成部分。冷战结束后，以"综合安全"为基本特征的新安全观逐步形成，其重要特征之一，就是国家的文化安全凸显，成为十分重要的内容。保护本国或本民族的文化安全已成为人们关注的重点，引起世界各国的高度重视，文化安全在国家安全中的地位越来越加重要。和平与发展是时代的主题，但这两个问题，哪一个也没有解决。在激烈的国际竞争中，如何形成自己强有力的文化屏障，从而有效地提高国家的整体安全度，为自身发展创造良好的国际安全环境，成为

---

① 《江泽民文选》第 1 卷，人民出版社 2006 年版，第 606、607 页。

当今世界各国国家战略的重要内容，文化战略已是一种国家战略。

文化安全属于非传统安全范畴，同时属于一定的历史范畴，在不同的历史时代，有不同的内容。在当代中国，文化安全理念要从中国的国情和世情出发，既要符合建设中国特色社会主义文化的要求，使国家的主流文化价值体系不失去其社会主导地位，同时也要面向世界，对人类文明成果，择善而从。我们的国家文化安全理念，应大力弘扬爱国主义精神，激发全国人民的民族自尊心、自信心和自强意识，加强民族的凝聚力，精心打造"中国特色、中国风格、中国气派"的文化品牌；激发对中华文化的认同感和自豪感，提高抵御文化帝国主义渗透的能力。如果我们对此没有清醒认识，对维护"文化安全"丧失警觉，民族凝聚力就会削弱，将会直接导致政治信仰、价值观念和伦理道德观念混乱，从而引发和加剧社会风险。这样，就不仅仅是文化安全的问题，而是从根本上损害了整个国家的安全。正是在这个意义上，我们强调文化安全是国家政权、社会制度得以建立和维护的重要基础。我们必须从国家总体安全的高度出发，充分重视文化安全。

维护文化安全，要高度重视维护国家的文化生态安全。一般认为，"文化生态"泛指一个民族和一个国家在漫长的历史进程中，所创造的物质财富和精神财富的状况和环境。从生态学的视角认识和研究文化问题，有助于剖析民族文化的维系、传承、积累和创新。切实加强对文化生态安全的保护，首先要正确理解民族文化的发展规律，建立和弘扬"文化自觉"意识，确保中华文化在经济全球化进程中的良性发展，保障国家的文化安全。当前，我国文化生态安全面临严峻挑战。以文化遗产为例，在现代化和城市化的过程中，一些保留着我们最纯粹最古老文化记忆和文化基因的精神财富正迅速消失，如口头传统、民间音乐、民间舞蹈、民间戏曲、手工技艺、商贸习俗、人生礼俗、民间信仰等等文化遗产，正遭到破坏性的开发，使发展与保护的矛盾日益突出。

为了维护国家的文化生态安全，我国"十一五"时期文化发展规划纲要明确指出，在"十一五"期间，要确定 10 个国家级文化生态保护区①，

---

① 中国的国家级文化生态保护区，是根据《国家"十一五"时期文化发展规划纲要·民族文化保护》中提出的"确定 10 个国家级民族民间文化生态保护区"这一目标而建设，经文化部同意建立。由于目前仍处试验性阶段，因此各保护区暂定为"文化生态保护实验区"，待日后条件成熟时正式命名为"文化生态保护区"。

对非物质文化遗产内容丰富、集中的区域，实施整体性保护。目前文化生态保护实验区有四个，闽南文化生态保护实验区（福建省，2007 年 6月）、徽州文化生态保护实验区（安徽省、江西省，2008 年 1 月）、热贡文化生态保护实验区（青海省，2008 年 8 月）、羌族文化生态保护实验区（四川省、陕西省，2008 年 11 月）。2008 年 5 月汶川特大地震中，羌族文化遭到严重破坏。羌族历史悠久，羌族文化从语言、服饰、饮食、村落布局、民居建筑、风俗习惯、礼仪节庆、民间艺术、手工技艺等，展现着浓厚的文化底蕴，是羌族人民智慧的结晶，是中华文化的重要组成部分。为了落实中央关于抢救保护羌族文化的指示精神，羌族文化生态保护实验区建设，已纳入国家汶川地震灾后恢复重建总体规划。

近年，还有一些学者在论及国家文化安全时，特别关注语言文字安全、风俗习惯安全和生活方式安全。他们强调这些同"价值观念的安全"一样，同是国家文化安全的重要内容。西方大国建立在强势文化基础上的世界性话语霸权，已经或正在侵蚀着广大发展中国家的语言文字，严重影响和危害这些国家的语言文字安全。对任何一个国家或民族而言，语言文字既是其文化的载体，也是其全部文化中最基本、最稳定、最持久的构成部分，是一个国家或民族稳定的标志和符号。如果一个国家的语言文字消亡了，那么这个国家文化的基本属性就变了，这个国家必将走向衰落直至灭亡。在世界历史上，一个国家兴衰存亡，常常伴随着其语言文字的兴衰存亡，并不鲜见。20 世纪 30 年代日本帝国主义发动战争时，就曾企图通过强行推行日语，用日语取代中国的语言文字，借以征服人心，进而彻底征服中国，实现"大东亚共荣"的美梦。

风俗习惯安全是国家文化安全的另一重要内容，这是因为风俗习惯是一个民族或一个国家历史上形成的独特而稳定的风尚、礼节、信仰和行为方式等等。这些风俗习惯对于加强民族亲和力和向心力，保持国家或民族的团结统一，具有不可替代的积极作用。例如，"透过清明节，我们可以清楚地观察到中华民族情感延伸的脉络。中华民族的亲情情结、敬祖意识、寻根心理、报本观念，通过清明节得到了集中体现和张扬，但还不止于此，人们逐渐把血缘亲情拓展开，转化为对乡里先贤、本地英杰、民族英雄和杰出历史人物的缅怀。这种缅怀是人生大爱的一个重要组成部分。我们常说，中国人有悠久的爱国主义传统，但这种传统不是凭空抽象产生的，而是从爱故乡、爱故乡的先人逐级延展开的。故土山川的灵魂是什么？是我们的先贤、先烈在这片土地上留下的印记。这种缅怀，正是我们民族精神力量的凝聚"。今天，"为清明文化不断注入鲜活的现代元素，首先需要在'感恩'这一文化内涵上多做开掘。在清明节，通过祭天、祭祖来增强民族文化认同感，加强民族团结，凝聚民族精神；让清明扫墓这个古老的传统风俗，成为今天增强民族凝聚力、激发爱国情感的载体"①。因此，世界历史上不乏这样的实例，当征服者欲想真正地征服这个国家时，总想要征服他的文化，包括改变他的风俗习惯，如不择手段使其放弃自己的民族节日和尊崇的偶像；而被压迫国家和民族为图日后能东山再起，也总是千方百计保持自己的文化传统，不改变自己的风俗习惯。当然，这并不是说风俗习惯一旦形成就不可以改变，而是说这种改变应顺应时代的要求，为其增添适应现代社会的新内容、新形式时，必须符合其核心价值，是一种自觉的文化选择，而不是外国文化强权、霸权下的被动的接受。

与国家文化安全相联系的生活方式，属于广义的文化范畴，指广义的生活方式，是文化集中的体现。其具体内容是"社会群体、一个地区、一个民族、一个国家具有若干共同特征的生活方式。包括劳动方式、消费方式、社会交往方式、休闲娱乐方式等，通过个人或群体的具体的精神活动和物质活动体现出来"②。生活方式既包括物质生活，也包括精神生活；既包括经济生活，也包括政治生活；既包括私人范围内的生活，也包括公共领域中的生活。不难看出，一个国家与另一个国家在文化上的差异，及彼此之间的文化冲突，集中表现在生活方式上，生活方式安全成了国家文化安全的集中体现。每个独立的主权国家，都十分重视如何保护自己的生活方式不受外国的干涉和威胁。美国政府极力推行美国的生活方式，通过和平或武力手段来改变其他国家的生活方式，以消除对美国生活方式的所谓"威胁"。一些国家文化安全遭到破坏的原因，是美国在向这些国家推行美国生活方式所造成的。

文化安全和国际文化新秩序

现今的国际文化秩序，是一种不合理的国际文化秩序，主要表现为文化霸权威胁和破坏世界文化生态平衡，强势文化对弱势文化的进行挤压、

---

① 李汉秋、陈旭霞等：《清明：春雨滋润的文化》，《光明日报》2010 年 4 月 5、6 日。
② 《中国大百科全书》（第 2 版）第 19 卷，中国大百科全书出版社 2009 年版，第 550 页。

渗透和侵蚀。以美国为代表的西方文化大国的文化霸权主义行径，严重地威胁着广大发展中国家的文化安全。20 世纪 80 年代以来，费孝通先生曾多次论及"文化自觉"问题。他说："文化自觉是指生活在一定文化中的人对其文化有'自知之明'，明白它的来历，形成过程，所具的特色和它发展的趋向，不带任何'文化回归'的意思，不是要'复归'，同时也不主张'全盘西化'或'全盘他化'。自知之明是为了加强对文化转型的自主能力，取得决定适应新环境、新时代文化选择的自主地位。"费孝通认为，"文化自觉是一个艰巨的过程：首先要认识自己的文化，根据其对新环境的适应力决定取舍。其次是理解所接触的文化，取其精华，去其糟粕，加以吸收。各种文化都自觉之后，这个文化多元的世界才能在相互融合中出现一个具有共同认可的基本秩序和形成一套各种文化和平共处、各舒所长、联手发展的共同守则"。他将这些概括为"各美其美，美人之美，美美与共，天下大同"①。全球文化的形成是世界的和民族的、全球的和本土的、普遍的和特殊的对立统一。文化多元具有历史的必然性和合理性，是人类基于文化自觉而形成的理性选择，也是新的国际文化秩序的基础。在我们生活的地球上，有 60 多亿人口，200 多个国家，2500 多个民族，6000 多种语言，有不同的信仰和不同的价值观。多样性是世界的本质属性和存在方式，是世界进步的动力。作为人类的精神文明成果，文化更具有多样性的特点。世界上每一文化都有自己的优势和长处，正是这些国家和民族不同的文化相互交流、相互借鉴、相映生辉，才使各自的文化保持活力，才有我们今天丰富多彩的世界。

目前，人类文化发展面临着十分严峻的挑战，以美国为代表的西方大国自恃其强大的经济和军事实力，不遗余力地宣扬"欧美中心论"，极力贬低非欧美国家和民族的文化，认为只有他们自己的文化才是完美无缺和至高无上的文化，赤裸裸地推行文化帝国主义和文化霸权主义。这样，一些国家，特别是广大发展中国家的文化安全受到严重的威胁，产生了文化侵略与文化反侵略、文化渗透与文化反渗透之间的尖锐矛盾和斗争，这些国家为了争取文化生存权、发展权，维护民族国家的文化主权，普遍要求建立维护世界各国人民共同利益的国际文化新秩序。联合国有关机构虽然通过了多种关于保护文化多样性的国际公约，文化多样性的思想日渐深入

① 《费孝通论文化与文化自觉》，群言出版社 2007 年版，第 190、177 页。

人心，日益产生愈加广泛的影响，但是，文化帝国主义和文化霸权主义依然存在，原本不合理的国际文化秩序变得更加不合理，离建立新的国际文化新秩序，还有很长的距离。

1992 年，联合国和联合国教科文组织共同建立了"世界文化与发展委员会"（World Commission on Culture and Development ，WCCD）。在前联合国秘书长德奎利亚尔的主持下，该委员会组织了一批多学科的世界知名专家，其中有多位诺贝尔奖获得者，在世界范围内进行了广泛的调查，完成了被称为具有里程碑意义的《世界文化与发展委员会报告：文明的多样性与人类全面发展》。德奎利亚尔认为，"冷战以后，两极世界消失了，但是一方的失败却并不意味着另一方的胜利"。冷战后世界政治、经济、军事和文化的发展，"开始威胁世界和平与安全，威胁经济增长与社会和谐，侵害人类与生俱来的尊严，动摇每个社会对自己历史与文化的信念，威胁对人类生存发展至关重要的文化多样性"①。德奎利亚尔针对西方倡导的所谓"文化全球化"，提出这是"破碎的文化全球化"，"文化的全球化却只是一种幻象"，"文化多样性有其内在的价值，我们要提倡它，我们要努力创造更多的机会，使世界各地的人们都有机会接触到不同的文化，听到来自其他地区的不同的声音"。德奎利亚尔还具体指出："文化全球化的过程并非被一个国家所控制，既非美国，也非'西方'或'北方'，来自孟买、里约热内卢、瓦加杜古和首尔的文学、艺术和音乐，与来自纽约、伦敦、利物浦和巴黎的艺术一样流行世界。"②《报告》认为，对当今世界文化发展而言，人类面临的最大问题，不是缺乏资源、愿望和承诺，而是对"文化"自身的误解和模糊认识。对于广大发展中国家，文化身份是人民普遍关注的问题，也是政府制定政策的核心。这些国家认识到保护和发扬本民族的生活方式，是建立民族自豪感和自信心的重要方面。如肯尼亚政府明确提出，要促进自我意识的觉醒和人的价值的实现；印度尼西亚在制订自己的文化发展规划时强调，文化发展对于实现民族理想和树立民族志向至关重要。1994 年，澳大利亚政府还发表了《一个创造性的民族》的国家文化宣言，要求制定保护文化权利的宪法，强调文化涵盖了我们的全

---

① 联合国教科文卫组织、世界文化与发展委员会：《世界文化与发展委员报告：文明的多样性与人类全面发展》，广东人民出版社 2006 年版，第 3 页。

② 同上书，第 6 页。

部生活方式，包括我们的道德规范、制度和风俗习惯。文化不仅帮助我们理解世界，而且塑造着这个世界。广大发展中国家在制定自身的文化发展政策，追求自己的文化发展目标时，都是建立在保护、弘扬、发展自己民族文化的基础上，都是建立在承认世界文化多样性的前提下，这些不仅对于广大发展中国家的文化发展至关重要，而且对于建立新的国际文化新秩序也有积极的现实意义。在经济全球化的背景下，建立新的国际文化秩序，必须要维护和反映广大发展中国家的利益和愿望，必须建立在文化多样性的基础上，否则"新秩序"的公平、公正、合理就无从谈起。

《报告》明确提出，世界没有孤立存在的文化。任何一个国家或民族对于其他的文化，仅仅能容忍是远远不够的，我们应该对其他文化与自己的差异感到欣喜，虚心向它们学习，不能把其他文化看成异端，或作为仇恨的对象。文化多元化的原则，对于处理一国内部、国家之间，以及不同民族之间的关系都是十分重要的。在当代国际社会，"文化多元主义"主张不同的文化和平相处，兼容并包，与美国等西方大国推行的"文化单边主义"相悖，表达了广大发展中国家人民的共同愿望，为越来越多的国家和人民所关注。一般认为，意大利的巴蒂斯塔·维柯和德国的约翰·戈特弗雷德·赫尔德是文化多元主义的创始人，加拿大是世界上第一个实行文化多元主义的国家。1971 年，加拿大确定了多元文化主义的构想，1988年正式颁布《文化多元法》，成功地解决了加拿大国内多民族的和谐相处，为在世界范围内奉行文化多元主义，构建新的国际文化新秩序提供了有益的借鉴。

在国际文化事务中，国家不分大小、强弱、贫富，各国的文化一律平等。"惟有文化平等，世界各国人民才能相互学习、相互借鉴、相互尊重、共同发展；惟有文化多样，世界才能更加丰富多彩、绚丽迷人，才能更加充满生机与活力。"① 新的国际文化秩序的基本准则，是平等互动、多元共存。文化多样性带给人类的福祉正如生物的多样性一样，正是多样性的文化积累和彰显了人类的经验、智慧和实践的精华。每一国家或民族在清楚地了解自身文化的特质的同时，才能从其他民族文化的比较中获益良多。马里前总统阿尔法·奥玛·克奈尔说："只要某个文明利用自然和历史的馈赠，对其他文明进行政治、精神和道德上的压迫，人类就没有和平可

---

① 曹泽林：《国家文化安全论》，军事科学出版社 2006 年版，第 100 页。

言：否定人类文化差异就是否定人类的尊严。"① 基于此，全世界各国人民
应团结一致反对文化霸权主义，反对任何形式的文化扩张，反对企图在世
界建立单质化文化的行为。任何一个负责任的政府都应该禁止攻击其他文
化成员的行为，应该制定法律法规，坚决禁止种族歧视和排外行为。如果
"种族歧视和排外行为"一旦成为政府的政策时，即成为官方的政策时，
将会产生严重的后果。在这种情况下，国际社会不能坐视不管，而应对其
施加压力，对于这些行为进行严厉的谴责和惩罚。这也是建立新的国际文
化秩序的保证。

第二节　经济全球化和中国文化主权

国家主权中的文化主权

主权是国家固有的权力，即一个国家所拥有的独立自主地处理其内外
事务的最高权力。国家凭借这种权力处理内外事务时，不受任何国家或实
体的干涉和影响。主权的对内属性，主要是通过立法、行政、司法、经
济、军事和文化等手段实现；主权的对外属性，与主权的对内属性紧密相
连，不可分割，主要表现在一个主权国家可以独立地确定自己的外交方针
和具体的对外政策，享有国际权利和国际义务。文化主权是以文化为主体
的权力，是随着国家主权所产生的权利，是国家主权的重要组成部分。
1965 年联合国大会通过的《关于各国内政不容干涉及其独立与主权之保护
宣言》指出，各国均有不受任何国家任何方式之干涉，自择其政治、经
济、社会及文化制度之不可剥夺权利。1970 年，联合国大会通过的《关于
各国依联合国宪章建立友好关系及合作制国际法原则之宣言》指出：武装
干涉及对国家人格或其政治、经济及文化要素之一切其他形式的干预或试
图威胁，均系违反国际法。不言而喻，文化主权的对内权威性和对外的独
立性，受国际法的保护，并日益参与到国际政治的发展进程中，在经济全
球化的新的历史条件下，强化国家文化主权安全，是维护国家根本利益的
现实要求。

1994 年，王沪宁撰文《文化主权和文化扩张：对主权观念的挑战》

---

① 联合国教科文卫组织、世界文化与发展委员会：《世界文化与发展委员会报告：文明的多
样性与人类全面发展》，广东人民出版社 2006 年版，第 16 页。

指出，帝国主义进行侵略和扩张时，从来是军事、政治、经济和文化手段并用，其目的是企图用西方的价值观念来统治世界，而非单纯使用军事手段或经济手段。例如，"老布什时期提出的国家安全报告把扩大美国政治价值作为美国国家安全的基础工作之一，克林顿把民主作为外交政策的支柱之一"①。美国历届政府都是在推销其所谓"民主"、"自由"价值观念的旗号下，推行其帝国主义政策的。这就足以说明，文化主权不仅仅指维护本国或本民族文化特性方面所拥有的最高权力，同时还包含着政治文化和经济文化要素，如社会意识形态、特定的价值观念，以及对本国社会制度的维护问题等。文化主权是蕴涵在军事、经济、政治斗争之中的更为核心的内容。一个民族的存在，其本质是该民族文化的存在，古往今来无数事实证明，要毁灭一个民族，首先要毁灭它的文化。如果这个民族的文化消亡了，或被"化"得荡然无存了，这个民族也就失去了灵魂，失去了在世界民族之林存在的基础。

世界上任何一个国家文化主权的缺失，都将导致民族文化的衰落与民族精神的丧失，产生直接危及国家兴衰存亡的严重后果。"文化主权强调从主权的角度来认识一个国家和民族的文化问题，以凸显其国家和民族文化的政治意识，确保文化主权是为国家的政治安全、军事安全、领土安全注入文化力量。什么是文化主权，说到底，它是指一个国家和民族的文化自觉，就是从主权角度来考察一个民族国家的文化自觉意识之构成"②，也可以说，文化主权是国家对公共文化事业进行政治安排的权力。一个国家和民族的独立，不仅包括政治的独立和主权的完整，同时也包括文化的独立与文化主权的完整。国家文化主权的具体内容是：保障国家居主流地位的文化形态在国家文化活动中的主导地位；保持本民族历史及其传统文化的继承与发展；保护国家文化遗产的安全；保证国家文化产品在国际产品市场中应有的地位等等。由于与文化主权相关的问题常常被经济、政治等问题所遮蔽，因而时常为人们所忽略。在经济全球化的新的历史条件下，特别是面对以美国为代表的西方大国极力鼓吹"文化全球化"，使广大发展中国家的文化安全受到威胁的情况下，采取切实行动，旗帜鲜明的捍卫国家文化主权，具有重要的现实意义。

---

① 王沪宁：《文化主权和文化扩张：对主权观念的挑战》，《复旦学报》1994 年第 3 期。
② 艺衡：《文化主权与国家文化软实力》，社会科学文献出版社 2009 年版，第 23 页。

我们不同意将维护"国家文化主权"与鼓吹"狭隘民族主义"混为一谈。狭隘民族主义的褊狭、保守和维护国家文化安全、维护民族尊严的"国家文化主权"没有丝毫相同、相通之处。恩格斯在《神圣家族》中曾对狭隘的"日耳曼民族主义"进行批判，他说："古往今来每个民族都在某些方面优越于其他民族。如果批判的预言正确无误，那么任何一个民族都永远不会优越于其他民族，因为所有的欧洲文明民族——英国人、德国人、法国人——现在都在'批判自己和其他民族'并'能认识普遍颓废的原因'。"① 狭隘民族主义者回避甚至抵制与其他文化的对话、交流与交融，而维护国家的文化主权决不是通过这样的方式进行的，恰恰相反，要真正做到维护国家的文化主权，只有在同其他文化的交往中才能体现和实现，这是维护国家文化主权的基本动力和途径。在这个问题上，民族国家的文化主权的民族性和世界性也同样是辩证统一的。"凡是民族作为民族所做的事情。都是他们为人类社会而做的事情，他们的全部价值仅仅在于：每个民族都为其他民族完成了人类从中经历了自己发展的一个主要使命（主要的方面）。"② 世界上任何一个民族要真正完成"为人类社会而做的事情"，首先这个民族应是独立的民族，在经济、政治和文化等方面，拥有神圣不可侵犯的主权。

有人以美国星巴克咖啡馆从北京故宫、肯德基快餐店从北京北海公园迁出或被逐出为例，说"皇家园林不得引进洋快餐店"即是狭隘民族主义的具体表现，个别人甚至还认为，星巴克咖啡馆、肯德基快餐店从故宫、北海公园迁出，"是狭隘民族主义的胜利"。这种认识是错误的。故宫和北海公园，是辉煌的中国传统文化的载体，是灿烂的中华文明的见证。即使在美国或西方的任何一个国家，在他们的历史文化遗存和历代名胜古迹中，也不设咖啡馆或快餐店，维持和保护历史名胜和历史文化的神圣性，是和尊重自己的文化传统、保持民族文化的自信心、民族自尊心和自豪感密切联系在一起的。至于将美国星巴克咖啡馆和肯德基快餐店从故宫和北海公园迁出的原因，还有着更为深刻的现实原因，即在经济全球化的背景下，我国的文化主权受到冲击，面临着严重的威胁；在激烈的国际文化竞争中，我们处于劣势；在世界文化产业的发展中，我们在文化产品上严重

---

① 《马克思恩格斯全集》第 2 卷，人民出版社 1957 年版，第 194—195 页。
② 《马克思恩格斯全集》第 42 卷，人民出版社 1979 年版，第 257 页。

入超，出现了大量的文化赤字。在这一切的背后，是我国的价值观和意识形态安全受到威胁。文化从来都与每个民族和国家的政治、经济相连，我们并不否认文化的政治性，但文化的政治性并不等于"狭隘的民族主义"。事实表明，文化领域的扩张与反扩张、渗透与反渗透是国际政治斗争和意识形态较量的一项重要内容。在经济全球化的背景下，我国及广大发展中国家文化主权受到前所未有的挑战并非偶然，这种挑战实际上是这些国家整个的国家主权受到严重挑战的具体表现。例如，流行于西方的"民族国家终结论"、"国家主权过时论"、"国家主权弱化论"、"国家主权多元论"、"世界政府论"、"全球治理论"，以及"新帝国主义论"等谬论，无一不是鼓吹霸权主义、强权政治，都是对包括中国在内的广大发展中国家国家主权的冲击。

进入故宫和北海的美国星巴克咖啡馆、肯德基快餐店，和位于闹市中的星巴克、肯德基有共同之处，这是主要的，但毕竟也有自己的特点，在这里，它们是更为突出地作为美国文化渗透、文化扩张和美国生活方式的标识存在的，这就不能不引起绝大多数中国人民的反感，一提到西方文化就媚态十足的人毕竟是少数。面对外来强势文化的不断冲击，是自觉维护国家文化主权、强化国家文化发展的主导权，清醒地把握民族文化发展的主导方向，还是麻木不仁，听之任之，这是大是大非问题。在这个问题上，不让所谓的"全球性"、"国际化"消解与动摇我们的文化主权，将美国星巴克咖啡馆从北京故宫、肯德基快餐店从北京北海公园迁出，既是维护国家文化主权，也是行使国家文化主权的具体表现，自然得到了广大民众的拥护和支持。

社会主义文化凝结了民族的、当代的和科学的文化精神，在现实生活中，牢牢地把握住国家文化发展的主导权，就要始终坚持以社会主义文化为主导，使其在民族文化发展中充分发挥积极的建设作用；积极发展文化生产力，大力促进文化生产力快速增长，不断加强我国文化在国际文化市场的地位与份额，保障国家的文化主权不受侵害，与国家的经济和政治主权不受侵犯具有同等重要的意义。

维护国家文化主权的重大意义之一，是使人民大众的文化利益受到保护，在当代，人民大众不仅享有充分的政治权利、物质利益，同时也享有充分的文化权利，即享受文化成果的权利、参与文化活动的权利，以及文化创作的权利、文化欣赏的权利等。文化权利是人类文明进步的产物。国家的文化主权对于保障人民大众的文化权利不受剥夺，不断满足人们持续增长的文化需求，提高全民族文化素质，具有重要的意义。正是在这个问题上，具体揭示了文化主权和社会主义文化发展的基本内涵。人民大众不仅是社会历史矛盾运动的主体，是国家或民族文化的主体，而且也是建设社会主义文化、发展社会主义文化的主体。充分发挥人民大众在繁荣发展社会主义文化中的主体性、主体意识的前提和保证，是民族文化的独立与国家文化主权的完整。在我们以开放、平等和宽容的心态接纳外来文化的同时，要牢牢控制住自身的文化主权。只有这样，才能真正做到弘扬中华文化，建设中华民族共有的精神家园。

经济全球化和中国文化主权

西方一种有影响的观点认为，"我们早就生活在世界社会里，也就是说相互封闭的领土认识越来越模糊。任何国家、任何团体都不能相互隔绝。因此各种经济、文化和政治形式相互碰撞"。世界社会"以各种不同的形式为前提：跨国生产方式和劳动市场竞争、全球媒体报道、跨国买方抵制、跨国生活方式、'全球'关注的危机和战争、核能军事及民事应用、大自然的破坏等"。"全球化指这些发展过程，其结果是各民族国家及其主权遭到跨国行为体、它们的权利机遇、方针取向及网络的认同和破坏，并且被横向联系起来"[1]。

这里所说的民族国家的"主权"，包括多方面的内容，并没有将"文化主权"排除在外。这并非仅仅是一个理论问题，而是一个实际问题，在中国及广大发展中国家的社会生活中，不难看到以美国为代表的西方国家通过传播自己的文化价值观念和生活方式，对这些国家文化主权的挑战和破坏，已经直接威胁到这些国家的文化安全。正确认识我国文化主权及与之相联系的文化安全的现状和隐忧，是十分必要的。我国的文化安全的核心内容是意识形态安全和价值观安全。社会意识形态作为社会的观念（或思想）上层建筑，是对一定社会经济形态以及由经济形态所决定的政治制度的自觉反映。在阶级社会里，社会意识形态是直接或间接反映社会的经济及政治的特点，体现一定阶级的意志和要求，力图保持或改变现存社会制度和思想体系和总和。当代中国社会发展处在深刻的历史变革中，在建

---

① 乌尔里希·贝克：《什么是全球化》，华东师范大学出版社2008年版，第12—13页。

设中国特色社会主义的伟大事业中，如果不能积极有效地应对西方"文化霸权"的扩张，使中华文化变成所谓"全球化"的文化，我国就会在失去民族文化主体性的同时，失去共同的、稳定的基本价值观念，或者分裂为许多不同的相互冲突的价值观念，这样，岂止是国家的文化安全，甚至国家的整体安全都将受到严重威胁。

在经济全球化的背景下，各个国家密切、频繁和大规模的经济交往，不可避免地推动着这些国家之间的文化交流和交融，同时也使西方国家对广大发展中国家的文化渗透，甚至文化入侵有机可乘。中国是一个发展中的社会主义国家，意识形态、社会制度和价值判断的标准与美国为代表的西方发达国家不同，国际垄断资产阶级对科学社会主义意识形态的偏见和仇视从来没有放弃，中国自然成为西方进行文化渗透和文化颠覆的首要目标。在这种形势下，如何维护和加强我们的文化主权，是一个无法回避的严峻问题。在这里提出这样的问题绝非空穴来风，而是基于以下事实：利用网络、广播、电视、电影、报纸、杂志，以及学术研讨等公开或隐蔽地推销其意识形态、价值观念和生活方式，有时甚至以强势经济为依托，以强权的形式对外输出和传播；利用经济手段进行文化"植入"，通过迅速发展文化经济和大众文化产业，不断扩大扩大文化植入的范围。在出口其文化产品的同时，不断扩大其文化影响力，进行文化渗透和扩张，通过不断侵蚀民族国家的文化主权，以达到逐步瓦解民族国家的目的。对此，我们必须反其道而行之。在经济全球化的新的历史条件下，进一步维护和强化国家文化主权，一方面要更进一步激发中华民族的民族自尊心、自信心，加强民族凝聚力，自觉地弘扬"中国特色、中国风格、中国气派"；另一方面，要进一步激发中华民族对民族文化的认同感和自豪感，坚守民族文化的血脉，通过繁荣、发展社会主义先进文化，自觉地抵御西方文化的渗透和扩张。

1989年3月23日，邓小平同志在会见乌干达总统约韦里·穆塞韦尼时说："我们最近十年的发展是很好的。我们最大的失误是在教育方面，思想政治工作薄弱了，教育发展不够。我们经过冷静考虑，认为这方面的失误比通货膨胀等问题更大。"① 现在距邓小平讲话又过了10多年，深刻变化着的世情和国情，使我们对邓小平的话有了更深刻的理解。我们在教

① 《邓小平文选》第3卷，人民出版社1993年版，第290页。

育上的失误，究其实质，是在激烈的国际文化竞争、文化斗争中，我们的文化主权被削弱。这不能因为美国等西方大国不提或很少提"文化主权"，我们就忽略这个问题。美国人所以这样，是因为他们自己在全球积极推行文化渗透、文化扩张和文化侵略政策，在"文化主权"上没有受到任何人的威胁或挑战。对他们来说，主要的问题不是如何维护自己国家的文化主权，而是如何使自己的文化帝国主义、霸权主义行径合法化。而中国等发展中国家的情况则恰恰相反。中国等广大发展中国家只有从维护国家"文化主权"的高度去认识文化帝国主义的本质，积极防范他们的侵犯，才有可能有效地抵御

美国对华文化战略的内容十分庞杂，他们认为在这方面已经取得了"很多成果"。例如在教育方面，其主要内容是："让中国的教育失去活力。影响并控制中国的教育体制，使中国的学生失去对艺术的追求和对自然科学的兴趣，从而使他们丧失想象力和创造性。"他们认为，这种效果正在显现。主要表现是：中国的学生"已经陷入各种考试的恐惧中"，"不是学习如何去创新，而是学习如何去考试"；教育"产业化"已经形成，设置许多重点小学、重点中学和重点大学，义务教育没有能够执行；毕业生面临就业压力，大学毕业就意味着失业，在中国已经司空见惯。"在这样的担忧、恐惧和焦虑之中，中国的学生正逐渐失去创造精神"，为了提高升学率，"他们大部分的时间在为学习我们的语言而忙碌"[1]。任何一个国家的国民教育发展战略，都是关系到民族兴衰存亡的国家战略，之所以如此，就在于教育的发展方向，是和国家的文化主权密切联系在一起，而非仅仅是孤立的教育问题。中国政府反复强调，"教育、科技和人才，是国家强盛、民族振兴的基石，也是综合国力的核心"。因此，要从强化国家文化主权的高度"优先发展教育事业。强国必先强教。只有一流的教育，才能培养一流人才，建设一流国家"[2]。反之亦然，一个文化主权受到损害，或文化主权几近丧失的民族，它的教育是不可能健康发展的。

中国文化主权的基本目标是："捍卫和拓展中国的文化主权与观念性国家利益，增强中国的文化软实力，实现中华民族的伟大复兴；同时，体

---

[1]　参见李昆明、王缅主编《大国策：通向大国之路的中国文化发展战略》，人民日报出版社2009年版，第50页。

[2]　温家宝：2010年3月5日在第十一届全国人民代表大会第三次会议上的《政府工作报告》。

现作为一个大国对于世界的文化责任，为世界文化价值体系及‘和谐世界’的建构作出自己的贡献。”与中国文化主权的基本目标相联系的，是实现中国文化主权战略的“国家主权意义上的自主性、国家文化认同意义上的主体性、国家文化政策意义上的开放性”①。明确上述内容，对于切实有效地维护国家的文化主权具有重要的意义。长期以来，人们在认识上似乎存在这样一个误区，似乎中国是一个文化资源大国或文化大国，就一定是一个文化强国，就可以自然而然地抵御文化帝国主义的渗透和扩张。实际上，“文化资源大国”或“文化大国”并不等于“文化强国”，这是既有联系又有区别的两个概念。世界各国都在探讨所谓“中国模式”或“中国道路”，其重要内容之一就是中国如何从一个“文化大国”向“文化强国”转变的问题。因为世界上任何一个国家，包括中国等发展中国家在走向现代化的过程中，没有文化力量的支持，没有文化因素的作用，都是不能的。在这个过程中，我们需清醒地看到，自觉地捍卫和加强自己的文化主权，是完成这种转变的前提。如果在激烈的国际文化斗争中，特别是在经济全球化的新的历史条件下，我们的文化主权被弱化，那“文化强国”则无从谈起，中华民族要对人类文明发展做出更多更大的贡献也无从谈起。

世界上任何一个国家的文化主权，都不是孤立存在的。它的性质、内容和存在状况，取决于国家的整体发展状况。一个国家在其自身发展的不同历史阶段，其文化主权的内容和形式也往往会不同。先秦以来，在统一国家的中国文化主权形成和发展的漫长的历史行程中，1911 年辛亥革命、1949 年中华人民共和国成立，具有重大的世界历史意义。辛亥革命推翻了清朝的统治，结束了中国两千多年的封建君主专制制度，建立起资产阶级共和国，为近代中国人民在世界历史广阔背景下的文化选择开辟了现实的道路；中华人民共和国成立，实现了“真正的人民当家作主”，中国从此由半殖民地半封建社会开始进入新民主主义社会，并在中国共产党的领导下向社会主义社会过渡，新中国的国家性质，决定了年轻的人民共和国的文化主权的性质。始于 20 世纪 70 年代末的改革开放，使社会主义中国的文化主权具有更加鲜明的民族精神和时代精神，这同文化的民族性、时代性等文化的基本属性相一致，同时与建设中国特色社会主义的本质内容也

---

① 艺衡：《文化主权与国家文化软实力》，社会科学文献出版社 2009 年版，第 241 页。

完全一致。虽然和平与发展是当今世界两大主题，但是这两个问题，哪一个也没有解决，人类世界在大发展、大变革、大调整中前进。经过改革开放 30 年的不懈奋斗，我们胜利实现了我们党提出的现代化建设"三步走"战略的前两步战略目标，正在向第三步战略目标阔步前进。道路是曲折的，但前途是光明的。无论是世界还是中国的现实，都使"文化主权"的意义进一步凸显出来。

网络文化对中国文化主权的挑战

马克思曾指出："火药把骑士阶层炸得粉碎，指南针打开市场并建立殖民地，而印刷术则成为新教的工具，总的说来变成科学复兴的手段，变成对精神发展创造必要前提的最强大杠杆。"[①] 人类历史上任何一次科学技术发展的重大成果，都会导致社会政治、经济和文化的深刻变革。20 世纪 80 年代末以来，网络迅速发展揭开了人类历史的崭新一页，网络社会化和网络技术的广泛应用，孕育了具有信息时代特征的网络文化，极大地改变了文化生产、传播和消费方式。在 2010 年《中国新媒体发展报告》发布会上，与会的一些专家指出："网络文化是一种全新的文化形态，已成为当今社会各种思想文化表达的重要传播平台。""网络文化促使不同国家、不同民族之间的思想文化交流与沟通大大加快，文化元素的传播速度激增，信息流量的口径成倍增长。然而，网络文化的全球性特点使文化的多元、多样、多变的特征进一步凸显。"[②] 网络文化已经成为人们精神文化生活的重要组成部分，它既对我国文化主权的加强带来新的机遇，同时也对我国的文化主权提出新的挑战。

"网络是一种带有明显意识形态色彩的新媒体，美国创造的网络标准为全球标准，美国将其贴上'国际化'标签，强加给别国，通过网络向全球系统推销其意识形态。借助于全球化趋势推动西方国家利用先进的网络技术，利用对信息传播的控制力、影响力，极力向包括中国在内的发展中国家输出西方意识形态、政治制度、文化思想"[③]，美国等西方国家的文化渗透和文化扩张，表现出鲜明的高技术特点。为了赋予网络文化以鲜明的

---

① 《马克思恩格斯全集》第 47 卷，人民出版社 1973 年版，第 427 页。
② 《赋予网络文化中国特色社会主义精髓》，《光明日报》2010 年 7 月 27 日
③ 张骥等：《中国文化安全与意识形态战略》，人民出版社 2010 年版，第 247 页。

中国特色社会主义精髓，使网络文化成为社会主义文化的重要组成部分，我们应高度重视网络文化建设问题，在发展繁荣社会主义文化中，充分发挥网络文化的巨大潜能和深远影响。

1987 年 9 月，中国学术网（CANET）在北京计算机应用技术研究所正式建成中国第一个因特网电子邮件节点，发出了中国第一封电子邮件，是中国人开始使用互联网的标志。1994 年 4 月，中国国家计算机与网络设施（NCFC）工程，通过美国 Sprint 公司连入因特网的 64K 国际专线首次开通，实现了中国与国际互联网的全功能连接。据中国互联网络信息中心（CNNIC）发布的《第 22 次中国互联网络发展状况统计报告》，截至 2008 年 6 月 30 日，我国网民数量为 2.53 亿人，超过美国[1]。2010 年根据最新统计，我国网民总数达到 4.04 亿，我国互联网普及率达到 30.2%，超过世界平均水平。[2] 在我国，互联网对文化创作、文化传播和文化消费具有越来越加重要的意义，同时它也是人们及时了解信息、加强相互联络、增长知识、休闲娱乐的重要渠道。大力建设中国特色网络文化，是发展社会主义先进文化的重要内容，有益于中国特色社会主义理论的丰富和发展，有助于维护社会和谐稳定。这一切的前提是确保国家文化信息安全，而这又是和维护、加强中国的文化主权直接联系在一起。

与此同时，我们也必须清醒地看到，中国是一个发展中的社会主义大国，是西方进行文化渗透的重点国家。西方敌对势力把互联网作为对中国进行文化渗透的重要渠道。他们声称，有了互联网，对付中国就容易多了，可以通过互联网把美国的价值观送到中国去；中国要现代化，就不能拒绝互联网，互联网将与中国进行历史性的决战，中国将在互联网的斗争中失败。例如，美国等西方大国通过他们的网络控制权、信息发布权，实施信息强权，在网络上连篇累牍地宣扬历史终结论、中国威胁论、新干涉主义论、民族国家衰亡论、文明冲突论、人权高于主权，以及功利主义、拜金主义、享乐主义、极端个人主义和种族主义等。他们还粗暴干涉中国内政，大肆宣扬西方的社会制度和价值观念，鼓吹政治多元化、经济私有化、军队非党化、领土分治化、生活西化，极力推行西方的民主、自由、人权，丑化中国的社会主义制度。所有这些，就是"与中国进行历史

---

① http://www.cnnic.net.cn.

② 王晨：《大力建设中国特色网络文化》，《光明日报》2010 年 6 月 17 日。

性的决战"的具体表现。针对建设中国特色社会主义的中国，西方在网络上不遗余力地鼓吹"意识形态消亡论"和"非意识形态化"，其目的旨在消解和否定马克思主义在我国意识形态领域的主导地位，从而破坏我们的社会主义建设进程的精神武器。随着经济全球化进程的进一步深入，各个民族国家在彼此交往的过程中不但没有放弃自己的特色文化，反而更加重视自己的文化和意识形态建设。所谓"意识形态终结论"，实际上更应概括为"意识形态一统论"。"终结"并不是大家都消失了，而是都统一到西方的自由民主制度上去。这实际上是在鼓吹欧洲中心、白人至上和西方资本主义制度至上的意识形态和价值观，其本身就是对意识形态终结论有力的反讽。

　　以美国为代表的西方大国，极力要建立起统领世界的"网上帝国"，利用互联网特有的快捷性、开放性、隐蔽性，宣扬、传播着蕴涵有鲜明意识形态的西方网络文化，凭借其网络优势，强化"文化入侵"[①]。有人认为，这实际上是进行着一场没有硝烟的"网络战争"，并非危言耸听，其目的就是要用西方的价值观统治世界，实现对世界各国人民的思想征服。人们在今天的现实生活中不难看到，金融危机、社会动乱、恐怖袭击、街头政治、颜色革命，种族、宗教冲突，以至于攻城略地、流血的局部战争等，都和网络联系在一起。美国学者埃瑟·戴森曾指出："数字化世界是一片崭新的疆土，可以释放出难以形容的生产能量，但它也可能成为恐怖主义者和江湖巨骗的工具，或是弥天大谎和恶意中伤的大本营。"[②] 当前，互联网已经覆盖到世界上近200个国家，深入到社会和人们生活中的各个领域，它所传播的形形色色的信息急剧增长，在这方面消极的、负面的作用也同时凸显，这不能不引起人们的警觉。网络所带来的交互与渗透、共享与参与，不仅改变了人们的行为方式与生活方式，也在潜移默化中改变

---

　　① 美国掌握着互联网的绝对控制权。"美国在核心技术、人才储备和财政支出上远远超出其他任何国家。从光纤到PC机、从路由器到操作系统，从核心电子器件到基础软件，核心技术大多掌握在美国手中，甚至全球用户都为美国支付带宽费用。绝大多数顶级服务器都在美国境内。美国一旦关闭这些服务器，国际互联网就会成为'无水的自来水管'。2009年10月，微软推出基于指纹识别技术的新一代操作系统Windows7，进一步强化了美国对于互联网的绝对控制能力。""至今，美国仍是互联网的主要市场。全球互联网业务量的80%与美国有关；100个被访问最多的网站中有80多个在美国……庞大的互联网数据库由美国控制，几乎所有互联网运行规则都是由美国制定。"以上见东鸟著《中国输不起的网络战争》，湖南人民出版社2010年版，第16、21页。
　　② 埃瑟·戴森：《2.0版数字化时代的生活设计》，海南出版社1998年版，第17页。

着网民的情感、认知与价值取向，成为影响人们理想信念、道德伦理的重要因素。如果说国家的安全，首先是保证它的社会制度的安全，那么，网络文化在这方面确实给我们提出了许多值得思考的问题。

苏联解体的原因十分复杂，美国有些学者在分析这个问题时提出，苏联的衰落和解体，与信息革命的发展相关联。他们认为，这是"一个历史时代的终结，表现出国家主义无能处理向信息时代的过渡"[1]。在分析苏联解体的诸多的原因中，这个观点的提出，有助于人们从更多的视角去分析这个复杂的问题。信息化技术的发展，使苏联当时已经暴露出的，和潜在的危机越来越突出。计算机网络以及与之共生的网络文化，在这方面究竟起了怎样的作用，一些西方的理论家多从经济方面寻找原因，例如约瑟夫·奈说，苏联经济落后的最大问题，"是在当今以信息为基础的经济中，苏联的中央决策者们缺乏跟上技术快速变革步伐的灵活性"，没有赶上第三次工业革命。约瑟夫·奈还认为，"以信息为基础的经济需要通过广泛享用、自由交流的信息来获取最大的利润。计算机之间的横向联系变得比纵向联系更为重要。但是，计算机的横向联系具有一定的政治风险性……出于政治原因，苏联领导人不提倡计算机的推广和自由使用"。[2] 约瑟夫·奈在这里所说的，"政治原因"、"政治风险性"等，是指现代信息技术，特别是以互联网为媒介的传播手段飞速发展，使西方大国向发展中国家进行文化渗透、文化扩张提供的传播方式更趋便利，导致这些国家的文化主权不同程度地受到这样或那样的损害，在整体上使国家的文化控制力量削弱。但是，这决不是说计算机——互联网，或充斥其中的新自由主义、新保守主义、无政府主义、信息恐怖主义、文化帝国主义，或强权政治及形形色色的霸权主义等，结束了科学社会主义的发展；决不是说网络的开放、交互、自由、平等和参与，只是资本主义的意识形态。恰恰相反，计算机和网络，对当代科学社会主义和中国特色社会主义理论体系的发展，同样开辟了广阔的现实道路。问题的关键是对待网络和网络文化，我们如何因势利导，如何趋利避害，如何开发中文网络信息资源，建设和发展既面向世界，又独立自主的计算机网络体系和网络文化。

---

[1] 曼纽尔·卡斯特：《千年终结》，社会科学文献出版社 2003 年版，第 2—3 页。
[2] 约瑟夫·奈：《美国定能领导世界吗》，军事译文出版社 1992 年版，第 100—101 页。

　　从近代以来资本主义发展的历史中，可以清楚地看到，先进的科学技术在资本主义大国的权力资源中的位置和作用，越来越加重要。16、17世纪的西班牙和荷兰，它们的主要权力资源是殖民地、贸易和军队，特别是海军；18世纪的法国，除了农业经济和军队外，文化因素开始显现出来；19世纪的英国，体现了当时先进科技水平的工业和工业革命，金融、信贷和军队；20世纪的美国，位居世界各国前列的科学技术，强大的经济实力和军事力量，大众文化等软实力。进入21世纪后，美国在科技方面继续处于领先地位，计算机、网络及跨国信息流动枢纽等方面，尤其突出，网络技术上明显的优势。

　　今天，我们对"互联网是社会变革的工具，谁控制互联网，谁就控制世界"；"互联网改变世界"；"取胜网络，取胜未来"等命题，要认真研究。但是，在信息技术和互联网已经在全球得到迅速发展和普及的今天，对其采取视而不见、听而不闻，或利用行政力量一味去堵，也绝非正确的选择。在实际生活中，这不仅办不到，而且封杀之类的措施，可能会产生更为严重的后果。苏联解体前车之鉴，提出了许多问题值得思考。网络是一把双刃剑，我们需要从理论与实践的结合上回答，如何在维护国家文化主权的前提下，发展健康、先进的网络文化。一方面，我们要顺应历史潮流，充分享用新科技革命的成果，不脱离人类文明发展的大道，积极营造良好的网络建设环境，弘扬民族文化，不断提高网民的政治素质和人文素质，自觉地以社会主义核心价值体系引领网络文化；同时要正视，并清醒地认识网络文化对中国文化主权的挑战。1989年11月，邓小平与坦桑尼亚革命党主席尼雷尔谈话时指出："可能一个冷战结束了，另外两个冷战又已经开始。一个是针对整个南方、第三世界的，另一个是针对社会主义的。西方国家正在打一场没有硝烟的第三次世界大战。所谓没有硝烟，就是要社会主义国家和平演变。"[①] 1989年距今已经20多年了，中国和世界在许多方面都发生了变化，但西方对社会主义中国的和平演变的战略并没有变，邓小平的话对于我们认识在21世纪初叶，如何应对网络文化对中国文化主权的挑战，仍有重要的指导意义。

---

　　① 《邓小平文选》第3卷，人民出版社1993年版，第344页。

第三节　实现国家文化安全的途径

加强马克思主义意识形态的主导地位

中国是发展中的社会主义国家，社会主义的社会制度，决定了它的文化和意识形态与资本主义相区别，在文化上属于社会主义文化范畴；在意识形态上旗帜鲜明地坚持马克思主义理论指导。我们不仅要以马克思主义为指导，建立中国的先进文化，而且要以马克思主义去整合中华民族传统文化，实现中国传统文化的现代转化，在新的历史条件下发扬光大。毛泽东曾经指出："中国的长期封建社会中，创造了灿烂的古代文化。清理古代文化的发展过程，剔除其封建性的糟粕，吸收其民主性的精华，是发展民族新文化提高民族自信心的必要条件；但是决不能无批判地兼收并蓄"①。要真正做到这一点，同样自始至终离不开马克思主义的指导。

党的十七大报告指出，"要巩固马克思主义的指导地位，坚持不懈地用马克思主义中国化最新成果武装全党、教育人民"②，决不能搞指导思想多元化。马克思主义揭示了人类历史发展的规律，是我们认识世界、改造世界的强大理论武器，这是因为它"吸收和改造了两千多年来人类思想和文化发展中一切有价值的东西"。"马克思依靠了人类在资本主义制度下所获得的全部知识的坚固基础……凡是人类社会所创造的一切，他都有批判地重新加以探讨，任何一点也没有忽略过去。凡是人类思想所建树的一切，他都放在工人运动中检验过，重新加以探讨，加以批判。"③ 马克思主义是无产阶级科学的思想体系，从 19 世纪中叶诞生以来，始终代表着人类先进文化发展的方向。中国革命成功的经验表明，坚持马克思主义的理论指导，就要把坚持马克思主义基本原理同推进马克思主义中国化结合起来，马克思主义只有与本国国情相结合、与时代发展同进步、与人民群众共命运，才能焕发出强大的生命力、创造力、感召力。在当代中国，坚持中国特色社会主义理论体系，就是真正坚持马克思主义。坚持以马克思列宁主义、毛泽东思想、邓小平理论和"三个代表"重要思想为指导，全面

---

① 《毛泽东选集》第 2 卷，人民出版社 1991 年版，第 707—708 页。
② 《中国共产党第十七次全国代表大会文件汇编》，人民出版社 2007 年版，第 33 页。
③ 《列宁选集》第 4 卷，人民出版社 1995 年版，第 299、347 页。

落实科学发展观，是我国文化建设沿着正确方向发展的根本保证。

马克思、恩格斯在《德意志意识形态》中指出："统治阶级的思想在每一个时代都是占统治地位的思想。这就是说，一个阶级是社会上占统治地位的物质力量，同时也是社会上占统治地位的精神力量。支配着物质生产资料的阶级，同时也支配着精神生产的资料……"他们认为，在阶级社会中，"任何一个时代的统治思想始终都不过是统治阶级的思想"[①]。中国共产党自诞生之日起，就以马克思列宁主义为理论基础。在党的领导下，中国人民推翻了三座大山，建立了中华人民共和国，胜利地实现了从新民主主义向社会主义的过渡，并在探索中曲折发展，开拓了建设有中国特色社会主义的广阔道路。在社会主义中国，其文化主体是社会主义文化，占主导地位，这同我国主导的意识形态是马克思主义是一致的。但是，在我国也存在资本主义、封建主义残余的非主流的文化。为了维护我国的文化安全，以及整个国家的长治久安，就必须加强马克思主义意识形态的主导地位。

加强马克思主义意识形态的主导地位，要把坚持马克思主义基本原理同推进马克思主义中国化结合起来。中国特色社会主义理论体系，即包括邓小平理论、"三个代表"重要思想以及科学发展观等重大战略思想在内的科学理论体系，是马克思主义中国化的最新成果。不断推进马克思主义中国化，坚持不懈地用马克思主义中国化最新成果统领社会主义文化建设，对于坚持社会主义先进文化前进方向，兴起社会主义文化建设新高潮，激发全民族文化创造活力，维护国家文化安全有重要的意义。

当前，摆在我们面前的一项重大历史任务是"推动社会主义文化大发展大繁荣"，这要从建设社会主义核心价值体系，增强社会主义意识形态的吸引力和凝聚力；建设和谐文化，培育文明风尚；弘扬中华文化，建设中华民族共有精神家园；推进文化创新，增强文化发展活力等四个方面做起。在四个方面中，"增强社会主义意识形态的吸引力和凝聚力"居首，因为这是推动社会主义文化大发展大繁荣的前提和基础，也是抵御西方资产阶级文化渗透和文化输出，巩固马克思主义意识形态主导地位，维护国家文化安全的现实要求。马克思主义、毛泽东思想、中国特色社会主义理论体系，是我们立党、立国之本，这是不能动摇的。如果听凭以美国为代

[①]　《马克思恩格斯选集》第 1 卷，人民出版社 1995 年版，第 98、292 页。

表的西方的世界观、人生观、价值观，以及各种人文、哲学社会科学理论在我国畅行无阻，搞乱我们的思想，破坏我们的共同理想和精神支柱，消解中华民族的凝聚力，毒化社会的稳定情绪，以至于要"全盘西化"，用西方的意识形态取代马克思主义的主导地位，使国家政治、经济文化和社会发展处于混乱状态，那增强国家文化力、发展繁荣社会主义的文化就无从谈起。

马克思主义意识形态的指导地位，不应片面地强调文化的"多样化"和"多元化"而有所削弱。对多样和多元的文化，以及这些文化的社会内容，要实事求是地进行马克思主义的分析。毛泽东曾指出："毫无疑问，我们应当批评各种各样的错误思想。不加批评，看着错误思想到处泛滥，任凭它们去占领市场，当然不行。"① 对于"外国资产阶级的一切腐败制度和思想作风，我们要坚决抵制和批判"②。针对 1989 年北京政治风波，邓小平同年 12 月会见日本友人樱内义雄时说："国家的主权、国家的安全要始终放在第一位，对这一点我们比过去更清楚了。西方的一些国家拿什么人权、什么社会主义制度不合理不合法等做幌子，实际上是要损害我们的国权。"针对美国等西方国家对我国实施文化渗透、"西化"、"分化"和颠覆政策，邓小平指出："他们在许多国家煽动动乱，实际上是搞强权政治、霸权主义，要控制这些国家，把过去不能控制的国家纳入他们的势力范围。"③ 建设中国特色社会主义，要"坚持两手抓"，"两只手都要硬"，两个文明都要建设好。关于精神文明，邓小平说："所谓精神文明，不但是指教育、科学、文化（这是完全必要的），而且是指共产主义的思想、理想、信念、道德、纪律，革命的立场和原则，人与人的同志式关系，等等。"④ 在经济全球化的影响下，多元文化相互激荡砥砺，国际斗争错综复杂，为了我国的文化安全，更需要自觉加强马克思主义意识形态的主导地位。江泽民对党内少数同志违背四项基本原则的言行，提出严厉批评。他说："有的在思想文化上提出要取消马克思主义的指导地位，主张搞指导思想的多元化，在价值观上主张极端个人主义；有的歪曲党和人民的奋斗历史，诋毁马克思列宁主义、毛泽东思想、邓小平理论，煽动对党和政府

① 《毛泽东文集》第 7 卷，人民出版社 1999 年版，第 232—233 页。
② 同上书，第 43 页。
③ 《邓小平文选》第 3 卷，人民出版社 1993 年版，第 348 页。
④ 《邓小平文选》第 2 卷，人民出版社 1994 年版，第 367 页。

的不满"，"这些问题虽然不是主流，但必须引起我们的高度重视，决不能让它们泛滥起来"①。胡锦涛强调指出："建设中国特色社会主义文化，必须牢牢把握先进文化的前进方向，最根本的是要坚持马克思列宁主义、毛泽东思想和邓小平理论在意识形态领域的指导地位，坚持用'三个代表'重要思想统领社会主义文化建设。"② 在实践中，要根据变化了的世情、国情，以发展着的马克思主义指导新的文化实践，不断推进马克思主义的理论创新，不断开拓马克思主义中国化新境界，特别是不断推动马克思主义在文化层面的中国化，用马克思主义中国化的新成果指导社会主义文化建设，使我国的文化安全切实得到保证。

培育和弘扬中华民族精神

保障国家文化安全，与发展社会主义先进文化联系在一起，即为了促进全民族思想道德素质和科学文化素质的不断提高，为建设有中国特色的社会主义，提供精神和智力支持。实现文化安全的重要途径之一，是培育和弘扬中华民族精神。这是因为民族精神是中华民族在长期的实践中逐渐形成的，是民族智慧的结晶，凝聚着中华民族特有的思维方式、社会心理、生存方式、价值取向，并通过特定的生活方式和道德精神气质展现出来。中华民族精神是民族文化优良传统的历史积淀，具有强大的社会凝聚力和社会整合功能，是民族发展、社会进步的精神支撑，是国家统一和持续稳定发展的精神基础，也是在经济全球化的新的历史条件下，抵御西方国家凭借强大的经济、政治优势，对中国等发展中国家进行文化渗透、侵略的精神武器，总之，中华民族精神博大精深、根深蒂固，是维护国家文化安全的重要支柱。

民族精神是民族文化的深层内涵，是民族文化最本质、最深刻的体现，离开民族精神，民族文化就失去生存的基础。党的十六大报告中明确指出："必须把弘扬和培育民族精神作为文化建设极为重要的任务，纳入国民教育全过程，纳入精神文明建设全过程，使全体人民始终保持昂扬向上的精神状态。"③ 当前，在我国文化安全面临严重挑战的形势下强调这一

---

① 《江泽民文选》第 3 卷，人民出版社 2006 年版，第 231 页。
② 《解放军报》2003 年 8 月 13 日。
③ 中共中央文献研究室：《十六大以来重要文献选编》上，中央文献出版社 2005 年版，第30 页。

点，尤其有重要的理论意义和现实意义。在这些方面，我们有一些危机意识，有一些危机感还是必要的，"生于忧患，死于安乐"，这有助于增强我们的民族意识，更加自觉地培育和弘扬中华民族精神。爱国主义作为民族精神的核心和精髓，不仅表现为它是千百年来巩固起来的对自己祖国的一种最深厚的感情，而且也显示出它在我国有悠久的历史传统和深厚的土壤。从屈原的"长太息以掩涕兮，哀民生之多艰"，到鲁迅的"我以我血荐轩辕"，他们崇高的爱国主义情操，都是中华民族的宝贵精神财富。中国历史上无数的爱国志士，用他们的英勇事迹谱写了爱国主义的光辉诗篇，在中国历史的绵延发展中为人们所永远铭记。正是在爱国主义的旗帜下，中华民族形成了酷爱自由、抵御外敌，为维护国家主权流血牺牲、英勇奋斗不息。这些爱国主义光荣传统，无论过去、现在，还是未来，爱国主都是推动我国社会历史前进的巨大力量。

中华民族精神是中国各族人民共同培育的文化结晶。培育和弘扬民族精神的根本目的，是增强中华民族的创造力、凝聚力和感召力，是激发民族自豪感，提高民族自信心、自尊心，增强民族凝聚力，是为了把全国各族人民的热情和力量聚集到实现中华民族伟大复兴的伟大事业上来，是为了国家的统一和繁荣富强。培育和弘扬中华民族的民族精神，是在经济全球化条件下，保证民族文化不仰承他人鼻息，独立、健康发展的基础和前提，不断提高中华民族的自尊心、自信心，是时代的需要。但是，在培育和弘扬民族精神的同时，也要汲取人类文明的优秀成果。中华民族精神的丰富和发展，离不开世界各民族优秀文化成果的滋养。人总是要有一点精神的，一个民族也要有自己的精神。民族精神是民族的灵魂。民族精神是一个民族赖以生存和发展的永不枯竭的动力。一个民族无论遇到多少灾难和坎坷，但只要有振奋的民族精神和高尚的品格，始终保持奋发有为、积极进取的精神状态，就一定能百折不挠，成就民族伟业，为人类进步和世界文明的发展，做出自己独特的贡献。人类社会历史进程证明：没有强大的物质力量，一个民族不可能自尊自立自强；没有强大的精神力量，一个民族同样也不可能自尊自立自强。"民族的宗教、民族的政体、民族的伦理、民族的立法、民族的风俗，甚至民族的科学、艺术……都具有民族精神的标记。"[1] 民族精神作为一种精神成果，在一定条件下可转化为强大的

---

[1]　黑格尔：《历史哲学》，上海书店出版社 2001 年版，第 104—105 页。

物质力量，而且使物质力量发挥更大的作用。因此在一定的历史条件下，后者在某种意义上说更加重要。中华民族凝聚力是在一定物质基础上产生的巨大精神力量，以一种观念形态蕴藏在每一个民族成员之中，是中华民族共同的心理和精神的集中表现。

中华民族精神作为一种不可替代的群体意识，反映了中国各族人民共同的思想意识、价值观念和道德规范，它是向世界展示中华民族形象的重要内容。有无民族精神，有什么样的民族精神，是一个民族能否自立于世界先进民族之林的重要条件。民族精神是一个民族在长期的历史发展过程中锻造和培育起来的，是一个有着丰富历史内涵的与时俱进的概念，是历史与现实的有机统一。因此在弘扬和培育民族精神的过程中要处理好继承和创新的关系。民族精神，既是对民族传统的继承，同时也是不断适应时代的进步，从本质上反映时代发展的客观要求，使民族精神体现时代精神，成为时代精神的精华。例如，爱国主义是中华民族精神的核心。今天的爱国主义，是传统爱国主义的继承和发展，已同爱社会主义、爱中华人民共和国、爱中华民族有机地统一在一起。我们要坚决抵制将爱国主义和社会主义对立起来的错误倾向，邓小平曾尖锐指出："有人说不爱社会主义不等于不爱国。难道祖国是抽象的吗？不爱共产党领导的社会主义新中国，爱什么呢？"①

中华民族在五千年历史发展中创造了灿烂文化，形成了自己的伟大民族精神。自古以来，团结统一、勤劳勇敢、奉公尽忠、无私奉献、自力更生、自强不息、睦邻友好、协和万邦、抗击强暴、威武不屈，以及变法乱常、鼎新革故等，构成了中华民族精神的基本形态。但民族精神不是凝固的、僵死的、一成不变的。人类社会不断向前发展，民族精神也同时在不断增强自己的时代品格。时代的发展不断深化着民族精神的内容，弘扬和培育民族精神，也要自觉地做到与时俱进，从时代和社会发展的实际出发，不断地丰富和充实民族精神的内涵，使其在经济全球化的新的历史时期得到更好的传承和发扬。八十多年来，民族精神经过中国共产党人的丰富和发展，使继承与创新、历史与现实在新的历史条件下得到统一。中国共产党高举中国先进文化的旗帜，努力建设和弘扬反映革命、建设和改革要求的新文化，荡涤旧社会遗留下来的和国外渗透进来的腐朽没落的旧文

---

① 《邓小平文选》第 3 卷，人民出版社 1993 年版，第 392 页。

化，始终坚持和发扬中华民族优秀文化传统和基本精神。中国共产党的奋斗目标是中华民族精神的具体体现，建设有中国特色社会主义的实践，是培育民族精神的沃土。在当代中国，爱国主义、集体主义、社会主义和热爱和平等等，是中华民族精神的具体内容，是中华民族的宝贵精神财富。一种文化形态持续向前发展的持久动力，在于体现该文化的内在精神及其个性，也正是这种内在精神及其个性，使该文化有别于其他文化形态而表现出独特的魅力。而这种"内在精神及其个性"，主要是通过民族精神体现出来的。在经济全球化背景下培育和弘扬民族精神，已成为增强国际竞争力，捍卫民族独立性，坚定社会主义信念，维护国家安全，推动中华民族伟大复兴的一个重要内容。

增强文化自主创新能力

　　任何一个民族文化的兴衰，取决于该文化自身能否随着历史的发展而发展，即能否不断创新。没有创新的文化是僵化、封闭的文化；没有生机，没有生命力的文化难以延续传承，发扬光大。提高自主创新能力，建设创新型国家，是国家发展战略的核心，也是提高综合国力的关键。要坚持走中国特色自主创新道路，把增强自主创新能力贯彻到现代化建设的各个方面，自然也包括文化建设。文化自主创新，是中华文化自身发展的内在动力，也是我国繁荣富强的不竭动力。胡锦涛总书记在党的十七大报告中指出，"推进文化创新，增强文化发展活力。在时代的高起点上推动文化内容形式、体制机制、传播手段创新，解放和发展文化生产力，是繁荣文化的必由之路"①，也是在经济全球化的历史条件下，维护国家文化安全的切实保证。不言而喻，文化创新是关系到国家文化安全的核心问题。

　　人类的历史是不断地有所发现、有所发明、有所前进的历史，人类社会发展不可能一帆风顺，道路曲折，但前途光明，历史的进步趋势不可逆转。之所以如此的重要原因之一是，在世界历史进程中人类的文明进步从来不曾停止，而这又离不开各国家、各民族的文化创新，文化创新是文化的内在本性。与其说一部民族史是民族文化的发展史，不如说是民族文化的创新史。中国是一个历史悠久的文明古国，其文化在历史的风雨中，绵延五千年不衰。在今天经济全球化的新的历史条件下，唯有在继承中华传

---

① 《中国共产党第十七次全国代表大会文件汇编》，人民出版社 2007 年版，第 35 页。

统文化的基础上，面向世界、面向现代化、面向未来，与时俱进，才能保持勃勃生机，充满活力。文化创新是把民族性与时代性、传统性与现代性统一起来，在继承民族传统文化的基础上创新。中华文化要为 21 世纪中国社会发展提供正确的价值导向，就必须实现文化创新，将中华文化熔铸成具有鲜明时代特色的社会主义文化。"文化创新的本质在于文化的创造性、独创性，在于其是否为人类社会的精神文明提供了前人没有的、与众不同的独特的贡献。因而，创新不是哗众取宠的标新立异，而是在艰苦的探索和辛勤劳动的基础上，对自然和社会客观规律的科学揭示、新材料新技术新工艺的发明和使用、可以传之于世的文化精品的创制等等。"① 它的基本使命是服务于社会实践的发展；其基本目的，也是推动社会实践的发展。

中华文化创新，首先要立足于发展中国特色社会主义的伟大实践，即"立足于改革开放和现代化建设实践，着眼于世界科学文化发展前沿，积极进行文化创新"②。我们要从中国的实际出发，准确把握中国特色社会主义建设对文化发展提出的要求，从人民群众的伟大实践中汲取营养，敏锐地发现并引领时代精神，使社会主义新文化的建设，能更好地适应我国经济、政治和社会发展的需要。如在准确把握我国社会主义新文化发展方向的基础上，大力发展文化事业和文化产业，树立新的文化发展观，推动形成有利于出精品、出人才的文化创新环境。全面推动文化体制改革，为文化创新提供动力；完善文化创新保障体系，为文化建设扫清前进路上的障碍。文化的主体是人，因此文化的创新，首先是人的思想认识的创新，在理论上、观念上的创新。文化创新是一系统工程，"由此，文化创新又可指文化的系统结构性创新，它不仅涉及到文化观念、文化精神、文化价值的创新，文化内容与形式、文化表现手段的创新，文化体制的创新，而且还涉及文化生产、文化创新的不同活动主体和文化管理、文化运作、文化供给和文化消费等不同层次活动的革命与转型"③。文化创新是中国特色社会主义新文化的创新，其目的是创建中国特色社会主义文化。中国特色社会主义文化不仅反映了社会主义经济和政治的本质要求，而且反映了中国

---

① 张筱强主编：《十七大精神深度解读：文化建设篇》，人民出版社 2008 年版，第 172 页。
② 江泽民：《在中央党校省部级干部进修班毕业典礼上的讲话》，《人民日报》2002 年 6 月 1日。
③ 于炳贵、郝良华：《中国国家文化安全研究》，山东人民出版社 2007 年版，第 98 页。

最广大人民的根本利益，它所铸造出的是民族的、科学的和大众的先进文化，是社会主义新文化形态，有鲜明的社会主义意识形态特点，而不是背离中国特色社会主义方向的所谓"文化创新"。

文化创新，要满足广大人民群众的精神文化需求。建设中国特色社会主义是亿万人民的伟大事业，人民群众中蕴藏着巨大的智慧和无穷的创造力。人民群众是文化创新的主体。要成为一个有作为的文化创造者，必须自觉投身于火热的生活中，和人民群众保持密切的联系。进行文化创新，必须尊重群众的首创精神，充分调动和发挥人民群众的积极性和主动性，要关注广大人民群众的根本利益，倾听人民群众的呼声，反映人民的愿望，理解人民群众对精神文化的基本需求，虚心向人民群众学习，从人民群众的伟大实践和丰富多彩的生活中汲取营养，增强文化的表现力，使文化的品种、形式、风格和载体更为丰富，进一步繁荣、发展社会主义文化。

在经济全球化深入发展的国际文化环境下，中国与世界各国家和民族的文化交往日益频繁。中国历史上每次文化大繁荣时期，无一不伴随着中外文化的交流与融合。20世纪80年代，中国大陆曾兴起过声势浩大的"文化热"。其实质，就是在改革开放的前提下，中国社会通过引介国外经典作家和作品，大力吸收世界优秀文化成果。"海纳百川，有容乃大"，这是中国文化发展的特征之一，也是中华民族对待外来文化的优良传统。我们在正确认识当代世界文化发展趋势，顺应世界文化发展潮流的同时，要认真研究时代对文化发展提出的需求，以更加自觉的意识积极推进中华文化创新，我们的文化创新要立足中国，同时要有宽广的世界眼光。在诸多的世界文化中，"和而不同"，我们的文化创新需要坚持开放包容的理念。

中华文化鲜明的时代精神和民族精神，不因经济全球化而改变，相反由这一时代特征所决定，通过不断的文化创新而赋予其更为丰富的内容，使之在全球都有广泛的吸引力和感召力。既然是"创新"，就不是简单地模仿、抄袭，不是盲目地照抄照搬外国的文化。只有坚持文化创新，博采众长、不失时机地占领文化发展的制高点，才能牢牢把握社会主义先进文化的前进方向，不仅对中华文化的健康发展，对捍卫国家的文化安全，而且对世界文化发展和人类文明进步做出更大的贡献。

文化创新运用现代高科技手段，在现实生活中屡见不鲜。实际上，这并不是现在才出现的，而是早已有之，例如，电影从黑白到彩色，从无声到有声，都使电影艺术发生了革命性的变化，只不过是在科学技术迅猛发展的今天，现代科学技术与文化发展之间的关系，越来越加密切，表现得越来越突出。科学技术日新月异，不仅构成文化创新的要素，也成为文化繁荣发展的重要动因之一。文化创新往往以科技创新作为先导，例如，互联网问世，打破了中华文化传播的时空界限，为精彩纷呈的文化创新，开辟了现实广阔的道路，有益于更好地营造我们的精神家园。辉煌的中华文化是发展网络文化的重要源泉，通过网络，中华文化的世界影响将更为深刻和久远。

在世界各民族文化之林中，中华文化有别于其他各国家各民族的文化，独树一帜，这是因为中华文化坚实地根植于中国社会生活的土壤中，与中国社会发展息息相关，反映出其他民族的文化不可替代的、仅属于中华民族文化的本质内容，因而表现出鲜明的民族特性。文化的民族性是民族文化的灵魂，是其生命的根基。在经济全球化的历史条件下，我们应该通过文化创新使中华文化的民族性或民族特征，不断适应社会的发展和时代的要求。中华文化和世界上任何文化一样，只有在持续的、自觉的文化创新中，才能强身固本，增强其文化力。这样，在激烈的国际文化竞争中我们才能立于不败之地，使国家的文化安全有切实的保证。

文化创新既要立足于中国特色社会主义的伟大实践，满足广大人民群众的精神文化需求，顺应世界文化发展潮流，以及重视运用现代高科技手段；同时也要积极推动在文化观念、文化内容、文化形式等具体问题上的创新，以及在文化体制和机制上的创新。在观念上，要从不合时宜的旧观念中解放出来，跟上当代中国和世界发展的潮流。文化内容上的创新，首先是马克思主义理论的创新，自觉地用马克思主义中国化的成果统领我国的文化建设，使社会主义的文化创新始终沿着正确方向前进。文化形式的创新，要贯彻"古为今用、洋为中用、百花齐放、推陈出新"的原则，努力做到民族化与时代性、时代精神的统一。改革开放，中国的社会主义市场经济体制，正在不断完善和深入发展，与之相适应，作为上层建筑的文化体制和机制要做出相应的变革。文化体制改革要遵循社会主义精神文明的发展规律，同时要适应社会主义市场经济要求，促进文化事业和文化产业的繁荣，以及转变党和政府的文化管理方式，理顺政府和文化企事业单位的关系，加强文化法制建设。文化创新要体现在文化建设和文化体制改革的各项具体实践中。这种变革或创新，是文化创新的基础和保证。

建立国家文化安全预警系统

为了国家的安全，一些领域和部门都建立了自身的"安全预警系统"，文化也不例外。鉴于"冷战"后，以美国为代表的西方大国集团对发展中国家的文化侵蚀和扩张愈演愈烈，为了防范西方文化的入侵，建立国家文化预警系统，从某种意义上说似乎更为迫切。顾名思义，我国的"国家文化预警系统"，是指根据国家整体利益的需要，对当代中国文化发展状况进行系统调研，对可能威胁到国家发展的安全态势进行监测，在掌握全局，深入分析的基础上，建立起全球化背景下中国文化发展的安全屏障；对可能导致对我国文化发展构成挑战和威胁，特别是可能直接引发对我国文化发展构成严重后果的现实问题或趋势进行分析，并及时作出警示性反应。与此同时，要启动相应的国家机制，运用法律的、行政的、经济的及其他必要的手段进行鉴别，提出具体、准确的报告。一般说来，预警时间越充足，国家制订规避风险的措施时就越主动。显然，要完成上述任务，不仅要有相应的法律、法规；要有相应的部门负责，同时要有一支高素质的专业队伍。

任何一种影响到国家文化安全的因素、现象或问题的出现，都有一个过程。从孕育、形成、发展到扩大的各个阶段，都有这样或那样的征兆及表现，有时这些是公开地显现出来的，有些则相反，多以隐蔽的形式存在。文化安全预警系统的任务和内容之一，就是要把这一切纳入日常的文化监管之中，无论是公开的还是隐蔽的，都在"预警"的视线之内，及时、准确地了解事情的来龙去脉及发展演变，防患于未然，把对国家文化安全的关注，通过完整的国家文化安全体制表现出来。因此，这种文化安全预警，可视为国家文化安全战略的内容之一。在经济全球化的历史条件下，我国的文化安全预警面临着十分艰巨的任务，除去因文化帝国主义的存在，我们须臾不可忘记的意识形态和价值观的安全之外，仅就发展文化产业而言，我们就需在维护国家文化主权、保证国家文化安全的前提下，思考以下问题：如何完善文化商品进口管理制度；如何建立文化产业发展与文化市场运作监督机制；如何建立文化产业投资安全风险评估，风险管理的技术体系；如何建立文化生态环境的监测系统；如何确保经济全球化过程中，将可能对中国文化发展构成的危害性，降低到一个可容纳的限量内等。此外还有国家文化制度、民族和宗教、文化恐怖主义、国际文化贸易、国际文化资本、文化资源、文化生态、网络文化、文化竞争力、文化权利、国内外文化思潮等。所有这些都涉及"文化安全预警"问题，处理得好，则可卓有成效地推动中华民族文化繁荣发展，反之，则使国家文化安全受到威胁、文化主权受到损害，使国家在全局上、在整体上受到严重危害。

积极建设文化安全预警系统，是实现国家文化安全管理的重要内容。文化安全预警系统的作用发挥得越大，国家在文化领域的各项工作中，就越享有更多的主动权。当务之急，是从国际和国内的文化以及政治、经济、社会发展的实际出发，研究制定国家文化安全的"警情指标"或预警系统的指标体系。警情指标作为一种"度量"单位，可实事求是地反映出国家文化发展中是否处于安全状态。如果出现了严重的危机或挑战，那"危机或挑战"的程度如何，即"警度"也应明晰地反映出来。从分析警情、警源到确定警度，发布文化安全预警的具体内容，是一项十分复杂、十分慎重的工作。为了保证各个环节和整体工作顺利进行，把可能对中国文化发展造成危机的因素，牢牢控制在安全警戒线之下，确定"警情指标"是关键所在，是做好文化安全预警的基础。需要说明的是，并非警情指标一旦确定就永远不变。国情、世情的变化，必定使警情指标的具体内容发生变化，所不变的，是确定这一指标的原则和宗旨：维护国家的文化主权；维系中华民族文化的纽带；维护中华民族的民族文化认同感，使中国文化事业的发展有一安全阀。

在科学技术迅猛发展的今天，文化安全预警系统的建立、运行和维护，要重视及时汲取科技发展中的最新成果，将文化安全预警工作建立在先进科学技术的基础上。鉴于这项工作的特殊性，直接和国家的文化安全紧密联系，所以我国的文化预警系统中的关键技术，要有自己独立的知识产权支持，是属于自己的原创型产品，而不是纳入西方所垄断的科技体系中。例如，建立和启动文化安全预警系统，离不开先进的网络信息技术，需要加大核心技术开发的力度，建立国家文化安全的专有计算机平台和国家门户网站。这就不可避免地涉及文化技术安全问题，首先是技术标准问题。鉴于技术标准作为贸易壁垒已经成为现今世界竞争的主要形式，以致一些人提出"谁拥有了标准，谁就将垄断市场"。"在文化技术方面，我国拥有自主知识产权的技术及产品很少，尤其是核心技术的命脉基本上都掌握在他人手中，除了在汉字编码字符集和 VCD 等少数标准被纳入国际标准外，至今尚未在文化技术的核心领域和关键部位拥有自己的标准系统，从而在大多数情况下我们的文化产品在进入国际市场时只能被动地受制于人。……因此，对于一个国家来说，没有完备的文化技术标准体系，就如同一座不设防的城，根本没有文化安全可言。"① 文化技术安全，是国家文化安全的重要内容之一，重视文化技术安全，同重视国家文化安全以及国家整体安全同等重要，是维护国家的基本利益所在。经济全球化和科学技术的迅速发展，对构建国家文化安全技术保障体系，不断提出新的要求，对此必须给予充分重视。

随着互联网的日益发展，网络犯罪和利用网络实施危害国家安全的行为日益猖獗。一些西方国家对互联网衍生出的问题积极采取对策，对网络监管日趋严密，对网络犯罪的打击力度也越来越大。2010 年 7 月，综合新华社驻华盛顿、柏林、悉尼、首尔、东京记者报道，《光明日报》发表《看国外如何严厉监管网络》。文章指出："为将互联网对未成年人的伤害降到最低程度，日本政府在《青少年网络环境整备法》中，对网络运营商、监护人应承担的责任都做出了明确规定。该法律要求，手机网络运营商在向未满 18 岁的未成年人提供服务时，必须在手机中安装过滤有害网络的软件，电脑厂商在向未成年人用户出售产品时，必须为其日后安装过滤软件提供便利，在客户提出要求时，运营商也有义务为顾客提供过滤服务，监护人则有义务掌握未成年人的上网情况，并通过安装过滤软件等手段对未成年人上网进行管理等。""德国联邦内政部和德国联邦警察局专门组织了色情犯罪专家和技术力量，成立了类似'网上巡警'的调查机构，24 小时跟踪分析网上出现的可疑情况。"② 为了国家的网络安全，日本和德国所采取的措施都是必要的，这一切，不仅需要一定的政治理念，需要相关的政策的制定，并授权常设的机构去贯彻落实，同时也离不开先进的科技力量的支持。在这里，先进的科学技术成果的应用，有鲜明的社会内容，和国家的基本利益密切联系在一起。

建立国家文化安全预警系统，还要重视国家文化安全的相关法制建设，为维护国家的文化安全，提供法规、法律的保障，使对文化安全的日常维护制度化、法律化。诸如影片的审查制度、书籍和报刊的检查制度、

① 于炳贵、郝良华：《中国国家文化安全研究》，山东人民出版社 2007 年版，第 142 页。
② 新华社驻外记者：《看国外如何严厉监管网络》，《光明日报》2010 年 7 月 24 日。

文化市场的准入制度以及文化产品的进出口配额制等，都通过文化法律及法律保障体系自然地体现出来。在这方面，加拿大和英、法等西欧国家为维护民族文化的核心价值，通过立法维护国家文化安全的做法，值得我们认真研究，并借鉴其某些有益内容为我所有。改革开放以来，我国在影视、音像、文物、文化遗产，以及信息、网络等方面制定了一些具有法律、法规性质的文件，或相关的政策文件①，这些对于保护中华民族文化的健康发展都是有益的。但是，如何从不断变化的实际出发，制定适合中国特点的维护文化安全的法律、法规，我们还有许多的工作要做，例如，如何制定保障文化安全发展的基本法，即建立中国完整的国家文化管理体系，

　　文化发展的整体性法规法律，并在实践中推行，以不断健全我国文化发展的法律保障体系等。

---

　　①　这些文件主要有：《关于促进广播影视产业发展的意见》、《关于打击音像制品中违法经营活动具体应用法律法规的实施意见》、《电影管理条例》、《电影审查规定》、《数字电影管理暂行规定》、《新闻出版保密规定》、《关于加强我国世界文化遗产保护管理工作的意见》、《中华人民共和国文物保护法》、《中华人民共和国文物保护法实施细则》、《全国人大常委会关于维护互联网安全的决定》、《计算机信息系统安全保护条例》、《中国公用计算机互联网国际联网管理办法》、《计算机信息网络国际联网出入口信息管理办法》、《计算机信息网络国际联网安全保护管理办法》、《计算机信息系统国际联网保密管理规定》、《国务院办公厅关于进一步加强互联网上网服务营业场所管理的规定》、《中华人民共和国标准化法》、《互联网上网服务营业场所管理条例》、《互联网文化管理暂行规定》、《文化部关于加强网络文化市场管理的通知》、《互联网信息服务管理办法》、《中华人民共和国国家安全法》、《中华人民共和国保守国家秘密法》等。

第九章 当代中国的文化选择和中国道路

第一节 中国道路:中国特色的社会主义道路

"五四"运动前后的中国文化论争

20世纪上半叶,文化问题在中国受到空前的重视,出现了诸多的论争和论战,这和当时的中国社会发展孕育着深刻的历史巨变,面临着新的文化——历史选择联系在一起。文化选择并非单纯是传统文化向现代化的转型,而有着更丰富的社会内容,体现出鲜明的时代精神。美国人类学家露丝·本尼迪克在他的"文化模式"理论中提出,文化的本质内容是民族性,因为民族性首先表现为一定的文化形态和文化行为。这有助于我们理解五四运动前后,中国文化论争的意义和价值,具体地说,这对当时中国社会发展的方向,以及中华民族的命运有直接的关系,19世纪末20世纪初,中国人民面临着新的历史选择。

20世纪上半叶的中国文化论争的出现,绝非偶然。追溯到16世纪,可以清楚地看到500多年来,有关中国文化的论争,始终没有停止。例如,影响较大的有"会通以求超胜"论、"中学为体、西学为用"论、"西学中源"论、"中西文化调和"论、"东方文化"论、"全盘西化"论、"中国本位文化"论、"民族的科学的大众的文化"论以及"儒学复兴"论、"西体中用"论等①。中国文化论争的过程,也是中国文化发展演变的

---

① 参见张岱年等《中国文化与文化论争》,中国人民大学出版社1990年版,第305—389页。

过程，自然也是文化选择的过程。文化是一个连续的统一体，"文化是一条由工具、器皿、风格、信仰等要素聚合而成的宽阔河流，这些不同要素间不断交互作用，创造出新的结合和综合。新的要素不断地加入河流；旧的要素不断地退离出去。今天的文化仅是这一河流在现在时刻的横断面，仅是先于我们的交互作用、选择、淘汰和积累的漫长过程的结果"①。显然，20 世纪上半叶的中国文化论争，是一个流动的文化过程的产物。

19 世纪末 20 世纪初，"进化论"经严复的介绍风靡全国，成为戊戌变法前后到五四期间，中国社会思想的主流。这时，一些先进的知识分子开始用进化史观研究中国的历史和现实，"物竞天择，适者生存"，以及"优胜劣汰"等，犹如石破天惊，给内忧外患的中国敲响了警钟。梁启超说："近四十年来之天下——进化论之天下也"②，达尔文、赫胥黎的著作广泛流传，成为中学生的课外读物，这生动具体地反映了当时中国社会的现实。1917 年俄国十月革命后，马克思列宁主义开始传入中国，五四运动时期，在新文化运动的推动和影响下，马列主义在中国得到广泛传播。在科学社会主义得到广泛传播的同时，其他思潮，如空想社会主义、无政府主义、基尔特社会主义、工团主义，以及封建主义、资本主义的文化思潮也在中国思想界相互激荡，进行了激烈的文化论争。

在当时的文化论争中，"东方文化派"是颇有影响的一派，主要代表人物有杜亚泉、张君劢、吴宓、章士钊和梁漱溟等。在文化问题上，他们的观点也不尽相同。例如，杜亚泉极力崇尚、捍卫儒家思想文化，并在此前提下主张中西文化折中调和。吴宓虽然强调中西文化的共性，但更强调以中学为主体，并不主张中西文化调和论。梁漱溟的观点和杜亚泉相近，在《东西文化及其哲学》一书中有具体阐述。他虽然对西方的科学民主表示赞赏，但他仍然坚信"世界未来文化就是中国文化的复兴，有似希腊文化在近世的复兴那样"③。在西方文化的强有力的挑战和冲击下，"中国文化将要有一个大的转变，将要转变出一个新的文化来。……它既不是原来的旧东西，也不是纯粹另外一个新东西，它是从旧东西里面转变出来的一个新东西"④。《东西文化及其哲学》首次出版于 1921 年，至今仍被认为

---

① 怀特：《文化科学——人和文明的研究》，浙江人民出版社 1988 年版，第 325—326 页。
② 《梁启超哲学思想文选》，北京大学出版社 1984 年版，第 130 页。
③ 梁漱溟：《东西文化及其哲学》，商务印书馆 1999 年版，第 202 页。
④ 《梁漱溟全集》第 1 卷，山东人民出版社 1989 年版，第 612 页。

是现代新儒学的代表作，梁漱溟也被认为是保守主义文化观的代表人物。

　　1929 年，胡适在《中国基督教年鉴》（英文）发表文章——《中国今日的文化冲突》，胡适在论述自己的文化主张时，使用了"Wholesale Westernization"。潘光旦在《中国评论周报》（英文）撰文指出，他不同意胡适的文化观，因为"Wholesale Westernization"的中文含义是"全盘西化"。在文化问题上，力主"全盘西化"的代表人物，主要有胡适和陈序经，尽管他们彼此之间的观点有时也不尽相同，而且时有变化。胡适最早提出"全盘西化"时，包括有"全力现代化"、"充分世界化"的含义，他认为不妨走极端，全盘接受西方文明，而中国旧文化的惰性，自然会使其成为一个折中调和的中国本位新文化，正如古人所言，"取乎其上，反得其中"。但他同时也讲，我们所有的，欧洲也都有，人家所独有的，人家都比我们强。在这种情况下，中国除了"全盘西化"，没有别的出路。陈序经则大力宣扬"百分之百的全盘西化"，而且认为这是中国文化安全的、没有危险的出路。"全盘西化"论公开宣扬民族虚无主义，为欧洲中心论张目，从一面世，就受到尖锐批评。

　　1920 年 7 月，胡适在《每周评论》上发表《多研究一些问题，少谈些主义》，揭开了"问题与主义"的论战，此后又先后发表了《三论问题与主义》、《四论问题与主义》等文章，强调要多提出一些问题，少谈一些纸上的主义。胡适还认为，输入的主义不一定适合时下的实际，有时还会被人利用。李大钊针对胡适的文章，在《每周评论》上发表《再论问题与主义》。李大钊说："我可以自白。我是喜欢谈谈布尔扎维主义的。当那举世若狂庆祝协约国战胜的时候，我就作了一篇'Bolshevism 的胜利'的论文，登在'新青年'上。"他还说，"我总觉得布尔扎维主义的流行，实在是世界文化上的一大变动。我们应该研究他，介绍他，把他的实象昭布在人类社会，不可一味听信人家为他们造的谣言，就拿凶暴残忍的话抹杀他们的一切。"[①] 这场论战加快了知识分子的分化，扩大了马克思列宁主义的影响。

　　在关于中西文化的论争中，陈独秀对中西文化的差异，以及这些差异的实质，有较深入的论述。陈独秀认为，西方文化以个人、法治、实利、科学、战争为本位；而东方文化则以家族、感情、虚文、想象、和平为本

---

① 《李大钊选集》，人民出版社 1959 年版，第 231—232 页。

位。从这一基本认识出发，陈独秀认为西方文明是一种近代的或现代的文明，而东方文明仍属于古代文明。中国要进入近代的或现代文明阶段，就要学习西方的科学民主精神。"要拥护那德先生，便不得不反对孔教、礼法、贞节、旧伦理、旧政治。要拥护那赛先生，便不得不反对旧艺术、旧宗教；要拥护德先生又要拥护赛先生，便不得不反对国粹和旧文学。"① 李大钊将中西文明概括为静的文明和动的文明，他认为"东方文明之特质，全为静的；西方文明之特质，全为动的"②。李大钊的上述观点，从表面上看，与杜亚泉所言"西洋社会为动的社会，中国社会为静的社会"相近，实际上却恰恰相反。因为杜亚泉极力排斥西方文明，主张固守"静"的东方文明，用东方文明拯救西方文明。而李大钊则指出了东方文明的弊病，如，"（一）厌世的人生观，不适于宇宙进化之理法；（二）惰性太重；（三）不尊重个性之权威与势力；（四）阶级的精神视个人仅为一较大单位中不完全之部分，部分之生存价值为单位所吞没；（五）对于妇人之轻侮；（六）同情心之缺乏；（七）神权之偏重；（八）专制主义之盛行"③。李大钊认为，这些弊病不除，则中国就没有光明的未来，而要彻底扫荡这些弊病，就要学习西方文明中的积极内容。

五四运动期间，马克思列宁主义在中国广泛传播，陈独秀、李大钊等先进知识分子与工人运动相结合，为争取中国的自由、独立、解放，在各种文化思潮中比较、选择，终于找到了来自西方的科学的新文化——马克思主义。当时少数先进分子的选择，反映了人类历史的进步趋势，受到人民群众的拥戴，成为阶级和民族的自觉的文化选择。1918 年 8 月，毛泽东和几个志同道合的朋友，来到新文化运动的中心——北京，经杨昌济介绍，结识李大钊和陈独秀。他后来回忆说："我在李大钊手下担任国立北京大学图书馆助理员的时候，曾经迅速地朝着马克思主义的方向发展，我在这方面发生兴趣，陈独秀也有帮助。我第二次到上海去的时候，曾经和陈独秀讨论我读过的马克思主义书籍。在我一生中可能是关键性的这个时期，陈独秀谈表明自己信仰的那些话给我留下了深刻的印象。"④ 毛泽东成为马克思主义者之前，曾先后追求过康梁新学、孙中山资产阶级共和国和

---

① 《陈独秀著作选编》第 2 卷，上海人民出版社 2009 年版，第 10 页。
② 《李大钊文集》上，人民出版社 1984 年版，第 439 页。
③ 同上书，第 560 页。
④ 《毛泽东 1936 年同斯诺的谈话》，人民出版社 1979 年版，第 40—41 页。

社会改良主义。但严酷的社会现实使毛泽东放弃了这些，开始信仰马克思主义革命真理，并始终坚持从中国的实际出发，积极投身于俄国十月革命所开辟的崭新的革命道路。

在马克思列宁主义的引领下，中国人民革命斗争的面貌焕然一新。在第一次、第二次国内革命战争、抗日战争和解放战争时期，中国人民在中国共产党的领导下，始终高举着中国先进文化的旗帜，十分重视文化建设。中国革命的胜利，不仅是政治斗争、武装斗争的胜利，同时也是当代中国先进文化的胜利。

新中国成立开辟了中国历史的新纪元

1949 年 9 月下旬，中国人民政治协商会议第一届全体会议在北平（北京）召开。毛泽东在开幕词中庄严宣告："占人类总数四分之一的中国人从此站起来了"，中华民族"将再也不是一个被人侮辱的民族了"①。10 月 1 日，中华人民共和国成立。新中国的成立，彻底结束了帝国主义、封建主义和官僚资本主义在中国的统治，半殖民地、半封建的中国变成了独立自主的中国，开辟了中国历史的新纪元。新中国的成立，是第二次世界大战后具有世界历史意义的最重大事件，它冲破了帝国主义的东方战线，打击了世界殖民体系，彻底改变了世界政治力量的对比，极大地鼓舞了世界被压迫民族和国家争取独立解放的斗争。新中国的成立，是马克思主义中国化的伟大胜利，以毛泽东为代表的中国共产党人，将马克思主义普遍真理与中国的具体实际相结合，走自己的路，进一步丰富了马克思主义的理论宝库。

新中国成立初期，毛泽东说："我们的总任务是：……为了建设一个伟大的社会主义国家而奋斗，为了保卫国际和平和发展人类进步事业而奋斗。"② 回顾过去的 60 年，我们在完成这些任务时，走了一条前人从来没有走过的独特的发展道路，历史已经证明，这是一条任何人都无法否认的成功之路。

新中国成立后，面对着帝国主义用政治上孤立、经济上封锁和军事上包围等方法，企图将其扼杀在摇篮之中的严峻形势。在这种形势下，中国

---

① 《毛泽东文集》第 5 卷，人民出版社 1996 年版，第 343、344 页。
② 《毛泽东文集》第 6 卷，人民出版社 1999 年版，第 350 页。

将发展同苏联和各人民民主国家的关系放在首位，实行"一边倒"的政策。毛泽东说："一边倒，是孙中山的四十年的经验和共产党的二十八年经验教给我们的，深知欲达到胜利和巩固胜利，必须一边倒。积四十年和二十八年的经验，中国人不是倒向帝国主义一边，就是倒向社会主义一边，绝无例外。"① 但"一边倒"时，毛泽东并没有把苏联社会主义模式奉为金科玉律，而是在社会主义革命和实践中，开始探索中国自己的道路。中华人民共和国成立后中国社会发展的整个历史进程，就是中国化的社会主义探索和形成的过程，党的十一届三中全会后，邓小平开创的中国特色社会主义道路，是对新中国成立后，毛泽东所奠定的中国社会主义基本制度的继承和超越。

　　早在新中国成立前，毛泽东就为建立人民共和国进行了全面的理论准备。中国革命胜利后，既不能建立资本主义社会，也不能立即建立社会主义社会，而只能是无产阶级领导的各个革命阶级联合专政的新民主主义社会。这个社会的实质，"是为了终结殖民地、半殖民地、半封建社会和建立社会主义社会之间的一个过渡阶段"②，其前途是社会主义社会。1949年6月底，毛泽东在《论人民民主专政》中，系统提出了新民主主义共和国的政治、经济、文化纲领。这些重要内容，在马克思主义经典作家的著作中从来不曾论述，而是从中国的实际出发，对马克思主义国家学说和无产阶级专政理论的创造性的发展。

　　从新中国成立到1956年，中国各族人民在党的领导下胜利地实现了从新民主主义到社会主义的转变，生产资料私有制的社会主义改造基本完成，社会主义制度在中国开始全面确立，揭开了中国历史的崭新篇章。由于照搬苏联的模式，我国社会主义建设中也出现了一些问题，如基本建设规模过大，信贷增长过快，职工迅速增加，物资短缺等。毛泽东在这时有针对性地指出，不仅在民主革命时期，而且在社会主义革命和建设时期，都要把马克思列宁主义的基本原理同我国的具体实际结合起来，当前的"第二次结合"意义尤其重大，因为只有在这种结合的基础上制定我们的路线、方针、政策，才能真正找到在中国进行社会主义革命和建设的正确道路。"第二次结合"，实际上是从中国的国情出发，探索中国特色社会主

---

① 《毛泽东选集》第4卷，人民出版社1991年版，第1472—1473页。
② 《毛泽东选集》第2卷，人民出版社1991年版，第647页。

义道路的开始，这集中体现在毛泽东于 1956 年 4 月发表的《论十大关系》中。

毛泽东在《论十大关系》中说："最近苏联方面暴露了他们在建设社会主义过程中的一些缺点和错误，他们走过的弯路，你还想走？"对此，我们要"引以为戒"①。《论十大关系》即是"引以为戒"的产物，共讲了十个问题，即重工业和轻工业、农业的关系；沿海工业和内地工业的关系；经济建设和国防建设的关系；国家、生产单位和生产者个人的关系；中央和地方的关系；汉族和少数民族的关系；党和非党的关系；革命和反革命的关系；是非关系；中国和外国的关系。1960 年 6 月 18 日，毛泽东在中央政治局扩大会议上，对新中国以来 10 年工作做了总结发言。他说："前八年照搬外国的经验，但从 1956 年提出十大关系起，开始找到自己的一条适合中国的路线"②，开始实事求是地反映中国经济建设的客观规律。"十大关系"围绕着的基本方针，是调动党内党外、国内国外一切积极因素，借鉴苏联的经验教训，探索中国自己的社会主义建设道路，决不再"照搬"包括苏联在内的任何国家的经验。

1956—1966 年，是全面建设社会主义时期。党在这个时期积累了领导社会主义建设的重要经验。在党的领导下，中国人民奋发图强奠定了我国进行现代化建设的物质技术基础。同时，"由于对社会主义建设经验不足，对经济发展规律和中国经济基本情况认识不足，更由于毛泽东同志、中央和地方不少领导同志在胜利面前滋长了骄傲自满情绪，急于求成，夸大了主观意志和主观努力的作用"，使"党的工作在指导方针上有过严重失误，经历了曲折的发展过程"③。1956 年 9 月，党的第八次全国代表大会在北京举行。会议提出：国内主要矛盾，已经不再是无产阶级和资产阶级的矛盾，而是人民对于经济文化迅速发展的需要同当前经济文化不能满足人民需要的状况之间的矛盾；全国人民的主要任务是集中力量发展社会生产力，实现国家工业化，满足人民的经济文化需要。虽然还有阶级斗争，还要加强人民民主专政，但其根本任务已经是在新的生产关系下面保护和发展生产力。但是，八大的正确路线在后来的实践中没能坚持下去，相反，

---

① 《毛泽东文集》第 7 卷，人民出版社 1999 年版，第 23 页。
② 《建国以来毛泽东文稿》第 9 册，中央文献出版社 1996 年版，第 215 页。
③ 《中国共产党中央委员会关于建国以来党的若干历史问题的决议》，见《三中全会以来重要文献选编》下，人民出版社 1982 年版，第 805 页。

脱离中国实际的"左"倾思想在政治、经济和思想文化领域却有所发展。1964 年底召开的第三届全国人民代表大会曾提出，努力把我国逐步建设成为一个具有现代农业、现代工业、现代国防和现代科学技术的社会主义强国，但这一宏伟任务，因 1966 年 5 月至 1976 年 10 月的"文化大革命"而中断。

"文化大革命""使党、国家和人民遭到建国以来最严重的挫折和损失"。"毛泽东同志发动'文化大革命'的主要论点既不符合马克思列宁主义，也不符合中国实际。这些论点对当时我国阶级形势以及党和国家政治状况的估计，是完全错误的。"① 事实证明，"文化大革命"是一场由领导者错误发动，被反革命集团利用，给党、国家和各族人民带来严重灾难的内乱。但认真总结"文化大革命"的教训却是很有益的，对反面经验的汲取，同样有助于获取对建设适合中国国情的社会主义的规律性的认识。邓小平在 1987 年曾说："现在的方针政策就是对'文化大革命'总结的结果。最根本的一条经验教训，就是要弄清什么叫社会主义和共产主义，怎样搞社会主义。"邓小平特别强调："贫穷不是社会主义"，"社会主义必须摆脱贫穷。"② 邓小平还说："明朝明成祖时候，郑和下西洋还算是开放的。明成祖死后，明朝逐渐衰落。以后清朝康乾时代，不能说是开放。如果从明朝中叶算起，到鸦片战争，有三百多年的闭关自守，如果从康熙算起，也有近二百年。长期闭关自守，把中国搞得贫穷落后，愚昧无知。"通过总结历史教训，邓小平强调："不开放不行"，"现在任何国家要发达起来，闭关自守都不可能"③。

20 世纪 60—70 年代，中国"文化大革命"期间，是世界经济迅速发展的时期。资本主义各国，特别是发达资本主义国家，在世界历史进步潮流的影响和推动下，广泛利用世界科技革命的先进成果调整其经济结构和内外政策，从而在一定程度上缓和了资本主义国家严重的经济危机和政治危机。据经济合作与发展组织的统计资料，在 1953—1962 年和 1963—1972 年两个十年期间，各主要资本主义国家国内生产总值年均增长率如下：美国为 2.8% 和 4.0%；日本为 8.7% 和 10.4%；联邦德国为 6.8% 和

---

① 《中国共产党中央委员会关于建国以来党的若干历史问题的决议》，见《三中全会以来重要文献选编》下，人民出版社 1982 年版，第 808、809 页。

② 《邓小平文选》第 3 卷，人民出版社 1993 年版，第 223、225 页。

③ 同上书，第 90 页。

4.6%；英国为 2.7 和 2.8%；法国为 5.1% 和 5.5%；意大利为 5.8% 和 4.7%；加拿大为 4.2% 和 5.5%，各发达资本主义国家年均经济增长率为 5.5%[①]。在长达 20 年的历史时期内，保持如此高的年均经济增长率，在资本主义发展历史上是罕见的，因此这 20 年，被认为是资本主义的"黄金时期"。中国周边的新加坡、韩国等国家，也实现了经济高速发展，进入了现代化国家之列。"文革"十年动乱使中国失去了经济腾飞的历史机遇，拉大了和发达国家的差距。

改革开放是中国历史发展的转折点

"文化大革命"结束后，中国面临着"中国向何处去"的新的历史选择。在艰难的徘徊和探索中，邓小平明确指出："要用完整准确的毛泽东思想来指导我们全党、全军、全国人民，把我们党的事业、社会主义事业和国际共产主义运动的事业推向前进。"[②] 1978 年 12 月 18—22 日，中共十一届三中全会在北京举行，全会讨论了关系到党和国家命运的重大问题，重新确立了解放思想、实事求是的思想路线；做出了把党和国家工作中心转移到社会主义现代化建设上来，实行改革、开放的战略决策，这不是对新中国社会主义制度的否定，而是社会主义制度的自我完善。这表明，党已经胜利完成了拨乱反正的历史任务，中国人民开始大踏步赶上时代的潮流。这是新中国历史发展的转折点，即开辟中国特色社会主义道路的新起点。

中国特色社会主义，是在中国共产党领导下，立足基本国情，以经济建设为中心，坚持四项基本原则，坚持改革开放，解放和发展社会生产力，巩固和完善社会主义制度，建设社会主义市场经济、社会主义民主政治、社会主义先进文化、社会主义和谐社会，建设富强民主文明和谐的社会主义现代化国家。中国特色社会主义道路，不是什么"回归到新民主主义"，和某些人所鼓吹的所谓"民主社会主义"、"人民社会主义"、"宪政社会主义"、"市场社会主义"等，有着本质的区别。这是因为我们既坚持了科学社会主义的基本原则，又根据我国实际和时代特征赋予其鲜明的中国特色。在当代中国，只有坚持中国特色社会主义道路，才是真正坚持社

---

① 参见徐崇温《当代资本主义新变化》，重庆出版社 2005 年版，第 218 页。
② 《邓小平文选》第 2 卷，人民出版社 1994 年版，第 42 页。

会主义。

改革开放以来，社会主义中国的面貌发生了历史性的变化。在党的正确的思想路线指引下，中国人民焕发出空前的历史创造性和历史主动性，锐意进取，开拓创新；在社会主义建设的实践中，中国人民彻底摆脱了束缚人们思想的旧观念，摆脱了许多思想上的枷锁和禁锢。中国特色的社会主义，和中国特色自主创新道路，建设创新型国家是完全一致的。2006 年初，胡锦涛总书记说："党中央、国务院作出的建设创新型国家的决策，是事关社会主义现代化建设全局的重大战略决策。……把增强自主创新能力作为国家战略，贯穿到现代化建设各个方面，激发全民族创新精神，培育高水平创新人才，形成有利于自主创新的体制机制，大力推进理论创新、制度创新、科技创新，不断巩固和发展中国特色社会主义伟大事业。"① 中国人民精神面貌所发生的深刻变化，是推动社会主义现代化建设事业持续高速发展的切实保证。

改革开放以来，我们不仅迎来了思想的解放，而且切身体会到了经济的发展、政治的昌明、教育的勃兴、文艺的繁荣、科学的春天。

我国开放型经济发展，取得了令世界震惊的辉煌成就。从建立经济特区到开放沿海、沿江、沿边、内陆地区再到加入世界贸易组织，从大规模"引进来"到大踏步"走出去"，利用国际国内两个市场、两种资源水平显著提高，国际竞争力不断增强。从 1978 年到 2007 年，我国进出口总额从 206 亿美元提高到 21737 亿美元、跃居世界第三，外汇储备跃居世界第一，对外投资大幅增长，实际使用外资额累计近 10000 亿美元。广泛深入的国际合作加快了我国经济发展，也为世界经济发展作出了重大贡献。

我们坚持以经济建设为中心，使我国综合国力迈上新台阶。从 1978 年到 2007 年，我国国内生产总值由 3645 亿元增长到 24.95 万亿元，年均实际增长 9.8%，是同期世界经济年均增长率的 3 倍多，我国经济总量上升为世界第四。我们依靠自己的力量稳定解决了 13 亿人口的吃饭问题。我国主要农产品和工业品产量已居世界第一，具有世界先进水平的重大科技创新成果不断涌现，高新技术产业蓬勃发展，水利、能源、交通、通信等基础设施建设取得突破性进展，生态文明建设不断推进，城乡面貌焕然

---

① 中共中央文献研究室：《十六大以来重要文献选编》（下），中央文献出版社 2008 年版，第 187 页。

一新。

我们着力保障和改善民生，人民生活总体上达到小康水平。这 30 年是我国城乡居民收入增长最快、得到实惠最多的时期。从 1978 年到 2007 年，全国城镇居民人均可支配收入由 343 元增加到 13786 元，实际增长 6.5 倍；农民人均纯收入由 134 元增加到 4140 元，实际增长 6.3 倍；农村贫困人口从 2.5 亿减少到 1400 多万。城市人均住宅建筑面积和农村人均住房面积成倍增加。群众家庭财产普遍增多，吃穿住行用水平明显提高。改革开放前长期困扰我们的短缺经济状况已经从根本上得到改变①。

政治体制改革不断深化，人民代表大会制度、中国共产党领导的多党合作和政治协商制度、民族区域自治制度以及基层群众自治制度日益完善，中国特色社会主义法律体系基本形成。

为满足人民日益增长的精神文化需求，大力发展社会主义先进文化，文化事业生机盎然，文化产业空前繁荣，国家文化软实力不断增强，人们的精神世界日益丰富。社会主义核心价值体系建设取得重大进展，马克思主义思想理论建设卓有成效，全民族文明素质明显提高，中华民族的凝聚力和向心力显著增强。

城乡免费九年义务教育全面实现，高等教育总规模、大中小学在校生数量位居世界第一；社会保障制度建设加快推进，覆盖城乡居民的社会保障体系初步形成；公共卫生服务体系和基本医疗服务体系不断健全。

面对汹涌澎湃的世界新科技革命浪潮，我国科学发展自主创新能力显著加强，科技促进经济社会发展和保障国家安全的能力显著加强，基础科学和前沿技术研究综合实力显著增强，并取得了一批居世界领先地位的科学技术成果。

成功实施"一国两制"基本方针，祖国和平统一大业迈出重大步伐。香港、澳门回归祖国，"一国两制"、"港人治港"、"澳人治澳"、高度自治的方针得到全面贯彻执行，香港特别行政区、澳门特别行政区保持繁荣稳定。两岸政党交流成功开启后，两岸全面直接双向"三通"迈出历史性步伐，两岸关系和平发展呈现新的前景。

党的十七大报告中指出："改革开放以来我们取得一切成绩和进步的

---

① 胡锦涛：《在纪念党的十一届三中全会召开 30 周年大会上的讲话》，《人民日报》2008 年 12 月 19 日。

根本原因，归结起来就是：开辟了中国特色社会主义道路，形成了中国特色社会主义理论体系。高举中国特色社会主义伟大旗帜，最根本的就是要坚持这条道路和这个理论体系。"①

中国特色社会主义道路、中国特色社会主义理论体系，是包括邓小平理论、"三个代表"重要思想以及科学发展观等重大战略思想在内的科学理论体系。这个理论体系，坚持和发展了马克思列宁主义、毛泽东思想，科学地回答了在新的历史条件下，中国如何建设和发展社会主义问题，是马克思主义中国化的最新成果。在当代中国，只有坚持中国特色社会主义理论体系，才是真正坚持马克思主义。

在改革开放过程中，中国人民满怀信心地走向未来，走向世界。世界是中国的，中国也是世界的。中国的前途命运已紧密地同世界的前途命运联系在一起。中国的发展离不开世界，世界的稳定也需要中国。中国的发展离不开世界的总体和平和稳定；离不开外来的资金和先进的技术及管理；离不开对世界各国家和民族优秀文明成果的汲取。中国连年成为世界主要的投资目的地；中国不断增长的对外投资，和世界上绝少的广阔市场，推动着世界经济的增长；物美价廉的中国商品使世界各国人民享有实惠，带动了中国周边国家和地区的经济繁荣。这一切对世界的稳定，无疑有积极的意义。

美国国家情报总局副局长、美国国家安全委员会负责人汤姆·芬根和罗伯特·哈钦斯在他们主持编写的《大趋势——2020年的世界》中写道：中国"作为主要的新崛起中的全球力量……将会改变地缘政治的图景……将会迅速成长为经济和政治大国"。"大多预测表明，到2020年，中国的国家生产总值（GNP）将超过除美国以外的所有的西方经济大国各自的国家生产总值"。他们还认为，"全球化大体上不可逆转，很可能变得不太西方化"。只要"不出现全球化的突然逆转现象或发生大的动乱"，中国作为"新兴强国的崛起将是无庸置疑的事实"②。无论从世界贸易的规模、资本的流动，还是从国际投资、人口迁移等方面看，经济全球化都在迅速发展，但是，全球化所带来的利益不会全球均分，全球化的利益不是全球性

---

① 胡锦涛：《高举中国特色社会主义伟大旗帜，为夺取全面建设小康社会新胜利而奋斗》，见《中国共产党第十七次全国代表大会文件汇编》，人民出版社2007年版，第10—11页。

② 美国国家情报委员会：《大趋势——2020年的世界》，华东师范大学出版社2007年版，第2—3页。GNP，指国民生产总值；GDP，指国内生产总值。

的。只有改革开放，才有可能趋利避害，牢牢把握主动权，形成参与国际经济合作和竞争的优势，使中国享有经济全球化带来的好处。开放的中国以史无前例的速度发展，中国经济不仅在产量上，而且从整体上提高了中国经济的质量，并使产业结构更趋于合理。中国经济完全适应经济全球化日渐深入发展的趋势，通过加大改革开放的力度，中国道路在全球舞台上必定越走越宽广。

第二节　中国道路：人类文明进步的崭新之路

从"华盛顿共识"到"北京共识"

20 世纪 80 年代，许多拉美国家陷入通货膨胀和债务危机之中，经济形势困难，急需找到摆脱困境的出路。1989 年，美国国际经济研究所前所长约翰·威廉姆逊在一篇论文中，为此提出了十项主张，他在这篇论文中，首先公开使用了"华盛顿共识"（Washington Consensus）这一概念，并企图用这个概念取代 20 世纪 50 年代开始主导拉美经济政策的发展经济学的旧观念。这篇论文的题目是《华盛顿所主张的政策改革的内涵》，文章论述了十条政策手段或十项主张，即财政纪律；重新安排公共支出优先序列；税收改革；利率自由化；竞争性的汇率；贸易自由化；引进外资的自由化；私有化；放松规制；产权。文章问世后，立即得到了时任世界银行首席经济学家斯坦利·费希尔的全力支持。他说，这样就"不再存在两个互斥的经济发展范式"；还说，"威廉姆逊已经把握了形成中的关于发展中国家应该如何行事的华盛顿共识"①。

当时还有一些西方理论家大力鼓吹"华盛顿共识"时说："华盛顿共识"在 1989 年提出，这是一个好的术语，这时，以美国为领导的阵营获得了"冷战"的胜利，当时人们正在寻找新的意识形态，而胜利者的意识形态却是相当吸引人的。这样，就不难理解，当初为拉美经济问题提出的十条改革措施，为什么出台后立即受到国际垄断资产阶级的青睐，很快演变成为针对广大发展中国家和苏联东欧国家的经济转型模式和理论，最终成为新自由主义意识形态的核心内容。

---

① 威廉姆逊：《华盛顿共识简史》，载黄平等主编《中国与全球化：华盛顿共识还是北京共识》，社会科学文献出版社 2005 年版，第 68 页。

　　"华盛顿共识"，以新自由主义政策指导拉美经济改革，极力使政府的角色最小化，而去突出"自由化"、"私有化"、"市场化"。"华盛顿共识"的核心思想，是反对公有制，实现经济贸易自由化和私有化，推行西方式的自由化的市场经济。20世纪90年代，"华盛顿共识"在拉美盛行一时，创造了所谓的"拉美模式"，结果使拉美国家的民族工业受到严重摧残。1988年，由联合国非洲特使主持的一份报告指出，"结构调整计划"和"震荡疗法"使国家的经济安全受到严重的危害，其结果是"减少或彻底解除了民族国家在国民经济生产部门和分配部门中的权利"[①]。国家的经济主权不断弱化，国民经济外资化；政府对经济的宏观调控能力急剧下降；导致拉美国家贫富差距不断拉大，社会动荡，矛盾激化。

　　约翰·威廉姆逊还认为，"华盛顿共识"放之四海而皆准。它不仅适用于拉美国家，而且还适用于进行经济改革的其他发展中国家。这不能不引起人们的高度警觉。"华盛顿共识"一度成为苏联和东欧国家经济转轨时的指导思想，被盲目地认为是"稳定地走向经济增长的保证"。然而，"休克疗法"是以失败记录在拉美国家和苏联和东欧国家的改革的历史中，对于这些国家的人民来说，"华盛顿共识"带给他们的只有灾难。

　　"华盛顿共识"所产生的后果表明，"华盛顿共识"主张私有化，反对公有制；维护资本主义的利益，反对社会主义；鼓吹通过激进的方式实行彻底的私有化，实现世界历史上所谓大规模的"所有制革命"。无论从理论上，还是从实践上都可以清楚地看出，"华盛顿共识"不是把人们带往西方天堂的灵丹妙药，而恰恰是相反。正因如此，一些人指出："华盛顿共识"是一种"新帝国主义"，是美国及被美国操纵的国际金融机构迫使发展中国家开放市场的敲门砖，是"后冷战"时代资本主义向处于低潮的社会主义发起攻击的"进军曲"[②]。新自由主义，是国家垄断资本主义向国际垄断资本主义转变中的理论表现，不择手段地追逐利润，维护国际经济竞争中强者的利益，正是在这个意义上，新自由主义以及新自由主义的广为传播，被认为是国际垄断资本在全球扩张的产物，是"野蛮资本主义的复辟"。

---

　　① Seamus Cleary, "Towards a New Adjustment in Africa" in "Beyond Adjustment" special issue of African Development, Vol. 7, Nos 1—4（1990）, p. 357.

　　② 参见何秉孟主编《新自由主义评析》，社会科学文献出版社2004年版，第197页。

　　一些西方学者在分析"华盛顿共识"为何在全球受到严厉批判时，不是从"华盛顿共识"自身去找原因，而是强调来自三个方面的严峻挑战，这三方面的挑战是"欧洲价值观"、"后华盛顿共识"（post Washington Consensus）和"北京共识"（The Beijing Consensus）。2004 年 5 月，美国高盛公司高级顾问乔舒亚·库珀·雷默分析中国经济改革的经验及其意义时，首次提出了"北京共识"。题为《北京共识》的论文有北京共识：论中国实力的新物理学，关于中国发展的一些有用的原理；具有中国特色的全球化：能量转移问题，与中国打交道。在雷默看来，"北京共识"是今天的中国正在实践着一条新的发展道路。

　　它的主要内容是求变，求新和创新，灵活应对一切复杂的事物，解决问题要因事而异，使创新的价值重新定位；努力创造一种有利于持续与公平发展的环境，要循序渐进，积聚能量；积极维护国家主权和根本利益，在保持国家独立的同时实现迅速增长。它不仅关注经济发展，也同样注重社会变化，在发展经济和完善管理的同时，改善社会。雷默的文章发表后，"北京共识"或"中国道路"、"中国模式"等概念迅速在世界上流行开来。"北京共识"是一种充满无限生机的新型发展模式，日益产生着全球性的广泛影响。

　　"北京共识"中论述的重要的问题中，还有关于根深蒂固的中国文化问题。在雷默看来，中国"文化无可动摇的影响力"，"是某种超自然的实例"。他说："在亚洲国家走一圈，就可以看到中国文化的影响已经渗透到人们的日常生活中，从饮食习惯到与父母子女的谈话方式等。从中国的历史和亚洲的现在可以看到中国文化的影响和复兴。外国人曾一再入侵中国。随着时间的推移，侵略者们也无可避免地受到中国文化的影响：他们开始讲普通话，吃中餐，在不知不觉中采纳了中国文化模式。"① 中国文化的影响力为何如此之大？雷默认为，最重要的原因，是中国坚守思想观念、产品和生活方式的地方特色。他特别强调，如果没有地方特色，在中国什么都理解不了。

　　与给拉美国家带来灾难的"华盛顿共识"相比较，创造历史奇迹的"北京共识"越发引起人们的关注。"北京共识"告诉人们，中国的经济

_____

　　① 乔舒亚·库珀·雷默：《北京共识》，见乔舒亚·库珀·雷默等《中国形象：外国学者眼里的中国》，社会科学文献出版社 2008 年版，第 65 页。

发展模式不仅适合中国，也是落后的发展中国家追求经济增长和改善人民生活足可效仿的成功榜样，是一些发展中国家如何寻求经济增长和改善人民生活的模式。对全世界那些正苦苦寻找不仅发展自身，而且还要在融入国际秩序的同时、真正保持独立和保护自己生活方式和政治选择出路的国家来讲，"北京共识"提供了新的道路。雷默说："中国的新思想在国外产生了重大影响，中国正在指引世界上其他一些国家在有一个强大重心的世界上保护自己的生活方式和政治选择。"雷默还说："中国目前发生的情况，不只是中国的模式，而且已经开始在经济、社会以及政治方面改变整个国际发展格局。""中国的崛起正在改变世界。"①

1987年4月，邓小平同志在会见外宾时，提到我国现代化建设发展战略目标，即20世纪末达到小康，21世纪中叶达到中等发达国家的水平。他还说，"如果达到这一步"，那就是"真正对人类做出了贡献"②。邓小平同志提出的"如果"，正在成为现实。"中国的发展，不仅使中国人民稳定地走上了富裕安康的广阔道路，而且为世界经济发展和人类文明进步做出了重大贡献。"③ 在5000多年漫长的历史长河中，中国各族人民艰苦奋斗、自强不息，创造了光辉灿烂的中华文明，为人类文明进步作出了重大贡献。在21世纪的今天，中国为占世界人口3/4的发展中国家找到了一条可资借鉴的发展道路。中国的历史性巨变，正在为人类作出更大的贡献。不久前，俄罗斯科学院远东研究所所长、俄中友协主席季塔连科院士说：中国在经济、社会和文化等方面取得了巨大的成就，在许多国际指标方面都处于世界前列。中国的大发展，是中国对世界的巨大贡献，中国的发展模式堪称世界近代史上的一次伟大创举④。他的话和乔舒亚·库珀·雷默的《北京共识》一样，反映了不少外国研究中国问题学者的共识。

中国为何如此激动人心

在经济全球化的广阔背景下，参与这一进程的任何国家和地区，以及

---

① 乔舒亚·库珀·雷默：《北京共识》，见乔舒亚·库珀·雷默等《中国形象：外国学者眼里的中国》，社会科学文献出版社2008年版，第47、44页。

② 《邓小平文选》第3卷，人民出版社1993年版，第224页。

③ 胡锦涛：《高举中国特色社会主义伟大旗帜，为夺取全面建设小康社会新胜利而奋斗》，见《中国共产党第十七次全国代表大会文件汇编》，人民出版社2007年版，第9页。

④ 参见杨政《中国模式是世界近代史的一次创举》，《光明日报》2009年5月9日、5月10日。

他们的发展模式，诸如盎格鲁—撒克逊模式、莱茵模式、瑞典模式和斯堪的纳维亚模式、俄罗斯模式、印度模式、东亚模式和非洲模式等，都不同程度地受到新自由主义的影响。建立在新自由主义理论基础上的"华盛顿共识"认为：市场经济的前提是明晰产权，而明晰产权必须搞私有化；只有私有化才有高的经济效率。这些鼓吹全面私有化的理论流传甚广。对我们而言，它的价值，在于对我国社会主义市场经济建设有重要的警示作用。对形形色色的新自由主义，我们应高度警觉，保持清醒的认识：无论过去、现在，还是未来，中国决不搞"全面私有化的自由的市场经济"。中国建立的是社会主义市场经济，不是全盘私有化，中国坚持以公有制为主体、多种所有制经济共同发展，坚持政府的宏观调控与指导。这是在共产党的领导下，中国人民经过 30 年探索后找到的正确道路。邓小平说："什么叫社会主义的问题，我们现在才解决。坦率地说，我们过去照搬苏联搞社会主义的模式，带来很多问题。我们很早就发现了，但没有解决好。我们现在要解决好这个问题，我们现在要建设的是具有中国自己特色的社会主义。"① 邓小平还强调："社会主义的本质，是解放生产力，发展生产力，消灭剥削，消灭两极分化，最终达到共同富裕。"②

从这一基本认识出发，中国在参与经济全球化、保持与经济全球化同步的同时，成功地保持了中华民族的自主性和中国特色的现代化的自主发展道路。中国满怀信心地向世界敞开国门，主动地向发达的西方国家学习，但决不成为它们的附庸；中国顺应历史潮流，积极主动地参与全球化，但始终强调各国经济的相互依存、平等合作和互利共赢，决不会走依附型的发展道路。2006 年 9 月，乔舒亚·库珀·雷默曾提问"中国为何如此激动人心"？他认为，不能只看到"经济的高速发展以及由此带来的文化与社会巨变"，"真正的原因其实在于：十亿中国人民开始自由选择他们自己的生活。这也是这个国家有时令人心生畏惧之处，而不仅仅是对其政府而言。但是从这个重要方面来说，中国正在触及的东西不是中国人独有的，恰恰是人类普遍具有的一种本能，即决定自我身份的欲望。创造自我，这在任何现代化发展过程中都是一个核心内容"③。"创造自我"既属

① 《邓小平文选》第 3 卷，人民出版社 1993 年版，第 261 页。
② 同上书，第 373 页。
③ 乔舒亚·库珀·雷默：《淡色中国》，见乔舒亚·库珀·雷默等《中国形象：外国学者眼里的中国》，社会科学文献出版社 2008 年版，第 32 页。

于中国，又具有世界历史性的普遍意义，但首先属于中国。中国特色社会主义，即是中国人民在"创造自我"的历史进程中，"自由选择他们自己的生活"的结果。

中国人民在选择自己的新生活，创造崭新的历史时，十分重视、强调政府的作用，自觉地在中国共产党的领导下进行，自觉地贯彻科学发展观和科学政绩观。例如，中国的经济改革，通过渐进的方式进行。中国经济体制改革将农村作为突破口；1978—1984 年，是农村改革阶段，也是改革的起步阶段。1984—1992 年，是城市改革阶段，也是改革的扩展阶段。1984 年 10 月，《中共中央关于经济体制改革的决定》指出，要加快以城市为重点的整个经济体制的改革步伐，改革由农村全面转向城市。这次中央全会还明确提出，社会主义经济是公有制基础上的"有计划的商品经济"。1992—2004 年，是明确建设社会主义市场经济阶段。党的十四大报告明确指出："我国经济体制改革的目标是建立社会主义市场经济体制，以利于进一步解放和发展生产力"；"我们要建立的社会主义市场经济体制，就是要使市场在社会主义国家宏观调控下对资源起基础性配置作用"[①]。2003 年 10 月，中共十六届三中全会通过了《中共中央关于完善社会主义市场经济体制若干问题的决定》，强调"进一步增强公有制经济的活力，大力发展国有资本、集体资本和非公有资本等参股的混合所有制经济，实现投资主体多元化，使股份制成为公有制的主要实现形式"[②]。

2004 年，在中共十六届四中全会通过的《中共中央关于加强党的执政能力建设的决定》中，第一次提出建设社会主义和谐社会问题，并将其与社会主义经济建设、政治建设、文化建设并重。2006 年，中共十六届六中全会通过了《中共中央关于构建社会主义和谐社会若干重大问题的决定》，明确提出了我国构建社会主义和谐社会的目标和主要任务，以及所要遵循的基本原则。这就是必须坚持以人为本，必须坚持科学发展，必须坚持改革开放，必须坚持民主法制，必须坚持正确处理改革发展稳定的关系，必须坚持在党的领导下全社会共同建设。

---

① 江泽民：《加快改革步伐，夺取有中国特色社会主义事业的更大胜利——在中共十四大上的报告》，见中央文献研究室编《十一届三中全会以来重要文件选编》，中央文献出版社 1997 年版，第 170 页。

② 中共中央文献研究室编：《十六大以来重要文献选编》（上），中央文献出版社 2005 年版，第 19 页。

经过漫长的探索和实践，中国人民终于走上了中国特色社会主义这一强国富民的正确道路，社会主义现代化建设取得的成就，令世界刮目相看。2007 年，中国对世界经济增长的贡献超过美国，成为 20 世纪 30 年代以来第一个有能力做到这样的国家。在经济全球化的今天，为什么中国综合国力在短时期内惊人增长，出现了"千年未有之大变局"？为解开这个谜，无论在欧美发达资本主义国家，还是在亚、非、拉美发展中国家，都可见人们以极大的热情在探讨"中国道路"（或"中国模式"、"中国经验"、"中国现象"）。所谓"中国道路"，其实质是中国特色社会主义道路。

乔舒亚·库珀·雷默在谈及"中国崛起"，以及中国所以吸引他国时，从三个方面进行了分析。"第一个是，作为对旧式的华盛顿发展理论的反映，具有某种反冲动能。其次，由于中国对地方化独一无二的需求，中国的这一新概念在学习它的国家会引发某种连锁反应。最后，中国的经济崛起既有可能帮助其他贸易依赖国赚钱，也有可能影响他们的财富。中国的经济崛起就像是一块磁铁一样，把其他国家的经济利益与中国的利益紧密相连。"[1] 从一名美国学者的眼中观察、分析中国现实的政治经济问题，得出上述结论，和我们的认识很难完全相同，但有一点很重要，即他认识到、并且明确地指出了中国道路与美国开出的新自由主义经济处方完全背道而驰。因此，它不仅符合世界历史进步潮流，符合中国人民的根本利益，同时对有着类似经历的广大发展中国家也有重要的借鉴意义，被一些国家视为可效仿的榜样，成为这些国家发展的"灵感源泉"。中国正在进行当代最伟大的社会实践，通过改革，不断扫除发展社会生产力的障碍。中国道路——面向现代化、面向世界、面向未来的"具有中国自己特色的社会主义道路"，赢得了世界各国人民的普遍尊重。

中国道路和 21 世纪社会主义运动

苏联解体，东欧剧变，使世界社会主义运动受到严重挫折，陷入低潮，一些西方理论家极力宣扬，社会主义和资本主义较量的"冷战"，以资本主义"大获全胜"而告终，历史"终结"于资本主义，形形色色的

---

① 乔舒亚·库珀·雷默：《淡色中国》，见乔舒亚·库珀·雷默等《中国形象：外国学者眼里的中国》，社会科学文献出版社 2008 年版，第 62 页。

"马克思主义过时论"甚嚣尘上，马克思主义的科学性和生命力，受到了前所未有的挑战。但中国特色社会主义凯歌行进，赋予社会主义新的生机和活力，却使世界社会主义运动峰回路转，以一种崭新的方式继续发展，在经济全球化的新的历史条件下，日渐显现出强大的生命力，完全扭转了20世纪后期世界社会主义运动陷入低潮的趋势，中国成为世界社会主义的中流砥柱。今天，保证经济持续高速发展，人民生活水平极大提高，综合国力惊人增强的中国道路"向人类表明，社会主义是必由之路，社会主义优于资本主义"①。只要占世界五分之一人口的中国坚持社会主义，世界社会主义就垮不了。经济全球化不能，而且也不可能改变资本主义为社会主义所代替的历史必然性。

马克思主义自诞生之日起，即对人类历史进程产生着深刻的影响，在不同的历史条件下，会产生不同的影响，但这种影响始终存在。这种情况在苏联解体、东欧剧变后没有改变；在经济全球化的今天也依然如此。冷战结束后，法国思想家雅克·德里达在评述美国学者福山的《历史的终结和最后的人》时说："福山的观点，在西方意识形态超市中炙手可热……这样一种话语对于那些庆祝自由资本主义的胜利和它与自由民主的先天注定的联盟的人们来说是多么的称心快意，而他们之所以这样就是为了掩盖、首先是对自己掩盖这一事实：即这种胜利从来没有这样病入膏肓、这样摇摇欲坠、这样危机四伏过，甚至在某些方面它已大难临头，而在总体上已经灭亡。它的灭亡不仅是因为马克思的幽灵在今天依然存在而且是因为实际上它本身就已经灭亡了，通过掩盖所有这些失败、所有这些威胁人们试图掩盖我们所说的原则和马克思主义的批判精神的潜在能力——力量和现实性。"雅克·德里达还特别强调，"不能把历史的终结贬低为资本主义的天堂这种粗俗形式"②。这些观点在西方学术界有广泛的影响，西方一些著名的思想家，如美国的詹姆逊、英国的吉登斯等，也都有过类似的阐述。特别是随着时间的推移，苏联和东欧国家的人民逐渐认识到，资本主义并没有给他们带来任何好处，放弃社会主义制度，全面推行私有化，除了极少数的"新贵"成了百万富翁、千万富翁，甚至亿万富翁，过着挥金

---

① 《邓小平文选》第3卷，人民出版社1993年版，第225页。

② 雅克·德里达：《评福山的〈历史的终结和最后的人〉》，载俞可平主编《全球化时代的马克思主义》，中央编译出版社1998年版，第148、151页。

如土、纸醉金迷的生活外，大多数人民的生活更为艰难。物质生活匮乏的同时，精神生活也更为迷茫，看不到希望，看不到未来。在所谓自由、平等、博爱，以及"人权"旗号下的种种社会现实，使人们对资本主义不切实际的种种美妙幻想，开始破灭，一些人开始重新转向社会主义，开始更加理性地认识社会主义。

"社会主义思潮、理论、运动、和制度不仅没有'死亡'，反而在近几年开始有所复兴。这主要是经济全球化和高新科技革命的深入发展所带来的必然结果：一方面，它在一定程度上推动了资本主义社会生产力的发展，并在一段时日内，可以使资本主义社会内部的基本矛盾得到一定程度的缓解；另一方面，随着巨额财富迅疾向少数人、少数国家集中，随着广大人民、广大国家进一步贫困，生产全球化和生产资料资本主义私人占有的矛盾在全球范围内进一步加剧……这就为社会主义在当代的复兴，留下了广阔的空间。"在21世纪，"社会主义思潮、理论、运动和制度将犹如凤凰涅槃一样，在烈火中新生，并雄姿勃发"①，世界社会主义运动充满了无限生命力，必将在艰难曲折的探索和发展中，实现伟大的复兴。在中国、越南、老挝、朝鲜、古巴；在俄罗斯和东欧国家；在亚洲、非洲和拉丁美洲广大发展中国家，以及西欧国家，到处都可以清楚地看到社会主义思潮和社会主义运动的勃兴和发展，一些国家从自身的实际出发，深刻总结历史经验和教训，实事求是地探索从实际出发的社会主义道路。

中国革命是十月革命的继续，我们既坚持了科学社会主义的基本原理，又根据我国实际和时代特征，赋予其鲜明的中国特色，中国特色社会主义是当代世界社会主义运动发展的最新成果，开辟了世界社会主义运动的新途径。中国特色社会主义的胜利，就是马克思主义中国化的胜利，就是科学社会主义的胜利。中国的成功雄辩地证明：苏联解体，东欧剧变不是十月革命所开创的社会主义道路的失败，不是马克思主义科学社会主义理论的失败，而是脱离了十月革命道路、背离了十月革命原则的"苏联模式"的失败。是僵化的政治、经济、文化体制，扼杀了社会主义的生机和活力；是列宁、斯大林的不孝子孙，葬送了他们的先辈所开创的社会主义革命和建设的伟大事业。1995年7月，戈尔巴乔夫在接受俄罗斯政治学家斯拉文的访谈时曾说："共产主义高级阶段取代资本主义阶段是由一种

①　李慎明：《中国和平发展与国际战略》，中国社会科学出版社2007年版，第5、211页。

'铁定的'必然性决定的。然而生活表明，历史上从来就没有这种'铁定的'必然性。苏联社会主义在 20 世纪的崩溃就证明了这一点。它首先说明，不应把为了建成'光明的共产主义明天'的抽象观念而不惜牺牲一切的布尔什维克们所追求的未来奉若神明。"① 试问，由一个失去了社会主义、共产主义信念和信仰的人，去领导苏联各族人民的社会主义建设，怎么可能会成功呢？

苏联解体，东欧剧变后，中国道路从理论与实践的结合上，丰富和发展了马克思主义基本原理，科学回答了在现时代和当今世界形势下，中国怎样建设和发展社会主义。这必将对 21 世纪社会主义的发展，产生不可替代的深远影响。早在 1985 年，邓小平就指出："我们的改革不仅在中国，而且在国际范围内也是一种试验，我们相信会成功。如果成功了，可以对世界上的社会主义事业和不发达国家的发展提供某些经验。"② 现在，中国已经彻底结束了小农经济和计划经济，不仅经济结构，而且社会结构和人们的生活方式，也发生了深刻的变化。这些变化不仅使中国在 21 世纪内实现中华民族的伟大复兴，而且也为世界的和平发展注入强大的动力。中国改变了世界的面貌，有力地推动着世界经济体系的发展。在解决世界上一系列复杂问题的过程中，"中国因素"的影响日渐重要。从世界反恐斗争到全球生态—环境治理，从化解朝核危机到处理伊朗核问题，从多哈回合贸易谈判到苏丹达尔富尔问题，以及世界金融秩序的稳定，能源资源等全球性问题的解决等，都离不开中国的参与与合作。

中国道路展现在世界人民面前的，不单纯是令世人瞩目的国民生产总值、经贸总量和外汇储备总量，也不单纯是中国综合国力在短时期内的惊人增长，而是一种对世界充满魅力的新的思维、新的思路；一条崭新的、不断创造出比资本主义更高的劳动生产率的社会发展道路，这条成功之路是中国特色社会主义道路，它已经改变，并将继续改变世界的政治经济格局和人类历史的进程，推动世界社会主义和人类进步事业持续发展。在中国道路面前，资本主义已经取得了"彻底胜利"等神话开始破灭，这使世界各国人民重新看到社会主义的光辉未来，对社会主义更加充满信心，充

---

① 戈尔巴乔夫、斯拉文：《尚未结束的历史——戈尔巴乔夫访谈录》，中央编译出版社 2003 年版，第 165 页。

② 《邓小平文选》第 3 卷，人民出版社 1993 年版，第 135 页。

满希望。

第三节 中国道路和世界发展模式

中国道路是和平发展的和谐之路

自古以来，中华民族就是一个开放的、爱好和平的民族，中华民族与世界各民族之间的友好往来，源远流长。自汉代开始，中国开始了延续1500 余年之久的对外开放时期。以张骞通西域为标志，揭开了中西文化友好交流、交融的序幕。早在先秦典籍中，即已明确地提出了"和"的思想。例如《国语·郑语》中，西周末年史伯对齐桓公说："夫和实生物，同则不继。以他平他谓之和，故能丰长而物归之"，强调世界产生于和谐、融合之中。在漫长的历史进程中，中华民族力主的"和合"、"和谐"的思想，为世人所称道。在古代汉语中，"和"字由"禾"（泛指谷物）和"口"字组成，意味丰衣足食，人人有饭吃。"和"，还可以引申为"和平"、"和睦"、"和顺"、"和气"、"和美"、"和衷共济"等等。"谐"由"言"和"皆"组成，意味言论自由，平和相处。"谐"还可以引申为"平顺"、"协调"等。在中国的典籍中，"和合"、"和谐"的思想有深刻的阐释和广泛的应用。例如，孔子在论语中提出的"礼之用，和为贵。先王之道，斯为美"[1]；孟子说"天时不如地利，地利不如人和"[2]；老子提出"万物负阴而抱阳，冲气以为和"[3]。所有这些都表现出中国民族性格中，追求和平、和谐、融通；主张兼收并蓄、和谐共生、和衷并存；天人和谐、人际和谐、身心和谐，以及宽厚、包容等特点。总之，中华民族酷爱和平、追求和谐的思想源远流长。

新中国自成立之日起，就确立了并始终不渝地奉行独立自主的和平外交政策。新中国成立前夕，毛泽东先后提出"另起炉灶"、"打扫干净屋子再请客"和"一边倒"三条方针。这表明新中国的外交，要彻底结束旧中国丧权辱国的外交，肃清帝国主义的特权和影响；在平等和相互尊重领土主权的基础上，同世界各国发展友好联系。中国政府的和平外交政策，彻

---

[1] 《论语》，中华书局 2006 年版，第 8 页。
[2] 《孟子》，中华书局 2006 年版，第 76 页。
[3] 《老子》，中华书局 2006 年版，第 105 页。

底粉碎了美帝国主义孤立新中国的阴谋，在国际舞台上的影响迅速增长。1953 年 12 月 31 日，中印两国政府就两国和西藏地方的关系问题举行会谈时，中国首次明确提出了"和平共处五项原则"，即互相尊重领土主权、互不侵犯、互不干涉内政、平等互利、和平共处的原则。中国政府主张将和平共处五项原则，作为指导中印两国关系的基本原则，得到印度政府的赞同，后逐渐成为处理国际关系的准则，得到世界各国政府和人民的普遍支持和赞扬。1955 年 4 月 18 日至 24 日，在印度尼西亚的万隆召开了亚非会议，即万隆会议。这是亚非国家第一次在没有殖民国家参加下，自由地讨论关系到亚非人民切身利益问题的国际会议。会议期间，帝国主义极力在某些国家之间制造纷争，企图分裂会议。在中国等大多数国家的努力下，挫败了帝国主义的阴谋，最终通过了《亚非会议最后公报》，确立了以和平共处五项原则作为国家之间友好合作的基础。周恩来总理率领中国代表团出席了这次会议，为会议的胜利召开作出了重要的贡献，大大提升了新中国的国际威望。

中国十分重视在和平共处五项原则的基础上，同亚洲、非洲和拉丁美洲国家发展友好合作关系，旗帜鲜明地支持被压迫国家和民族争取独立、解放的斗争。1963 年 12 月到 1964 年 2 月，周恩来总理率领中国代表团先后访问了阿拉伯联合共和国（今埃及和叙利亚）、阿尔及利亚、摩洛哥、突尼斯、加纳、马里、几内亚、苏丹、埃塞俄比亚、索马里 10 个非洲国家，同时还访问了阿尔巴尼亚和亚洲的缅甸、巴基斯坦、锡兰（今斯里兰卡）计 14 个国家，将中国和这些国家的友好合作关系，推进到一个新的阶段。在 60 年代，中国还与法国建立了正式外交关系；与日本通过"民间外交"保持着两国密切的交往；与美国也举行了频繁的大使级会谈。中国同已经建交的丹麦、芬兰、挪威、瑞典、瑞士等欧洲国的友好关系，也得到发展。所有这些表明，新中国成立初期中国外交"一边倒"的情况已有所改变，中国外交有了突破性的发展。

"文革"期间，中国的外交工作在极"左"思潮的影响下，一度陷入混乱，例如，1967 年 8 月，在北京发生了火烧英国代办处的严重事件。在毛泽东主席的支持下，周恩来总理采取有力措施，使中国外交在 60 年代末重新走上了正确发展道路，出现了令世人瞩目的重大转变。1971 年春，"乒乓外交"揭开了中美和解、建交的序幕；同年 10 月 25 日，第 26 届联合国大会以压倒多数票通过决议，恢复中华人民共和国在联合国的一切合法权利，中国重返联合国，中国同越来越多的国家建立和发展友好关系，在国际事务中日益发挥着更加重要的作用。

在改革开放新的历史条件下，邓小平同志对国际形势和时代主题作出新的科学判断，指出和平与发展是当今世界两大问题，世界大战并非不可避免和迫在眉睫。改革开放需要一个良好的国际环境，我们的开放是全方位对全世界开放，进一步加强了同世界各国人民的友好联系。在中国，内政和外交历来是一致的，这是国家发展进程中不可或缺的统一于一体的两个方面，而不是彼此相对独立或相互隔绝的两个方面。中国实行和平发展的和谐道路，既是内政，也是外交。中国的外交政策，同样也是中国的内政主张。

中国实行独立自主和不结盟的和平政策，改善和发展同各主要大国的关系。1979 年 1 月，中美正式建交，两国各领域交流与合作稳步发展；1989 年 5 月实现了中苏关系正常化。同日本、西欧及东欧国家的合作也取得了实质性的进展。推动同各大国建立面向 21 世纪的新型合作关系，构筑有利的大国关系框架。1996 年，中俄建立战略协作伙伴关系。2001 年，中俄签署《睦邻友好合作条约》，将"世代友好"的和平思想用法律形式固定下来。1997 年，中美决定共同致力于建立建设性战略伙伴关系，表明两国愿共同积极寻求发展一种长期稳定的、合作性而非对抗性的关系。1998 年，中国与欧盟建立建设性伙伴关系，与日本建立友好合作伙伴关系。

中国同发展中国家的团结合作取得重要进展。2006 年，我们成功地主办了"中非合作论坛"北京峰会，这是新中国外交史上主办的规模最大的国际会议，对发展我国与非洲国家的友好关系有重要意义。中国妥善处理同邻国的历史遗留问题，与周边国家的友好合作关系进一步扩大和深化。例如，我国同印度、印尼等国建立了不同形式的战略伙伴关系，同哈萨克斯坦等国签订友好合作条约。推动上海合作组织成员国缔结长期睦邻友好合作条约。我国作为首个非东盟国家加入《东南亚友好合作条约》，东盟—中国（10＋1）、东盟—中日韩（10＋3）合作成果显著。我国大力开展包括文化外交在内的全方位外交，中国政府利用各种场合，利用多种形式深入阐述我国和平发展道路、科学发展观等治国理念和内外方针，努力增进各国民众对我内外政策的了解和支持。主办"文化年"、"文化节"等对外文化活动，建立"孔子学院"和海外文化中心，中国道路是和平发展的和谐道路，日益深入人心。

改革开放 30 年，中国与世界的关系出现了从没有过的广泛而深刻的历史性变化。中国在联合国、世界贸易组织等全球性组织中的作用，日渐提高；在亚太经合组织、上海合作组织、东亚"10＋3"机制、东亚论坛、博鳌亚洲论坛等区域组织中，也发挥着重要的作用。截至 2007 年底，中国已经同世界 170 个国家建立了外交关系，参加了 100 多个政府间国际组织，签署了近 300 个国际公约。中国积极参与国际和地区事务，认真履行相应的国际责任，是联合国安理会 5 个常任理事国中派出维和人员最多的国家。在全球化日益加深的今天，中华文明与世界其他文明的对话，影响着 21 世纪世界格局的演变；中国和世界各国共享发展机遇，共建和谐世界。

中国道路丰富了世界发展模式

中国道路既立足于中国国情，又充分学习和借鉴人类文明的优秀成果。中国自己繁荣富强的同时，促进了在经济全球化背景下，人类文明的多样性发展。经济全球化不是西方化或美国化，不是"强权"的同义词。它对各民族国家的社会变化和发展道路可能产生影响，甚至是深刻的影响，但它不能剥夺任何一个民族国家选择决定自己未来道路的权利。独立自主的中国道路丰富了世界发展模式，谱写了人类文明发展史的重要篇章。中国道路为人类文明的多元发展，做出了自己独特的不可替代的贡献。

一般说来，发展模式大多与现代化进程联系在一起。主要是指国家在实现现代化的过程中，保证国家政治、经济、文化和社会协调发展的战略选择。从某种意义上说，这是一种主动的文化选择。这种选择，反映了这个国家诸方面的实际发展状况。在当今世界上，无论是历史研究，还是现实研究，或者从历史与现实的结合上，对发展模式进行研究，较有影响的大抵有以下诸种：英国、法国内源现代化模式，德国外源现代化模式，美国模式，瑞典模式，俄罗斯和原东欧国家的市场化转型模式，日本模式，东亚模式，印度模式，以及拉美模式等。这些发展模式各表现出自己鲜明的特点，共同构成内容多样的世界发展模式。

英国的现代化，是典型的自由资本主义模式，而且是通过渐进的方式进行的；而法国则采取相对激进的方式完成。在德国和日本等国，突出表现出政府主导型的模式，在现代化进程中，政府始终发挥着积极的主导作用。在日本的模式中，日本文化传统中的权威主义、集团主义和家长中心等，与市场经济相结合，也有充分的表现。美国推行的是个人主义基础上的自由市场经济模式，极力崇拜自由竞争和个人自由放任，弱化政府的作用。奥地利、荷兰等欧洲大陆国家，实现的是社会市场经济的莱茵模式，强调自由竞争的同时，实施国家在一定程度上调控和干预。瑞典是典型的福利国家模式，以社会民主党提出的"福利社会主义"为理论基础。长期以来，东亚模式和拉美模式虽然被统称为新兴工业化的典型模式，但实际上，东亚模式和拉美模式都有自己不可替代的特点。例如，东亚的国家和地区，十分重视弘扬以儒家文化为中心的传统文化，重视教育投入，重视全面提高人的素质。在现代化进程中，社会历史文化资源的开发和应用，有举足轻重的作用。印度模式是一种明显有别于西方大国的发展模式。其主要特点是发展知识密集型、以服务业为主导的市场经济，初步形成了三、一、二的产业结构，多种形式的服务业，特别是建立在高科技基础上的信息产业，成为社会经济发展的主要推动力，"软件经济"是印度综合国力稳步提高的基础，促进了印度经济持续发展。正因为如此，印度和俄罗斯、中国，同被美国认为是不断增长的潜在大国。

在西方，历史和现实中都存在着一种根深蒂固的偏见，即"欧洲中心论"或"欧美中心论"，其实质是种族偏见、种族优越论或民族沙文主义。这一理论在不同的历史条件下，有不同的表现，但其本质却是始终如一。第二次世界大战结束后，随着民族解放运动的蓬勃发展，"欧洲中心论"受到包括西方学者在内的世界许多国家学者的批判，但其改头换面依然存在。在今天，其重要表现形式之一，就是否定世界发展模式的多样性，将西方模式视为普世的模式，认为西方的发展模式是世界共同的发展模式，凡与其有别，就是挑战"自由、平等、博爱"，就是大逆不道，这实际上是否认了各民族国家有自主选择自己发展模式的权利。

实际上，发展模式的多样性，与文化的多样性是完全一致的。在现代世界任何一个国家的发展模式中，文化因素都占有重要的地位。一些西方学者认为，"在 20 世纪，美国所有政治家进行决策时，毫无例外，文化都起着决定性的作用"[1]。文化从其萌生时起，就和各种形式的交流、交融联

---

① Frank Ninkovich ，"Culture in U. S. Foreign Policy Since 1900"，in jongsuk Chay，ed.，Culture and Intemational Relations，New York，1999，p. 103.

系在一起。英国哲学家罗素在论及中西文化比较时说，"不同文化的接触曾是人类进步的路标"①。1995 年，联合国教科文组织在关于文化与发展问题的一份报告中写道，文化不是孤立的，也不是静止的。各种不同的文化总是处于相互影响和发展演变中。"社会和平与稳定要求不同文化之间不能视同陌路、互相拒绝、充满仇恨，要把其他文化看作不同的人类生活方式，其中包含着对所有民族都有益的经验教训和信息。"② 同样，由于各个国家和民族的起源、历史环境、历史进程、文化传统、社会制度、发展水平和价值观念、宗教信仰的不同，各个国家的发展道路、发展模式也不相同，世界文化的多样性，决定了世界各国发展模式的多样性。不同的文化或不同的发展模式之间，应该相互学习、相互借鉴，取长补短，相得益彰；而不是要分出贵贱优劣，进而实现所谓"文明对野蛮的讨伐"，为公开推行文化帝国主义政策制造口实。

鸦片战争之后，中国沦为半封建半殖民地国家，民族危机日渐加剧。为拯救民族危亡，中国先进分子"睁眼看世界"，企图通过革新中国传统文化以应对西方文化的挑战，进而解决"技不如人"的问题。于是有了"洋务运动"、"戊戌变法"、"辛亥革命"；还有"中体西用"、"三民主义"等等，但是这一切都没有能够解决中国的问题，无论是君主立宪，还是资产阶级民主革命都没有成功。近代中国虽然产生了资本主义，但始终没有得到充分的发展。帝国主义通过一系列对华不平等条约，及其代理人的罪恶行径，牢牢控制住中国的经济命脉，不断强化他们在华的政治、经济特权，大量倾销商品侵占中国的商品市场，掠夺廉价劳动力，使中国的民族工业始终处于风雨飘摇之中，无法改变最终被兼并或破产的命运③。

1915 年，陈独秀在《青年杂志》创刊号上著文《敬告青年》，大力倡导"自由的而非奴隶的"、"进步的而非保守的"、"进取的而非退隐的"、

---

① 罗素：《一个自由人的崇拜》，时代文艺出版社 1988 年版，第 8 页。
② 联合国教科文组织、世界文化与发展委员会：《文化多样性与人类全面发展——世界文化与发展委员会报告》，广东人民出版社 2006 年版，第 4 页。
③ 应该提出的是，帝国主义的对华政策的本质，至今也没有任何根本性的变化。例如，曾担任"新美国世纪计划"副主任的托马斯·唐纳利在 2003 年 5 月撰文指出，美国政府的两大任务：一个是铲除恐怖主义，一个是遏制中国的崛起；重要的是要阻止两者的结合。他还说：人们有理由相信，美国及其盟国能够"遏制"住中国的勃勃野心，能够帮助它进行从共产主义到民主的转变，从一个国际局外人到一个满足于在自由的国际秩序中生活的国家的转变。参见张剑荆《中国如何影响世界"对力量的思考"》，新华出版社 2007 年版，第 130 页。

"世界的而非锁国的"、"实利的而非虚文的"、"科学的而非想象的"①，奋力疾呼"德"先生、"赛"先生，揭开了中国现代思想文化启蒙的新文化运动序幕。1919年"五四"运动前后，马克思列宁主义传入中国，在与中国革命实践和中国文化传统相结合的过程中，形成了毛泽东思想，并在毛泽东思想的指引下，提出了民族的、科学的、大众的新民主主义文化的主张，这是中国的新文化，即毛泽东所指出的那样，"民族的形式，新民主主义的内容——这就是我们今天的新文化"②。新民主主义是走向社会主义的过渡阶段，在这一历史阶段，"不但要把一个政治上受压迫、经济上受剥削的中国，变为一个政治上自由和经济上繁荣的中国，而且要把一个被旧文化统治因而愚昧落后的中国，变为一个被新文化统治因而文明先进的中国"③。新中国成立后，我们胜利地实现了从新民主主义向社会主义过渡，同时在社会主义建设的实践中，探寻具有中国特色的社会主义发展模式。中国特色社会主义，是科学社会主义基本原理、世界历史发展潮流和时代特征，以及中国传统文化的积极内容的有机结合。这是世界上从来不曾有过的建设社会主义现代化的道路，是当代世界发展模式中的一个崭新的发展模式，它既具有鲜明的中华民族的特征，同时也有重大的世界历史意义。

在马克思主义指导下，解放思想，实事求是，一切从当代中国和世界的实际出发，中国人民在社会主义革命和建设的实践中，已经实现了由以阶级斗争为纲的计划经济发展模式，转变为以经济建设为中心的市场经济发展模式。这种转变，丰富、完善了中国特色的社会主义理论，凝结了马克思主义中国化的一系列重大成果。今天，在中国共产党的领导下，中国人民高举中国特色的社会主义的伟大旗帜，锐意进取，奋发图强，在改变自己国家落后面貌的同时，也在为人类文明进步做出自己独特的贡献。当代中国独特的发展道路，是世界诸多国家或民族众多的发展模式之一，其"独特"与"和谐"、"和平"并不冲突，从不构成对任何国家或地区的"威胁"，而是丰富了世界的发展模式。

中国古代思想家孔子说："君子和而不同，小人同而不和。"④ 这就是

---

① 《陈独秀著作选编》第1卷，上海人民出版社2009年版，第159—162页。
② 《毛泽东选集》第2卷，人民出版社1991年版，第707页。
③ 同上书，第663页。
④ 《论语》，中华书局2006年版，第199页。

说，"和谐"不等于"等同"；"不同"不等于"冲突"。"和而不同"是孔子的一个伟大思想，所谓"同"，是基于多样性的同一，而非绝对的、无差别的同一，而是在承认"不同"，即承认多样性的前提下，努力寻求彼此之间的"交汇点"，并使之和谐发展。这里的"和"，除有"和谐"之意外，还有"和生"、"调和"、"中和"、"和合"、"平和"、"和顺"、"和睦"、"和美"、"和平"等含义，生动地表达了中华民族崇尚"和谐"精神，以及一种古已有之的"和"的民族思维方式，一种"和"的民族心态。从刚柔相济，相反相成，到和谐融通、和谐共生，鲜明地体现了"和"的协调整合功能。

中华文明绵延 5000 多年，始终没有中断，其重要原因是中国虽然有改朝换代，但中国的主流文化，即中国的传统文化始终延续，不曾中断。中国传统文化优秀成果的基本内涵是天人合一、以人为本、刚健有为、以和为贵，这不仅深深影响了古代中国和世界，也深深影响着当代中国和世界。例如，我们所致力于的"和谐世界"、"和谐社会"，既体现了时代发展的进步精神，又扎根于中华文明的深厚土壤。2006 年 4 月，胡锦涛主席在美国耶鲁大学演讲时说："中华文明历来注重社会和谐，强调团结互助。中国人早就提出了'和为贵'的思想，追求天人和谐、人际和谐、身心和谐，向往'人人相亲，人人平等，天下为公'的理想社会。今天，中国提出构建和谐社会，就是要建设一个民主法治、公平正义、诚信友爱、充满活力、安定有序、人与自然和谐相处的社会，实现物质和精神、民主和法治、公平和效率、活力和秩序的有机统一。"[①] 科学认识中华民族深厚的文化底蕴以及中华文明的和谐精神，对建设和谐世界和社会主义和谐社会，无疑有重要的理论意义和现实意义。

建设公正、繁荣的和谐世界

2005 年 4 月，胡锦涛主席出席雅加达亚非峰会时，首次提出"和谐世界"的理念。同年 7 月签署《中俄关于 21 世纪国际秩序的联合声明》时，"和谐世界"第一次成为国家之间的共识。2005 年 9 月 15 日，胡锦涛在联合国成立 60 周年首脑会议上发表题为《努力建设持久和平、共同繁荣的和谐世界》的演讲，明确提出坚持包容精神，共建和谐世界的思想，系统

[①]　胡锦涛：《在美国耶鲁大学的演讲》，《人民日报》2006 年 4 月 23 日。

地阐述了建设和谐世界的丰富内容。和谐世界应是民主的世界、和睦的世界、公正的世界、包容的世界，这一主张在全世界引起广泛反响。在党的十七大上，胡锦涛说："我们主张，各国人民携手努力，推动建设持久和平、共同繁荣的和谐世界。为此，应该遵循联合国宪章宗旨和原则，恪守国际法和公认的国际关系准则，在国际关系中弘扬民主、和睦、协作、共赢精神。政治上相互尊重、平等协商，共同推进国际关系民主化；经济上相互合作、优势互补，共同推动经济全球化朝着均衡、普惠、共赢方向发展；文化上相互借鉴、求同存异，尊重世界多样性，共同促进人类文明繁荣进步；安全上相互信任、加强合作，坚持用和平方式而不是战争手段解决国际争端，共同维护世界和平稳定；环保上相互帮助、协力推进，共同呵护人类赖以生存的地球家园。"① 胡锦涛在论述政治、经济、文化和安全等方面如何构建和谐世界时，还第一次提出在环保方面如何构建和谐世界的问题。和谐世界不仅是人与人、人与社会之间的和谐，还应该做到人与自然的和谐，"和谐世界"是世界各国人民的共同理想和理性追求，同时也是中国道路的核心理念之一。

　　中国道路是和平发展的和谐之路，既指"和谐外交"，同时也是内政的基本要求。2002年党的十六大报告提出，在本世纪头二十年，我们要集中力量，全面建设惠及十几亿人口的更高水平的小康社会，使经济更加发展、民主更加健全、科教更加进步、文化更加繁荣、社会更加和谐、人民生活更加殷实。2004年，党的十六届四中全会通过的《中共中央关于加强党的执政能力建设的决定》，首次完整提出"构建社会主义和谐社会"概念，并将其正式列为中国共产党全面提高执政能力的五大能力之一。2006年10月，党的十六届六中全会审议通过《中共中央关于构建社会主义和谐社会若干重大问题的决定》。构建社会主义和谐社会，是我们党以马克思列宁主义、毛泽东思想、邓小平理论和"三个代表"重要思想为指导，全面贯彻落实科学发展观，从中国特色社会主义事业总体布局和全面建设小康社会全局出发提出的重大战略任务。

　　社会和谐是中国特色社会主义的本质属性，社会主义和谐社会是人民群众通过自己的辛勤劳动，最终走向共同富裕的社会；是不断地解放生产

---

① 胡锦涛：《高举中国特色社会主义伟大旗帜，为夺取全面建设小康社会新胜利而奋斗》，见《中国共产党第十七次全国代表大会文件汇编》，人民出版社2007年版，第45页。

力、发展生产力，使国家富强、民族振兴的社会；是消灭了剥削，消除了两极分化，劳动者共同占有生产资料、平等相处、民主协商、自由发展的社会。2007年，党的十七大报告指出："构建社会主义和谐社会是贯穿中国特色社会主义事业全过程的长期历史任务，是在发展的基础上正确处理各种社会矛盾的历史过程和社会结果。要通过发展增加社会物质财富、不断改善人民生活，又要通过发展保障社会公平正义、不断促进社会和谐。"① 总之，我们所要建设的社会主义和谐社会，应该是民主法治、公平正义、诚信友爱、充满活力、安定有序、人与自然和谐相处的社会。

　　文化是民族凝聚力和创造力的源泉，构建社会主义和谐社会的基础、前提或不可或缺的重要内容，是努力建设社会主义和谐文化。建设社会主义和谐文化，是对人类文明发展规律认识的深化，也是对马克思主义关于社会主义文化理论的丰富和发展。和谐文化是与社会主义和谐社会相适应的文化体系，其核心内容是由马克思主义指导思想、中国特色社会主义共同理想、以爱国主义为核心的民族精神和以改革创新为核心的时代精神、社会主义荣辱观等四个方面内容。文化建设不仅为经济发展注入强大动力，而且为构建和谐社会提供有力支撑，特别是在精神动力和智力支持上。例如，大力弘扬"与人为善，见贤思齐，包容宽容，尚荣知耻"的和谐精神，对人们思想的引领和对人们精神的激励；在对社会矛盾的疏导和缓解；在对诸多社会不和谐因素的化解；在潜移默化、润物细无声中，发挥着不可替代的独特作用。马克思主义经典作家在创立科学社会主义的过程中，揭示了人类社会和谐发展的基本特征，关于"自由人联合体"和"人的自由而全面发展"的深刻论述，指明了未来和谐社会的目标模式。实现人自身的和谐、人际关系和谐、人与社会和谐、人与自然和谐的社会主义社会，是人们的美好理想，也是历史的必然性。在我国，作为一种社会文化形态的和谐文化，已是广大社会成员广泛认同的主流文化。中国文化的历史连续性，在新的历史时期赋予其中国文化发展的新的时代特征，成为构建社会主义和谐社会，建设和谐世界的强大力量。

　　无论是构建社会主义和谐社会，还是建设和谐世界，都是中国道路的重要内容。建设和谐世界，顺应了世界和平与发展的主题，反映了包括中国人民在内的世界各国人民要求友好相处、平等对话、共同发展繁荣的美

---

① 《中国共产党第十七次全国代表大会文件汇编》，人民出版社2007年版，第17页。

好愿望；构建社会主义和谐社会，与如何促进我国物质文明、政治文明、社会文明、精神文明协调发展，如何促进人与自然的协调联系在一起，目的是为实现中华民族的伟大复兴而奋斗。建设和谐世界，意味着与此同时要建设一个和谐的中国。和谐的世界，离不开和谐的中国；和谐中国，也离不开和谐的世界。建设和谐世界和构建社会主义和谐社会两者并不相悖，而且在中国传统文化中，有着共同的基础。

主要参考书目

《马克思恩格斯选集》第 4 卷，人民出版社 1995 年版。

马克思：《资本论》第 3 卷，人民出版社 1975 年版。

马克思：《1844 年经济学哲学手稿》，人民出版社 2000 年版。

《列宁选集》第 4 卷，人民出版社 1995 年版。

《毛泽东选集》第 4 卷，人民出版社 1991 年版。

《邓小平文选》第 3 卷，人民出版社 1993 年版。

《江泽民文选》第 3 卷，人民出版社 2006 年版。

《中国共产党第十七次全国代表大会文件汇编》，人民出版社 2007 年版。

《学习贯彻十七届六中全会精神——人民日报重要报道汇编》，人民日报出版社 2011 年版。

B. 弗兰克：《白银资本：重视经济全球化中的东方》，中央编译出版社 2000 年版。

雷海宗：《伯伦史学集》，中华书局 2002 年版。

向勇主编：《北大文化产业前沿报告》，群言出版社 2004 年版。

卡瓦基特·辛格：《不纯洁的全球化》，中央编译出版社 2005 年版。

《陈独秀著作选编》第 1 卷、第 2 卷，上海人民出版社 2009 年版。

尼·伊·雷日科夫：《大国悲剧》，新华出版社 2008 年版。

美国国家情报委员会：《大趋势——2020 年的世界》，华东师范大学出版社 2007 年版。

李昆明等主编：《大国策：通向大国之路的中国文化发展战略》，人民日报出版社 2009 年版。

布热津斯基：《大棋局——美国的首要地位及其地缘战略》，上海人民出版社 1998 年版。

布热津斯基：《大抉择：美国站在十字路口》，新华出版社 2005 年版。

布热津斯基：《第二次机遇》，上海人民出版社 2008 年版。

安东尼·吉登斯：《第三条道路：社会民族党的复兴》，北京大学出版社、三联书店 2000 年版。

斯帕尼尔：《第二次世界大战后美国外交政策》，商务印书馆 1992 年版。

顾德欣主编：《地球村落的困惑》，中国青年出版社 1996 年版。

俞正梁：《当代国际关系学导论》，复旦大学出版社 1986 年版。

G. 巴勒克拉夫：《当代史导论》，上海社会科学院出版社 1996 年版。

李德洙等主编：《当代世界民族宗教》，中共中央党校出版社 2003 年版。

G. 巴勒克拉夫：《当代史学主要趋势》，上海译文出版社 1987 年版。

尹继佐主编：《当代文化论稿》，上海社会科学院出版社 2006 年版。

张世鹏：《当代西欧工人阶级》，北京大学出版社 2001 年版。

徐崇温：《当代资本主义新变化》，重庆出版社 2005 年版。

梁漱溟：《东西文化及其哲学》，商务印书馆 1999 年版。

庄锡昌等主编：《多维视野中的文化理论》，浙江人民出版社 1987 年版。

欧文·拉兹洛：《多种文化的星球——联合国教科文组织国际专家小组的报告》，社会科学文献出版社 2001 年版。

E. 布迪厄：《遏止野火》，广西师范大学出版社 2007 年版。

周宁编著：《2000 年中国看西方》上下，团结出版社 1999 年版。

瑟·戴森：《2.0 版数字化时代的生活设计》，海南出版社 1998 年版。

F. 黑格尔：《法哲学原理》，商务印书馆 1982 年版。

侯若石：《福兮祸兮：经济全球化与大众福祉》，天津人民出版社 2000 年版。

G. 摩根索：《国际纵横策论：争强权、求和平》，上海译文出版社 1995 年版。

中宣部文化体制改革和发展办公室、文化部对外文化联络局编：《国际文化发展报告》，商务印书馆 2005 年版。

中国社会科学院"世界文明"课题组编：《国际文化思潮评论》，中国社会科学出版社 1999 年版。

朱威烈主编：《国际文化战略研究》，上海外语教育出版社 2002 年版。

路易·多洛：《国际文化关系》，上海人民出版社 1987 年版。

黄仁伟、刘杰：《国家主权新论》，时事出版社 2004 年版。

子杉：《国家的选择与安全：全球化进程中国家安全观的演变与重构》，上海三联书店 2005 年版。

曹泽林：《国家文化安全论》，军事科学出版社 2006 年版。

汪安佑：《国家软实力论》，中国社会科学出版社 2010 年版。

戈尔巴乔夫：《改革与新思维》，新华出版社 1987 年版。

北京大学马克思主义文献研究中心编：《共产党宣言与全球化》，北京大学出版社 2001 年版。

理查德·哈斯：《规制主义——冷战后的美国全球新战略》，新华出版社 1999 年版。

钟敬文：《话说民间文化》，人民日报出版社 1990 年版。

戴晓东：《加拿大：全球化背景下的文化安全》，上海人民出版社 2007 年版。

高鉴国：《加拿大文化与现代化》，辽海出版社 1999 年版。

雅克·阿达：《经济全球化》，中央编译出版社 2000 年版。

中华孔子学会等编：《经济全球化与民族文化多元发展》，社会科学文献出版社 2003 年版。

理查德·伯恩斯坦等：《即将到来的美中冲突》，新华出版社 1997 年版。

霍布斯鲍姆：《极端的年代》，江苏人民出版社 1998 年版。

胡鞍钢等主编：《解读美国大战略》，浙江人民出版社 2003 年版。

乐黛云：《跨文化之桥》，北京大学出版社 2002 年版。

《李大钊选集》，人民出版社 1959 年版。

《梁启超哲学思想文选》，北京大学出版社 1984 版。

《梁漱溟全集》第 1 卷，山东人民出版社 1989 年版。

黑格尔：《历史哲学》，上海书店出版社 1999 年版。

伊曼纽尔·沃勒斯坦：《历史资本主义》，社会科学文献出版社 1999

年版。

弗朗西斯·福山：《历史的终结及最后之人》，中国社会科学出版社2003年版。

卢凌宇：《论冷战后挑战主权的理论思潮》，中国社会科学出版社2004年版。

费孝通：《论文化与文化自觉》，群言出版社2005年版。

丰子义等：《马克思"世界历史"理论与全球化》，人民出版社2002年版。

龚育之等：《毛泽东的读书生活》，三联书店1986年版。

约瑟夫·奈：《美国霸权的困惑——为什么美国不能独断专行》，世界知识出版社2002年版。

约瑟夫·奈：《美国定能领导世界吗》，军事译文出版社1992年版。

伊曼纽尔·沃勒斯坦：《美国实力的衰退》，社会科学文献出版社2007年版。

王玮等：《美国外交思想史》，人民出版社2007年版。

王晓德：《美国文化与外交》，世界知识出版社2000年版。

赵景芳：《美国战略文化研究》，时事出版社2009年版。

张生祥：《欧盟的文化政策：多样性与同一性的地区统一》，中国社会科学出版社2008年版。

《普京文集》，中国社会科学出版社2002年版。

胡元梓等主编：《全球化与中国》，中央编译出版社1998年版。

李其庆主编：《全球化与新自由主义》，广西师范大学出版社2003年版。

王宁等主编：《全球化与后殖民批评》，中央编译出版社1998年版。

朱炳元主编：《全球化与中国国家利益》，人民出版社2004年版。

俞可平等：《全球化与国家主权》，社会科学文献出版社2004年版。

乌·贝克等：《全球化与政治》，中央编译出版社2000年版。

罗·霍尔顿：《全球化与民族国家》，世界知识出版社2006年版。

王列等编译：《全球化与世界》，中央编译出版社1998年版。

戴维·赫尔德等：《全球化与反全球化》，社会科学文献出版社2004年版。

刘曙光：《全球化与反全球化》，湖南人民出版社2003年版。

根纳季·久加诺夫：《全球化与人类命运》，新华出版社 2004 年版。

菲德尔·卡斯特罗：《全球化与当代资本主义》，社会科学文献出版社 2000 年版。

徐艳玲：《全球化、反全球化思潮与社会主义》，山东人民出版社 2005 年版。

俞可平等主编：《全球化时代的马克思主义》，中央编译出版社 1998 年版。

俞可平等主编：《全球化的悖论》，中央编译出版社 1998 年版。

约瑟夫·奈等主编：《全球化世界的治理》，世界知识出版社 2003 年版。

刘金源等：《全球化进程中的反全球化运动》，重庆出版社 2006 年版。

卡齐米耶日·Z. 波兹南斯基：《全球化的负面影响：东欧国家的民族资本被剥夺》，经济管理出版社 2004 年版。

詹姆斯·米特尔曼：《全球化综合症》，新华出版社 2002 年版。

德·特茨拉夫主编：《全球化压力下的世界文化》，江西人民出版社 2001 年版。

兰久富：《全球化过程中的价值多样化》，北京师范大学出版社 2010 年版。

蒲国良等：《全球化进程中社会主义与资本主义的关系》，中国人民大学出版社 2006 年版。

格拉德·博克斯贝格等：《全球化的十大谎言》，新华出版社 2000 年版。

汉斯—彼得·马丁等：《全球化陷阱：对民主和福利的进攻》，中央编译出版社 2001 年版。

郁建兴：《全球化：一个批评性考察》，浙江大学出版社 2003 年版。

河清：《全球化与国家意识的衰微》，中国人民大学出版社 2003 年版。

邹广文等：《全球化与中国文化产业的发展》，中央编译出版社 2006 年版。

房宁等：《全球化阴影下的中国之路》，中国社会科学出版社 1999 年版。

约翰·汤姆林森：《全球化与文化》，南京大学出版社 2002 年版。

弗雷德里克·杰姆逊等编：《全球化的文化》，南京大学出版社 2002

年版。

缪家福：《全球化与民族文化多样性》，人民出版社 2005 年版。

罗成琰：《全球化背景下中国文化的创新》，中国时代经济出版社 2004 年版。

魏明德：《全球化与中国》，商务印书馆 2002 年版。

邹广文等：《全球化与中国文化产业发展》，中央编译出版社 2006 年版。

孙熙国等：《全球化与中国传统文化的现代转换》，山东大学出版社 2009 年版。

罗伯森：《全球化：社会理论和全球文化》，上海人民出版社 2000 年版。

萨斯基亚·萨森：《全球化及其不满》，上海书店出版社 2011 年版。

刘义：《全球化背景下的宗教与政治》，上海大学出版社 2011 年版。

索罗斯：《全球资本主义危机》，台北联经出版事业公司 1998 年版。

星野昭吉：《全球政治学：全球化进程中的变动、冲突、治理与和平》，新华出版社 2000 年版。

乌·贝克：《全球政治与全球治理——政治领域的全球化》，中国国际广播出版社 2004 年版。

王杰等：《全球治理中的国际非政府组织》，北京大学出版社 2004 年版。

罗宾·科恩等：《全球社会学》，社会科学文献出版社 2001 年版。

L. S. 斯塔夫里阿诺斯：《全球通史——1500 年以前的世界》，上海社会科学院出版社 1988 年版。

L. S. 斯塔夫里阿诺斯：《全球通史——1500 年以后的世界》，上海社会科学院出版社 1999 版。

L. S. 斯塔夫里阿诺斯：《全球通史》（第 7 版）上下，北京大学出版社 2005 年版。

路易斯·亨金：《权利的年代》，知识出版社 1997 年版。

李兴耕等编：《前车之鉴》，人民出版社 2003 年版。

俞新天等：《强大的无形力量——文化对当代国际关系的作用》，上海人民出版社 2007 年版。

曼纽尔·卡斯特：《千年终结》，社会科学文献出版社 2003 年版。

王向远:《日本对中国的文化侵略:学者、文化人的侵略战争》,昆仑出版社 2005 年版。

齐红深主编:《日本对华教育侵略——对日本侵华教育的研究与批判》,昆仑出版社 2005 年版。

杨斌:《软战争——美国军事经济霸权挑战中国》,经济管理出版社 2001 年版。

约瑟夫·奈:《软力量——世界政坛成功之道》,东方出版社 2005 年版。

马修·弗雷泽:《软实力:美国电影、流行乐、电视和快餐的全球统治》,新华出版社 2006 版。

韩勃等:《软实力:中国视角》,人民出版社 2009 年版。

安东尼·吉登斯:《社会学》,北京大学出版社 2003 年版。

肖枫主编:《社会主义向何处去——冷战后世界社会主义运动大扫描》,当代世界出版社 1999 年版。

涂用凯:《社会民主主义的全球治理研究》,中国社会科学出版社 2007 版。

联合国教科文组织:《世界社会科学报告 (1999)》,社会科学文献出版社 2001 年版。

周一良等主编:《世界通史资料选辑》,商务印书馆 1974 年版。

《世界上古史纲》编写组:《世界上古史纲》,人民出版社 1979 年版。

吴于廑、齐世荣主编:《世界史·近代史编》,高等教育出版社 2001 年版。

苏联科学院主编:《世界通史》第 10 卷,三联书店 1959 年版。

张爱武:《世界历史性社会主义研究》,社会科学文献出版社 2005 年版。

王正毅:《世界体系论与中国》,商务印书馆 2000 年版。

王彦峰:《世界动荡之源》,中央文献出版社 2004 年版。

联合国教科文组织:《世界文化报告——文化的多样性、冲突与多元共存 (2000 年)》,北京大学出版社 2002 年版。

阿芒·马特拉:《世界传播与文化霸权》,中央编译出版社 2005 年版。

联合国教科文卫组织、世界文化与发展委员会:《世界文化与发展报告:文明的多样性与人类全面发展》,广东人民出版社 2006 版。

林拓等主编：《世界文化产业发展前沿报告（2003—2004）》，社会科学文献出版社 2004 年版。

吉登斯：《失控的世界——全球化如何重塑我们的生活》，江西人民出版社 2001 年版。

萨缪尔·亨廷顿：《失衡的承诺》，东方出版社 2005 年版。

巴里·布赞等：《时间笔记》，山东画报出版社 2002 年版。

古奇：《十九世纪历史学与历史学家》上下，商务印书馆 1989 年版。

布罗代尔：《15—18 世纪的物质文明、经济和资本主义》第 3 卷，三联书店 1993 年版。

陈学明主编：《苏联东欧剧变后国外马克思主义趋向》，中国人民大学出版社 2000 年版。

罗伊·麦德维杰夫：《苏联的最后一年》，社会科学文献出版社 2009 年版。

小杰克·F. 马特洛克：《苏联解体亲历记》上下，世界知识出版社 1996 年版。

尼葛洛庞帝：《数字化生存》，海南出版社 1997 年版。

乌·贝克：《什么是全球化》，华东师范大学出版社 2008 年版。

李约瑟：《四海之内》，三联书店 1992 年版。

戈尔巴乔夫等：《尚未结束的历史——戈尔巴乔夫访谈录》，中央编译出版社 2003 年版。

罗兰·巴特：《神话：大众文化诠释》，上海人民出版社 1999 年版。

多米尼克·斯特里纳蒂：《通俗文化理论导论》，商务印书馆 2001 年版。

G. 巴勒克拉夫主编：《泰晤士世界历史地图集》，三联书店 1985 年版。

焦锦淼主编：《WTO 与中国文化》，河南人民出版社 2001 年版。

傅铿：《文化：人类的镜子——西方文化理论导引》，上海人民出版社 1990 年版。

安娜·尼古拉耶芙娜·马尔科娃：《文化学》，敦煌文艺出版社 2003 年版。

陈序经：《文化学概观》，中国人民大学出版社 2005 年版。

莱斯利·A. 怀特：《文化科学——人和文明的研究》，浙江人民出版社 1988 年版。

蔡俊生等：《文化论》，人民出版社 2003 年版。

马林诺夫斯基：《文化论》，中国民间文艺出版社 1987 年版。

朱谦之：《文化哲学》，商务印书馆 1990 年版。

衣俊卿：《文化哲学十五讲》，北京大学出版社 2004 年版。

杨善民等：《文化哲学》，山东大学出版社 2002 年版。

阿雷恩·鲍尔德温等：《文化研究导论》，高等教育出版社 2004 年版。

金克木：《文化的解说》，三联书店 1988 年版。

特瑞·伊格尔顿：《文化的观念》，南京大学出版社 2003 年版。

王恒富主编：《文化生产力的崛起》，人民出版社 1998 年版。

孙家正：《文化如水》，新世界出版社 2006 年版。

叶·米·斯科瓦尔佐娃：《文化理论与俄罗斯文化史》，敦煌文艺出版社 2003 年版。

晓蔚等：《文化的诉求——全球化与可持续发展道路上的文化建设》，四川出版集团巴蜀书社 2006 年版。

克利福德·格尔兹：《文化的解释》，上海人民出版社 1999 年版。

李洪峰主编：《文化价值》，文物出版社 2008 年版。

周大鸣等：《文化多样性与当代世界》，民族出版社 2008 年版。

约翰·哈特利：《文化研究简史》，金城出版社 2008 年版。

尚－皮耶·瓦尼耶：《文化全球化》，台湾麦田出版社 2003 年版。

保罗·谢弗：《文化引导未来》，社会科学文献出版社 2008 年版。

汤林森：《文化帝国主义》，上海人民出版社 1999 年版。

爱德华·W. 萨义德：《文化与帝国主义》，三联书店 2003 年版。

张岱年：《文化与价值》，新华出版社 2004 年版。

张骥等：《文化与当代国际政治》，人民出版社 2003 年版。

艺衡：《文化主权与国家文化软实力》，社会科学文献出版社 2009 年版。

李怀亮等主编：《文化巨无霸：当代美国文化产业研究》，广东人民出版社 2005 年版。

胡惠林：《文化产业发展与国家文化安全》，广东人民出版社 2005 年版。

联合国教科文组织世界文化与发展委员会：《文化多样性与人类全面

发展——世界文化与发展委员会报告》，广东人民出版社 2006 年版。

安然等：《文化的对话：汉语文化与跨文化传播》，北京大学出版社 2010 年版。

张国祚主编：《文化软实力蓝皮书：中国文化软实力研究报告 (2010)》，社会科学文献出版社 2011 年版。

弗朗西斯·斯托纳·桑德斯：《文化冷战与中央情报局》，国际文化出版公司 2002 年版。

萨缪尔·亨廷顿：《文明冲突与世界秩序的重建》，新华出版社 1999 年版。

威廉·麦戈伊：《文明的五个纪元》，山东画报出版社 2004 年版。

王缉思主编：《文明与国际政治——中国学者评亨廷顿的文明冲突论》，上海人民出版社 1995 年版。

安东尼·吉登斯：《现代性的后果》，译林出版社 2000 年版。

伊曼纽尔·沃勒斯坦：《现代世界体系》第 3 卷，高等教育出版社 1998 年版。

梅新林等主编：《现代文化学》，内蒙古人民出版社 1995 年版。

周晓阳等：《现代文化哲学》，湖南大学出版社 2004 年版。

弗雷德里克·詹姆逊：《现代性、后现代性和全球化》，中国人民大学出版社 2004 年版。

理查德·N.哈斯：《新干涉主义》，新华出版社 2000 年版。

瓦西利斯·福特卡斯等：《新美帝国主义》，世界知识出版社 2006 年版。

张西明：《新美利坚帝国》，中国社会科学出版社 2003 年版。

何秉孟主编：《新自由主义评析》，社会科学文献出版社 2004 年版。

诺姆·乔姆斯基：《新自由主义和全球秩序》，江苏人民出版社 2000 年版。

唐袅：《新自由主义全球化别名考》，中央民族大学出版社 2007 年版。

克拉克主编：《新编剑桥世界近代史》第 14 卷，中国社会科学出版社 1999 年版。

辛灿主编：《西方政界要人谈和平演变》（修订本），新华出版社 1991 年版。

柳静编著：《西方对外战略策略资料》（1），当代中国出版社 1992

年版。

斯宾格勒:《西方的没落》上下,商务印书馆1963年版。

约翰·霍布森:《西方文明的东方起源》,山东画报出版社2009年版。

克林顿:《希望与历史之间——迎接21世纪对美国的挑战》,海南出版社1997年版。

黄立军编著:《信息边疆》,新华出版社2003年版。

罗钢等主编:《消费文化读本》,中国社会科学出版社2003年版。

联合国开发计划署:《1999年人类发展报告》,中国财政经济出版社2002年版。

尼克松:《1999年:不战而胜》,世界知识出版社1989年版。

约瑟夫·奈:《硬权力与软权力》,北京大学出版社2007年版。

梁启超:《饮冰室合集》,中华书局1989年版。

利昂·P.巴拉达特:《意识形态:起源和影响》,世界图书出版公司2010年版。

爱德华·泰勒:《原始文化》,广西师范大学出版社2005年版。

柳诒徵:《中国文化史》上下,上海古籍出版社2001年版。

张岱年等主编:《中国文化概论》,北京师范大学出版社1994年版。

李宗桂:《中国文化导论》,广东人民出版社2002年版。

许倬云:《中国文化与世界文化》,贵州人民出版社1991年版。

张骥等:《中国文化安全与意识形态战略》,人民出版社2010年版。

陈安仁:《中国文化演进史观》,交通书局1942年版。

张岱年等:《中国文化与文化论争》,中国人民大学出版社1990年版。

叶取源等主编:《中国文化产业评论》第1卷,上海人民出版社2003年版。

冯天瑜等:《中国文化发展轨迹》,上海人民出版社2000年版。

邓显超:《中国文化发展战略研究》,江西人民出版社2009年版。

苏秉琦:《中国文明起源新探》,三联书店1999年版。

乔舒亚·库珀·雷默等:《中国形象:外国学者眼里的中国》,社会科学文献出版社2008年版。

黄平等主编:《中国与全球化:华盛顿共识还是北京共识》,社会科学文献出版社2005年版。

于炳贵等:《中国国家文化安全研究》,山东人民出版社2007年版。

李慎明：《中国和平发展与国际战略》，中国社会科学出版社 2007 年版。

张剑荆：《中国如何影响世界——对力量的思考》，新华出版社 2007 年版。

东鸟：《中国输不起的网络战争》，湖南人民出版社 2010 年版。

费孝通等：《中华民族多元一体格局》，中央民族学院出版社 1989 年版。

何芳川主编：《中外文化交流史》上卷，国际文化出版公司 2008 年版。

米歇尔·博德：《资本主义史 1500—1980》，东方出版社 1986 年版。

威廉·格雷德：《资本主义全球化的疯狂逻辑》，社会科学文献出版社 2003 年版。

王振华等主编：《重塑英国：布莱尔与"第三条道路"》，中国社会科学出版社 2000 年版。

钟叔和：《走向世界：近代中国知识分子考察西方的历史》，中华书局 2000 年版。

特伦斯·K. 霍普金斯等：《转型时代：世界体系发展的轨迹 1945—2025》，高等教育出版社 2002 年版。

《周谷城史学论文选集》，人民出版社 1983 年版。

Stephen G. Brooks and William C. Wohlfoith, "American Primacy in Perspective", Foreign Affairs, July/August 2002.

Martin Walker, "America's Virtual Empire", World Policy Journal, Summer 2002.

Stephen G. Brooks and William C. Wohlfoith, "American Primacy in Perspective", Foreign Affairs, July/August 2002.

G. John Ikenberry, "America's Imperial Ambition", Foreign Affairs, September/October 2002.

William Hardy McNeill, A World History, Oxfort, 1967.

Mazrui, A. A. Cultural forces in World Politics. London: James Currey. (1990).

Friedman, J: Cultural Identity and Global Process. London: Sage, 1994.

Richard Longworth: Global Squeeze : The Coming Crisis for First World

Nations, Contemporary Books, 1988.

Elena Safronova, "Globalization from the Perspective of the PRC and Developing Countries", Far Eastern Affairs, 2003, vol. 31.

Roland Robertson: Globalization: Social Theory and Global Culture, Sage, 1992.

Robert Samuslson, "Globalization Advantages and Disadvantages," Internatinnal Herald Tribune, January4, 2000.

UNDP, Human Development Report, 1999.

Geoffery Barraclough, History in a Changing World, Oxford, 1955.

David Rothkopf: In Praise Cultural Imperialism, foreign Policy, NO. 107, Summer 1997.

Turner, B. S 'Politics and culture in Islamic globalism', in R. Robertson and W. R. Garrett (eds), Religion and Global Order. New York : Paragon House, 1991.

Francis Fukuyama : The End History? The National Interests, NO. 16 (Summer), 1989.

A. Bullock and O. Stallybrass (eds), The Fontana Dictionary of Modern Thought, London, Fonana, 1977.

Merle. M.. The Sociology of International Relations. New York Berg1987.

Kenichi Ohmae, The End of Nation State : The rise of regional economies New York, The Free Press, 1995.

Joseph Nye, "The Challenge of Soft Power", Tim e, February, 1999.

Frank Ninkovich, The Diplomacy of Ideas: U. S. Foreign Policy and Cultural Relations, 1938—1950, New York : Cambridge University Press, 1981.

Walden Bello: The Year Global Protest Against Globalization, Canadian Dimension。Vol. 3, issue2, 2001.

Anthony Lake, "From Containment to Enlargement", Vital Speeches of the Day, Vol. 60, No. 1, October15, 1993.

Henry Kissinger, Years of Upheaval, Boston: Little Brown Company, 1982.

主题索引

H

S

Z